LE
LIVRE D'OR
DE
VICTOR HUGO

Direction de Emile Blémont

Le **Livre d'Or de Victor Hugo** commencera par une biographie sommaire, suivie d'une étude sur les protraits de Victor Hugo par les écrivains et les artistes.

Cette étude de M. Emile Blémont comprendra les cinq premiers fascicules environ.

Les planches hors texte paraîtront sans ordre, c'est-à-dire qu'elles seront publiées au fur et à mesure que la gravure sera terminée. La table de classement sera donnée avec le dernier fascicule.

Le *Livre d'Or de Victor Hugo* vient d'être honoré d'une souscription de la part du ministère de l'Instruction Publique et des Beaux-Arts.

Paris. — Imp. Fommarty, 22, rue du Vieux-Colombier.

Dans le numéro 18 du *Livre d'Or de Victor Hugo*, par suite d'une transposition de copie, il a été appliqué au dessin allégorique de Pilotelle sur *Notre-Dame de Paris* la légende destinée au Dessin de M. Fraipont illustrant ce même roman, dessin qui paraîtra prochainement.

Nous prions MM. les Souscripteurs de substituer la feuille de garde ci-jointe à la feuille défectueuse qui devra être supprimée.

Librairie Artistique

H. LAUNETTE
ÉDITEUR

22, rue de Vaugirard
PARIS

✢

Les
Artistes Modernes
PUBLICATION ARTISTIQUE
Hebdomadaire

✢

Les
Actrices de Paris
Portraits de
E. DE LIPHART

✢

Catalogue Illustré
du Salon de 1879
NOUVELLE ÉDITION
Revue et Augmentée

✢

Le
Livre d'Or
de
VICTOR HUGO

Paris, le .... 188 .

AVIS A NOS SOUSCRIPTEURS

Nous avons l'honneur d'informer Messieurs les Souscripteurs au **Livre d'Or** *que par suite du retard apporté par un certain nombre d'artistes à nous donner leur composition, le* **Livre d'Or de Victor Hugo** *ne paraîtra pas le jeudi 28 décembre ni le jeudi 4 janvier.*

Cette période étant entièrement consacrée en librairie, aux livres d'étrennes, nous espérons que ce petit retard passera inaperçu et laissera aux artistes le temps de tenir leur obligeante promesse.

L'ÉDITEUR

Nous tenons à la disposition de nos souscripteurs, des cartons en toile rouge, lettres or, pouvant contenir les 40 fascicules du **Livre d'Or**.

PRIX DU CARTON **2** fr. **50**

Librairie Artistique

H. LAUNETTE
ÉDITEUR
22, Rue de Vaugirard, 22
PARIS

AVIS

à MM. les Souscripteurs du Livre d'Or de Victor Hugo

Un certain nombre de Peintres, collaborateurs du LIVRE D'OR, étant partis en villégiature sans nous donner leur composition, nous ne publierons qu'un fascicule tous les quinze jours, d'ici la fin de Septembre, c'est-à-dire pendant la période des vacances.

      le n° 14 paraîtra le 31 août ;
      le n° 15   d°   le 14 septembre ;
      le n° 16   d°   le 28 septembre.

A partir du n° 16 le Livre d'Or continuera de paraître tous les vendredis comme par le passé.

L'ÉDITEUR.

LE LIVRE D'OR DE VICTOR HUGO

Nous avons l'honneur de rappeler à MM. les Souscripteurs du *Livre d'Or de Victor Hugo*, qu'il existe des emboitages en toile rouge (*lettres or*) pouvant contenir les 40 fascicules.

Prix de chaque Carton : 2 fr. 50

LE LIVRE D'OR
DE
VICTOR HUGO

PAR

L'ÉLITE DES ARTISTES ET DES ÉCRIVAINS

CONTEMPORAINS

DIRECTION DE ÉMILE BLÉMONT

PARIS

LIBRAIRIE ARTISTIQUE — H. LAUNETTE, ÉDITEUR

22, RUE DE VAUGIRARD, 22

1883

LE LIVRE D'OR

DE

VICTOR HUGO

TIRAGE DE GRAND LUXE

IL A ÉTÉ FAIT, POUR LES AMATEURS, UN TIRAGE SPÉCIAL NUMÉROTÉ A 1,025 EXEMPLAIRES, SAVOIR :

N°s 1 à 200. — 200 exemplaires, texte et gravures sur papier du Japon, épreuves avant la lettre.

N°s 201 à 1,025. — 825 exemplaires, texte et gravures sur papier de Hollande, épreuves avant la lettre.

N°  621

LE
LIVRE D'OR

DE

VICTOR HUGO

PAR

L'ÉLITE DES ARTISTES ET DES ÉCRIVAINS

CONTEMPORAINS

DIRECTION de ÉMILE BLÉMONT

PARIS

LIBRAIRIE ARTISTIQUE — H. LAUNETTE, ÉDITEUR

22, RUE DE VAUGIRARD, 22

1883

A

VICTOR HUGO

SES

CONTEMPORAINS

NOMS DES ARTISTES

QUI ONT PRÊTÉ LEUR BIENVEILLANT CONCOURS

au

LIVRE D'OR DE VICTOR HUGO

Mlle Louise ABBÉMA.
MM. Jules ADELINE.
Jean AUBERT.
F.-J. BARRIAS.
Eugène BAUDOUIN.
Paul BAUDRY.
BERNE-BELLECOUR.
Jean BENNER.
F. BOGGS.
Léon BONNAT.
Eugène BULAND.
Ulysse BUTIN.
Georges CAIN.
CAPELLARO.
Georges CLAIRIN.
H. CŒYLAS.
R. COLLIN.
F. CORMON.
P.-A. COT.
G. COURTOIS.
Édouard DANTAN.
Édouard DETAILLE.
Gustave DORÉ.
Gustave DUBUFE.
Ernest DUEZ.
Armand DUMARESCQ.
L. FALÉRO.
A. FERDINANDUS.
Gabriel FERRIER.
FEYEN-PERRIN.
Gustave FRAIPONT.

MM. Théodore FRÈRE.
Jules GARNIER.
Henri GERVEX.
H. GIACOMELLI.
V. GILBERT.
Léon GLAIZE.
R. GOUBIE.
E. GRASSET.
A. GUÈS.
A. HAGBORG.
HANOTEAU.
H. HARPIGNIES.
F. HEILBUTH.
J.-J. HENNER.
HUGREL.
Gustave JACQUET.
Gustave JUNDT.
P. KAUFFMANN.
Maxime LALANNE.
Ch. LANDELLE.
D. LAUGÉE.
A. LAURENS.
J.-Paul LAURENS.
J. LE BLANT.
Jules LEFEBVRE.
P. LEHOUX.
A. LELEUX.
Louis LELOIR.
Maurice LELOIR.
E. DE LIPHART.
Hector LE ROUX.

MM. Albert MAIGNAN.
D. MAILLARD.
Adrien MARIE.
Bénédict MASSON.
E. MÉDARD.
G. MÉLINGUE.
L. MÉLINGUE.
H.-W. MESDAG.
P. MILLIET.
C. MONGINOT.
A. MONCHABLON.
A. MOREAU.
MOREAU DE TOURS.
MOREAU-VAUTHIER.
E. MORIN.
Aimé MOROT.
J. De NITTIS.
Stéphane PANNEMAKER.
L. PERRAULT.
Aimé PERRET.

MM. E. PICHIO.
Henri PILLE.
PINCHART.
PUVIS DE CHAVANNES.
V.-J. RANVIER.
Frédéric RÉGAMEY.
Édouard SAIN.
L. SERGENT.
SCHŒNEWERK.
H. SCOTT.
E. TOUDOUZE.
E. VERNIER.
Georges VIBERT.
Victor VILAIN.
VOILLEMOT.
WALTNER.
Th. WEBER.
J. WORMS.
Edmond YON.
Félix ZIEM.

« Ne laissons pas dire que les peuples sont ingrats. A un moment donné, un homme a été la conscience d'une nation. En glorifiant cet homme, la nation atteste sa conscience. »

Lettre de Victor Hugo au Gonfalonier de Florence pour le Centenaire de Dante.

VICTOR HUGO

Victor Hugo est né à Besançon, le septième jour de ventôse an X de la République : 26 février 1802.

Son père, Joseph-Léopold-Sigisbert Hugo, sortait d'une vieille famille dont le nom apparaît en Lorraine dès le XVe siècle, d'une de ces familles fécondes et vivaces, aux larges et multiples rameaux, que l'on trouve toujours en bon nombre sur cette forte terre nourricière, sur cette frontière héroïque, et qui, d'un côté, poussent leurs racines dans les profondeurs obscures du peuple laborieux, tandis que, d'autre part, elles s'élèvent et rayonnent au niveau de la plus haute et de la plus illustre noblesse. Selon toute vraisemblance, on peut compter parmi ses ancêtres Jean Hugo, dont le fils Georges, capitaine aux troupes du duc de Lorraine René II, allié successivement à Jeanne de Blamont et à Chrétienne Guyot, obtint, le 14 avril 1535, des lettres de noblesse pour lui et sa postérité. Plusieurs officiers, dont un fut tué à Denain, et un évêque, qui a laissé des œuvres historiques, se rattachent à cette origine. Un arbre généalogique de la famille Hugo a été dressé par d'Hozier au xviiie siècle. Elle portait : d'azur, à un chef d'argent chargé de deux merlettes de sable, l'écu sommé d'un vol banneret d'azur à fasce d'argent.

Pendant les guerres dont la Lorraine fut le théâtre au xviie siècle, et surtout lorsque les ducs furent dépossédés de leur duché (1661-1697), il y eut, dans toute la province, de grands revers de fortune, d'obscurs désastres, beaucoup de familles exilées, ruinées. Des recherches récentes tendent à établir que le grand-père du poète, Joseph Hugo, issu lui-même de Jean-Philippe Hugo, cultivateur à Beaudicourt, était, vers la fin du xviiie siècle, maître menuisier à Nancy; et que, avec sa seconde femme, Jeanne-Marguerite Michaud, originaire de Dôle, il fit partie des couples couronnés dans cette ville à la Fête des Époux, le 10 floréal an V.

La mère de Victor Hugo, Sophie-Françoise Trébuchet, était fille d'un capitaine-armateur au port de Nantes, possédant plusieurs fermes en Bretagne. Elle avait pour cousins-germains Constantin-François de Chassebœuf, le Volney des *Ruines*, et le comte Cornet qui fut mêlé à la politique du Consulat et de l'Empire.

Léopold Hugo s'engagea à quatorze ans. Sept de ses frères furent, comme lui, soldats. Trois furent tués aux lignes de Wissembourg. Louis, que la famille avait surnommé « Louis XVII », parce qu'il était le dix-septième des dix-huit enfants de Joseph Hugo, y fut blessé. Il devait plus tard atteindre le grade de général de brigade. Francis-Juste devint major d'infanterie.

Pour Léopold, fourrier-marqueur attaché à l'état-major dès 1791, puis secrétaire du général Alexandre de Beauharnais, il connut Kléber et Desaix, dont l'amitié pour lui ne cessa qu'à la mort. Envoyé en Vendée comme adjudant-major capitaine, il s'y distingua par des actes d'héroïsme et de générosité que nous aurons occasion de signaler dans la notice spéciale de *Quatrevingt-treize*. Après Quiberon, il revint à Paris, où il fut nommé rapporteur au deuxième conseil de guerre, dont le greffier était Pierre Foucher. A Nantes, il avait été reçu dans la famille de l'armateur Trébuchet, veuf et père de quatre filles. Françoise-Sophie, petite avec des traits d'une finesse extrême, avait été demandée par le brave et loyal officier qu'elle n'avait point découragé. Le mariage eut lieu à l'Hôtel de Ville de Paris. Mariage civil seulement. En ce temps-là, on n'allait guères à l'église. Bientôt le greffier fit comme le major. Second mariage. Au repas de noces : « Ayez une fille! dit à Pierre Foucher Léopold Hugo, son témoin. J'aurai un garçon, et nous les mettrons en ménage. A leur santé ! » En ce temps-là, le destin obéissait aux victorieux. Ce gai propos fut prophétique.

Lahorie, chef d'état-major de Moreau, avait été simple soldat, en 1793, sous Léopold Hugo. Lahorie l'emmena à Bâle. Moreau l'attacha spécialement à sa personne. Il combattit à Engen, Moeskirch, Biberach, Memmingen, passa le Danube, le premier, malgré la mitraille, sur une poutre jetée en travers d'une arche rompue, et fut nommé chef de bataillon sur le champ de bataille. Il connut La Tour d'Auvergne. Il commandait à Lunéville, quand s'y réunit le Congrès. Joseph Bonaparte, plénipotentiaire de France, l'y prit en affection.

Il avait déjà deux fils, Abel et Eugène, quand il vint en garnison à Besançon, comme chef du quatrième bataillon de la 20e demi-brigade. Là naquit son troisième fils, qui eut pour marraine la femme d'un aide-de-camp de Moreau, et Lahorie pour parrain. « Hugo est un mot du Nord, dit le parrain, il faut l'adoucir par un mot du Midi, compléter le germain par le romain. » Donc, la marraine s'appelant Marie, l'enfant fut nommé Victor-Marie Hugo.

Hugo, « mon nom saxon », a dit le poète dans l'*Ode à la Colonne*, vient-il en effet du mot *hugu, hugi,* qui signifie en vieux langage *intelligence, esprit,* et correspond au latin *ingenium* : *hugr* en scandinave, et en gothique *hugs,* qui a fait le verbe *hugjan, penser*? Ne vient-il pas plus simplement du vocable germanique *hoh, houg,* qui veut dire *grand* : en ancien gothique, *hauh, hoch;* en anglais, *high, huge*? Les étymologistes décideront.

Six semaines après sa naissance, l'enfant fut emmené à l'île d'Elbe, en Corse. Appelé à l'armée d'Italie, le chef de bataillon renvoya sa famille à Paris. A Caldiero, il soutint trois heures tout l'effort de l'ennemi. Mais il n'avait rien voulu signer contre Moreau, et rien ne put lui faire obtenir les bonnes grâces de Napoléon. Joseph Bonaparte, roi de Naples, qui l'aimait, tint à l'employer. Il le chargea de prendre Fra Diavolo. La chose était considérée comme impossible. En cinq semaines, Fra Diavolo fut pris. Nommé colonel de Royal-Corse et gouverneur d'Avellino, l'heureux officier redemanda les siens. Victor traversa l'Italie, passa les Apennins, vit Florence, l'Adriatique, Rome et Naples. Quoique bien jeune alors (automne de 1807), il a gardé de cette aventure des souvenirs précis. Il se rappelle avoir habité quelques mois, à

Avellino, un grand palais de marbre tout balafré d'une large lézarde, au-dessus d'un ravin tout vert de noisetiers. Il fut inscrit, comme enfant de troupe, sur les contrôles du régiment. Puis, le père ayant

Maison natale de Victor Hugo, à Besançon

été réclamé en Espagne par le roi Joseph, la mère et les trois enfants regagnèrent Paris. Ils habitèrent cette maison de l'impasse des Feuillantines, dont le jardin était « au milieu presque un champ, dans le fond presque un bois ». Là se réfugia Lahorie, poursuivi comme complice de Moreau. Il fit expliquer Tacite au jeune Victor. Il devait bientôt être fusillé, comme complice de Malet.

Léopold Hugo, général, gouverneur de la province de Guadaxara, comte honoré des faveurs de la cour, voulut de nouveau avoir sa famille auprès de lui. On repartit.

A Bayonne, le futur poète, non moins précoce que Dante et Byron, eut la première révélation de l'amour. Il fut pris d'une extase

Joseph-Léopold-Sigisbert Hugo

silencieuse et mystique, d'une vague et délicieuse aspiration de l'âme et des sens, d'une exaltation instinctive et pure, en regardant et en écoutant une fillette sérieuse et gracieuse, au teint mat, aux traits délicats. C'était le soudain éveil de l'adolescence inconsciente, entre les candeurs de l'aube virginale et les frissons de la rougissante aurore. Ces sensations ingénues, ce primesaut du cœur timide et curieux, ce sentiment divin de désir ineffable et de dévouement infini, il en a gardé dans un coin de sa mémoire la fleur toujours fraîche, toujours enfantine et enivrante, la frêle fleur à peine entr'ouverte, et si doucement, si légèrement parfumée d'un fugitif et immortel parfum. Il a voulu conter, chanter ces émotions d'une intimité limpide et profonde ; il a longtemps caressé l'idée d'un livre qu'il devait intituler : *Souvenirs d'un enfant de neuf ans*. Mais il n'a plus le temps, dit-il, aujourd'hui. Ne parle-t-il pas de laisser se perdre aussi, sans même en indiquer le sujet, tout un vaste roman dont la conception est complète en sa pensée ? Mais non ! rien ne sera perdu ; il aura le loisir de réaliser tous ses projets. Nous n'en voulons point, nous n'en pouvons point douter.

Au delà des Pyrénées, le voyage fut étrangement pittoresque. On cheminait dans un énorme carrosse, avec l'escorte qui protégeait le trésor de l'armée impériale : deux mille hommes et quatre canons. Première halte à Ernani. Deuxième halte à Torquemada, brûlée par l'invasion. Puis Burgos, la cathédrale, le tombeau du Cid ; Valladolid et son théâtre ; Ségovie, gothique et arabe ; Madrid et « les grandes chambres peintes du palais Masserano ». Abel devint page royal. Eugène et Victor furent mis au collège des nobles, rue Ortoleza. Là, on était réveillé chaque matin à cinq heures par un nain bossu, à figure écarlate, à cheveux tors, en veste de laine rouge, culotte de peluche bleue, bas jaunes et souliers couleur de rouille. Tous les élèves étaient princes, comtes ou marquis ; ils s'appelaient Frasco de Belverana, Elespuru, Ramon de Benavente.

Si je rapporte ces détails, c'est qu'ils sont singulièrement significatifs ; c'est que les sensations de l'enfant restent toujours fraîches et vivaces au fond du cœur de l'homme, déterminent l'originalité de son caractère, forment les racines mêmes de sa vie intellectuelle et morale.

En 1812, la situation militaire devint inquiétante : il fallut se hâter de repasser les monts. On rentra au jardin des Feuillantines. Un proviseur offrit ses services, mais la mère garda ses enfants. Ils purent s'instruire et s'amuser librement, acheter un théâtre de carton, faire des pièces et les jouer, tandis que la France était envahie, tandis que, par deux fois, leur père défendait Thionville contre les alliés. Le 29 mars 1814, ils furent réveillés par le bruit du canon : Mᵐᵉ Hugo dut loger un colonel prussien et quarante soldats.

Abel s'était battu en Espagne. Il était officier, il était émancipé. Mais le général Hugo, de retour à Paris, trouva l'instruction donnée aux deux cadets trop peu sérieuse. Il les mit à la pension Cordier-Decotte. Là se déclara la fièvre de versification chez l'écolier Victor. Il fit des vers sur Roland et la chevalerie, de nombreuses traductions rimées, des contes, des épîtres, des madrigaux, des énigmes, des acrostiches, un poème : *Le Déluge;* un opéra comique : *A quelque chose hasard est bon;* une tragédie : *Irtamène;* une autre tragédie : *Athélie* ou *Les Scandinaves;* un mélodrame en trois actes avec des intermèdes : *Inez de Castro.* Son imagination, pleine d'éclatants souvenirs, riche des mille trésors apparus pendant l'odyssée de sa jeunesse errante, débordait déjà en larges flots d'harmonie confuse. C'était le prélude de la symphonie universelle, qu'il a si merveilleusement notée.

On rêvait cependant pour lui l'École Polytechnique. Il suivait les cours de sciences expérimentales et mathématiques de Louis-le-Grand. Mais quel singulier calculateur! Il semblait ignorer le procédé classique. Il n'arrivait jamais au but par le chemin battu. Il imaginait pour chaque problème une solution originale. Il tirait tout de lui-même, renouvelait tout, créait tout. Comme Pascal, il eût au besoin réinventé la géométrie. Instinctivement, selon sa propre expression, il se trouvait être un « mathématicien romantique ». Ne croyez pas que, par la suite, il ait laissé sans culture cette singulière intuition. Rien, dans ce vaste cerveau, n'est resté en friche. Il a dès longtemps commencé, et nous pensons qu'il terminera prochainement, un *Essai d'explication sur les effets de la forme sphérique*, qui est le fruit de profondes méditations et abonde en échappées géniales sur l'inconnu, en explorations d'une hardiesse inouïe dans l'impalpable, en illuminations subites de mondes ténébreux, en découvertes aussi simples que grandioses. De là sortira peut-être une transfiguration de l'algèbre; la vie, l'âme de l'abstraction suprême sont encore à révéler.

Il écrivait tous les soirs sur un cahier ses impressions du jour. A la date du 10 juillet 1816, on y lit ces mots : « Je veux être Chateaubriand ou rien. » Il avait quatorze ans. En 1817, il envoya à l'Académie trois cents vers sur le sujet donné pour le concours de poésie : *Le bonheur que procure l'étude dans toutes les situations de la vie.* L'Académie se crut mystifiée par ce distique :

> Moi qui, toujours fuyant les cités et les cours,
> De trois lustres à peine ai vu finir le cours...

Elle trouva, en tout cas, le rimeur trop jeune pour être couronné. Mais il fut mentionné et cité dans le rapport de M. Raynouard. Il fut protégé par M. Campenon. M. de Neufchâteau lui adressa des vers, et même lui fit faire une étude comparative sur *Gil Blas* et le roman espagnol de Marcos Obregon de la Ronda, laquelle, une fois faite, il imprima sous son propre nom sans y changer un mot.

Abel Hugo, dont le rôle dans le mouvement intellectuel de la Restauration n'a pas encore été apprécié à sa juste valeur, avait

Autographe de Victor Hugo (1823)

pour amis des littérateurs et des artistes. Ce fut un excellent milieu pour le jeune poète. Un dîner réunissait tous les camarades le premier jour de chaque mois. Ils projetèrent de publier un volume collectif de Nouvelles. Victor gagea qu'il ferait la sienne en quinze jours. Il la fit dans le délai, et ce fut la seule faite : *Bug-Jargal*.

Avec une *Ode sur la mort du duc d'Enghien*, son frère Eugène

VICTOR HUGO

Fac-simile de la lithographie de Devéria (1828)

venait d'obtenir un Lys d'argent à l'Académie des Jeux Floraux de Toulouse. Avec *Les Vierges de Verdun, Le Rétablissement de la statue de Henri IV* et *Moïse sur le Nil,* Victor conquit la Maîtrise. « C'est un enfant sublime! » avait dit Chateaubriand. Mais vainement Eugène et Victor demandaient à leur père l'autorisation de renoncer à l'École Polytechnique, pour se vouer à la littérature; le

Victor Hugo, d'après le médaillon de David d'Angers (1828)

général, peu sentimental et encore moins royaliste, faisait la sourde oreille. Ils crurent pouvoir passer outre. Le général supprima la modique pension qu'il leur servait.

L'indulgente confiance de leur mère leur permit de ne se point décourager. Après les vacances de 1818, ils ne rentrèrent pas à la pension. Victor prit ses inscriptions de droit et fonda, avec Abel et Eugène, *Le Conservateur littéraire,* revue périodique qui, dans leur pensée, devait être le complément du *Conservateur politique* dirigé par Chateaubriand. Le recueil dura de 1819 à 1821. Victor en fut le principal rédacteur. Prose et vers, critique des livres et des théâtres, lettres humoristiques, nouvelles et roman, on l'y retrouve sous toutes les formes, presque à chaque feuillet. Le tiers au moins doit lui en être attribué. « Ces années de journalisme, dit la *Biographie des Contemporains,* furent dans sa vie une période décisive : amour, politique, indépendance, chevalerie et religion, pauvreté et gloire, étude opiniâtre, lutte contre le sort en vertu d'une volonté de fer, tout en lui apparut et grandit à la fois à ce degré de hauteur qui constitue le génie. Tout s'embrasa, se tordit, se fondit intimement dans son être au feu des passions, sous le soleil de canicule de la plus âpre jeunesse; et il en sortit cette nature d'un alliage mystérieux, où la lave bouillonne sous le granit, cette armure brûlante et solide, à la poignée éblouissante de perles, à la lame brune et sombre, vraie armure de géant trempée aux lacs volcaniques. » Il essaya ses facultés; il reconnut et fit reconnaître sa puissance. Lamartine, Vigny, Soumet, Emile Deschamps, le duc de Rohan, Lamennais, vinrent à lui. La *Société des bonnes lettres* fut fondée; il y lut ses vers. Il avait déjà la foi, et déjà la passion. Il aimait Adèle Foucher, la fille du vieil ami de son père. Il était aimé d'elle. Mais, à eux deux, ils comptaient seulement une trentaine d'années. Quand on s'aperçut qu'ils ne pouvaient plus se passer l'un de l'autre, on les sépara.

Pour comble de malheur, Mme Hugo tomba gravement malade. Le 27 juin 1821, elle mourut. Le général offrit de nouveau à ses fils de les défrayer de tout, s'ils voulaient prendre une autre profession que celle d'écrivain. Quoiqu'il fût presque sans ressources, Victor résista énergiquement. *Le Conservateur littéraire* ne paraissait plus. L'orphelin resta abandonné à lui-même, seul dans sa pauvre chambre, au milieu de Paris affairé. Il ne put supporter son isolement. Il eut le courage du désespoir, et alla demander à M. Foucher la main de sa fille. Celui-ci, naturellement, ajourna l'union jusqu'à ce que la position fût un peu moins précaire. Sans faiblesse, mais non sans angoisse, le poète se remit au travail. Il luttait avec une sombre ardeur, avec une flamme concentrée. Il avait l'air d'un enfant, et il lui fallait vaincre les hommes. Il eut un duel avec un garde-du-corps qui, dans un café de Versailles, lui avait arraché des mains un journal à moitié lu. Il semblait trouver une joie amère à braver la destinée. Alfred de Vigny et Gaspard de Pons furent ses témoins. Il fut blessé au bras gauche. Il se souvint plus tard de ses sensations et créa le Didier de *Marion Delorme*.

Il n'était pas plus fortuné, hélas! que Marius dans *Les Misérables*. Il vécut une année entière avec sept cents francs; les lettres qu'il écrivait alors s'encadreraient à merveille dans le chapitre intitulé : *Un cœur sous une pierre*. Il commença *Han d'Islande*, dont les pages d'amour s'adressaient à sa fiancée. Il avait réuni sous le titre d'*Odes et Poésies diverses* un choix des vers publiés par lui dans *Le Conservateur;* mais il n'avait pas de quoi subvenir aux frais d'impression. Abel prit le manuscrit sans rien dire : le volume parut en juin 1822. Le succès fut rapide et fut grand. Louis XVIII lut les *Odes;* il lut aussi une lettre interceptée, où le jeune rimeur royaliste offrait asile à un ami d'enfance impliqué dans la conspiration du général Berton. Le roi fut touché et inscrivit l'auteur pour une pension de mille francs sur sa cassette. C'était la clef d'or du bonheur. Le général Hugo consentit à l'union de son fils avec Adèle Foucher et voulut bien faire la demande. Le mariage fut célébré, au mois d'octobre 1822, dans cette même église Saint-Sulpice qui avait été tendue de noir l'année précédente pour la mère du marié. Le soir, à la fin du repas de noces, se déclarait la folie de son frère Eugène, qu'on redoutait depuis quelque temps. Eugène ne revint pas à la raison et mourut en 1837. Dans la vie du poète devaient, comme dans son œuvre, se heurter successivement les joies et les douleurs suprêmes de l'humanité. Dès lors, il pouvait écrire le drame de ces *Jumeaux* tragiques, dont l'un monte dans la splendeur royale et a nom Louis le Grand, tandis que l'autre se perd dans les insondables ténèbres et a nom « Le Masque de Fer ».

Au commencement de 1825 parut *Han d'Islande*, qui valut au romancier la connaissance de Nodier et une nouvelle pension de 2,000 francs. Sur *Han d'Islande*, comme sur les autres productions du Maître, on ne trouvera ici que des indications sommaires, chaque ouvrage devant avoir sa notice spéciale au cours du *Livre d'Or*.

Avec Soumet, Guiraud, Emile Deschamps, il fonda la *Revue Française*, qui dura peu, l'Académie en ayant bientôt exigé la suppression comme condition expresse pour l'élection de Soumet. Il donna des vers aux *Tablettes romantiques*, puis aux *Annales romantiques*, dirigées par Abel Hugo. Dès 1825, il déclara la « guerre aux démolisseurs », qui anéantissaient les merveilles de notre architecture nationale. Il se lia avec les deux Devéria, Charlet, l'architecte Robelin, le peintre Louis Boulanger, le grand sculpteur David, et les autres artistes qu'Abel emmenait dîner sous la tonnelle, du côté de Vanves, au bruit des « vagues violons de la mère Saguet ». Il avait appris à mieux juger le général Hugo. Le général avait dit : « Laissons faire le temps; l'enfant a l'opinion de sa mère, l'homme aura l'opinion de son père. » L'homme alla à Blois, où le père attacha à la boutonnière de son fils le ruban de chevalier de la Légion d'honneur. Il se rendit ensuite à Reims, pour assister au sacre de Charles X. Il visita Lamartine à Saint-Point. Il faillit disparaître dans la fissure d'un glacier pendant une excursion en Suisse faite avec Nodier, aux frais de l'éditeur Urbain Canel, dont la ruine empêcha la publication du voyage.

Au mois de janvier 1826, *Bug-Jargal* remanié parut en librairie.

Madame Victor Hugo
d'après le tableau de Louis Boulanger

L'*Ode à la Colonne*, publiée en tête du *Journal des Débats*, en février 1827, inaugura l'évolution libérale du poète.

Cromwell, fait pour Talma et destiné à la Comédie-Française, parut en volume avec la fameuse préface, Talma mort, au mois de décembre suivant.

Le général Hugo, à qui *Cromwell* avait été dédié, était venu à Paris pour le mariage d'Abel. Il y mourut subitement, dans sa demeure de la rue Plumet, le 28 janvier 1828. C'était non seulement un bon soldat, mais encore un bon écrivain militaire. Il reste de lui un *Journal historique des deux blocus de Thionville en 1814 et 1815*, deux volumes de *Mémoires* très intéressants sur la guerre de Vendée, un *Traité des places fortes*, qu'il refusa de vendre à un gouvernement étranger et qui se perdit dans les cartons du ministère. Il avait connu sa petite-fille Léopoldine et son petit-fils Charles. François-Victor et Adèle Hugo naquirent après sa mort.

Amy Robsart, pièce tirée du roman de Walter Scott, *Kenilworth*, que Victor Hugo avait commencée avec Soumet, terminée seul et confiée aux soins de son beau-frère Paul Foucher, fut donnée à l'Odéon. Il y eut bataille dans la salle et le drame fut interdit. Mais le poète était dès lors accepté comme le chef de la nouvelle école littéraire. La brillante jeunesse du Cénacle, Sainte-Beuve et Musset en tête, se groupait autour de lui. Le rédacteur en chef du *Journal des Débats* l'invitait à passer les beaux jours dans sa maison de campagne. Mérimée le conduisait dans un salon où il rencontrait Benjamin Constant et Stendhal. Béranger le recevait en ami à la prison de la Force. *Les Orientales* (janvier 1829) soulevèrent une longue acclamation. Le mois suivant, *Le Dernier Jour d'un condamné* inaugura la longue et superbe lutte du poète contre la peine de mort. Malgré ces triomphes, malgré une entrevue avec M. de Martignac et une audience de Charles X, il ne put faire jouer *Marion Delorme*. Mais *Hernani* (25 février 1830) fut la splendide consécration de sa renommée.

Victor Hugo et son fils Charles
d'après le tableau de A. de Chatillon (1836)

Charles X renversé, *Marion Delorme* put être représentée et fut applaudie sur la scène de la Porte-Saint-Martin, le 11 août 1831. Six mois auparavant avait paru *Notre-Dame de Paris*. Trois mois plus tard parurent *les Feuilles d'Automne*, où l'heureux père de famille se révèle dans le poète avec une émotion si pénétrante.

L'unique et célèbre représentation de *Le Roi s'amuse* eut lieu le 22 novembre 1832. L'année suivante, *Lucrèce Borgia* et *Marie Tudor* furent deux victoires éclatantes. En 1834, le succès du *Dernier Jour d'un condamné* se retrouva pour *Claude Gueux*. Puis, dans *Littérature et Philosophie mêlées*, Victor Hugo réunit ses premiers essais et ses études détachées. En 1835, *Angelo* et *Les Chants du Crépuscule*. En 1836, *la Esmeralda*, avec la musique de Mlle Bertin.

Le 1er juillet de la même année, Émile de Girardin fonde *La Presse*. Victor Hugo rédige le programme du nouveau journal.

Dans l'été de 1837, *Les Voix intérieures*. Le 3 novembre 1838, *Ruy-Blas*. Le 12 juillet 1839, quatre vers du poète sauvent Barbès de l'échafaud. Le printemps de 1840 amène *Les Rayons et les Ombres*.

Victor Hugo s'était présenté à l'Académie en 1836; on lui avait préféré M. Dupaty. Il se représenta en 1839; on lui préféra M. Molé. Il se représenta en 1840; on lui préféra M. Flourens. En 1841, on ne lui préféra personne; il fut reçu le 2 juin. Il reçut bientôt à son tour Saint-Marc Girardin et Sainte-Beuve, le 16 janvier et le 27 février 1845.

Les Burgraves, dont les lettres sur *Le Rhin* avaient été une sorte de préface en 1842, ne furent pas accueillis comme ils devaient l'être, le 7 mars 1843, au Théâtre-Français. L'auteur, qui, par suite de regrettables incidents de la vie littéraire, croyait déjà devoir garder en portefeuille *Les Jumeaux,* terminés dès 1838, se promit de ne plus donner de son vivant aucune pièce nouvelle en spectacle. Il s'est tenu parole.

Auguste Vacquerie et son condisciple du Lycée Charlemagne, Paul Meurice, étaient devenus les amis de Victor Hugo. M. Vacquerie père mit sa propriété de Villequier à la disposition du Maître. Léopoldine Hugo y fut fiancée avec Charles Vacquerie, frère d'Auguste. Le mariage se fit au printemps de 1843. Le 4 septembre suivant (date fatidique qui prit au poète sa fille bien-aimée et lui rendit plus tard sa patrie), les deux jeunes époux, dans une promenade en bateau sur la Seine, trouvaient une mort tragique, malgré le dévouement désespéré du mari.

Ce brusque et sinistre dénouement d'une existence qui lui était suprêmement chère, accabla le malheureux père. La fortune venait par deux fois de le trahir impitoyablement. Hier un déchaînement de malveillance inepte contre sa plus solennelle création dramatique, aujourd'hui l'écroulement de sa plus pure espérance!

Les portes de l'aurore se refermaient. Il se recueillit dans son deuil. Il chercha le sens de sa destinée. Il tint conseil avec sa conscience. Ce fut un moment de sombre rêverie, de doutes et d'anxiétés, de silencieuse convalescence, de préparation mystérieuse, de gestation profonde ; une halte entre deux épreuves, la fin crépusculaire d'une première étape. Une carrière avait été parcourue. Retourner en arrière, il n'y fallait pas songer. Quel chemin prendre sous les cieux voilés ? Une de ces personnalités successives, un de ces êtres distincts dont se compose l'évolution d'une existence humaine, faisait place en lui à un type nouveau, encore indécis et flottant.

Devenu infiniment trop supérieur au niveau littéraire du jour pour que sa littérature fût immédiatement comprise, il essaya de l'action. Il se tourna vers les régions, encore inexplorées par lui, de la politique. Il était fort sympathique à la famille royale. Invité en 1837 aux fêtes de Versailles pour le mariage du duc d'Orléans, il avait été promu officier de la Légion d'honneur, grade auquel il est resté jusqu'à ce jour ; et la duchesse l'avait accueilli par cette gracieuse parole : « Le premier édifice que j'ai visité à Paris, c'est *votre* Notre-Dame. » Il passa plusieurs soirées en tête-à-tête avec Louis-Philippe. La dynastie avait besoin de penseurs, de fécondes intelligences, de forces vives. Victor Hugo voyait alors dans la monarchie constitutionnelle « une transition utile de la légitimité royale à la souveraineté populaire ». Académicien, il se trouvait dans une des *catégories* où se recrutaient les Pairs de France. Il accepta la pairie (13 avril 1845).

Vingt-cinq ans auparavant, au commencement de 1820, Alexandre Soumet écrivait à Jules de Rességuier : « Le jeune Victor Hugo vous adresse mille expressions de sa reconnaissance. Cet enfant a une tête bien remarquable, une véritable étude de Lavater. Je lui ai demandé à quoi il se destinait, et si son intention était de suivre uniquement la carrière des lettres. Il m'a répondu qu'il espérait devenir Pair de France..... et il le sera ! »

Il débuta le 18 février 1846 à la tribune de la Chambre des Pairs par une allocution en faveur de la propriété littéraire. De 1846 à 1848, il prit la parole pour la Pologne ; sur la défense du littoral ; pour la rentrée en France de la famille Bonaparte. Dans ce dernier discours (14 juin 1847), il invitait le pouvoir à s'occuper plus activement « des masses, de ces classes nombreuses et laborieuses où il y a tant de courage, tant d'intelligence, tant de patriotisme ; où il y a tant de germes utiles et, en même temps, tant de ferments malsains ». Là, selon lui, « pouvait s'ouvrir brusquement un abîme ».

La révolution de Février renversa la dynastie d'Orléans. La question sociale se dressa, énigme menaçante, inexorable sphinx, devant les Œdipes de la politique moderne. Le 1er avril, le journal *l'Événement* fut fondé. Collaborateurs : Théophile Gautier, Auguste

Victor Hugo (d'après une lithographie de Julien, 1835)

Vacquerie, Paul Meurice, Auguste Vitu, Charles et François-Victor Hugo. Épigraphe : « Haine vigoureuse de l'anarchie, tendre et profond amour du peuple. » Nommé représentant par la ville de Paris, lors des élections du 5 juin, Victor Hugo prit position sans tarder par sa harangue du 20 juin sur les ateliers nationaux ; il y protestait hautement contre les menées tendant à transformer les ouvriers parisiens en « prétoriens de l'émeute au service de la dictature ». Il parla le 25 juin pour la liberté de la presse, le

BUSTE DE VICTOR HUGO

PAR

DAVID D'ANGERS (1844)

※

« Je quitte à regret cet ouvrage, car je sens combien il est loin de réaliser ce que mon admiration pour un noble et puissant génie m'a toujours inspiré... La couronne de laurier, que j'y ai fixée pour les siècles et à l'insu d'Hugo, n'est point une flatterie. En mettant sur le buste le signe décerné aux grands hommes, je crois être l'interprète des nombreux admirateurs du poète immortel. L'avenir confirmera la pensée du statuaire. »

Lettre de David d'Angers a Mme Victor Hugo.

2 septembre pour la levée de l'état de siège, le 15 pour l'abolition pure et simple de la peine de mort, le 10 novembre contre les réductions proposées sur les encouragements aux arts et aux lettres, et en février 1849 pour l'achèvement du Louvre, où il voulait mettre l'Institut, « faire siéger le sénat des intelligences au milieu des produits de l'esprit humain. »

En mai, il fut porté à l'Assemblée législative, le dixième sur

Victor Hugo, d'après une lithographie de Devéria (1829)

la liste des vingt-huit élus de Paris. Selon ses propres paroles, « l'année 1849 est une grande date pour lui. » Il se fit en lui alors une lumière décisive. Rupture absolue avec le passé : « En 1848, je n'étais que libéral ; c'est en 1849 que je suis devenu républicain. » Le 9 juillet, il dit : « Je ne suis pas de ceux qui croient qu'on peut supprimer la souffrance en ce monde, la souffrance est une loi divine; mais je suis de ceux qui pensent et espèrent qu'on peut supprimer la misère. » Avant 1830, n'avait-il pas fait déjà une profession de foi socialiste ? Il était de « l'avant-veille. » Le 15 janvier 1850, il prononce un discours d'une beauté et d'une puissance souveraines sur la liberté de l'enseignement ; il revendique l'émancipation de l'avenir, « le droit de l'enfant, plus sacré que celui du père. » Il s'élève, le 5 avril, contre la loi de déportation, la « guillotine sèche. » Le 20 mai, il fait le plus admirable plaidoyer qu'on ait entendu en faveur du suffrage universel ; le 17 juillet, il combat la revision de la Constitution et félicite le peuple français d'avoir « posé la première assise de cet immense édifice qui s'appellera *les États-Unis d'Europe*. » — « C'est trop fort ! » crie M. de Montalembert. — M. Molé : « Quelle extravagance ! » — M. Quentin Bauchart : « Ces poètes ! »

Le 21 août 1849, il ouvre le Congrès de la Paix. Le 11 janvier 1851, il défend en Cour d'assises son fils Charles, accusé d'avoir médit de la peine de mort. Le 6 février, il s'oppose à la dotation demandée par le prince Louis Bonaparte. En revenant d'exil, le prince était allé le voir et lui avait dit, en présence de l'académicien Saint-Priest : « Que pourrais-je recommencer de Napoléon ? Une seule chose : un crime. La belle ambition ! Pourquoi me supposer fou ? La République étant donnée, je ne suis pas un grand homme, je ne copierai pas Napoléon ; mais je suis un honnête homme, j'imiterai Washington. » Plus tard, on avait vu Victor Hugo quatre fois à l'Élysée. Mais après le désaveu de la lettre à Edgard Ney, il avait deviné le conspirateur dans le Président et s'était mis en garde. On sait l'énergie héroïque dont il fit preuve au Coup d'État. « Les soldats ont le sac au dos, observait Charras ; les batteries sont attelées ; si on se bat, ce sera terrible. » — « On se battra, répondit-il ; vous avez prouvé que les colonels écrivent comme des poètes, c'est aux poètes à se battre comme des colonels. » Il prit sur lui 500 francs en or, donna à sa femme tout ce qui lui restait d'argent disponible ; et, comme elle lui disait : « Que vas-tu faire ? » — « Mon devoir ! » répliqua-t-il. — « Fais ! » ajouta-t-elle en l'embrassant.

Alors commença la lutte inégale du droit contre la force. Le 2 décembre, il dicte à Baudin la mise hors la loi, et le lendemain il le retrouve mort au faubourg Saint-Antoine. Il n'est plus en sûreté chez lui. Une amie dévouée, Mme Juliette Drouët, lui cherche vainement une retraite sûre. Elle ne rencontre que défiance et ingratitude. Il passe une nuit chez un ami de son frère Abel, trouve asile du 3 au 7 décembre chez M. Henry d'Escamps, puis chez M. Sarrazin de Montferrier. Alexandre Dumas lui écrit que sa tête est mise à prix 25,000 francs, et le supplie de ne point se montrer. Il visite les barricades du quartier des Halles, des rues Montorgueil, Mauconseil, Tiquetonne. Il baise le front sanglant d'un enfant tué. Quand tout est perdu, il quitte Paris et la France. Il arrive à Bruxelles le 14 décembre, s'installe place de l'Hôtel-de-Ville, et, dès le lendemain, commence l'*Histoire d'un crime*. Chaque jour les proscrits lui apportent des documents. Le livre, fini au mois de mai 1852, devait être publié le 1er octobre 1877, pour prévenir un nouvel attentat contre la liberté. Puis il fait *Napoléon le Petit*. En France, son nom est rayé des listes de la Société des gens de lettres ; en Belgique, on fabrique la loi Faider pour l'expulser. Il s'embarque à Anvers, traverse un coin de l'Angleterre, débarque le 5 août à Jersey. En 1853, paraissent *Les Châtiments*.

On n'admirera jamais assez la clairvoyance, la décision, le dévouement patriotique, la force de caractère et la grandeur d'âme dont Victor Hugo fit preuve pendant ces années troublées et tumultueuses. Le flot révolutionnaire, où sombra Lamartine, trempa merveilleusement le métal, *hierro,* qui est la chair et le sang, la substance même du poète, du lutteur. Il en sortit invincible, presque invulnérable, comme le héros antique, fils de la déesse Thétis. Ce fut une renaissance sublime. Le Victor Hugo de l'exil est aussi supérieur au Victor Hugo d'avant 1848, que Dante à Pétrarque, Eschyle à Sophocle, Prométhée à Hercule.

On lui écrit de France : « Faut-il voter contre l'Empire ou s'abstenir ? » Il répond : « En présence de M. Bonaparte et de son gouvernement, le citoyen digne de ce nom ne fait qu'une chose et n'a qu'une chose à faire : charger son fusil et attendre l'heure. » Devant la tombe de ses compagnons qui succombent, Jean Bousquet, Louise Julien, Félix Bony, et aux grandes dates des révolutions humaines, il se dresse sur son rocher battu par l'Océan comme sur un piédestal immense. Il s'écrie : « O morts qui m'entourez et qui m'écoutez, malédiction à Louis Bonaparte ! O morts, exécration à cet homme ! Pas d'échafaud, quand viendra la victoire, mais une longue et infamante expiation à ce misérable ! Malédiction sous tous les cieux !.... Malédiction aux violateurs du droit humain et de la loi divine !.... » Après avoir interpellé la tombe, il interpelle l'exil : « O proscrits, j'en atteste les ciguës que les Socrate ont bues, les Golgotha où sont montés les Jésus-Christ, les Jéricho que les Josué ont fait crouler, les braises ardentes qu'ont mâchées les Porcia, épouses des Brutus, les bûchers d'où les Jean Huss ont crié : « Le Cygne naîtra ! » — J'en atteste ces mers qui nous entourent et que les Christophe

La maison de la place Royale, n° 6 (1832-1848)

Colomb ont franchies, j'en atteste ces étoiles qui sont au-dessus de nos têtes et que les Galilée ont interrogées ; — proscrits, la liberté est immortelle ; proscrits, la vérité est éternelle. » Las, malade, abandonné, condamné, abreuvé d'amertume, en proie à

VICTOR HUGO

Fac-simile de la lithographie de Lafosse (1848)

toutes les calomnies, à toutes les trahisons, à toutes les souffrances physiques et morales, il ne se permet aucune défaillance, aucune hésitation, aucun pas en arrière. Autour de lui tout devient sombre. Mais il ne craint pas les fantômes ; et la nuit n'est jamais si noire, il le sait, que quand l'aube est proche.

Ch. Nodier, d'après une lithographie de Morin

Il est expulsé de Jersey, comme il l'avait été de Bruxelles. Il se réfugie à Guernesey. Mazzini lui écrit : « L'Italie penche du côté des rois, redressez-la. » Il répond aux Italiens : « Dédaignez ce qu'on semble vous offrir. Prenez garde et croyez. Défiez-vous des rois, fiez-vous à Dieu. » Et il publie *Les Contemplations*.

A l'amnistie bonapartiste, il oppose cette déclaration : « Quand la liberté rentrera, je rentrerai. » Et il publie *La Légende des Siècles*.

Rappelé un jour à Jersey pour la souscription garibaldienne, il dit : « L'hospitalité a cela de grand que quiconque souffre est digne d'elle.... S'il arrive jamais des vaincus de la Cause injuste, recevez-les comme vous nous recevez. Le malheur est une des formes saintes du droit. Et, entendez-le bien, de ces vaincus possibles, je n'excepte personne. » Il intervient pour John Brown aux États-Unis : « Si l'échafaud se dressait..., le faisceau radieux de cette République splendide aurait pour lien le nœud coulant du gibet.... Ce lien-là tue. » Il intervient en Belgique pour les condamnés à mort de Charleroi : sept sont sauvés. Il fonde dans sa maison le « Dîner hebdomadaire des enfants pauvres », imité bientôt en Angleterre et en Amérique par plus de cent mille dîners semblables. *Les Misérables* paraissent et sont immédiatement traduits dans toutes les langues. C'est l'*Évangile du Peuple*. La presse européenne offre à Bruxelles un banquet à l'auteur, au proscrit. Et le proscrit porte un toast à la presse, *clairon vivant qui sonne la diane des peuples*. « Il y a onze ans, dit-il, vous avez vu partir presque un jeune homme. Vous retrouvez presque un vieillard. Les cheveux ont changé ; le cœur, non ! » Il réhabilite Rosalie Doize. Il écrit à Genève : « Mort à la mort ! » Sur l'appel d'Alexandre Herzen : « Grand frère, au secours ! Dites-nous le mot de la civilisation ! » il somme les soldats russes de redevenir des hommes.

Il donne en 1864 *William Shakespeare*, qui précède d'un an la belle traduction de son fils François-Victor ; en 1865, *Les Chansons des Rues et des Bois* ; en 1866, *Les Travailleurs de la Mer*. Il est de la Commission de la statue de Beccaria. Il envoie son hommage au Centenaire de Dante. Il obtient la grâce des fenians. Il demande celle de Maximilien.

En 1866, il va célébrer à Bruxelles le mariage de son fils Charles avec la pupille de Jules Simon. Il reçoit partout des ovations pendant son voyage en Zélande.

En 1867, à l'occasion de l'Exposition universelle, parut la publication appelée *Paris-Guide*, à laquelle collaborèrent la plupart des écrivains en renom. Victor Hugo en avait écrit la préface. L'exilé remplissait de lui sa patrie lointaine. Invisible et présent, il présidait à la nouvelle évolution des esprits. Jamais on n'avait vu un si prodigieux spectacle : la France et le monde, perdus dans l'obscure surprise d'un guet-apens, étaient reconquis en pleine lumière par la seule puissance de l'idéal. Exemple inappréciable ! Souveraine revanche de la conscience humaine et de la divine justice !

Hernani fut repris le 20 juin à la Comédie-Française et accueilli par des acclamations enthousiastes. L'Odéon préparait *Ruy-Blas*. Mais *La Voix de Guernesey* fut publiée, et *Hernani* fut suspendu, *Ruy-Blas* interdit. L'année 1868 fut cruelle. Le premier petit-fils mourut en mars ; en août expira Mme Victor Hugo. « Elle était la femme de l'homme le plus grand qui soit, a-t-on dit sur sa tombe ; et par le cœur elle se haussait à ce génie ; elle l'égalait presque à force de le comprendre. » O le départ des êtres bien-aimés à travers la nuit du cercueil !

Au printemps de 1869, fondation du *Rappel*, par les deux fils du poète, avec Henri Rochefort, Auguste Vacquerie, Paul Meurice. Apparition de *L'Homme qui rit*.

Reprise de *Lucrèce Borgia*, en février 1870. Le 27 avril, Victor Hugo, consulté sur le plébiscite, écrit : « A la solidité promise par la ruine, à la lumière octroyée par les ténèbres, à l'escopette qui est derrière le mendiant, au visage qui est derrière le masque, au spectre qui est derrière le sourire, nous disons : Non ! »

La guerre, Reichshoffen, Metz bloqué, Sedan, le 4 Septembre ! Le 5, Victor Hugo était à Paris. « Citoyens, disait-il, les yeux pleins de larmes, vous me payez en une heure dix-neuf ans d'exil. » Il somma les Allemands de respecter la grande cité. « On ne détruit pas Paris...... La dispersion des pierres serait la dispersion des idées. Jetez Paris aux quatre vents, vous n'arriverez qu'à faire de chaque grain de cette cendre la semence de l'avenir. » Un reptile de la presse germanique siffla : « Pendez le poète au haut du mât. » Paris assiégé eut pour fêtes les lectures publiques des *Châtiments*. Avec les recettes de la Porte-Saint-Martin, et la quête faite à l'Opéra dans des casques prussiens, deux canons furent fondus : *Châtiment* et *Victor Hugo*.

Après le siège, 214,169 voix envoyèrent l'ancien proscrit à l'Assemblée nationale. Il y vota contre l'inacceptable paix, « parce qu'il fallait sauver l'honneur du pays. » Puis, le traité ne stipulant pas que les représentants de l'Alsace-Lorraine disparussent de l'Assemblée française, il proposa à ses collègues de les inviter à garder leur siège dans l'Assemblée actuelle et dans toutes les futures Assemblées nationales de France, jusqu'au jour où ils pourraient rendre à leurs commettants leur mandat dans les termes où ils l'avaient reçu. Lorsqu'il fut question de transporter définitivement dans une ville de province le siège du gouvernement, il dit à ceux qui craignaient de rentrer à Paris : « Nous sommes ici plusieurs qui avons été enfermés dans Paris et qui avons assisté à toutes les phases de ce siège, le plus extraordinaire qu'il y ait dans l'histoire. Ce peuple a été admirable. Je l'ai dit déjà, et je le dirai encore. Chaque jour, la souffrance augmentait et l'héroïsme croissait. Rien de plus émouvant que cette transformation : la ville de luxe était devenue ville de misère; la ville de mollesse était

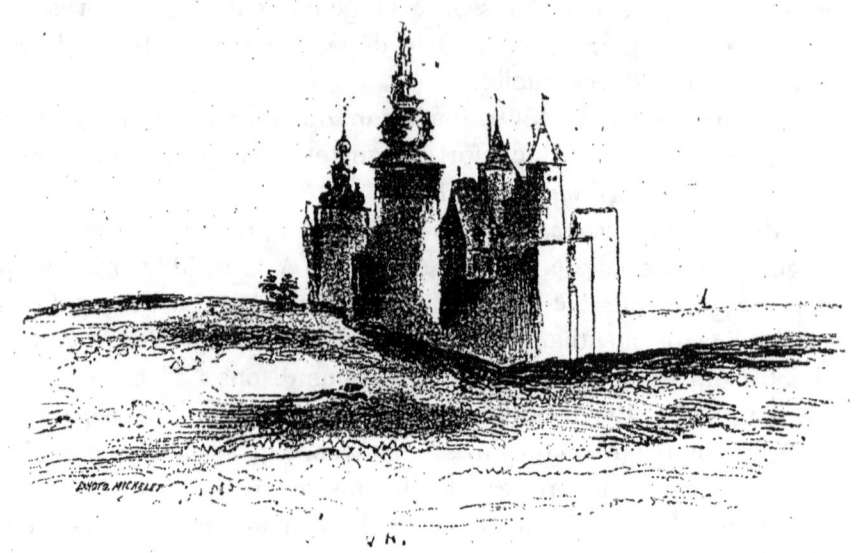

Un de mes châteaux en Espagne
Dessin de Victor Hugo (Album Paul Chenay, 1863)

devenue ville de combat; la ville de joie était devenue ville de terreur et de sépulcre. La nuit, les rues étaient toutes noires : pas un délit. Moi qui parle, toutes les nuits, je traversais, seul et presque d'un bout à l'autre, Paris ténébreux et désert; il y avait là bien des souffrants et bien des affamés; tout manquait, le feu et le pain; eh bien, la sécurité était absolue. Paris avait la bravoure au dehors et la vertu au dedans. Deux millions d'hommes donnaient ce mémorable exemple. C'était l'inattendu dans la grandeur. Ceux qui l'ont vu, ne l'oublieront pas. Les femmes étaient aussi intrépides devant la famine que les hommes devant la bataille. Jamais plus superbe combat n'a été livré de toutes parts à toutes les calamités à la fois. Oui, l'on souffrait; mais savez-vous comment? On souffrait avec joie, parce qu'on se disait : Nous souffrons pour la Patrie!... — Paris

VICTOR VILAIN

*

Buste

DE

Madame Juliette Drouet

espérait votre reconnaissance, et il obtient votre suspicion. Mais qu'est-ce qu'il vous a donc fait?... Paris s'est dévoué pour tous... Voilà ce qu'il vous a fait. Il a plus que sauvé la vie à la France, il lui a sauvé l'honneur... — On vous dit : N'entrez pas dans Paris; les Prussiens sont là. — Qu'importe, les Prussiens! Moi, je les dédaigne. Avant peu, ils subiront la domination de ce Paris qu'ils menacent de leurs canons et qui les éclaire de ses idées... Désormais le séjour des Prussiens en France est dangereux, surtout pour le roi de Prusse. » Il ajouta : « Les Prussiens ont démembré la France, ne la décapitons pas ! » Le 8 mars, il descendit de la tribune au milieu de ces cris : « — Vous ne parlez pas français! — Portez ça à la Porte-Saint-Martin ! — Imposteur ! — Corrupteur ! — Apostat ! — Buveur de sang ! — Bête féroce ! — Poète ! — A mort ! » — Il écrivit sur l'heure : « Il y a trois semaines, l'Assemblée a refusé d'entendre Garibaldi ; aujourd'hui elle refuse de m'entendre. Cela me suffit, je donne ma démission. »

D'après la photographie de Charles Hugo
Hauteville-House, 1851

Le 13 mars, au deuil de la patrie s'ajouta pour lui le deuil de la famille : son fils Charles mourut.

Il était à Bruxelles pour des formalités à remplir dans l'intérêt de Georges et Jeanne, ses deux petits-enfants orphelins, quand la guerre civile succéda dans Paris à la guerre étrangère.

Le 15 avril, parurent les vers intitulés *Un cri* :

Se retrouver héros pour être fratricides !...

Le 21 avril, *Pas de représailles*.

Je sauverais Judas, si j'étais Jésus-Christ !...

Le 6 mai, *Les deux trophées* :

Quoi ! de nos propres mains nous achevons la France !...

Par une lettre publiée dans l'*Indépendance belge* du 27 mai, il offrit asile chez lui, rue des Barricades, n° 4, aux vaincus que le gouvernement royal refusait de reconnaître comme réfugiés politiques. Dans la nuit du 27 au 28, sa maison fut assaillie; on tenta de l'y lapider entre Jeanne et Georges. Le fils du ministre de l'Intérieur, qui était des assaillants, fut condamné à 100 francs d'amende; et, pour la seconde fois, le lapidé fut expulsé de cette terre inhospitalière.

Dès que *Le Rappel* put reparaître, il revint à Paris demander l'amnistie, « l'amnistie tout de suite, l'amnistie avant tout. » En avril 1872, il donna *L'Année Terrible*. Le 16 septembre 1873, *La Libération du territoire*. Le 26 octobre, nouveau deuil : mort de François-Victor Hugo. Comme aux attentats de l'Empire, le poète répond par des chefs-d'œuvre aux cruautés du Destin. A la fin de 1874 : *Quatre-vingt-treize*. En février 1875 : *Pour un Soldat*, brochure qui sauve une vie humaine. Discours aux obsèques de Mme Meurice, d'Edgar Quinet, de Frédérick Lemaître, de Mme Louis Blanc, de George Sand, d'Edmond Adam. Le 30 janvier 1875, Victor Hugo est porté au Sénat par les électeurs parisiens. Au cours des années 1876 et 1877, publication des trois volumes d'*Actes et Paroles*. Le 26 février 1877, publication des deux volumes de la seconde *Légende des Siècles*. Trois mois plus tard, *L'Art d'être grand-père*. Après la tentative du 16 mai, Victor Hugo réunit chez lui chaque mardi l'extrême gauche sénatoriale. Il parle au palais du Luxembourg contre la dissolution de la Chambre : « C'est aujourd'hui que le Sénat va être juge. C'est aujourd'hui que le Sénat va être jugé... » Et un tumulte s'élève, quand il appelle le nouveau Coup d'État « une étrange insurrection. » Le 1er octobre, l'*Histoire d'un Crime* sert d'avertissement au pays. Le 12, il soutient au gymnase Paz la candidature Grévy : « Nommer M. Grévy, c'est faire réparation au passé et donner un gage pour l'avenir. »

Cependant de nombreuses éditions populaires de ses œuvres étaient publiées avec de belles illustrations, parmi lesquelles les plus caractéristiques étaient les dessins du Maître lui-même. Car Victor Hugo eût pu être un grand peintre, s'il n'eût préféré être un grand penseur. Il suffit pour s'en convaincre de parcourir l'album publié en 1863 par l'éditeur Castel : *Dessins de Victor Hugo, gravés par Paul Chenay, texte par Théophile Gautier*. Nous reviendrons, dans une notice spéciale, sur « Victor Hugo dessinateur. »

D'autre part, ses drames reparaissaient successivement sur la scène et soulevaient une admiration unanime. En 1872, *Ruy Blas;* en 1873, *Marion Delorme* et *Marie Tudor.* En novembre 1877, *Hernani* fut repris à la Comédie-Française. Le 9 décembre, le poète remerciait, dans un dîner au Grand-Hôtel, le théâtre et la presse : « Il est bon que le monde littéraire jette son reflet sur le monde politique. Il est bon que nos régions paisibles donnent aux régions troublées ce grand exemple, la Concorde, et ce beau spectacle, la Fraternité. Corneille, le vieux Corneille, le grand Corneille, se sentant près de mourir, jetait cette superbe aspiration vers la gloire, ce grand et dernier cri :

Au moment d'expirer, je tâche d'éblouir.

Eh bien ! je dirai, moi :

Au moment d'expirer, je tâche d'apaiser. »

Le 14 mars 1878, deuxième volume de l'*Histoire d'un Crime.* Le 22 mars, reprise des *Misérables*, le drame de Charles Hugo. Le 29 avril, un nouveau poème : *Le Pape.* Le 1ᵉʳ juin, discours pour célébrer le centenaire de Voltaire : « Messieurs, le xixᵉ siècle glorifie le xviiiᵉ. Le xviiiᵉ propose, le xixᵉ conclut... Les temps sont venus. Le droit a trouvé sa formule : la fédération humaine... Puisque la nuit sort des trônes, que la lumière sorte des tombeaux ! » Le 17 juin, discours pour l'ouverture du Congrès littéraire international. Victor Hugo propose un système appelé *Le domaine public payant,* par lequel les œuvres de l'esprit deviennent propriété nationale après la mort de l'auteur, avec simple redevance proportionnelle attribuée aux héritiers sur l'argent rapporté. Jamais il n'avait prononcé de plus belles, de plus fécondes paroles. Le lendemain, Auguste Vacquerie écrivait : — Qui aurait pu entendre, sans en être ému profondément et sans battre des mains, cet admirable passage sur la nécessité de la lumière dans les esprits, comme dans les rues, pour que n'y viennent plus rôder et s'embusquer dans les coins ténébreux ces malfaiteurs, ces voleurs de nuit, ces assassins : l'erreur, la superstition, le mensonge? Et cet autre passage non moins admirable, où l'orateur défie les hommes du passé, les regarde avec curiosité essayer leurs forces, et les invite à « rêver un Syllabus assez grand pour la France, un éteignoir assez grand pour le soleil! » C'était l'année de l'Exposition universelle. Victor Hugo se prodiguait. Après un excès de fatigue, il fut de nouveau pris d'un zona dont il avait été affligé récemment, et dut garder quelque temps un repos absolu. Il alla se reposer à Guernesey.

Le 20 février 1879, il publie *La Pitié suprême*. Il venait d'accepter, avec Louis Blanc, la présidence du Comité d'aide aux amnistiés. Le 18 mai, au banquet commémoratif de l'abolition de l'esclavage, il dit : « Refaire une Afrique nouvelle, rendre la vieille Afrique maniable à la civilisation, tel est le problème. L'Europe le résoudra. » Et il termine par une splendide description du

Marine-Terrace, habitation de Victor Hugo à Jersey

continent à humaniser : *Africa portentosa*. Le 3 août, il parle à la salle du Château-d'Eau au profit de l'œuvre du Congrès ouvrier de Marseille : « Le genre humain, depuis quatre cents ans, n'a point fait un pas qui n'ait marqué. Nous entrons dans les grands siècles. Le seizième siècle aura été le siècle des peintres, le dix-septième le siècle des écrivains, le dix-huitième le siècle des philosophes, le dix-neuvième le siècle des apôtres et des prophètes. Pour suffire au dix-neuvième siècle, il faut être peintre comme au seizième, écrivain comme au dix-septième, philosophe comme au dix-huitième ; il faut, en outre, avoir en soi, comme Louis Blanc, ce religieux amour de l'humanité qui constitue l'apostolat et qui fait distinctement voir l'avenir. Au vingtième siècle, la guerre sera morte, l'échafaud sera

VICTOR HUGO

Cliché Nadar (1861)

mort, la haine sera morte, la royauté sera morte, les dogmes seront morts, l'homme vivra. Il y a, au-dessus de tout, une grande patrie, toute la terre, et une grande espérance, tout le ciel. — Saluons-le, ce beau vingtième siècle, qui possèdera nos enfants et que nos enfants possèderont. — La question unique à cette heure, c'est le travail. La question politique est résolue. La République est faite, et rien ne la défera. La question sociale reste. Elle est terrible, mais elle est simple. C'est la question de ceux qui ont et de ceux

Hauteville-House, habitation de Victor Hugo à Guernesey

qui n'ont pas. Il faut que le second de ces termes s'évanouisse. Pour cela, le travail suffit.... Ayons foi ! Le travail, c'est la vie ; la pensée, c'est la lumière. »

Notre-Dame de Paris avait été remise à la scène par les soins de M. Paul Meurice. Le 25 février 1880, la Comédie-Française célébra le cinquantième anniversaire de la première représentation du premier drame représenté de Victor Hugo : « Les noces d'or de *Hernani* avec la gloire », pour parler comme François Coppée dans son poème *La Bataille de Hernani*. Après le dernier acte, le rideau se releva, et devant le buste du poète couronné de lauriers, Sarah Bernhardt, une palme d'or à la main, prêta sa voix musicale à cet hommage en rimes sonores. Elle le répéta au banquet offert à Victor Hugo par la presse; puis, M. Emile Augier prit la parole: « Cher et glorieux Maître, combien, parmi ceux qui vous offrent cette fête, combien n'avaient pas atteint l'âge d'homme, combien même n'étaient pas nés, le jour où éclatait sur la scène française l'œuvre immortelle dont nous célébrons aujourd'hui le cinquantième anniversaire! Les premiers artistes qui ont eu l'honneur de l'interpréter ont tous disparu. Ils ont été deux fois et brillamment remplacés. Les générations se sont succédé, les gouvernements sont tombés, les révolutions se sont multipliées. L'œuvre a survécu à tout et à tous, de plus en plus acclamée, de plus en plus jeune, et il semble qu'elle ait communiqué au poète quelque chose de son éternelle jeunesse. Le temps n'a pas de prise sur vous, cher Maître; vous ne connaissez pas de déclin; vous traversez tous les âges de la vie sans sortir de l'âge viril. L'imperturbable fécondité de votre génie, depuis un demi-siècle et plus, a couvert le monde de sa marée toujours montante; les résistances furieuses de la première heure, les aigres rébellions de la seconde, se sont fondues dans une admiration universelle; les derniers réfractaires sont rentrés au giron, et vous donnez aujourd'hui ce rare et magnifique spectacle d'un grand homme assistant à sa propre apothéose et conduisant lui-même le char du triomphe définitif, que ne poursuit plus l'insulteur. Quand La Bruyère, en pleine Académie, saluait Bossuet Père de l'Eglise, il parlait d'avance le langage de la postérité. Vous, cher Maître, c'est la postérité même qui vous entoure ici; c'est elle qui vous salue et qui vous porte ce toast : Au Père! »

Le 29 avril, on eut *Religions et Religion*. En juillet, nouvelle allocution pour l'amnistie au Sénat. Le 1er août, discours à la Distribution des récompenses de la Société pour l'instruction élémentaire. Au mois d'octobre, *L'Ane*. Le 26 décembre, à Besançon, dans une fête solennelle due à l'initiative de M. Oudet, sénateur et maire de la ville, fut inaugurée la plaque commémorative posée par les soins du conseil municipal sur la façade de la maison natale de Victor Hugo : une lyre, en travers une branche de laurier, et, sur le tout, une feuille de bronze portant cette inscription :

VICTOR HUGO
26 FÉVRIER 1802

Paris, la ville d'adoption de Victor Hugo, la cité qu'il a sacrée « capitale des peuples » dans la dédicace de *L'Année terrible*, ne voulut pas rester en arrière de Besançon. Le 26 février 1881, eut lieu, pour l'entrée triomphale du Maître dans sa quatre-vingtième année, la grandiose manifestation qui remplira la seconde partie du *Livre d'Or*.

Le 9 mai, le sénateur préfet de la Seine, M. Herold, porta à Victor Hugo la lettre suivante : « Cher Maître, je vous remets sous ce pli : 1° la copie du décret qui donne à la partie principale de l'avenue d'Eylau le nom d'avenue Victor-Hugo ; 2° la copie du rapport sur lequel ce décret a été rendu ; 3° la copie de l'arrêté qui confère le nom de place Victor-Hugo au quadrilatère formé par les avenues du Trocadéro et d'Eylau et par les rues Mignard et Spontini. Cette place paraît tout à fait appropriée à l'érection d'une statue. »

Pour l'érection de cette statue, un comité se forma immédiatement, réunissant les noms des plus illustres de l'Europe intellectuelle. Une souscription fut ouverte ; bientôt l'espoir de M. Herold sera réalisé.

En mai 1881, *Les Quatre Vents de l'Esprit*. En décembre, éclatant succès de *Quatre-vingt-treize* au théâtre de la Gaîté. En mai 1882, *Torquemada*. Et il en sera ainsi de suite ! pouvons-nous dire, car tout le monde connaît la fameuse « malle aux chefs-d'œuvre », remplie à déborder de pages inédites. De là sortiront des odes, des romans, des drames, des livres de science et de rêve, des épopées, des féeries. *La Quiquengrogne* et *Le Fils de la Bossue*, annoncés jadis, n'y sont pas, je pense ; mais on y trouverait certainement *Le Théâtre en liberté* et *Les Drames de l'Invisible, Les Jumeaux, La Grand'Mère, L'Épée, Peut-être frère de Gavroche, La Forêt mouillée*, où les fleurs et les arbres parlent, *Homo, Pages de ma vie, Toute la Lyre, Souvenirs d'un enfant de neuf ans, La Vision du Dante, Les Colères justes, Les Années funestes, Histoire des Révolutions intérieures d'une âme honnête, Essai d'explication sur les effets de la forme sphérique, Le Dossier de la peine de mort*, la troisième série de *La Légende des Siècles, La Fin de Satan, Dieu*. Et ce n'est pas tout ; chaque jour le trésor s'augmente, car le poète, suivant le précepte antique, ne laisse passer aucun jour qui ne soit marqué par une ligne magistrale. Puisse-t-il, pour l'honneur de la France et le bonheur de l'humanité, voir encore, comme on le lui a souhaité le 27 février dernier, des retours nombreux de son glorieux anniversaire !

En 1820, à dix-huit ans, il interrogeait ainsi les gens de lettres ses contemporains : « Est-il dans vos rangs, l'homme qui possède l'*os magna sonaturum*, la bouche capable de dire les grandes choses, la *ferrea vox*, la voix de fer? l'homme qui ne fléchira pas devant les caprices d'un tyran ou les fureurs d'une faction? » Cet homme, ce fut lui-même. L'idéal qu'il rêvait à dix-huit ans, il l'a pleinement réalisé ; il en a fait l'âme de l'âge nouveau. N'a-t-il pas remporté plus de victoires que tous les feld-maréchaux des rois de Prusse, révélé plus de terres inconnues que tous les Livingstone de la vieille et de la nouvelle Angleterre, découvert plus d'étoiles que tous les Leverrier du monde? Et ses conquêtes pacifiques sont des conquêtes éternellement fécondes; et ses créations rayonnantes sont des constellations habitées par des esprits supérieurs, par une humanité divine. Très certainement, l'on ne dira pas plus « Le siècle de M. de Bismarck » ou « Le siècle de M. Grant », que l'on n'a dit « Le siècle de Marlborough » ou « Le siècle de Frédéric II »; mais, comme on a dit « Le siècle de Voltaire », on dira peut-être bien « Le siècle de Victor Hugo. » Quoi qu'il arrive, nul n'est plus digne que lui de représenter, devant la postérité reconnaissante, les cent années de luttes héroïques et de glorieux travaux qu'il a vécu ou qu'il vivra.

Victor Hugo expliquant à Jeanne les lois de l'équilibre.

VICTOR HUGO

Cliché Walery (1881)

LES PORTRAITS DE VICTOR HUGO

PAR LES ÉCRIVAINS ET LES ARTISTES

Dans la biographie sommaire qu'on vient de lire, il a fallu, pour ne pas rompre la suite logique, l'ensemble et l'harmonie des faits, écarter toutes les digressions, même d'un vif intérêt, qui en auraient pu détruire les proportions et agrandir démesurément le cadre. Un aperçu caractéristique sur les manières d'être et de vivre de Victor Hugo, aux diverses époques de son existence, en est donc le complément nécessaire.

Il a été fait successivement d'après lui des portraits de tous genres, qu'il est curieux de comparer entre eux. Son premier signalement tient en une ligne : « Il n'est pas plus long qu'un couteau ! » fit sa mère quand il vint au monde ; et son frère, le gros Eugène, criait, en voyant le nouveau-né : « Oh! la bébête! » Le médecin le condamna immédiatement. Lui même, il se représente comme étant alors :

> Un enfant sans couleur, sans regard et sans voix,
> Si débile, qu'il fut, ainsi qu'une chimère,
> Abandonné de tous excepté de sa mère,
> Et que son cou, ployé comme un frêle roseau,
> Fit faire en même temps sa bière et son berceau.

La tête de l'enfant semblait, en effet, trop lourde pour le corps et penchait sur les épaules; mais les épaules étaient larges, la poitrine était spacieuse et solide. Et puis sa mère voulait qu'il vécût :

> Oh! l'amour d'une mère! — amour que nul n'oublie!
> Pain merveilleux que Dieu partage et multiplie!
> Table toujours servie au paternel foyer!
> Chacun en a sa part et tous l'ont tout entier!

Il resta quelques années triste, languissant, pleurant en silence. Puis, il prit des forces. « Victor, écrivait d'Espagne son père à sa grand'mère, montre une grande aptitude à étudier. Il est aussi posé que son frère aîné, et très réfléchi. Il parle peu et jamais qu'à propos. Ses réflexions m'ont plusieurs fois frappé. Il a une figure très douce. » Quand sa mère le conduisit à Madrid, ce qu'il vit surtout, rapporte un écrivain qui l'a intimement connu, ce fut la *vieille* Espagne : « Il la vit si bien et de si bonne heure, il en comprit si bien les mœurs, les usages, les croyances et les passions, l'accent même, qu'on le prit pour un jeune Espagnol des Castilles chevaleresques, lorsqu'il fut ramené en France à la fin de 1812, à l'heure suprême! Il avait l'habit, la démarche et la gravité de don Juan adolescent, avec une ardeur qui le poussait du beau côté des poésies de la sainte et chaste jeunesse. »

Après ses premiers succès d'Académie, il reçut la visite de Lamartine dont les impressions sont notées en ces termes : « Dans une maison obscure, au fond d'une cour, au rez-de-chaussée, une mère grave, triste, affairée, faisait réciter des devoirs à des enfants de différents âges; c'étaient ses fils. Elle nous ouvrit une salle basse, un peu isolée, au fond de laquelle un adolescent studieux, d'une belle tête lourde et sérieuse, écrivait ou lisait; c'était Victor Hugo, celui dont la plume aujourd'hui fait le charme ou l'effroi du monde. »

Voici comment, environ dix ans plus tard, en 1830, il apparut pour la première fois à Théophile Gautier, au lendemain de *Hernani* : « Ce qui frappait d'abord dans Victor Hugo, c'était le front, vraiment monumental, qui couronnait, comme un fronton de marbre blanc, son visage d'une placidité sérieuse. Il n'atteignait pas, sans doute, les proportions que lui donnèrent plus tard, pour accentuer chez le poète le relief du génie, David d'Angers et d'autres artistes ; mais il était vraiment d'une beauté et d'une ampleur surhumaines ; les plus vastes pensées pouvaient s'y écrire, les couronnes d'or et de laurier s'y poser, comme sur un front de dieu ou de césar. Le signe de la puissance y était. Des cheveux châtain-clair l'encadraient et retombaient, un peu longs. Du reste, ni barbe, ni moustaches, ni favoris, ni royale : une face soigneusement rasée, d'une pâleur particulière, trouée et illuminée de deux yeux fauves, pareils à des prunelles d'aigle ; et une bouche à lèvres sinueuses, à coins surbaissés, d'un dessin ferme et volontaire, qui, en s'entr'ouvrant pour sourire, découvrait des dents d'une blancheur étincelante. Pour costume, une redingote noire, un pantalon gris, un petit col de chemise rabattu, la tenue la plus exacte et la plus correcte. — On n'aurait vraiment pas soupçonné dans ce parfait gentleman le chef de ces bandes échevelées et barbues, terreur des bourgeois à menton glabre. Tel Victor Hugo nous apparut à cette première rencontre ; et l'image est restée ineffaçable en notre souvenir. Nous gardons précieusement ce portrait, beau, jeune, souriant, qui rayonnait de génie et répandait comme une phosphorescence de gloire. »

Tout récemment, le Maître disait, avec son bon sourire toujours si frais et si lumineux, à quelques amis réunis autour de sa table un soir de printemps : « Entre nous, maintenant, je puis constater sans fatuité rétrospective que les peintres et les dessinateurs qui m'ont représenté à la fleur de l'âge, ne m'ont point flatté, oh ! point du tout. Ils m'ont généralement accommodé à la manière noire, avec une pose apprêtée, un air mystérieux. » Et, se penchant vers sa voisine, il ajouta gaiement à mi-voix : « Je vous assure, madame, que je n'étais pas, en ce temps-là, aussi rébarbatif que les images pourraient vous le faire croire ; j'étais même un assez joli garçon ; ils m'ont rendu vilain, en m'embellissant. » Quelqu'un fit observer que l'expression est ce qui donne le plus de charme au visage humain, et aussi ce que les artistes, même les meilleurs, arrivent le plus rarement à reproduire avec fidélité. La conversation se termina par ces mots : « On n'est bien représenté que par l'artiste qui vous comprend pleinement. » S'il en est ainsi, Victor Hugo risquait fort, dès l'origine, de ne point rencontrer un parfait interprète.

« Figurez-vous, dit Jules Janin, un visage aimable, un sourire facile, une opulente gaieté, un grand rire, une santé de fer... Autant il était de bonne humeur aux heures de délivrance, autant il était silen-

Théophile Gautier (dessin de E. de Liphart)

Théodore de Banville (dessin de E. de Liphart)

cieux, caché et laborieux, aux heures de l'inspiration. Peu de gens l'ont vu à l'œuvre ; il se cache pour travailler, comme on se cacherait pour mal faire ; et quand il est en mal d'enfant, tout lui convient : la douce promenade à l'ombre et la marche haletante au soleil éclatant. Dans sa tête, il arrange, il écrit toute chose, et il ne s'arrête que si l'œuvre entière est accomplie. En ces moments pénibles et charmants, il ne reconnaît plus guère que les êtres qu'il aime le mieux et qui s'enfuient à son approche, tant c'est un grand respect qui entoure un pareil labeur !... Il aimait les jeunes femmes d'origine antique ; il aimait les vieux noms de l'histoire et les noms récents de la nouvelle poésie... O le merveilleux causeur, quand il était en train d'être aimable, et que, bien à l'aise au milieu d'un cercle enchanté de son génie, il s'abandonnait à ses innocentes et bruyantes gaietés ! C'est surtout quand il était au milieu de tous les siens, que rien ne manquait à sa joie, à sa fortune. Il possédait, de si bonne heure (à l'âge où les prévoyants osent à peine songer au mariage), une femme adorable, adorée, et quatre de ces beaux enfants comme on en rêve. Ils étaient deux garçons, elles étaient deux jeunes filles ; et tout ce petit monde heureux, et déjà fier du nom paternel, se montre à chaque instant dans les divines élégies sorties de ce noble cœur. Cette innocente famille était son charme et sa force ; elle lui donnait le courage, elle le maintenait au travail ; abattu, elle le récréait ; elle ajoutait au triomphe... »

Après la mort de l'enfant bien-aimée, après les jours de lutte et les nuits d'angoisse de la seconde République, après les barricades ensanglantées et le tragique désastre, dans le recueillement profond de l'exil, au souffle âpre des bises du large, au glas lugubre sonné sur les grèves par les vagues amères de l'implacable Océan, parmi les souvenirs sombres et les blanches espérances, entre les pleurs des spectres et le chant des âmes, la physionomie du poète, repétrie par la puissance intérieure de la pensée avec plus de vigueur que par le pouce d'un Michel-Ange, se modifia comme son génie même et se transfigura comme la physionomie de son vers, qui sut alors refléter, révéler, animer, exalter en des rythmes inouïs et souverains, en de symboliques sonorités, en d'irrésistibles épanchements de divine harmonie, l'infini de la nature et le mystère de l'humanité, avec toutes leurs cruautés et toutes leurs caresses, tous leurs éblouissements et tous leurs vertiges. « Chez Hugo, s'écrie Gautier, les années, qui courbent, affaiblissent et rident le génie des autres maîtres, semblent apporter des forces, des énergies et des beautés nouvelles. Il vieillit comme les lions. Son front, coupé de plis augustes, secoue une crinière plus longue, plus épaisse et plus formidablement échevelée. Ses ongles d'airain ont poussé. Ses yeux jaunes sont comme des soleils dans des cavernes ; et, s'il rugit, les autres animaux se taisent. » Cette image frappante, cette superbe métaphore, ne semble-t-elle pas être un véritable portrait ?

A cette époque, le visage du Maître a pris des lignes d'une grandeur singulière. Les angles se sont arrondis ; les traits, mieux proportionnés, se sont fermement accentués, largement et définitivement fondus dans une plénitude imposante. Cette tête énergique et paternelle est illuminée par le rayonnement d'un regard visionnaire. « Ce n'est plus, écrivait Baudelaire, dans les environs boisés et fleuris de la grande ville, sur les quais accidentés de la Seine, dans les promenades fourmillantes d'enfants, qu'il fait errer ses pieds et ses yeux. Comme Démosthènes, il converse avec les flots et le vent ; autrefois, il rôdait, solitaire, dans les lieux bouillonnant de vie humaine ; aujourd'hui, il marche dans des solitudes peuplées par sa pensée. Aussi est-il peut-être encore plus grand et plus singulier. Les couleurs de ses rêveries se sont teintées en solennité ; et sa voix s'est approfondie, en rivalisant avec celle de l'Océan. Mais, là-bas comme ici, toujours il nous apparaît comme la statue de la Méditation qui marche. »

Théodore de Banville, qui, après une séparation de dix ans, l'avait retrouvé, au fameux banquet des *Misérables*, à Bruxelles, portant toute sa barbe sous ses cheveux argentés, fit de lui en 1866 ce fin *Camée* : « Lorsque je regarde les deux bustes par David, dont l'un fut surnommé Hugo-Dante et l'autre Hugo-Virgile ; l'un jeune, grave et doux, exprimant l'amant passionné de la nature ; l'autre triste, farouche, baigné par une longue chevelure et couronné du laurier épique des victorieux ; — et que je revois dans ma mémoire, pour le leur comparer, le Hugo actuel, non plus blanc et pâle, à la chair un peu molle, mais ferme, hardi, tanné et basané par le vent de la mer, à l'œil de feu, au nez plus aquilin, aux cheveux librement envolés, à l'oreille exquise, à la barbe blanche si accentuée par la moustache et l'impériale, longues, soyeuses et très noires ; — je ne puis m'empêcher de trouver le Hugo actuel plus beau et plus vrai que celui de 1835, comme aussi je préfère au poète des *Feuilles d'Automne* celui de *La Légende des siècles*. Le front lui-même, moins excessif qu'autrefois, s'est modelé à nouveau avec plus de fermeté. Au temps de ses triomphes romantiques, Hugo n'était qu'un dieu ; aujourd'hui, c'est un homme. »

Jules Claretie, son compagnon dans le retour à Paris, en 1870,

et depuis lors son visiteur assidu, a donné en 1874 cette autre effigie :
« Les épaules sont larges, les muscles solides, la tête puissante. Jadis pâle, le teint est devenu rouge. Le vent de l'Océan a coloré ses joues, entourées d'une barbe fine littéralement argentée. Des cheveux blancs et drus se dressent hardiment sur un front luisant et bombé, ce vaste front demeuré légendaire. Et sous ce front, des yeux bleus, tantôt irrités, passionnés, tantôt pétillants d'esprit ou illuminés de bonté, s'ouvrent, tour à tour contemplatifs et malicieux. Une voix gutturale, bien timbrée, un peu aiguë; des gestes élégants, une politesse d'un autre temps, la politesse française d'avant les *shakehands* britanniques et l'anglomanie; une affabilité toute particulière; quelque chose encore, malgré tant de gloire, d'une timidité naturelle primitive, celle qui naît d'une juste fierté; la bonne grâce unie au génie; un grand charme se dégageant d'un grand homme; tel est Victor Hugo chez lui, Victor Hugo accueillant ses hôtes, causant de ses souvenirs littéraires ou jouant avec ses petits-enfants. »

Le 30 mai 1878, après avoir entendu le beau discours pour le Centenaire de Voltaire, Camille Pelletan écrivit ces lignes : « Le poète dit lentement. Sa voix, profonde et éclatante, lance chaque mot comme un coup de tonnerre. Presque aucun geste n'accompagne le débit. La puissance de l'attitude, la grande et sévère expression du visage, suffisent à accentuer la parole avec une force extraordinaire. Dès les premiers mots, on reconnaissait le majestueux et puissant coup d'aile du grand poète. Je ne sais rien de plus pathétique, que la façon dont il a abordé le génie de Voltaire, par le récit des supplices de Calas et de Labarre. Comme le Maître a mis sa marque sur ce sujet si souvent traité ! Cela était d'une simplicité et d'une grandeur admirables. On entendait crier les os sous le fer du bourreau. Toute la salle retenait son souffle. Et quand, dans une phrase superbe, et en quelque sorte par un de ces coups de théâtre de style qui lui sont familiers, après avoir tenu la foule dans l'horreur du supplice, brusquement Victor Hugo montra Voltaire poussant le premier cri contre ces monstruosités, une tempête de bravos remplit la salle de son tumulte... — Mais tout le reste a été effacé par la magnifique imprécation contre la guerre, contre le massacre, qui a éclaté dans plusieurs traits, à divers passages du discours, qui, surtout, a été développée à la fin avec une grandeur étourdissante. »

Tel Victor Hugo était en 1874 et en 1878, tel à peu près il est encore aujourd'hui. Le pas est un peu plus lourd, le geste un peu moins prompt. Mais la tête garde toute sa puissance, toute son expression, tout son rayonnement. Ce sont toujours ces superbes

※

S. PANNEMAKER

*

Portrait

DE

VICTOR HUGO

cheveux argentés, plantés dru, dressés droit, coupés court, sur ce front large et haut, « un des plus beaux laboratoires à pensées qui soient au monde. » C'est toujours cette barbe fine et légère, neigeuse et soyeuse, encadrant avec une splendide douceur cette puissante et

Jules Janin (dessin de E. de Liphart)

noble figure, cette « face de lion », comme ont dit les poètes, car tout ce qui d'abord y pouvait paraître aquilin s'est épanoui et affermi dans une léonine ampleur. Le teint est d'un rose vif, de ce rose vif dont s'illuminent les beaux soirs de mai; et l'on y devine la féconde ardeur d'un sang riche et pur, que l'hiver de l'âge ni le souffle froid des douleurs n'ont pu glacer ni affaiblir. La voix, claire ou grave avec souplesse, retrouve au besoin, encore que les phrases soient plus courtes et les paroles plus longuement scandées qu'autrefois, toutes ses chaudes et métalliques sonorités ; les dents n'ont rien perdu de leur blancheur éclatante, ni les lèvres de leur sinueuse et délicate finesse. Rien n'est plus doux que le sourire de cette bouche d'une si patriarcale jeunesse, dans les touffes floconneuses de la barbe blanchie. C'est la caresse du renouveau sur les frimas. On pense à la « neige odorante du printemps » et au vers de *Booz endormi* :

> Sa barbe était d'argent comme un ruisseau d'Avril.

Parfois le sourire s'achève en un ferme et franc éclat de rire, qui part et luit tel qu'une volée d'étincelles sur un feu dormant soudain réveillé. Les yeux ne sont pas tout à fait les yeux « jaunes » de lion qu'imaginait Théophile Gautier, ni les yeux « bleus » qu'a vus Jules Clarétie. Petits, limpides, profonds comme d'insondables puits de clarté, comme des trouées infinies de firmament, ils conservent leur incomparable vivacité sous les paupières plissées, mais toujours agiles. On dirait qu'ils n'ont point une couleur fixe et particulière, qu'ils sont faits de lueur pure, de mobile transparence, et qu'ils changent selon l'heure, l'air et la saison, comme le miroir des eaux profondes. Ils s'imprègnent successivement de toutes les teintes que leur offrent les jeux du jour et de la vie. Ils reflètent tour à tour, sous un voile pensif ou avec un gai scintillement, tous les phénomènes et toutes les émotions de la nature ambiante, tantôt montrant le gris perlé d'une belle après-midi d'hiver, ou bleuâtres avec les éclairs métalliques d'une lame d'épée, tantôt glauques ou bruns comme la vague marine sur les algues vertes ou sur les rochers noirs, tantôt pailletés et diamantés comme le sable d'un Pactole ou cuivrés comme un vibrant crépuscule, tantôt baignés de lueurs obscures et d'ombres argentines comme une étoile sous les saules d'un lac paisible, tantôt enfin se relevant, inondés d'impétueux jaillissements de flammes, comme l'Orient rallumé où, dans la pourpre, ressuscite le soleil. Le regard, si caressant, si doucement familier dans la causerie, prend tout à coup, naturellement, pour une allusion de hasard, pour un simple mot rappelant de hautes pensées, une concentration intense, un recueillement solennel. Puis, les idées se modifiant, la conversation retrouve, sans plus d'effort, sans plus de transition cherchée et sensible, le ton et l'allure de la libre et insoucieuse intimité ; et le regard sublime redevient le spirituel, le bienveillant regard. Ces petits yeux, d'une expression si supérieure et d'une si prodigieuse acuité, m'ont souvent rappelé des choses lues jadis sur les yeux des oiseaux, dans lesquels Buffon trouve deux membranes de plus que dans les nôtres : « Les oiseaux ont l'organe de la vue supérieur à celui de l'homme. Un milan voit un lézard du haut du ciel. L'aigle, en s'élevant au dessus des nuages, peut passer tout à coup de l'orage à la sérénité. » Le regard du grand songeur évoque, sous la palpitation des paupières, le coup d'aile de l'oiseau qui, d'un trait, monte au zénith pour s'orienter.

A l'occasion, le Maître souligne ses paroles d'un mouvement de main lent et sobre. En écoutant, il a pour geste habituel de frotter légèrement et vivement sa barbe ou ses cheveux, sous l'oreille ou sur la tempe, du bout de ses doigts levés. Ses mains sont étonnantes de finesse et de force; et Gautier a eu raison d'en signaler « les ongles d'airain. »

Les plus célèbres bustes de Victor Hugo sont les deux bustes en marbre blanc par David d'Angers, que Théodore de Banville appelle Hugo-Dante et Hugo-Virgile. David commença par tracer le simple profil du poète dans le médaillon daté de 1828, qui servit à exécuter la figure en bas-relief du tombeau du général Foy. Le « Hugo-Dante » est chez M. Paul Meurice et a paru sur la scène du Théâtre-Français dans la soirée des « Noces d'or de Hernani ». Le « Hugo-Virgile, » couronné de laurier, est chez le poëte lui-même, au bout de la vérandah ouvrant sur le jardin. Au bas du buste, à gauche, on lit ces mots en capitales creusées sur le plat du marbre et teintées de rouge : « A son ami Victor Hugo, P.-J. David d'Angers. 1844. » C'est après avoir lu les lettres sur *Le Rhin,* que David eut, paraît-il, l'idée de couronner le Maître. Lorsqu'il envoya son œuvre à Mme Victor Hugo, il lui écrivit : « Madame, recevez avec bienveillance le buste de votre illustre mari. Donnez un asile à cet ouvrage que je quitte à regret, car je sens combien il est loin de réaliser ce que mon admiration pour un noble et puissant génie m'a toujours inspiré... La couronne de laurier, que j'ai fixée pour les siècles et à l'insu d'Hugo, n'est point une flatterie. En mettant sur le buste le signe décerné aux grands hommes, je crois être l'interprète des nombreux admirateurs du poète immortel. L'avenir confirmera la pensée du statuaire. » Le 26 avril 1854, Victor Hugo lui adressa ces mots de Marine-Terrace : « Cher grand David, j'ai reçu votre bonne et noble lettre, avec la page si intéressante qu'elle contenait. Je suis heureux que le livre ait été à votre cœur. Cher ami, enviez-moi; enviez-moi tous! Ma proscription est bonne, et j'en remercie la destinée. En ces temps-ci, je ne sais pas si proscription est souffrance; mais je sais que proscription est honneur. O mon sculpteur, un jour vous m'avez mis une couronne sur la tête et je vous ai dit : Pourquoi ? — Vous deviniez la proscription !... Je vous serre les mains, poète du marbre. »

Le 21 juin 1832, il avait dit, dans une lettre citée par Sainte-Beuve : « La République proclamée par la France en Europe, ce sera la couronne de mes cheveux blancs. »

Victor Hugo et ses petits-enfants, Georges et Jeanne

M. Léopold Hugo, fils d'Abel Hugo, a chez lui un autre buste, antérieur aux travaux de David, dont l'auteur est M. Venot d'Auteroche et qui représente le poète à vingt ans. Le buste par Jehan Duseigneur (1831), d'un tiers plus grand que nature, est très expressif en sa simplicité bourgeoise, avec des sourcils trop durement accentués. Citons également un buste en bronze par G. Lebœuf, exposé au Salon de 1866. Sous la direction de M. Duquesnel, a été installé au foyer du Théâtre national de l'Odéon un buste en terre cuite par M. Schœnewerke, dont l'allure haute et fière est poétiquement belle. Le dernier buste du Maître, œuvre de M. Victor Vilain, a obtenu un grand succès au Salon de 1882. On y voit, fondues avec un art parfait, l'expression de la pensée auguste et l'expression de la

A. SCHŒNEWERK

*

Buste de Victor Hugo

FOYER DE L'ODÉON

bonté intime; on y devine tout ensemble le grand-père et l'homme de génie.

Les portraits peints d'après nature sont rares. Auguste de Chatillon exposa au Salon de 1836, sous le n° 344, un portrait en pied

Victor Hugo en 1882 (dessin de E. de Liphart)

de Victor Hugo assis, ayant, debout entre ses genoux, son fils François-Victor (et non « son fils Charles », comme le porte notre gravure par erreur de copie); nous l'avons reproduit d'après la lithographie de Benjamin (Imprimerie Aubert et Junca), publiée par la *Psyché* du 11 août 1836.

Louis Boulanger fit un autre portrait en 1839. Heim a mis la figure du grand poète dans la *Lecture au Théâtre-Français*, qui se trouve au musée de Versailles. Un portrait peint à Guernesey par M. Chiffart fut envoyé au Salon de 1868. Tout le monde a vu au Salon de 1879 l'œuvre de M. Bonnat, d'une exécution si magistrale et d'un si puissant caractère. Au Salon de 1880, une grande toile de M. Monchablon représentait Victor Hugo debout devant la mer, sur la côte de Guernesey. Je ne parle pas des tableaux historiques ou légendaires, dans lesquels Victor Hugo joue un rôle; on se rappelle notamment les trois « Nuit du 4 » envoyées au Salon de 1880 par MM. Henry Gervex, Paul Robert et Paul Langlois. On se rappelle aussi la statue de Gustave Déloye : « Le poète exilé », représentant Victor Hugo en Orphée (1867).

Parmi les meilleurs portraits gravés, on doit signaler : les deux lithographies de Devéria, la première (1828) peu reproduite, « belle comme œuvre d'art et d'une grande tournure, » dit Gautier, et la seconde (1829), tirée à un nombre considérable d'exemplaires; l'eau-forte de Célestin Nanteuil (1833), encadrée de vignettes en compartiments inspirées par les œuvres du poète; la lithographie de Julien (1835); celle de Lafosse, d'après un daguerréotype (1848); les diverses gravures d'après la photographie faite en 1851 par Charles Hugo; l'eau-forte par Maxime Lalanne dans *Chez Victor Hugo*, le livre de M. Lecanu (1864); le médaillon d'Edmond Morin (1864); la photographie Bacot (1865); l'héliogravure Baudran et De La Blanchère, d'après la photographie Nadar (1867); la lithographie de M. Penauille d'après la photographie Bertall (1869); et plus récemment encore, les dessins de L. Flameng, Vierge, Frédéric et Félix Régamey, Stéphane Pannemaker, sans oublier les gravures d'après les photographies Carjat, Pierre Petit, Garnier, Walery, etc.

Les portraits-charges les plus intéressants sont, avec un dessin fait par Mérimée en 1840 à une séance de l'Académie, ceux qu'ont signés Dantan, Daumier, Grandville, Gill, Pilotell, Le Petit et Gilbert-Martin. M. Aglaüs Bouvenne a publié en 1879 un catalogue des portraits et des charges. MM. Philippe Burty, inspecteur des Beaux-Arts, et A. Gouault, bibliothécaire de la Faculté de Caen, préparent une iconographie complète, historique et analytique, pour laquelle ils ont déjà rassemblé près de mille pièces, originaux et copies.

LES HABITATIONS — L'INTIMITÉ

La maison natale de Victor Hugo, dont nous avons donné un croquis, est une construction à trois étages, datant des premières années du xviiie siècle. Elle porte le n° 140 de la Grande-Rue de Besançon et s'ouvre sur la place Saint-Quentin, en face de l'ancienne rue Rondot-Saint-Quentin, aujourd'hui rue Victor-Hugo. La famille Hugo en occupa le premier étage, où mène un escalier à marches de pierre et colonnettes de bois. Le nouveau-né ne resta que six semaines à Besançon; l'homme n'y est jamais revenu. La plaque commémorative a été exécutée par M. Willemot, sur les dessins de M. Bérard, architecte de la ville.

Après les premiers voyages à l'île d'Elbe et en Corse, la famille habita à Paris, rue de Clichy, n° 24, une maison sur l'emplacement de laquelle s'ouvre aujourd'hui le square de la Trinité. Le poète s'en rappelle ceci : une cour avec un puits et une auge sous un saule, et dans la cour une chèvre. La chèvre de la Esméralda, peut-être ! Vers la fin de 1807, on alla rejoindre le père à Avellino. Dans l'Ode intitulée *Mon Enfance,* sont notés les lointains souvenirs du passage en Italie : le Mont-Cenis, l'Adige et l'Arno, Turin, Florence « aux plaisirs toujours prête », Rome « toujours vivante au fond de ses tombeaux », et Naples, que le Vésuve en feu « couvre d'un dais brûlant. »

> Avec nos camps vainqueurs, dans l'Europe asservie
> J'errai; je parcourus la terre, avant la vie...

Le père ayant été mandé en Espagne, on revint bientôt à Paris, où Mme Hugo, en Française voltairienne goûtant peu la beauté des champs, mais beaucoup le charme des jardins, se logea, impasse des Feuillantines, n° 12, au rez-de-chaussée d'une ancienne dépendance du couvent, « que dominait de sa tête de plomb le sombre dôme du Val-de-Grâce. » « Au fond du jardin il y avait de très grand arbres qui cachaient une chapelle à demi ruinée... Aujourd'hui, ces arbres, cette chapelle et cette maison ont disparu !... Une grande rue, assez inutile, passe par là. Il ne reste plus des Feuillantines qu'un peu d'herbe et un pan de mur décrépit entre deux bâtisses neuves... En janvier 1871, une bombe prussienne a choisi ce coin de terre pour y tomber. » Les enfants allaient à une école tenue par le père Larivière, un Oratorien marié par la Révolution. Aux heures libres, Paul Foucher et sa sœur Adèle, la « Pépita » évoquée plus tard dans le roman, jouaient avec eux sous la feuillée. Là, le futur poète « vivait dans les fleurs », regardant parfois, à travers les vitres brisées, les murs intérieurs de la chapelle incrustée de coquillages marins, asile de Lahorie. Au lendemain des illuminations qui brillèrent pour la naissance du Roi de Rome, on prit le chemin des Pyrénées :

> L'Espagne me montrait ses couvents, ses bastilles ;
> Burgos, sa cathédrale aux gothiques aiguilles ;
> Irun, ses toits de bois ; Vittoria, ses tours ;
> Et toi, Valladolid, tes palais de familles
> Fiers de laisser rouiller des chaînes dans leurs cours.

Dans ce voyage, un spectacle frappa vivement le futur auteur de *Torquemada* ; il vit un jour le peuple porter triomphalement, à travers les rues de Madrid, les instruments de torture tirés des prisons du Saint-Office. De retour à Paris, on ne put rester longtemps aux Feuillantines. Expropriation pour ouverture d'une nouvelle section de la rue d'Ulm. Déménagement le 31 décembre 1813. La famille occupa le rez-de-chaussée et une partie du second étage d'un ancien hôtel Louis XV, avec porte cochère et jardin minuscule, rue du Cherche-Midi, presque en face de l'Hôtel des Conseils de guerre. Dans l'automne de 1814, les deux frères cadets, Eugène et Victor, entrèrent à la pension Cordier-Decotte, rue Sainte-Marguerite, où ils restèrent jusqu'en 1818. Leur mère habita successivement alors un rez-de-chaussée de la rue des Vieilles-Tuileries, et un troisième étage de la rue des Petits-Augustins, dans un bâtiment faisant corps avec l'ancien couvent tranformé en musée, sur l'emplacement actuel de la cour de l'École des Beaux-Arts. Au commencement de 1821, convalescente et voulant respirer de nouveau l'air d'un jardin, elle s'installa au rez-de-chaussée d'une maison portant le n° 10 de la rue de Mézières. Elle y mourut. Son fils Victor y garda quelque temps une chambre, qu'il quitta pour une mansarde de deux pièces, rue du Dragon, n° 30, occupée de compte à demi avec un étudiant, son cousin. Un article du *Conservateur littéraire*, signé J. A., raconte une excursion en Bretagne. Il y est question d'une noce dans la campagne bretonne, « à laquelle, dit le narrateur, nous étions conviés, d'Au-

L. BONNAT

*

Portrait de Victor Hugo

SALON DE 1879

verney et moi. » Auverney, nom d'une ferme appartenant à la famille, était un des pseudonymes du jeune poète. Il passa, ultérieurement, quelques jours chez le duc de Rohan, à la Roche-Guyon, dont les ruines lui servirent de modèle pour la tour de Vermund le Proscrit, dans *Han d'Islande*. Un peu avant son mariage, il alla demeurer chez son frère Abel, rue du Vieux-Colombier. Il resta une partie de l'été de 1822 à Gentilly, avec la famille de sa fiancée. Rue du

Le salon, place Royale.

Cherche-Midi, n° 37, se fit la première installation du jeune ménage; rue de Vaugirard, n° 90, la seconde (1823). Au printemps de 1825, le poète, avec sa femme et la petite fille qu'elle allaitait, visita son père dans la propriété de Blois, où il voisinait avec M. de Talleyrand. On se rappelle les vers des *Feuilles d'Automne* :

> ... Cette maison
> Qu'on voit, bâtie en pierre et d'ardoise couverte,
> Blanche et carrée, au bas de la colline verte,
> Et qui, fermée à peine aux regards étrangers,
> S'épanouit charmante entre ses deux vergers;
> C'est là. Regardez bien, c'est le toit de mon père...

De Blois, on fit une excursion en Sologne, où le général possédait, au milieu des marais et des bruyères, une terre de dix-huit cents arpents. Une pièce des *Chansons des Rues et des Bois* s'appelle « Fuite en Sologne » :

> Le soir un lutin cogne
> Aux plafonds des manoirs ;
> Les étangs de Sologne
> Sont de pâles miroirs.

Puis ce fut le voyage de Reims, pour le sacre de Charles X. Les décorateurs, en posant leurs draperies, dégradaient si brutalement la vieille cathédrale, que le futur auteur de *Notre-Dame de Paris* put ramasser parmi les sculptures démolies, et rapporter chez lui, une tête de Christ au Jardin des Oliviers. Peu de temps après, eut lieu l'excursion en Suisse. En route, Victor Hugo passa chez Lamartine, à Saint-Point. Il vit ensuite Genève et la vieille rue des Dômes, Sallanches et Chamonix, l'Arve blanche d'écume et le Lac-Vert, le *Nant-Noir* et le Mont-Blanc. Il revint par Lyon.

En 1828, nous le trouvons établi, avec sa jeune famille, rue Notre-Dame-des-Champs, n° 11, au premier étage d'une maison où conduisait « une avenue plantée d'arbres et continuée par un jardin, dont les faux ébéniers touchaient les fenêtres de son appartement. Une pelouse s'étendait jusqu'à un pont rustique, caché l'été dans le verdoiement des branches. » C'est la maison célébrée par Janin, « une humble maison entre deux peupliers sonores ; au pied des peupliers, un banc de gazon. — Le perron de la maison se composait de six marches. Sur le gazon et sur le perron, et dans la maison ouverte au soleil, vous rencontriez des enfants bouclés, joufflus, joyeux, deminus, souriants... Tout chantait, tout rêvait, tout espérait dans ce petit coin de terre aimé des cieux. *Angulus ridet*. » C'est dans ce jardinet que la petite Léopoldine récitait les *Deux Archers*, commençant d'une voix claire et chantante, puis prenant, à partir de « C'était Satan », un amour de petit ton lugubre et de petit air terrible. — « Oh ! s'écriait l'heureux père en l'embrassant, comme tu me fais là de beaux vers ! » Là, furent écrits *Marion Delorme* et *Hernani*. Il y vint tant de visiteurs, que la propriétaire, bonne femme qui habitait le rez-de-chaussée et aimait le calme, pria le poète de chercher un autre logis. Au commencement de 1830, il transporta son domicile dans la maison, alors unique, de la rue Jean-Goujon, au second étage. A propos de *Hernani*, on lui écrivait des lettres anonymes conçues dans ce style : « Si tu ne retires pas ta sale pièce, on te fera passer le goût du pain. » Une nuit, vers deux heures, il écrivait à sa table de travail, quand un coup de pistolet partit dans la rue et une vitre éclata. La balle passa à quelques centimètres au-dessus de son front, et troua derrière lui un tableau de Boulanger.

Le poète avait fait connaissance avec M. Bertin, directeur du *Journal des Débats*, chez qui il passait l'automne, aux Roches, dans la vallée de la Bièvre, avec sa femme et ses enfants. Il y composa plusieurs pièces des *Feuilles d'Automne*, entre autres les vers intitulés *Bièvre* :

> Une rivière au fond, des bois sur les deux pentes;
> Là, des ormeaux brodés de cent vignes grimpantes;
> Des prés, où le faucheur brunit son bras nerveux;
> Là, des saules pensifs qui pleurent sur la rive,
> Et, comme une baigneuse indolente et naïve,
> Laissent tremper dans l'eau le bout de leurs cheveux.
>
> Là-bas, un gué bruyant dans les eaux poissonneuses
> Qui montrent en passant les jambes des faneuses;
> Des carrés de blé d'or, des étangs au flot clair;
> Dans l'ombre un mur de craie et des toits noirs de suie;
> Les ocres des ravins déchirés par la pluie;
> Et l'aqueduc au loin, qui semble un pont de l'air.

Trois des plus belles pièces des *Contemplations* ont aussi été écrites en ce doux séjour : *A André Chénier* (les Roches, juillet 1830); — *Le poète s'en va dans les champs...* (les Roches, juin 1831); — *Oui, je suis le rêveur...* (les Roches, août 1835).

En octobre 1832, pendant les répétitions de *Le Roi s'amuse*, déménagement de la rue Jean-Goujon à la place Royale, n° 6. Bel escalier de pierre. Haut et spacieux appartement, au second étage. Tableaux de Louis Boulanger, Auguste de Chatillon, Devéria, Nanteuil. Sculptures de David d'Angers et Jehan du Seigneur. Théophile Gautier vint habiter la maison qui, avec celle de Victor Hugo, fait l'encoignure. La grande pièce de réception, dont le dais fameux était orné d'un drapeau pris en 1830 à Alger, formait un vrai musée illustrant à souhait le goût du poète. « Je le vois encore, dit Théodore de Banville, dans ses vastes salons, qui avaient été ceux de Marion Delorme, accueillant tout ce que Paris a de charmant et d'illustre. Quel enchantement, ces soirées de la place Royale ! Dans le salon du fond, autour d'un énorme parterre de fleurs, étaient assises les femmes, jeunes, belles, souriantes, magnifiquement parées, heureuses d'être chez le grand poète; et là, Mme Victor Hugo faisait les honneurs avec sa grâce souveraine. Puis venait le grand salon, où se pressait toute une foule d'hommes et de femmes, parmi laquelle on n'eût pas trouvé un être banal ou quelconque, et dont le décor splendide était bien le cadre qu'il fallait à de pareilles fêtes. Les deux cheminées à manteau,

La serre, Marine-Terrace.

✻

V. VILAIN

*

Buste de Victor Hugo

✻

placées en face l'une de l'autre, ornées de miroirs curieux et de chandeliers d'or, les immenses rideaux de vieux damas de soie rouge, les meubles antiques, étaient du plus grand caractère ; et les embrasures des fenêtres étaient si larges et si profondes, que chacune d'elles devenait comme un petit salon où l'on pouvait s'isoler et causer librement. Dans la salle à manger, ornée de vieilles armes, foule plus grande encore ; et on voyait là, jeunes, empressés, allant et venant, parfois écrivant ou dessinant sur des albums ouverts, tous les hommes

La chambre à coucher, Marine-Terrace.

de ce temps qui sont devenus célèbres. — En été surtout, c'était ravissant. La grande porte de l'appartement restait ouverte ; le parfum des fleurs et des feuillages entrait par les fenêtres, et la soirée avait lieu sur la place Royale en même temps que dans les salons… — Dans cette salle à manger dont je parle, il y avait un magnifique dais de trône qui avait appartenu à Mme de Maintenon ; et les farceurs des petits journaux avaient imaginé de dire que ce dais était placé au-dessus d'un trône destiné à Victor Hugo. En réalité il ne surmontait qu'un simple divan, sur lequel tout le monde s'asseyait, excepté le poète, qui, régnant sur son temps par la grâce du génie et domptant les âmes enivrées, n'avait que faire de jouer au monarque. Il avait, ma foi ! bien d'autres tigres à peigner. Il était là comme, depuis, nous l'avons vu partout, affable, accueillant, occupé de tous, s'oubliant lui-même, et de l'ancienne aristocratie n'ayant gardé que la politesse exquise et la courtoisie familière. Une fois chez lui, on était chez soi, libre, heureux, disposant de tout, réchauffé dans une bonne atmosphère d'affection et de tendresse. C'était la vraie et bonne hospitalité, celle qu'on trouve en effet chez les rois, et aussi chez les bûcherons. »

Un soir qu'il revenait à la place Royale, après avoir travaillé en marchant, selon sa coutume, il fut, au coin de la rue des Tournelles, assailli et renversé par une bande de malfaiteurs. Des passants survinrent. Les assaillants prirent la fuite. N'y a-t-il pas un souvenir de cette aventure dans les *Misérables* ?

Après la Révolution de Février, le domicile fut transporté rue de l'Isly, n° 5, près de la gare Saint-Lazare; puis rue de la Tour-d'Auvergne, n° 37, au premier étage d'une maison solitaire d'où l'on découvrait tout Paris. Vitraux gothiques, meubles sculptés, grands dessins du Maître, pendules de Boule, ivoires, médaillons, bustes, miroirs de Venise, lustres de Hollande, magots chinois, porcelaines de Saxe et du Japon, lit « à colonnes salomoniques et à dossiers dorés », vieux lutrin mobile avec Bible enluminée comme le « Saint-Barthélemy » des *Misérables*. Victor Hugo a conté dans *Paris et Rome*, en tête du troisième volume d'*Actes et Paroles*, l'invasion désintéressée des insurgés de juin dans le riche appartement de la place Royale. Aux premières heures de l'exil, toutes les merveilles, rassemblées là avec amour, furent livrées au hasard des enchères. Un monsieur bien mis déroba la boussole de Christophe Colomb, « La Pinta — 1489 », que les insurgés avaient respectée. Gautier et Janin ont consacré des pages mélancoliques à cette vente après proscription, presque aussi triste qu'une vente après décès. « Voilà pourtant son fauteuil et son verre à boire. Ce pressoir est à ses armes ; dans ce bahut, il renfermait ses manuscrits et ses livres... Tout s'est vendu, à commencer par le réveille-matin du jeune homme... C'est un ouvrier imprimeur qui l'a emporté... Et c'est une des femmes chantées par Balzac, la femme à son aurore de quarante ans, qui l'a emporté, ce riche miroir où se mirait la Esméralda charmante, où se reflétait en mille losanges fleuris *Notre-Dame de Paris* tout entière... Ce meuble en chêne à deux vantaux, ce plateau où se déroule en mille traits le Triomphe de Bacchus, et cette tenture où se joue une scène amoureuse du Roman de la Rose, et ce lustre emprunté à « La Femme hydropique », et ces paysages à la Watteau, et ces Bohémiens de Nanteuil, tout s'est vendu. — Il les avait achetés pour nous d'abord, pour lui ensuite; il n'était jamais content que si nous trouvions qu'on était bien assis dans ses fauteuils, et que son bon vin de dix feuilles gagnait à être bu dans ses grands verres aux armes de Charles le Téméraire. — Ne croyez cependant pas que son admiration fût exclusive, et qu'il se contentât des beautés du Moyen Age et des grâces de la Renaissance! Il admirait Charlemagne et ne faisait pas fi de Mme de Pompadour. Il aimait d'une véritable passion ces délicatesses contournées, ces moutons roses dans un pré bleu, ces bergères aux moelleux contours, ces bergers joueurs de flûte empanachés, et ces eaux grouillantes de Néréides presque nues. Il avait la joie et le rire d'un enfant pour ce qui luit, ce qui reluit, ce qui brille et ce qui rit dans l'or, dans l'argent, dans l'ivoire, dans l'étain, sur le grès de la Normandie ou sur la laque de Coromandel. — Il se plaisait au pétillement des verrières, aux clartés des flambeaux de bronze que porte, au pied levé, un esclave africain. Il aimait le bois couronné, les tentures de Cordoue et le cuivre entortillé. La bouffissure avait pour lui des grâces particulières, l'enroulement ne lui déplaisait pas. Le pêle-mêle était pour ses yeux goulus une fête. Ainsi, vous pouviez voir, dans ce pandémonium de tous les arts, la sainte Vierge à côté de Marguerite de Bourgogne, le Bambino dans le giron soyeux de Mme Du Barry, ici Lancret en pleine bergerie et tout à côté les bas-reliefs du Parthénon... Il avait ce droit-là, tant il savait s'arrêter à la juste limite, où la contemplation de ces fantaisies devient pour le génie un piège et pour le talent un malheur. »

Ses voyages et excursions de 1830 à 1848 sont rappelés dans *Les Voix intérieures*, *Les Rayons et les Ombres*, *Les Contemplations*, *Les Chansons des Rues et des Bois*, par les poésies datées de Meudon, Chelles, Créteil, la Terrasse près d'Enghien, Lagny, Triel, Saint-Germain ; de la forêt de Compiègne et de la forêt de Fontainebleau ; du Tréport, de Granville, de Saint-Valery (1836); de Malines (août 1837); de Cauterets et Biarritz (août et juillet 1843); de Caudebec, Ingouville, Étretat, Villequier (1839-1847). Dans l'été de 1843, le poète alla plus loin que Cauterets et Biarritz. Il voulut revoir l'Espagne. Il parcourut la Biscaye, le Guipuscoa, la Catalogne. Un guide, par trop semblable à un brigand, l'empêcha d'aller jusqu'à Roncevaux. Dans l'été de 1838 et dans celui de 1839, eurent lieu les voyages en Belgique, dans l'Allemagne rhénane, en Alsace et en Suisse, qui fournirent la matière des lettres réunies sous ce titre : *Le Rhin*. Le coup d'État du 2 décembre accompli, nous retrouvons Victor Hugo à Bruxelles, en face de l'Hôtel-de-Ville, au n° 27 de la Grande-Place, dans un pauvre logis au-dessus d'un bureau de tabac. Boutique sombre, porte étroite. « On montait par une échelle au réduit où se trouvait ce pair de France..... La porte était ouverte. On entrait chez le proscrit comme on entrait naguère chez le poète. » Il dormait là, étendu sur un tapis, et « l'on eût dit le sommeil d'un enfant, tant le souffle était calme et régulier. »

Le *look-out*, Hauteville-House.

A Jersey, dans Marine-Terrace, il avait pour tout mobilier un lit de fer, une table et quelques chaises, mais pour horizon, l'immensité. La maison était isolée au bord de l'Océan. Un seul étage. Toit plat. Balcons. Sous les fenêtres, un « long mur où sautaient les vagues. » Puis, la vaste plage et la vaste mer. Là, il ne fit que

❄

La Main droite de Victor Hugo

D'APRÈS UN RÉCENT MOULAGE

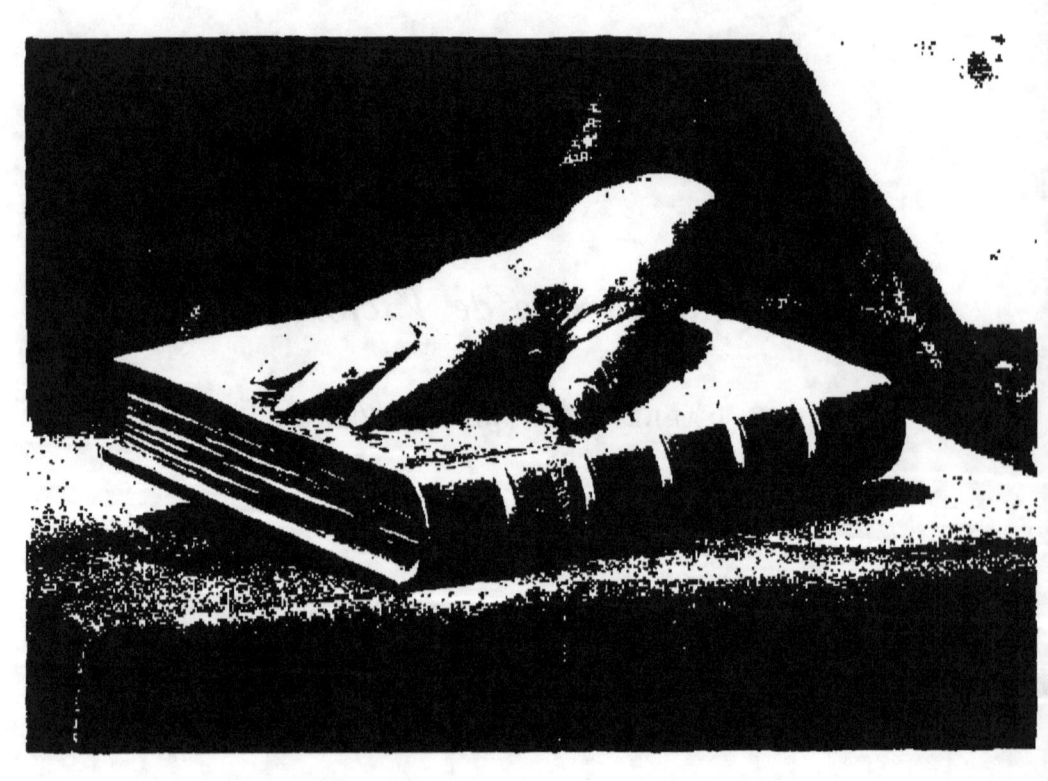

camper. Là, cependant, furent achevées *Les Contemplations,* et *La Légende des Siècles* fut commencée. A Guernesey, dans Hauteville-House, il s'installa réellement. « N'ayant plus de patrie, écrivait-il à Janin, je veux avoir le toit. » Auguste Vacquerie, photo-

La galerie de chêne, Hauteville-House.

graphe dans ses loisirs d'exilé, a conservé, notamment sur les pages blanches d'un exemplaire de *Profils et Grimaces,* offert à Mme Paul Meurice, de précieuses photographies obtenues à Jersey et à Guernesey : vues des plus beaux sites admirés dans les deux îles; intérieurs des deux habitations ; portraits de la famille, des amis, même des bêtes familières, Mouche, Lux, Chougna, Ponto, et Sénat qui portait ce distique sur son collier :

> Je voudrais qu'au logis quelqu'un me ramenât.
> — Mon état? Chien. — Mon maître? Hugo. — Mon nom? Sénat.

« Nous habitons une maison redoutée, écrivait en 1856 M. Vacquerie. Personne n'osait y loger. Elle est miraculeusement située, très vaste et très commode, et elle n'était pas louée depuis neuf ans. Un révérend, qui avait eu l'audace de la louer pour un an, l'a quittée précipitamment avant six mois. Pourquoi? Parce qu'il y revient une femme qui s'est tuée... » Il ajoutait : « Toute la maison travaille. La fille fait de la musique charmante. Le fils aîné, des romans et des drames... Son frère traduit Shakespeare... Mme Victor Hugo écrit la vie de son mari... Elle fait un livre vrai dans les deux sens, renseigné et sincère, qui sera le complément naturel de l'œuvre de Victor Hugo; car la grande explication de l'œuvre, c'est la vie. » Hauteville-House est, du seuil au toit, une création de Victor Hugo. Il a mis trois ans à l'achever. Tout y porte sa marque. Cet intérieur lui ressemble. C'est une œuvre d'art, au même titre que ses livres. Il y a fait entrer autant de lui-même que dans un roman ou un poème. Il s'y est prodigué avec une inspiration étrangement personnelle, avec une magnificence souverainement imprévue et originale. Il a appris tout seul tous les arts et tous les métiers nécessaires pour que chaque détail lui en appartînt, pour que rien ne lui en restât étranger. C'est une émanation directe et matérielle de son génie si inventif, si fécond, si souple et si puissant. C'est le palais édifié par sa fantaisie pour son imagination : véritable féerie architecturale. Ce précieux édifice sera certainement un jour propriété nationale ; et de tous les pays du monde, toutes les personnes ayant souci des choses de l'intelligence y viendront en pèlerinage.

La première apparence est peu favorable. Sur la falaise, au sommet de la ville, on arrive à Hauteville-House par une petite rue montante et tortueuse. Mais, dès le premier pas à l'intérieur, on est sous le charme. On entre par un vestibule, au milieu duquel s'élève, supporté par une colonnette en chêne sculpté du plus pur style Renaissance, une sorte d'édifice dont le linteau supérieur figure, en reliefs peints et dorés, les principaux sujets de *Notre-Dame de Paris*. A droite et à gauche s'encadrent les deux médaillons de bronze, faits par David d'Angers d'après Victor Hugo et sa seconde fille. Sur les portes, on lit des inscriptions : « *Ave*. — Mange, marche, prie. — Aime et crois. » Puis vient un second vestibule, d'où part l'escalier tournant, éclairé d'en haut par un vitrage. La salle à manger est revêtue d'une mosaïque à fond bleu et blanc en faïence hollandaise du XVIIe siècle, semée de fleurs dans des vases capricieux, avec un soubassement de chêne qui forme trois stalles historiées d'anciennes peintures sur panneaux. Entre les deux fenêtres donnant sur le jardin, au haut bout de la grande table de chêne, est placé le fauteuil des aïeux, *sella defunctorum*, fermé par une chaîne, et portant ces mots : « Les absents sont là. » Autres légendes éparses : « Dieu — l'Homme — Patrie — Habitant des demeures périssables, pense à la demeure éternelle! — L'exil, c'est la vie. » La cheminée est construite en carreaux violets et bleus, couronnés par une Notre-Dame de Bon-Secours en vieux Rouen, d'une rare beauté et d'une haute valeur, que Mme Drouet a offerte au poète, et que le poète a métamorphosée en *Liberté victorieuse*. Le *bambino*, tenant un globe, ne symbolise plus la divinité, mais l'humanité, grâce à cette inscription :

> Le peuple est petit, mais il sera grand.
> Dans les bras sacrés, ô mère féconde,
> O Liberté sainte au bras conquérant,
> Tu portes l'enfant qui porte le monde!

Un vers latin résume le quatrain français :

> Libertas populum, populus dum sustinet orbem.

Dans la salle de billard, sont dix dessins du Maître, évoquant, avec une fantastique grandeur, des souvenirs de l'archipel normand, de l'Espagne, de la Bretagne, des rives du Rhin. Le « Burg de Hugo Tête-d'Aigle » illustre un vers d'*Eviradnus*. De la salle de billard, on va dans le « salon de tapisserie » où, comme dans les autres pièces, la cheminée est le principal motif de décoration. C'est une vraie cathédrale s'élançant d'un seul jet jusqu'au plafond, avec portail, rosace, entablement à feuillages étranges et à fines arcades byzantines, tours jumelles et couronnement à la mode flamande, où s'engage la figure d'un évêque à crosse d'or qui porte, sur des écussons à sa droite et à sa gauche, ces deux adages : « Crosse de bois, évêque d'or. — Crosse d'or, évêque de bois. » L'entablement soutient deux statues : *Le Livre,* lu par saint Paul ; et *Le Ciel,* regardé par un extatique. Sur deux volutes simulant un parchemin déroulé, apparaissent ces noms : « Job, Isaïe, Homère, Eschyle, Lucrèce, Dante, Shakespeare, Molière, » d'un côté ; et de l'autre : « Moïse, Socrate, Christ, Colomb, Luther, Washington. »

Au premier étage, où sont les chambres de la famille, s'ouvre

Le salon, avenue Victor-Hugo.

G. FRAIPONT

Habitation de Victor Hugo, avenue Victor-Hugo

※

VUE DU JARDIN

une galerie formant deux salons. Du salon rouge, on découvre l'Océan. Des rideaux en damas de l'Inde cramoisi y encadrent de grandes tapisseries en jais de Norvège, provenant de la chambre de la reine Christine à Fontainebleau. « C'est de l'orfèvrerie à l'aiguille. » Pour la cheminée, dont le dais est soutenu par quatre nègres dorés, « figurez-vous la poupe du Bucentaure, quand le Doge épousait l'Adriatique ». Le salon bleu est tendu d'un tissu de perles italiennes. Au milieu, se trouve la table aux quatre encriers, donnés pour une vente de charité par George Sand, Lamartine, Alexandre Dumas et Victor Hugo, et rachetés par le Maître. Sous prétexte de charades,

La salle à manger, avenue Victor-Hugo.

on y jouait la « Commedia dell'arte » avec une verve toute poétique.

Au deuxième étage, la fameuse « Galerie de chêne » forme une sorte de chambre à coucher d'honneur. La porte à deux battants, en cèdre gravé et ciselé, offre, vue de l'intérieur, huit grandes figures peintes. Six fenêtres, donnant sur le fort Saint-Georges et la mer, distribuent la lumière à travers « une véritable forêt de chêne sculpté ». La galerie est divisée en deux parties par des balustrades ajourées et par un portail Renaissance à deux colonnes torses, l'une rouge, *Lætitia*, l'autre noire, *Mæstitia*, où grimpent des vignes dorées et entre lesquelles s'engage un candélabre à quarante bougies, surmonté d'une statuette sculptée par Victor Hugo. La cheminée, large et trapue, a pour fronton un « Sacrifice d'Abraham » soutenu par quatre cariatides. Au milieu, sur un petit piédestal, un « Buveur d'opium » en céladon. Un vaste lit fait face à la cheminée ; le chevet, à deux sujets mythologiques superposés, s'adosse au mur ; au dessus, une tête de mort en ivoire porte cette inscription : « *Nox-Mors-Lux* ». Autres légendes : « *Gloria victis ! Væ nemini !* — L'esprit souffle où il veut. — L'honneur va où il doit. » Et ce vers :

> Les dieux sont aux vainqueurs, Caton reste aux vaincus.

Au-dessous de l'horloge, on lit ces deux vers sur les Heures :

> Toutes laissent leur trace au corps comme à l'esprit ;
> Toutes blessent, hélas ! la dernière guérit.

Au troisième étage, est le *look-out* ou belvédère. C'est un minuscule Palais-de-Cristal, parois et plafond en glaces sans tain, contenant juste ce qu'il faut pour écrire et reposer, et pas plus grand que la cabine d'un capitaine de vaisseau, avec des horizons sans bornes.

Le jardin, qui n'a pas plus d'un demi-arpent, offre, sous les tièdes émanations du *gulf-stream*, une brillante flore méridionale, fraîches corbeilles et vertes pelouses. Au-dessus d'un petit bassin, s'élève une fontaine en terre cuite à têtes de dauphin ; on y lit sous le lierre, d'un côté : « Où est l'espoir, là est la paix » ; et de l'autre :

> Immensité, dit l'être ; éternité, dit l'âme.

Après l'excursion dont son fils aîné a laissé une spirituelle relation : *Victor Hugo en Zélande*, le poète passa la belle saison dans le val de Chaudfontaine. Le 5 septembre 1870, il descendit, à Paris, chez M. Paul Meurice, sous les arbres de l'avenue Frochot, au rez-de-chaussée du n° 5. Il y resta jusqu'au 2 février 1871. Il a gravé lui-même ces dates sur le cadre sculpté d'un de ses plus beaux dessins. Sa famille habitait, rue de Rivoli, l'hôtel du Pavillon de Rohan. C'est là qu'il allait dîner tous les jours ; il invitait le plus souvent possible le plus d'amis possible, simples poètes ou membres du Gouvernement de la Défense nationale. Dans les accalmies du grand drame, l'invincible espérance ramenant le sourire sur ses lèvres, il ne dédaignait pas d'assembler parfois quelques rimes familières. Une invitation à dîner, adressée alors à Mme Judith Gautier, est ainsi conçue :

> Belle dont le regard éblouit, charme, embrase,
> Je prétends vous offrir un festin sans rival ;
> Si vous venez demain, je fais rôtir Pégase,
> Afin de vous offrir une aile de cheval.

Le 13 février, il arrivait à Bordeaux. Le 13 mars, mourut son fils Charles. Il ramena le corps à Paris. Les obsèques eurent lieu le 18 mars. Après l'arrêté d'expulsion de Bruxelles, il alla, dans le duché de Luxembourg, à Vianden, où le curé le dénonça en chaire comme assassin de l'archevêque de Paris. La société musicale, la *Lyre ouvrière*, protesta par une sérénade qui le toucha vivement. Un poème de l'*Année terrible* conserve le souvenir de son excursion à Falkenfels. Dans les derniers jours de septembre, il rentra en France pour montrer à ses petits-enfants les villages brûlés et les villes bombardées par l'invasion. Puis il passa quelque temps à Londres. Revenu à Paris, son premier domicile fut rue de Larochefoucauld, n° 66, où il ne s'installa pas définitivement. Il recevait, après dîner, dans l'entresol occupé par Mme Juliette Drouët, rue Pigalle, n° 59. Il allait souvent passer la soirée rue Drouot, où demeuraient ses enfants et ses petits-enfants. Là mourut son fils François-Victor. Dans l'hiver de 1874-1875, il s'installa, avec sa bru, rue de Clichy, n° 21, au quatrième étage. Le troisième était occupé par Mme Drouët. « Le soir, a écrit Gustave Rivet, Victor Hugo descend, pour recevoir ses amis, chez cette généreuse et vaillante femme qui lui sauva la vie en décembre 1851, et qui fut la consolatrice et l'inspiratrice de l'exil... — Auprès de Mme Drouet, qui porte comme un diadème royal sa couronne de cheveux blancs, rayonne la jeunesse de Mme Alice Charles Hugo, aujourd'hui Mme Édouard Lockroy, le charme, la grâce, l'idéal de la jeune mère, ayant à côté d'elle la petite tête blonde et mutine de Jeanne et le front déjà pensif, les yeux noirs et profonds de Georges, beau comme un jeune dieu... — Soulevez cette portière; nous sommes dans le salon, tendu de tapisseries rouges à raies jaunes enguirlandées de fleurs. Aux côtés de la cheminée, des appliques de Venise. Ici, un grand meuble aux incrustations d'étain, représentant des scènes fabuleuses du *Roman de Renart*. Au milieu du salon se dresse, sur un piédestal, un chef-d'œuvre de l'art japonais, un éléphant au combat portant sa tour de bronze, au-dessus de laquelle descend le lustre de vieux Venise aux branches de couleurs variées, tordues en spirales et décorées de fleurs délicates... Un canapé de velours vert est le siège préféré du poète... Il est là, sans cérémonie, familier, riant, causant avec tous ceux qui viennent le voir, comme s'ils étaient des égaux et des *camarades*. — Mais la causerie s'interrompt; Victor Hugo se lève pour saluer une dame qui entre; il lui baise galamment la main, la fait asseoir, puis reprend la conversation. A la fin de la soirée, l'on revient dans la salle à manger où est servi un petit lunch... — Le cabinet de travail ne se raconte pas. Du parquet au plafond, c'est un indescriptible amas de livres, de lettres et de journaux. C'est que Victor Hugo a une correspondance plus volumineuse que celle de dix ministres... » Demandes d'autographes et demandes d'argent. Trente-quatre lettres, reçues en deux jours, demandaient 240,000 francs.

En 1878, au retour de Guernesey, il alla demeurer, avec Mme Drouët, dans l'hôtel de l'avenue d'Eylau, n° 130 (aujourd'hui avenue Victor-Hugo, n° 50), où il respire, un peu plus à l'écart de la foule, un air un peu plus pur. Il ne s'est absenté, depuis lors, que pour aller passer quelques mois d'été au bord de la mer, chez M. Meurice, à Veules. Le petit hôtel voisin est occupé par M. et Mme Edouard Lockroy. Les deux maisons, du reste, ont été disposées de façon à ne réellement former qu'une seule habitation. Le grand salon est tapissé comme celui de la rue de Clichy. Même lustre, mêmes appliques. Deux encoignures sont ornées, l'une du *David* de M. Mercié, provenant de la souscription ouverte à Lille par *Le Petit Nord*, l'autre du *Moïse* de Michel-Ange, offert en février 1882 par le Comité de la Fête de 1881. Le milieu de la pièce est libre. Entre deux riches paravents japonais, le manteau de la cheminée monumentale est revêtu d'une étoffe Renaissance de velours pourpre à fines broderies d'or. Les sièges sont rangés sur deux lignes en éventail, partant de la cheminée. Le grand salon communique avec la bibliothèque, située à droite de la porte d'entrée. Sur un guéridon, au milieu de la pièce, le magnifique vase de Sèvres offert par le Gouvernement à Victor Hugo. A la muraille, dans son large cadre d'or, le portrait du Maître par Bonnat. Près de la fenêtre, une belle photographie de la Marseillaise de Rude, le bas-relief de l'Arc-de-Triomphe. Le petit salon est tendu en cuir de Cordoue Louis XV, à figures chinoises. Primitivement, on avait songé à en faire une salle de spectacle. Le long des deux salons, sur le jardin, règne une véranda vitrée, qu'orne le buste du poète par David d'Angers. Au fond du jardin, dont le centre est marqué par un petit bassin, reverdit le laurier d'or du soixante-dix-neuvième anniversaire. Le petit salon mène à la salle à manger dont le plafond est tendu d'antiques bordures vénitiennes d'argent fin, encadrées de velours vert. Plusieurs belles toiles. Grande table carrée de douze ou quatorze couverts, dont le Maître, à dîner, occupe seul le haut bout, faisant face à tous les convives. Sa chambre à coucher est au premier étage, sur le jardin, avec le large lit Renaissance, où il dort sans traversin ni oreiller. A côté, une petite pièce est consacrée aux souve-

ADRIEN MARIE

*

Victor Hugo

A

SA TABLE DE TRAVAIL

nirs de famille et aux offrandes amicales. On y voit le portrait du général Hugo, dont nous avons donné un croquis ; c'est l'œuvre de Mlle Julie Duvidal de Montferrier, depuis lors comtesse Abel Hugo, qui a peint aussi *Le portrait d'une enfant* (Léopoldine Hugo) des *Odes et Ballades*, et un grand tableau, aujourd'hui chez son fils,

Bureau de travail de Victor Hugo.

représentant le père, les deux oncles et le frère aîné du poète, en grand uniforme. — Le guéridon de la même pièce porte une main en bronze posée sur un volume en bronze, *Les Misérables*. C'est le cadeau d'une Américaine qui obtint, il y a quelques années, de faire mouler la main droite du poète.

Victor Hugo se lève presque toujours de grand matin. Il a renoncé, sur l'avis du docteur Germain Sée, aux bains d'eau froide. Il ne va plus, dès le lever du soleil, cueillir des rimes aux Tuileries ou aux Champs-Élysées. Il travaille dans sa chambre à coucher toute la matinée, debout à son pupitre. Il mène de front plusieurs œuvres et cite volontiers les vers d'André Chénier :

> Moi, je suis le fondeur ; de mes écrits en foule
> Je prépare longtemps et la forme et le moule ;
> Puis, sur tous, à la fois, je fais couler l'airain.
> Rien n'est fait aujourd'hui, tout sera fait demain.

« Je me lève souvent, a-t-il dit, sans savoir à quoi je vais travailler. Selon l'inspiration, j'écris de la prose ou des vers. Quelquefois, à midi, après déjeuner, le vent a tourné et j'achève la journée par un travail différent de celui du matin. » Il ajoutait : « J'aurais plus à faire encore que je n'ai déjà fait. Plus j'avance, plus l'horizon devant moi s'élargit. Il me faudrait plusieurs existences pour écrire tout ce que j'ai conçu. Je sais que je partirai sans avoir fini mon œuvre. Je suis résigné. » Toute idée qui lui vient, il la note rapidement, au vol, même la nuit, dans l'obscurité. Un mot, un signe, le plus sommaire des hiéroglyphes (c'est ce qu'il appelle pittoresquement ses *copeaux*), suffisent à tout raviver en sa mémoire.

Entre midi et une heure, il descend déjeuner en famille et boire sa grande tasse de fort café noir. A ce repas il invite rarement les intimes eux-mêmes. Dans l'après-midi, il va se promener en voiture, s'il n'a pas à aller au Sénat. Il n'a jamais fait usage du tabac. Naguères, hiver et été, par le soleil ou la neige, il cheminait seul à travers Paris sur l'impériale des omnibus, de la Trinité au Jardin des Plantes, de l'Arc-de-Triomphe à La Villette ou au bois de Vincennes, s'isolant dans la foule, rêvant, poursuivant partout son travail mental. Maintenant, il sort en coupé ou en victoria avec Mme Drouët ; mais pas plus qu'autrefois, il n'emporte de pardessus ni de parapluie. Le dîner est à sept heures et demie. Il y a régulièrement plusieurs convives ; certains jours de la semaine ramènent les mêmes hôtes. Le maître a conservé bon appétit, bon estomac, belle humeur. Il dirige gaiement la conversation, contant une anecdote, évoquant un souvenir tragique ou plaisant, passant des comiques tentatives d'élégance de Proudhon emprisonné à l'épouvantable suicide du duc de Praslin, interrogeant chacun et se laissant interroger à son tour. A table, récemment, on lui parlait de ses Œuvres inédites, et il révéla, en souriant à ses convives plus ou moins affamés, le titre que portera une des pièces de son Théâtre en liberté : *Mangeront-ils ?* Puis quelqu'un lui soumit ce fragment d'une lettre écrite par le peintre Giacomelli : « Rien de Victor

Hugo n'est indifférent. J'ai vu, dans ma jeunesse, sur le boulevard des Italiens, un vieux soldat aveugle qui mendiait. Sur la pancarte qu'il portait à la poitrine, Hugo avait, paraît-il, écrit ces vers, qui firent alors grand bruit et que je n'ai retrouvés nulle part :

> Aveugle comme Homère et comme Bélisaire,
> N'ayant plus qu'un enfant pour guide et pour appui,
> La main qui donnera du pain à sa misère,
> Il ne la verra pas ; mais Dieu la voit pour lui. »

Le Maître reconnut immédiatement que ces vers étaient bien de lui ; puis, à côté du vieux soldat, fut évoqué dans la causerie l'académicien Baour-Lormian, qui, lui aussi, a été affligé de cécité sur ses derniers jours. Et l'on rappela les beaux vers des *Contemplations,* datés de mai 1842 et adressés : *A un poète aveugle :*

> Chante ! Milton chantait ; chante ! Homère a chanté.
> Le poète des sens perce la triste brume ;
> L'aveugle voit dans l'ombre un monde de clarté.
> Quand l'œil du corps s'éteint, l'œil de l'esprit s'allume.

Vers neuf heures, on passe au salon, où la compagnie s'augmente de visiteurs souvent nombreux. Les plus grands et les plus humbles s'y coudoient. Un jour, fut invité à dîner un cocher qui avait refusé le prix de sa course et qui se trouva être un rimeur. De l'étranger arrivent, tantôt l'Empereur du Brésil ou sir Charles Dilke, tantôt M. Castelar ou M. Parnell, tantôt le vieux poète australien Horne ou le jeune fils de Bénito Juarez. Victor Hugo ne rend plus de visites. Il ne va plus dîner en ville, sauf pour présider à quelque banquet démocratique ou littéraire. Les démonstrations dont il est l'objet, sitôt qu'il est reconnu au dehors, sont souvent bien touchantes. — « Que je suis fier de vous avoir vu, de vous avoir touché ! » s'écrie un brave homme. Et les mères lui donnent leurs enfants à bénir.

« Devant ces démonstrations populaires d'une affection et d'un enthousiasme sans bornes, a dit Gustave Rivet, Victor Hugo se sent vivement ému, et son émotion se traduit par une pâleur marmoréenne. La vie et la flamme semblent alors se retirer de la face pour se concentrer dans le regard ; et les yeux, qui brillent d'un feu profond, éclairent un visage de statue. » Le même écrivain rapporte une anecdote qui prouve quelle impression produisait le poète, dès l'aurore de sa gloire, sur les personnages les moins littéraires : « Vers 1834, Victor Hugo voyageait en Normandie avec Célestin Nanteuil et quelques autres amis. Mme D... était du voyage. La joyeuse caravane, qui allait de ville en ville au gré des coches et des diligences, arriva un soir à Louviers. Il était nuit close, et l'on s'installa à la hâte dans l'auberge même où s'arrêtait la diligence. Le lendemain, dès le matin, Victor Hugo et ses amis visitaient la ville. Mme D... était restée à l'auberge. Peu satisfaite du comfort de l'hôtellerie, elle fit à son lever quelques observations au domestique, qui parut n'en prendre qu'un médiocre souci. Puis, quand vint l'heure du déjeuner, elle descendit à la salle où le garçon, dressant

Habitation actuelle de Victor Hugo.

le couvert, allait et venait d'un air très préoccupé. Mme D... demanda des œufs. — « Oh! oui, madame, on va courir vous en chercher à la ferme. » Elle s'approcha d'un buffet, et voyant des fruits, elle dit au garçon : « Vous nous servirez ces fruits. — Oh! vous n'aurez pas ceux-là, madame, ils ne seraient pas dignes de vous. On est allé en cueillir d'autres. » Mme D..., stupéfaite du changement d'attitude de ce garçon, le regardait avec étonnement. Il paraissait en proie à une agitation fébrile, et, tout à coup, posant bruyamment une pile d'assiettes, il quitta précipitamment la salle. « Quel singulier garçon! » se dit Mme D... Victor Hugo rentrait de sa course à travers la ville, et, arrêté sous la porte cochère de l'auberge, il dessinait une vue du

※

Victor Hugo

MM. PAUL MEURICE et AUGUSTE VACQUERIE

Devant la mer, à Veules

(SEPTEMBRE 1882)

AUX PETITS-FILS DU MARÉCHAL NEY

VERS INÉDITS DE VICTOR HUGO

ÉCRITS SUR L'ALBUM DE Mme LA DUCHESSE D'ELCHINGEN

Enfants, fils des héros disparus, fils des hommes
Qui firent mon pays plus grand que les deux Romes
Et qui s'en sont allés dans l'abîme, engloutis;
Vous, que nous voyons rire et jouer tout petits,
Sur vos fronts rayonnants la sombre histoire pèse.
Vous êtes tout couverts de la gloire française!
Ah! quand l'âge où l'on pense, où l'on ouvre les yeux,
Viendra pour vous, enfants! regardez vos aïeux
Avec un tremblement de joie et d'épouvante.
Ayez toujours leur âme en vos âmes vivante!
Soyez nobles, vaillants et loyaux parmi tous,
Car vos noms sont si grands qu'ils ne sont pas à vous;
Tout passant peut venir vous en demander compte.
Ils sont notre trésor dans nos moments de honte,
Dans nos abaissements et dans nos abandons.
— C'est vous qui les portez, c'est nous qui les gardons.

VICTOR HUGO

1847

clocher. Le garçon s'élança vers lui, et d'une voix étranglée par l'émotion : « Monsieur, monsieur! » bégaya-t-il. — « Qu'est-ce qu'il y a? » — « Monsieur, est-ce vrai que vous êtes Victor Hugo? » — « C'est selon. » — « Ah! monsieur, le maire vient de venir tout à l'heure, et il m'a dit : Malheureux! Victor Hugo est ici, et tu ne dis rien! Oh! monsieur, je

Fac-similé d'une aquarelle de Victor Hugo.

sais par cœur vos vers sur l'aumône. » Et le pauvre garçon se mit à fondre en larmes. Quelques mois auparavant, six cents ouvriers étaient sans ouvrage à Louviers. On s'était adressé à Victor Hugo qui avait, pour eux, écrit ses beaux vers sur l'aumône. On pense si le brave garçon soigna le service du dîner. » Un incident de l'excursion en Zélande n'est pas moins significatif : « Victor Hugo s'embarqua à Anvers, avec sa famille, sur le vapeur le *Telegraaf*, pour se rendre à Dordrecht. A peine fut-il monté sur le bord, que le capitaine du vapeur fit hisser tous ses pavillons, ainsi qu'aux jours de grande fête. Comme Charles Hugo lui en demandait la raison : — « Quand le roi de Hollande monte à mon bord, je pavoise, répondit le capitaine, et je ne puis pas faire moins pour Victor Hugo. » Le doyen de Dordrecht invita le poète à visiter son église. Quand on arriva à la chaire, le doyen pria Victor Hugo d'y monter pour en admirer le ciel, qui est un des plus beaux et des plus curieux morceaux de sculpture. Victor Hugo monta dans la chaire, et lorsqu'il eut admiré la boiserie, le doyen, qui était resté au pied de la chaire avec la foule des assistants, lui dit : — « Monsieur Victor Hugo, puisque vous êtes dans la chaire, je vous prie de n'en pas descendre sans nous adresser quelques paroles, dont tous ici nous garderons le plus profond et le plus durable souvenir. Ce sera un honneur pour ce temple d'avoir entendu votre voix. Et, du reste, ce ne sera pas la première fois que votre parole tombera de cette chaire. Je vous prie de regarder les deux livres qu'elle contient. » — Et Victor Hugo, ouvrant les livres posés sur la chaire, vit l'Évangile et *Les Misérables.* »

Pour ce qui concerne les soins de son intérieur, Victor Hugo s'en remet complètement à Mme Drouët, qui règle tout avec la plus merveilleuse activité, l'ordre le plus parfait et la plus gracieuse bienveillance. Seules, les lettres d'un intérêt particulier lui sont soumises. Il ne répond lui-même qu'aux plus importantes. Il liquide le reste de sa correspondance chaque dimanche avec l'aide de M. Richard Lesclide, son vieil admirateur et son fidèle ami. — C'est chose fort curieuse que de suivre les transformations successives de son écriture, fine et serrée en 1825, plus accentuée en 1848, si vigoureuse et si puissante aux jours de l'exil et de *La Légende*, et enfin si ample, si solennelle. Il ne se sert depuis longtemps que de plumes d'oie. Depuis non moins longtemps, il a adopté un grand et fort papier qu'on lui a présenté comme inaltérable. Ses manuscrits, surtout les plus récents, sont d'un magnifique aspect. Les ratures elles-mêmes, assez rares du reste, comme les rejets et les béquets, y prennent je ne sais quel caractère de ferme volonté, quelle majesté austère, quelle allure olympienne. Tout, depuis les feuilles volantes des premiers poèmes jusqu'aux belles pages des *Quatre Vents de l'Esprit*, a été soigneusement relié et sera légué à la Bibliothèque Nationale.

Le Maître compte bien remplir beaucoup de feuillets encore. Il est aujourd'hui mieux portant dans son jardin de Passy, qu'il y a cinq ans, rue de Clichy, sous l'Ordre moral. En ce temps-là, les malheurs publics et privés l'avaient profondément attristé ; un soir, l'émotion qui l'envahissait devint tout à coup irrésistible, et il ne put se défendre de verser des larmes. N'est-ce pas ce soir-là qu'il conta ce souvenir d'enfance que je retrouve dans *Victor Hugo chez lui :* « J'avais cinq ou six ans; je pleurais. Mon père m'entendit et ne me gronda point; mais voici quelle punition il m'infligea : — Oh! la petite fille, dit-il avec une froide ironie, qu'a-t-elle donc? quelle peine lui a-t-on faite? Je ne veux pas qu'on la gronde, les petites filles ont le droit de pleurer. Mais pourquoi lui mettez-vous des habits de garçon? vous lui ferez une belle robe, et demain vous la promènerez aux Tuileries. Le lendemain, comme l'avait ordonné mon père, la bonne me mit une robe de fille et m'emmena aux Tuileries. J'étais très humilié, comme bien vous pensez; mais depuis ce jour jusqu'à l'âge d'homme, je n'ai plus pleuré. »

Aujourd'hui la République est affermie. Georges et Jeanne grandissent. Autour du Maître, tout est plein de promesses. L'avenir resplendit sur sa blanche tête, comme le soleil levant sur la cime empourprée d'une Alpe féconde et sublime. « Robuste et fort comme un vieux laurier, a dit récemment Théodore de Banville, le moderne Eschyle caresse du regard ses petits-enfants, plus jeune peut-être avec son front chargé de neige qu'il ne l'était lorsque le souffle du matin agitait sa brune chevelure. Sur ses nobles traits hâlés par l'exil, rayonne la sérénité du prodige réalisé, le calme du devoir accompli; et nous ne pouvons nous empêcher de voir une Gloire vivante étendre au-dessus de sa tête les frissonnantes palmes. »

Que de choses encore à dire sur l'homme, avant d'aborder l'œuvre ! *Le Livre d'or* tout entier y suffirait à peine. Il est temps d'avoir recours au mot fameux de Balzac : « Victor Hugo? mais c'est tout un monde ; n'en parlons plus ! »

ÉMILE BLÉMONT

L'ŒUVRE

ODES ET BALLADES

Es premiers vers de Victor Hugo semblent remonter à 1813 ou 1814; il avait onze ou douze ans. Le père Larivière, son instituteur, était poète; l'écolier suivit un exemple qui s'accordait parfaitement avec son instinct. « Il va sans dire que ses vers n'étaient pas des vers, qu'ils ne rimaient pas, qu'ils n'étaient pas sur leurs pieds. L'enfant, sans maître et sans procédé, lisait tout haut ce qu'il avait écrit, s'apercevait que ça n'allait pas et recommençait, changeait, cherchait, jusqu'à ce que son oreille ne fût plus choquée. De tâtonnements en tâtonnements, il s'apprit lui-même la mesure, la césure, la rime. »

A la pension Cordier-Decotte (M. Decotte était poète comme le père Larivière), sa vocation s'affirma. Il passa du genre langoureux et chevaleresque au genre héroïque et guerrier; puis il se mit à traduire en vers français Virgile, Horace, Lucain, Martial, Ausone. Il brûla ses onze premiers cahiers de vers; les dix cahiers suivants ont subsisté. Le plus ancien ne contient pas moins de quatre-vingt-cinq pièces. Le dernier porte, en tête, cette inscription : « Les

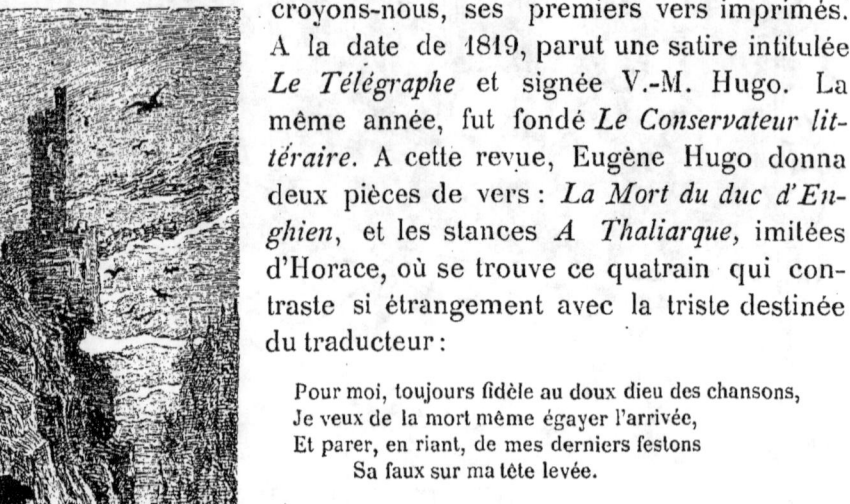

bêtises que je faisais avant ma naissance. » Les vers sur le sujet proposé en 1817 par l'Académie : *Le bonheur que procure l'étude...* furent, croyons-nous, ses premiers vers imprimés. A la date de 1819, parut une satire intitulée *Le Télégraphe* et signée V.-M. Hugo. La même année, fut fondé *Le Conservateur littéraire*. A cette revue, Eugène Hugo donna deux pièces de vers : *La Mort du duc d'Enghien*, et les stances *A Thaliarque*, imitées d'Horace, où se trouve ce quatrain qui contraste si étrangement avec la triste destinée du traducteur :

> Pour moi, toujours fidèle au doux dieu des chansons,
> Je veux de la mort même égayer l'arrivée,
> Et parer, en riant, de mes derniers festons
>   Sa faux sur ma tête levée.

Vingt et un poèmes du *Conservateur* sont dus à Victor Hugo. En tête de chaque numéro, la place d'honneur était réservée à la poésie. Le recueil s'ouvre par *L'Enrôleur politique*, satire signée : V.-M. Hugo. Viennent ensuite les trois poèmes reproduits, en tout ou en parties, dans *Littérature et Philosophie mêlées;* les cinq traductions de Virgile et de Lucain, signées V. d'Auverney ; enfin sept Odes, le poème *Les derniers Bardes*, l'élégie *Le jeune Banni*, et l'idylle *Les deux Ages*, qui se retrouvent, avec dix-sept Odes nouvelles, dans la première édition collective des *Odes et Poésies diverses*, publiée le 8 juin 1822, à Paris, chez Pélicier, libraire, place du Palais-Royal, n° 243. L'auteur avait préalablement fait paraître six de ses Odes en brochures séparées. Cette première édition s'écoula en quatre mois et rapporta au poète sept cents francs, avec

Les deux archers.

lesquels il acheta un cachemire français à sa fiancée. L'*Ode à la Colonne* fut écrite en février 1827, après le scandale de l'ambassade d'Autriche, où l'on avait refusé aux maréchaux de France, dans une réception solennelle, leurs titres rappelant des victoires napoléoniennes. Publiée immédiatement par le *Journal des Débats*

LOUISE ABBEMA

Moïse sur le Nil

« Hâtons-nous.... Mais parmi les brouillards du matin
Que vois-je ? — Regardez à l'horizon lointain.....
  Ne craignez rien, filles timides !
C'est sans doute, par l'onde entraîné vers les mers,
Le tronc d'un vieux palmier qui, du fond des déserts,
  Vient visiter les Pyramides.

« Que dis-je ? Si j'en crois mes regards indécis,
C'est la barque d'Hermès ou la conque d'Isis,
  Que pousse une brise légère.
Mais non ; c'est un esquif, où, dans un doux repos,
J'aperçois un enfant qui dort au sein des flots,
  Comme on dort au sein de sa mère !

« Il sommeille ; et, de loin, à voir son lit flottant,
On croirait voir voguer sur le fleuve inconstant
  Le nid d'une blanche colombe.
Dans sa couche enfantine il erre au gré du vent ;
L'eau le balance, il dort : et le gouffre mouvant
  Semble le bercer dans sa tombe ! »

Odes et Ballades.

en « Premier Paris », elle fit le tour de la presse et produisit une sensation profonde.

LES DEUX ARTICLES DU *GLOBE*

Le Globe du 4 novembre 1826, dans un article attribué à M. Dubois, annonça ainsi la troisième édition des *Odes* :

« M. Victor Hugo est en poésie ce que M. Delacroix est en peinture. Il y a toujours une grande idée, un sentiment profond, sous ses traits incorrects et heurtés ; et je l'avoue, pour moi, j'aime cette vigueur jeune et âpre. J'en puis blâmer de sang-froid les œuvres, mais ces œuvres mêmes me font sortir de ce sang-froid mortel à l'art; et c'est bien là un mérite aujourd'hui. Par quelle fatalité une si vive audace de conception ne peut-elle se plier à un travail plus soigné, à une plus lente et paisible exécution ? Croit-on être véritablement poète en se condamnant à ne reproduire que de brutes ébauches, au lieu d'admirables statues? Michel-Ange, donnant d'impatience ces trois ou quatre grands coups de ciseau qui font jaillir des chefs-d'œuvre, s'arrêtait-il ensuite épuisé ou content? Une longue méditation de ses sujets, une étude positive des faits qui s'y rattachent, une continuelle familiarité avec Racine, ne pourraient-elles pas donner enfin à M. Victor Hugo plus de réalité dans ses peintures, plus de souplesse et de pureté dans son langage! Si jeune, il est aisé de conquérir l'habileté quand on a le talent. Parmi toutes les pièces qui doivent composer son nouveau recueil, deux surtout nous ont frappé : l'une intitulée *Les deux Iles,* c'est le rapprochement poétique de la Corse et de Sainte-Hélène; l'autre intitulée *Un Chant de Fête de Néron,* c'est

La sorcière.

l'incendie de Rome et l'ivresse du tyran au milieu des flammes. Le choix seul de ces deux sujets est une pensée de véritable poète. »

Un second article du *Globe*, 18 novembre 1826, reproduisant in extenso *La Fée et la Péri*, est ainsi conçu : « Avons-nous besoin de faire remarquer ce qu'il y a d'ingénieux dans cette Ballade? L'âme d'un bel enfant s'envole vers les cieux. Une fée et une péri la viennent arrêter en route; chacune lui vante les merveilles de son empire : c'est la poésie de l'Orient aux prises avec la poésie de l'Occident. Dans ces pompeuses descriptions, il y a à la fois quelque chose de l'Ode et du Conte. Plusieurs traits sont d'une rare beauté. La description est surtout riche de couleurs; le poète a été mieux servi par son imagination que par ses souvenirs. Notre pauvre fée d'Occident s'enveloppe un peu dans le vague; c'est la fille des nuages; nous nous aimerions mieux auprès de la péri. Cependant, quand la fée parle de « sa mère » à l'enfant qui vient de mourir, et quand elle lui promet de lui rendre la vague harmonie qui l'endormait dans son berceau, cette promesse vaut toutes les merveilles. Là, le poète a rencontré une idée sublime de tendresse, et il l'a rendue avec une admirable simplicité…. Pour nous résumer sur M. Victor Hugo, nous ne pouvons mieux faire que de lui répéter ce que madame de Staël disait de Jean-Paul, dont la belle et sauvage imagination lui plaisait tant : On pourrait le prier de n'être bizarre que malgré lui. »

Fac-similé du titre de la première édition des Odes.

LE GLOBE. — 4 et 18 novembre 1826.

UNE PAGE DE SAINTE-BEUVE

« Qu'on imagine à plaisir tout ce qu'il y a de plus pur dans l'amour, de plus chaste dans l'hymen, de plus sacré dans l'union des âmes sous l'œil de Dieu ; qu'on rêve, en un mot, la volupté ravie au ciel sur l'aile de la prière, et l'on n'aura rien imaginé que ne réalise et n'efface encore M. Hugo dans les pièces délicieuses intitulées *Encore à toi* et *Son nom*. Les citer seulement, c'est presque en ternir déjà la pudique délicatesse. Un sentiment bien touchant qui respire dans ce même volume, est celui de la tristesse et de la défaillance du poète à la vue des amertumes qu'il a rencontrées sur le chemin de la gloire. On comprend que le premier accueil l'a blessé au cœur et qu'il avait mieux espéré de la vie... *Trilby*, adressé à Charles Nodier, est un petit chef-d'œuvre de grâce et de gentillesse. Espèce de colombe messagère entre deux amis, Trilby arrive un soir chez le poète, porté par un rayon du couchant; et, avant la nuit, il repart avec le message du retour. Surtout, il est bien prémuni contre les dangers du voyage :

> N'erre pas à l'aventure,
> Car on en veut aux Trilbys.
> Crains les maux et la torture
> Que mon doux Sylphe a subis.
> S'ils te prenaient, quelle gloire !
> Ils souilleraient d'encre noire,
> Hélas ! ton manteau de moire,
> Ton aigrette de rubis ;
>
> Ou, pour danser avec Faune,
> Contraignant tes pas tremblants,
> Leurs satyres au pied jaune,
> Leurs vieux Sylvains pétulants
> Joindraient tes mains enchaînées
> Aux vieilles mains décharnées
> De leurs naïades fanées,
> Mortes depuis deux mille ans.

« On remarquera, en passant, l'agilité et la prestesse du rythme. Ces trois rimes féminines qui se suivent permettent d'exprimer tour à tour ce qu'il y a de sémillant et vif dans les allures du lutin, d'éblouissant dans ses nuances et de frémissant dans son murmure. Tout à côté de Trilby, quoique dans un ton bien différent, il faut placer sans hésiter l'admirable *Ronde du Sabbat*. Jamais orgie satanique n'a été conçue ni rendue avec plus de verve : l'argot des diables, leurs rires bruyants, leurs bonds impétueux, tout cela se voit et s'entend. »

SAINTE-BEUVE

UN MOT DE THÉOPHILE GAUTIER

Théophile Gautier, dans un article consacré à Célestin Nanteuil, a écrit sur les Ballades ces lignes caractéristiques : « *La chasse du Margrave* et *Le Pas d'armes du roi Jean* sont des vitraux gothiques. On voit à tout instant sur la phrase poétique la brisure du rythme, comme celle de la vitre sur la peinture. L'essentiel, en ces courtes fantaisies, c'est l'allure, la tournure, la *dégaine* cléricale, monacale, royale, seigneuriale des personnes, et sa haute couleur. On ne saurait dire mieux ni plus juste, et l'apparition des Ballades du poète peut servir à l'appréciation des aquarelles du peintre. »

THÉOPHILE GAUTIER

A une jeune fille.

E. PINCHART

Moïse sur le Nil

Sous les traits d'un enfant délaissé sur les flots,
C'est l'élu du Sina, c'est le roi des fléaux,
    Qu'une vierge sauve de l'onde.
Mortels, vous dont l'orgueil méconnaît l'Éternel.
Fléchissez ; un berceau va sauver Israël.
      Un berceau va sauver le monde !

Odes et Ballades.

CROMWELL

Le commissaire royal à la Comédie-Française, M. Taylor, demanda à Victor Hugo s'il n'écrivait point pour le théâtre (1). — « J'y pense; j'ai même commencé un drame sur Cromwell. » — « Eh bien! finissez-le et donnez-le moi. Un Cromwell fait par vous ne peut être joué que par Talma. » Le poète et l'acteur, placés à côté l'un de l'autre dans un grand dîner au Rocher de Cancale, causèrent : — « Je n'ai jamais eu un vrai rôle, dit Talma. La tragédie, c'est beau, noble, grand; j'aurais voulu autant de grandeur avec plus de réalité, un personnage qui eût la variété et le mouvement de la vie, qui ne fût pas tout d'une pièce, qui fût tragique et familier, un roi qui fût un homme. » — « Ce que vous rêvez de jouer, c'est justement ce que je rêve d'écrire. » Et Victor Hugo, sur les instances de tous les convives,

---

(1) Dans *Victor Hugo raconté par un témoin de sa vie*, on trouvera : « *Inez de Castro*, mélodrame en trois actes avec deux intermèdes », écrit à seize ans et « curieux à connaître comme première ébauche et point de départ de son théâtre. »

dit la scène du Protecteur interrogeant Davenant. Talma applaudissait : « A la bonne heure! C'est cela! C'est ainsi qu'on parle. Dépêchez-vous de finir votre drame, j'ai hâte de le jouer. » Le poète ne demandait qu'à se dépêcher; Talma mourut. Victor Hugo, renonçant à l'espoir d'une représentation immédiate, donna alors au drame tous les développements comportés par le sujet. « La préface prit, comme la pièce, de vastes proportions. Le volume, qui en aurait fait deux aisément, fut imprimé très vite et parut dans les premiers jours de décembre 1827 (Lib. Dupont et Cie). L'effet du drame fut dépassé par celui de la préface. Elle éclata comme une déclaration de guerre aux doctrines reçues, et provoqua des batailles de feuilletons. »

BATAILLES DE FEUILLETONS

L'attaque de la *Gazette de France* fut d'une virulence extrême; cela fait sourire aujourd'hui : « En résumé, nous croyons que l'auteur est toujours un versificateur assez habile, mais rien de plus; que surtout il n'a aucune espèce de vocation pour le théâtre, ni d'intelligence des effets dramatiques; qu'enfin, avec la fureur d'être original, il n'a été que copiste; et que seulement, au lieu d'être l'imitateur de Racine, il est le continuateur de M. Lemercier. »

Le *Globe* fit trois articles : « Cet ouvrage est de ceux qui servent doublement le progrès de l'art; c'est à la fois une expérience hardie et l'exposition d'une nouvelle poétique du drame. Je dis *nouvelle,* quoique beaucoup d'idées qui sont aujourd'hui à la mode, s'y trouvent reproduites; mais M. Victor Hugo peut justement réclamer comme sienne toute cette théorie sur le *grotesque,* considéré comme l'un des principaux traits et peut-être même comme le trait de caractère de la poésie dramatique moderne. Cette opinion sera, je crois, contestée; et on verra que, dans la passion qu'il a contractée pour la littérature du moyen âge, l'auteur est trop prompt à généraliser quelques vues de détails justes et spirituelles, mais qui deviennent bientôt fausses quand on essaye d'en faire la règle de la littérature de notre temps. Il est une question où nous serions plus disposés à embrasser l'avis de M. Victor Hugo; c'est celle de *la réalité selon la nature* et de *la réalité selon l'art*. M. Hugo, sans la traiter à fond, nous semble du moins la poser avec une grande justesse et jeter le germe d'une discussion, dont l'utilité est de plus en plus sentie par tous les bons esprits. Après avoir abjuré le goût du *commun* noble et prétentieux, beaucoup de gens semblent aujourd'hui prendre en passion le *com-*

mun trivial et prosaïque. M. Hugo se prononce, en vrai poète, contre cette manie funeste à l'art; il défend jusqu'au vers alexandrin, auquel nous-même nous n'avons pas toujours été très favorable; et il le défend avec succès, en montrant qu'il est bien facile de l'assouplir, témoin le dialogue de Molière... — *Cromwell* est l'expression fidèle du système dramatique de l'auteur. On doit donc y retrouver réunis le pathétique et le grotesque, le noble langage et le ton familier, un effort constant de retracer les mœurs et les caractères historiques, peu de scrupules en fait de vraisemblance et une grande recherche de vérité, enfin tous les genres de style encadrés dans les formes d'un savante versification. Tout cela s'y rencontre, en effet, et non sans beauté. Mais le plus grand mérite de M. Hugo dans cet ouvrage sera toujours de l'avoir entrepris. — Le style est la plus grande nouveauté et, je n'hésite pas à le dire, la plus grande beauté de *Cromwell*. C'est la première tentative sérieuse de renouvellement du langage tragique; et presque toujours cette tentative est heureuse. Par un contraste assez inattendu, les vers de M. Hugo sont beaucoup plus naturels que sa prose. On trouve dans les premiers une savante imitation du style de Corneille et de celui de Molière, mais plus d'élégance, plus de précision, une correction travaillée, une richesse de rimes, qui feraient envie à un poète lyrique. La bizarrerie, penchant trop ordinaire de M. Hugo, se rencontre beaucoup plus dans le choix des pensées et des images que dans l'expression même, et indique plutôt un défaut de goût que de talent. *Cromwell*, enfin, se recommanderait uniquement par le style, que sa place serait encore très élevée aux yeux des amis de l'art. Si ce n'est pas un bon ouvrage, c'est une admirable étude. »

LE GLOBE. — 6 décembre 1827, 26 janvier et 2 février 1828.

Nodier dit dans *La Revue de Paris* : « Il serait trop extraordinaire que, la liberté étant universellement reconnue bonne, on l'interdît exceptionnellement à celle de nos facultés qui en est la plus altérée, à l'imagination. » Alexandre Soumet écrivit au poète : « Je lis et je relis sans cesse votre *Cromwell*, cher et illustre Victor Hugo, tant il me paraît rempli des beautés les plus neuves et les plus hardies! Quoique, dans votre préface, vous nous traitiez impitoyablement de mousses et de lierres rampants, je n'en rendrai pas moins justice à votre admirable talent, et je parlerai de votre œuvre michelangesque comme je parlais autrefois de vos Odes. » *Cromwell* devint immédiatement la Bible et l'Évangile de la jeunesse romantique. La

Préface, dit Gautier, fut « comme les Tables de la Loi sur le Sinaï ». On en savait par cœur toutes les formules : « La poésie vraie, la poésie complète, est dans l'harmonie des contraires. — Le but de l'Art est presque divin : ressusciter, s'il fait de l'histoire; créer, s'il fait de la poésie. — Ce n'est point à la surface du drame que doit être la couleur locale, mais au fond, dans le cœur même de l'œuvre, d'où elle se répand au dehors, d'elle-même, naturellement, également, et, pour ainsi parler, de tous les coins du drame, comme la sève qui monte de la racine à la dernière feuille de l'arbre. L'idée trempée dans le vers, prend soudain quelque chose de plus incisif et de plus éclatant; c'est le fer qui devient acier. — Le génie ressemble au balancier qui imprime l'effigie royale aux pièces de cuivre comme aux écus d'or. — Le goût, c'est la raison du génie. » La vieillesse classique fut prise de fureurs folles. MM. Jay et Alexandre Duval, de l'Académie française, se signalèrent entre tous, avec les députés Fulchiron et Liadières.

Les Fous.

TH. FRÈRE

Le feu du Ciel

Trois monts bâtis par l'homme au loin perçaient les cieux
D'un triple angle de marbre, et dérobaient aux yeux
    Leurs bases de cendre inondées;
Et de leur faîte aigu jusqu'aux sables dorés,
Allaient s'élargissant leurs monstrueux degrés,
    Faits pour des pas de six coudées.

Un sphinx de granit rose, un dieu de marbre vert,
Les gardaient sans qu'il fût vent de flamme au désert
    Qui leur fît baisser la paupière.
Des vaisseaux au flanc large entraient dans un grand port.
Une ville géante, assise sur le bord,
    Baignait dans l'eau ses pieds de pierre.

On entendait mugir le semoun meurtrier,
Et sur les cailloux blancs les écailles crier
    Sous le ventre des crocodiles.
Les obélisques gris s'élançaient d'un seul jet.
Comme une peau de tigre, au couchant s'allongeait
    Le Nil jaune, tacheté d'îles.

Les Orientales.

Dans sa Catilinaire contre « Les nouvelles doctrines littéraires », le bonhomme Duval introduisait un oncle, M. Dubocage, qui déshéritait son neveu comme adepte de la nouvelle école; le neveu ne rentrait en grâce qu'en écrivant une tragédie. Dans *La Conversion*

Cromwell.

d'un Romantique, le malin M. Jay mettait son neveu, « le jeune romantique », en présence de M. Dumont, vieux professeur de rhétorique à ailes de pigeon, qui disait : « Le drame de *Cromwell* n'a excité en moi d'autre sentiment que celui de la commisération pour un jeune homme né avec d'heureuses dispositions, d'un caractère estimable, et qui, dans quelques productions lyriques, a montré un vrai talent. » En pleine Chambre législative, MM. Liadières et Fulchiron menacèrent le Théâtre-Français de voter contre sa subvention, s'il ouvrait son sein aux « dramaturges. » Mais le plus curieux souvenir qui se rattache aux batailles littéraires soulevées par *Cromwell,* est peut-être l'histoire contée par Jules Janin.

HISTOIRE DU PERRUQUIER MOLLARD

« Non loin de Paris, à Courbevoie, dans la rue de Bezons, il y avait un perruquier nommé Mollard, à qui la préface de *Cromwell* avait monté la tête à ce point qu'il avait pris en haine l'Académie et tout ce qui tenait à l'Académie. Il haïssait également Despréaux et M. Casimir Delavigne. On lui nommait Voltaire, il écumait; M. Andrieux, il se trouvait mal. Il allait partout, disant que la langue française était perdue et qu'elle ne pouvait se régénérer que par les *romantiques.* De ce brave homme, on a conservé quelques épigrammes qui attestent sa colère et sa bonne volonté :

> Il fallait compléter les quarante immortels;
> Leur président leur fit cette courte harangue :
> « Prêtres de l'ignorance, appuis de ses autels,
> Proclamez Casimir! il ne sait pas sa langue. »

Et comme on vit que l'Académie, en dépit de ses épigrammes, se portait encore assez bien, et que son ennemi personnel, M. Casimir Delavigne, était applaudi chaque soir, malgré le perruquier Mollard, le brave homme résolut de mourir en vouant l'Académie et M. Casimir Delavigne aux dieux infernaux. Ainsi mourut la reine de Carthage, insultant du haut de son bûcher l'ingrat qui l'abandonnait :

> Exoriare aliquis nostris ex ossibus ultor!

Toujours est-il que ce pauvre Mollard alluma, non pas un bûcher, mais un réchaud, et qu'il expira en proclamant la préface de *Cromwell.* Il avait écrit ces lignes en guise de testament : « Adieu, père Hénin! Adieu, monsieur et madame D...! Adieu, mes amis en politique et en littérature! Adieu, tout le monde de mon bon voisinage! A bas *Les Vêpres siciliennes,* et vive *Cromwell!* » Jamais personne, que je sache, n'a poussé si loin la haine et l'amour des choses littéraires que le perruquier Mollard. »

JULES JANIN

AMY ROBSART

« A dix-neuf ans, au moment où, sa mère morte, son père à Blois, seul au monde, son mariage empêché par sa pauvreté, M. Victor Hugo cherchait partout cet argent qui le rapprocherait du bonheur, M. Soumet lui avait proposé d'extraire à eux deux une pièce du roman de Walter Scott, *Le Château de Kenilworth*. M. Soumet ferait le plan, M. Victor Hugo écrirait les trois premiers actes et M. Soumet les deux derniers. Victor Hugo avait fait sa part; mais lorsqu'il avait lu ses trois actes, M. Soumet n'en avait été content qu'à moitié; il n'admettait pas le mélange du tragique et du comique. Les deux collaborateurs, ne s'entendant pas, s'étaient séparés à l'amiable; chacun avait repris ses actes et son indépendance, et complété sa pièce comme il avait voulu. » En 1828, Paul Foucher, le plus jeune des deux beaux-frères de M. Victor Hugo, lui demanda ce qu'il avait fait et comptait faire de sa pièce : « Je la brûlerai. » — « Veux-tu me la donner? » — « Ma foi! je ne regarde pas cela comme une pièce de moi; fais-en ce que tu voudras. Walter Scott t'appartient autant qu'à moi. » Paul Foucher, ayant obtenu *Amy Robsart*, s'empressa de porter le manuscrit à l'Odéon. La pièce, reçue avec acclamations, fut immédiatement distribuée à Bocage, Provost, Mlle Anaïs, etc... Eugène Delacroix dessina les costumes. « Il était convenu que le nom de Victor Hugo ne serait pas prononcé; mais quelques phrases du drame ou quelques indiscrétions le trahirent; et le directeur, enchanté, s'empressa de répandre le bruit que le drame était de l'auteur de *Cromwell*. »

COMPTE RENDU DANS LE *JOURNAL DES DÉBATS*

« On a joué, hier, à l'Odéon, un drame historique en cinq actes intitulé *Amy Robsart*, sujet emprunté au *Château de Kenilworth*, de sir Walter Scott, et qui, traité déjà sur trois théâtres différents, reparaissait pour la quatrième fois, sans autre avantage que d'avoir été déparé par une foule de locutions triviales. Les sifflets et les éclats de rire ont fait justice de cette vieille nouveauté; et le nom de l'auteur, inutilement proclamé, serait encore un mystère, si l'affiche de ce jour ne trahissait son incognito. Il s'appelle Paul Foucher. »

LA LETTRE DE VICTOR HUGO

Le *Journal des Débats* dut compléter son exécution sommaire par cette insertion : « On verra, par la lettre suivante, que M. Victor Hugo réclame sa part de collaboration dans l'ouvrage de M. Foucher, son beau-frère. Nous nous faisons un devoir de céder à l'invitation de M. Victor Hugo, en publiant cet acte très remarquable de modestie et de désintéressement. »

AU RÉDACTEUR

Paris, 14 février 1828.

Monsieur,

Puisque la réussite d'*Amy Robsart*, début d'un très jeune poète dont les succès m'intéressent plus que les miens, a éprouvé une si vive opposition, je m'empresse de déclarer que je ne suis pas absolument étranger à cet ouvrage. Il y a dans ce drame quelques mots, quelques fragments de scènes, qui sont de moi ; et je dois dire que ce sont peut-être les passages qui ont été les plus sifflés.

Je vous prie instamment, Monsieur, de publier cette réclamation dans votre numéro de demain.

VICTOR HUGO (1).

(1) *Amy Robsart* n'a jamais été publiée dans les Œuvres de Victor Hugo, qui en offrit le manuscrit à Alexandre Dumas.

JULES GARNIER

La Sultane favorite

N'ai-je pas pour toi, belle juive,
Assez dépeuplé mon sérail ?
Souffre qu'enfin le reste vive.
Faut-il qu'un coup de hache suive
Chaque coup de ton éventail ?

Repose-toi, jeune maîtresse.
Fais grâce au troupeau qui me suit.
Je te fais sultane et princesse,
Laisse en paix tes compagnes, cesse
D'implorer leur mort chaque nuit.

Ne songe plus qu'aux frais platanes,
Au bain mêlé d'ambre et de nard,
Au golfe où glissent les tartanes......
Il faut au sultan des sultanes ;
Il faut des perles au poignard !

Les Orientales.

HAN D'ISLANDE

'AVAIS une âme pleine d'amour, de douleur et de jeunesse; je n'osais en confier les secrets à aucune créature vivante. Je choisis un confident muet, le papier. Je voulais peindre une jeune fille qui réalisât l'idéal de toutes les imaginations fraîches et poétiques, afin de me consoler tristement en traçant l'image de celle que j'avais perdue et qui ne m'apparaissait plus que dans un avenir bien lointain. Je voulais placer auprès de cette jeune fille un jeune homme, non tel que je suis, mais tel que je voudrais être... »

C'est ainsi que, dans une lettre intime, l'auteur de *Han d'Islande* explique comment fut conçu le premier roman qu'il ait publié en librairie. A peine commencé, il dut l'interrompre. « Il l'acheva dans les premiers mois qui suivirent son mariage, et en vendit la première édition mille francs à un marquis ruiné qui s'était fait libraire. *Han d'Islande* se contenta de gros papier gris imprimé en têtes de clous, et parut en quatre petits volumes, sans nom d'auteur. »

« Il n'y a, dans *Han d'Islande*, dit la préface, qu'une chose sentie, l'amour du jeune homme; qu'une chose observée, l'amour de la jeune fille. Tout le reste est deviné, c'est-à-dire inventé... Quand la première saison est passée, quand le front se penche, quand on sent le besoin de faire autre chose que des histoires curieuses pour effrayer les vieilles femmes et les petits enfants, quand on a usé au frottement de la vie, les aspérités de la jeunesse, on reconnaît que toute invention, toute création, toute divination de l'art, doit avoir pour base l'étude, l'observation, le recueillement, la science, la mesure, la comparaison, la méditation sérieuse, le dessin attentif et continuel de chaque chose d'après nature, la critique consciencieuse de soi-même. Et l'inspiration qui se dégage selon ces nouvelles conditions, loin d'y perdre, y gagne un plus large souffle et de plus fortes ailes. » Qu'ont dit de plus et de mieux, cinquante ans plus tard, les prétendus initiateurs de la littérature prétendue scientifique et naturelle?

« Rien de plus intéressant, a-t-on remarqué, que de découvrir en germe, dans ce livre de jeune homme, les conceptions, les idées, les figures qui auront plus tard, dans tant de chefs-d'œuvre, leur expression parfaite et leur réalisation idéale. » Han, sauvé, recueilli, élevé par l'évêque de Scalhot, est en effet le prototype évident de Quasimodo. Lucrèce Borgia apparaît tout entière en ces lignes : « Souvent, dans une femme dégradée, même quand l'épouse a disparu, il reste quelque chose de la mère. Les cœurs, en apparence les plus desséchés et les plus endurcis, recèlent toujours dans leur dernier repli quelque affection ignorée d'eux-mêmes, qui semble se cacher parmi des passions et des vices comme un témoin mystérieux et un vengeur futur. » Des sentiments qui constituent la famille, le romancier s'élèvera plus tard à ceux qui constituent la patrie, l'humanité; mais, nettement déjà, il a vu et formulé le principe qui restera l'essence de sa poétique et de sa philosophie : nul n'est absolument méchant, coupable et haïssable; le mal n'existe point par lui-même ni pour lui-même, ayant nécessairement pour but et pour origine le bien, dont il n'est que l'ombre et l'erreur.

L'ARTICLE DE CHARLES NODIER

Le plus curieux article écrit sur *Han d'Islande*, à son apparition, est celui que Charles Nodier publia le 12 mars 1823 dans le n° 71 de *La Quotidienne* :

« Il en est, dans les hommes d'une certaine organisation, des tentatives qui ont la gloire pour objet comme de celles qui aspirent au bonheur et à la volupté. Les intelligences précoces et les sensibilités profondes ne calculent pas l'avenir; elles le dévorent. Les passions d'une âme jeune et puissante ne connaissent pas de lendemain. Elles croient pouvoir rassasier toutes leurs ambitions et toutes leurs espérances dans la renommée et dans les plaisirs d'un jour. *Han d'Islande* a été le résultat d'une combinaison pareille, si l'on peut appeler combinaison l'instinct irréfléchi d'un génie original qui obéit, sans le savoir, à une impulsion étrangère à ses véritables intérêts, mais dont la belle et vaste carrière peut justifier tout ce qu'a promis de bien et racheter tout ce qu'a fait craindre l'heureuse faute de son départ. Il appartient à un très petit nombre d'hommes de commencer par de pareilles erreurs, et de ne laisser d'autres torts à reprendre à la critique que ceux qu'ils se sont volontairement donnés. Je n'analyserai pas *Han d'Islande*, ou plutôt j'en donnerai une idée beaucoup plus vraie que ne pourrait le faire l'analyse la plus exacte, en disant que *Han d'Islande* est un de ces ouvrages qu'on ne peut dépouiller de l'ensemble général de l'exécution sans tomber dans une caricature aussi injuste que facile. Qu'on se représente un auteur condamné par sa propre volonté à rechercher péniblement toutes les infirmités morales de la vie, toutes les horreurs de la société, toutes ses monstruosités, toutes ses dégradations, toutes les exceptions affreuses de l'état naturel et de l'état civilisé, pour choisir dans ces rebuts hideux quelques anomalies dégoûtantes, auxquelles les langues humaines ont à peine accordé un nom, la morgue, l'échafaud, la potence, l'anthropophage et le bourreau, je ne sais quoi de plus innommé encore, car il attache à ces derniers états d'exécrables ambitions et d'incompréhensibles joies! Et pourquoi faut-il qu'un pareil talent se soit cru obligé de recourir à de pareils artifices ? Il était si aisé de s'en passer ! — La connaissance particulière des lieux, ou des études très bien faites, ont donné jusqu'à un certain point à l'auteur de *Han d'Islande* cette piquante vérité de couleur locale qui distingue l'auteur de *Waverley*. Je dis : jusqu'à un certain point, parce que, plus familier que lui peut-être avec le ciel des latitudes qu'il a décrites, j'ai désiré dans sa peinture quelques-uns de ces effets qu'il lui était si facile de tirer de la mesure inaccoutumée des jours et de la bizarrerie des saisons polaires. On reconnaît d'ailleurs, dans *Han d'Islande*, une bonne lecture de l'*Edda* et de l'histoire, beaucoup d'érudition, beaucoup d'esprit, même celui qui naît du bonheur et qu'on appelle la gaieté, même celui qui vient de l'expérience et que l'auteur n'a pas eu le temps de devoir à l'habitude du monde et à l'observation. On y trouve enfin un style vif, pittoresque, plein de nerf, et ce qu'il y a de plus étonnant, cette délicatesse de tact et cette finesse de sentiments qui sont aussi des acquisitions de la vie et qui contrastent ici de la manière la plus surprenante avec les jeux barbares d'une imagination malade. Cependant, ce ne sont pas toutes ces qualités qui feront la vogue de *Han d'Islande*, et qui forceront l'inflexible et savant Minos de la librairie à reconnaître le débit authentique et légitime de *douze mille exemplaires* de ce roman, que tout le monde voudra lire. Ce sont ses défauts. — Je n'ai pas parlé d'une préface, où l'auteur a imité avec adresse la manière aigre-douce de sir Walter Scott en parlant de ses confrères. Il sentira que l'écrivain qui a cherché à exciter de pareilles émotions et qui probablement n'y est pas parvenu sans peine, n'était pas libre de s'en jouer. Ce qui n'est pas bien dans sir Walter Scott à l'arrière-saison de la vie, est d'ailleurs moins convenable encore dans un très jeune homme auquel un mérite non contesté a donné de bonne heure de justes privilèges. Le premier devoir qu'impose le talent, c'est de ne pas abuser de ses droits. »

CHARLES NODIER.

L. PERRAULT

Sara la Baigneuse

Sara, belle d'indolence,
  Se balance,
Dans un hamac, au-dessus
Du bassin d'une fontaine
  Toute pleine
D'eau puisée à l'Ilyssus.

Et la frêle escarpolette,
  Se reflète
Dans le transparent miroir,
Avec la baigneuse blanche
  Qui se penche,
Qui se penche pour se voir.

Chaque fois que la nacelle,
  Qui chancelle,
Passe à fleur d'eau dans son vol,
On voit sur l'eau qui s'agite
  Sortir vite
Son beau pied et son beau col.

Elle bat d'un pied timide
  L'onde humide
Où tremble un mouvant tableau :
L'eau rougit ce pied d'albâtre ;
  La folâtre
Rit de la fraîcheur de l'eau.

Les Orientales.

BUG-JARGAL

Bug-Jargal, résultat d'une gageure, fut écrit, on l'a vu, deux ans avant *Han d'Islande*. La version primitive en fut publiée dans les numéros 11-15 du *Conservateur littéraire*, avec un M pour toute signature; elle portait ce sous-titre : « Extrait d'un ouvrage inédit, intitulé *Les Contes sous la tente*. » Nul autre de ces Contes n'a paru. Quoique, vers 1825, l'auteur l'ait « remanié et récrit en grande partie », *Bug-Jargal* n'en reste pas moins, « et par le fond et par beaucoup de détails », son premier ouvrage. La première édition, « par l'auteur de *Han d'Islande* », parut en novembre 1826, chez Urbain Canel, avec une vignette-frontispice de Devéria, gravée à l'eau-forte sur papier de chine par Pierre Adam : « Habibrah cherchant à entraîner Léopold d'Auverney avec lui dans l'abîme. » Le nom de l'auteur se trouve seulement sur la troisième édition (février 1829, chez Gosselin et chez Bossange).

Quelques-unes des plus célèbres créations de Victor Hugo ont été esquissées dans ce roman. Habibrah, comme Han, annonce Quasimodo; il annonce aussi tous les fous du poète, depuis Trick jusqu'à

Gucho. Presque à chaque page, on trouve des phrases ou des vers espagnols ; et c'est la foi à la parole donnée, le point d'honneur castillan, *pundonor*, qui, comme plus tard dans *Hernani*, constitue la fatalité du dénouement. Dans *L'Année terrible*, l'héroïsme historique d'un gamin de Paris rappellera, singulière et frappante coïncidence, l'héroïsme légendaire de Bug-Jargal :

> Sur une barricade, au milieu des pavés
> Souillés d'un sang coupable et d'un sang pur lavés,
> Un enfant de douze ans est pris avec des hommes...

En novembre 1880, MM. Richard Lesclide et Pierre Elzéar ont fait jouer au théâtre du Château-d'Eau un drame tiré de *Bug-Jargal*.

L'ARTICLE DU *GLOBE*

Voici, parmi les appréciations qui accueillirent *Bug-Jargal*, celle qui nous a paru la plus intéressante :

« Pendant une des guerres de la Révolution, des officiers sont convenus d'occuper, chacun à leur tour, la longueur des nuits du bivouac par le récit de quelqu'une de leurs aventures ; et quand vient le tour du capitaine Léopold d'Auverney, il raconte *Bug-Jargal*. Cette forme n'est pas très heureusement choisie, non, comme on pourrait le dire, parce que la nuit des bivouacs se passe à dormir plutôt qu'à conter, mais parce qu'un récit placé dans la bouche d'un personnage supposé ne comporte ni les réflexions, ni les descriptions, ni les détails infinis que peut se permettre un écrivain qui parle en son nom. Or, l'auteur ne nous a épargné rien de tout cela. Il y a dans sa narration des harangues, des dialogues, des tableaux artistement composés, qui ôtent toute apparence d'improvisation libre et naturelle au récit du jeune officier. Un autre défaut, qui tient à la même cause, c'est que l'auteur est obligé de donner un rôle important au narrateur dans un récit dont il n'est pas le héros. Il y aurait beaucoup à dire encore sur toute la conduite du drame. Placés en seconde ligne, les tableaux historiques y semblent toujours un ornement parasite, quoiqu'ils soient, sans aucun doute, la partie la plus neuve et la plus remarquable de l'ouvrage. Tout cela tient au vice général de la composition. — Bug-Jargal lui-même est la plus grande et la plus reprochable invraisemblance du roman. C'est, pour le coup, *un nègre comme il y en a peu*, et même *comme il y a peu de blancs ;* c'est un modèle de magnanimité, de désintéressement, de courage, d'abnégation, de douceur, de délicatesse, de bon goût.

Il sait deux ou trois langues; il fait des romances, il joue de la guitare; il est fils d'un roi d'Afrique; il a été instruit par des Européens; il raisonne comme Raynal; il est amoureux comme Werther, et il est grand et fort comme Hercule. Certes, je ne suis pas d'avis qu'aucune belle qualité soit inaccessible à la race africaine, et notre auteur a eu le droit de faire de son nègre un héros. Mais j'aurais voulu trouver dans ce héros le contraste de la rudesse et de la générosité, de la férocité et de la clémence, de l'ignorance et du génie; j'aurais voulu sentir comment une bonne et énergique nature surmontait en lui les vices de l'éducation et les habitudes serviles. Auprès de ses vertus, de ses nobles instincts, signes éclatants de sa qualité d'homme, j'aurais voulu voir se débattre les besoins farouches, les passions brutales qui trahissent l'homme encore esclave et sauvage à demi, et qui sont comme la preuve de son origine et la marque de ses fers. Un grand homme nègre doit être, comme on le dit d'une tragédie de Shakespeare, un mélange de sublimité et de grossièreté. Je crois bien qu'en ce sens il serait fort difficile d'atteindre à la vérité parfaite, et qu'il arriverait toujours un point où l'on serait obligé de représenter la réalité uniquement par l'idéal. Mais si l'idéal est presque toujours l'impossible, il n'est ni le faux, ni le factice, ni même l'invraisemblable; il doit rappeler la réalité, dont il n'est pas l'exacte copie, mais la pure conception. C'est une des premières ressources et une des premières règles des beaux-arts; je regrette que l'auteur de *Bug-Jargal* n'y ait pas songé. Il eût évité une faute, sans sacrifier une seule beauté. — Cependant, on ne peut s'empêcher de prendre intérêt à son noir, et il y a dans le récit une sorte de chaleur et de mouvement qui ne permet guère de quitter le livre. D'ailleurs, le sujet est neuf, l'événement est grand et l'auteur a du talent. On remarquera surtout la peinture singulière et frappante de chef noir Biassou au milieu de son armée. L'auteur s'est plu à lui prêter plusieurs des traits du célèbre Toussaint, et cette finesse constante et profonde qui le distinguait, combinée avec une férocité qu'en effet Biassou montre dans l'histoire, mais que Toussaint n'eut jamais. Tout l'épisode est spirituel et animé; malheureusement, on y sent trop l'effort et le calcul. Le personnage d'un certain Habibrah, esclave griffe, espèce de monstre et de bouffon, qui égorge froidement son maître, qu'il a diverti pendant vingt ans, et qui poursuit avec une cruauté froide les blancs qu'il a servis avec abjection, est fortement conçu; l'auteur lui fait prononcer sur sa condition, sur ses souffrances, ses humiliations, sa haine, un discours de quelque éloquence et qui risque de persuader. Mais c'est encore un effort d'esprit que la pensée de ce personnage. C'est un être de convention, c'est un moyen d'effet, ce n'est pas un homme vivant. Une belle scène me semble celle où Biassou force un mulâtre qui, sous les blancs, s'est montré cruel ennemi des noirs afin de faire oublier son origine, et, qui, devenu prisonnier des noirs, se réclame de sa couleur comme d'une sauvegarde, — à tuer de sang-froid un blanc, captif comme lui, pour justifier sa prétention. Cette manière de juger une question d'état est dans les mœurs et l'esprit du personnage; et la lutte, chez le misérable mulâtre, de la pitié et de l'amour de la vie, ce mélange de lâcheté, de remords, de honte et d'égoïsme, quand il se jette sur sa victime, la terrasse et la déchire sans autre passion que la peur, c'est un tableau d'une énergie terrible et vraie. — L'auteur de *Bug-Jargal* n'est pas libéral; on s'en aperçoit à de certaines restrictions et à de certaines épigrammes. Obligé de s'intéresser aux noirs et d'intéresser en leur faveur, il a pris le plus grand soin de se distinguer des écrivains qui ont jusqu'ici plaidé leur cause. Sans justifier le régime colonial, il semble supposer que la tyrannie des maîtres était une exception, quand elle était le droit commun; et à l'entendre, on croirait presque que les noirs seuls ont eu le droit de trouver ce régime-là mauvais, mais qu'un blanc doit hésiter à le blâmer et plus encore à le réformer, de crainte de passer pour révolutionnaire. Cette crainte gêne un peu son talent et ôte quelque liberté à son esprit; mais il est certain cependant que son intention générale est bienveillante pour les noirs, et que, malgré tous les embarras où le place la double nécessité d'intéresser en faveur de leur liberté et de condamner toute insurrection, quiconque aura lu son livre se sentira de nouveaux motifs pour remercier le ciel de l'existence et de la liberté d'Haïti. »

LE GLOBE, 2 mars 1826, tome III, n° 30.

G. COURTOIS

Juana la Grenadine

A Juana la Grenadine
Qui toujours chante et badine,
Sultan Achmet dit un jour :
« Je donnerais sans retour
Mon royaume pour Médine,
Médine pour ton amour. »

— « Fais-toi chrétien, roi sublime !
Car il est illégitime
Le plaisir qu'on a cherché
Aux bras d'un Turc débauché.
J'aurais peur de faire un crime,
C'est bien assez du péché. »

— « Par ces perles dont la chaîne
Rehausse, ô ma souveraine,
Ton cou blanc comme le lait,
Je ferai ce qui te plaît
Si tu veux bien que je prenne
Ton collier pour chapelet. »

_{ORIENTALES.} — *Sultan Achmet.*

CH. LANDELLE

Les Bleuets

Tandis que l'étoile inodore
Que l'été mêle aux blonds épis,
Émaille de son bleu lapis
Les sillons que la moisson dore,
Avant que, de fleurs dépeuplés,
Les champs aient subi les faucilles,
Allez, allez, ô jeunes filles,
Cueillir des bleuets dans les blés !

Les Orientales.

LES ORIENTALES

Une très rare et très précieuse édition, c'est la première édition des *Orientales* (janvier 1829) avec sa gravure-frontispice sur acier, *Clair de lune*, et, en regard, sa vignette sur bois, *Les Djinns*, toutes deux d'après Louis Boulanger. La préface est une revendication d'indépendance absolue : « L'auteur de ce recueil n'est pas de ceux qui reconnaissent à la critique le droit de questionner le poète sur sa fantaisie, et de lui demander pourquoi il a choisi tel sujet, broyé telle couleur, puisé à telle source. Il n'y a en poésie ni bons ni mauvais sujets, mais de bons et de mauvais poètes ». Puis viennent ces lignes, qu'on dirait écrites d'hier : « Pour les empires comme pour les littératures, l'Orient est appelé à jouer un grand rôle dans l'Occident. Tout le continent penche à l'Orient. Nous verrons de grandes choses. La vieille Barbarie asiatique n'est peut-être pas aussi dépourvue d'hommes supérieurs que notre civilisation veut le croire ». Si la préface a gardé toute son actualité, le livre a gardé toute sa fraîcheur, tout son éclat, tout son parfum. En relisant l'admirable poème intitulé *Fantômes*, nous n'avons pu nous défendre de songer au sort qui attendait la fille chérie du poète, tandis qu'il écrivait ces vers :

> Ainsi qu'Ophélia par le fleuve entraînée,
> Elle est morte en cueillant des fleurs.

Il semble que la destinée jalouse ne puisse pardonner aux hommes leur pitié pour le malheur d'autrui, et guette sans cesse le point vulnérable de leur cœur pour les y atteindre sûrement. Est-il, parmi les désastres qui frappent votre prochain, une douleur qui vous soit particulièrement sensible et vous arrache le cri de l'irrésistible commisération ? Soyez sûr que cette douleur même vous sera bientôt infligée. Peut-être, d'ailleurs, votre sensibilité n'est-elle qu'une instinctive prescience de l'avenir.

LE CANON D'ALARME TIRÉ PAR UN ACADÉMICIEN

La critique, défiée par le poète, mit quelque aigreur à apprécier ses rimes. L'Académie s'émut. Baour-Lormian tira *Le Canon d'alarme*. C'est le titre d'une satire en vers (Delangle frères, 1829) pour laquelle l'auteur, les larmes aux yeux, fit plus tard amende honorable auprès de Victor Hugo. — Dieu ! si Boileau vivait ! s'écrie le satirique,

> S'il voyait figurer en des vers lourds et durs
> Ces trois têtes de Grecs, par un beau clair de lune
> Aux portes du sérail jasant *l'une après l'une*,
> Sans doute on l'entendrait, plein d'un juste courroux,
> S'écrier : « Le Parnasse est-il peuplé de fous ?... »
> Mais Boileau ne vit plus que par sa renommée.
> Dans la tombe, avec lui, la satire enfermée
> Ne vient plus châtier de burlesques travers;
> Avec impunité les Hugo font des vers.

Cette pédante artillerie ne fit de tort qu'à l'artilleur. Les jeunes gens furent enthousiastes. Celui-ci célébra « l'éclat éblouissant des *Orientales*, leur fantaisie libre et courante, la curiosité du style, et ce trône merveilleux dressé à l'art pur. » Celui-là écrivit : « Victor Hugo, un de ces poètes que Dante appelle souverains et place dans l'Elysée une grande épée à la main comme des guerriers — et qui réunit deux qualités qui semblent d'abord opposées l'une à l'autre, un lyrisme effréné dans la pensée et une miraculeuse patience de ciselure dans l'exécution — a fait accomplir à la versification un immense progrès. Dans ses *Orientales*, Victor Hugo se plut à réunir un grand nombre de formes de stances, ou entièrement neuves ou restaurées des vieux maîtres. Il revêtit son inépuisable fantaisie de tous les rythmes et de toutes les mesures. Il donna des exemples de tous les entrecroisements et de tous les redoublements de rimes, et reproduisit dans son œuvre l'ornementation mathématique et compliquée de l'Orient. » *Le Globe* publia une des plus belles études de critique littéraire que nous connaissions. Nous la citons presque intégralement. Est-ce à Pierre Leroux qu'il faut l'attribuer?

DU STYLE SYMBOLIQUE

« Comment quelques-uns de nos écrivains se sont-ils rapprochés du procédé de style de Shakespeare et des poètes du Nord? Comment notre langue si philosophique, si exacte, si précise, a-t-elle pu se prêter à cette violence, se revêtir d'une teinte de mystère, et consentir à *faire entendre* au lieu de dire ? Nous croyons qu'on n'y est parvenu et qu'on n'y pouvait parvenir qu'en substituant, comme nous allons essayer de le montrer, l'emblème, l'allégorie, le symbole, à la comparaison proprement dite.

» Il faut qu'on nous accorde que toute poésie vit de métaphore, et que le poète est un artiste qui saisit des rapports de tous genres, par toutes les puissances de son âme, et qui leur substitue des rapports identiques sous forme d'images, de même que le géomètre substitue au contraire des termes purement abstraits, des lettres qui ne représentent rien de déterminé, aux nombres, aux lignes, aux surfaces et aux solides, à tous les corps de la nature et à tous les phénomènes. En comprenant la métaphore proprement dite, la comparaison, l'emblème, le symbole, l'allégorie, sous le nom général de *métaphore*, on pourrait dire hardiment que la poésie n'a pas d'autre élément que la métaphore, que poésie et métaphore sont une même chose, et qu'entre nations différentes, de même qu'entre différents âges d'un même peuple, l'ampleur de la métaphore est la mesure du génie poétique. Or, cela étant, supposez qu'il s'introduise tout à coup dans la langue une figure qui permette de substituer continuellement à des termes abstraits des images, à l'expression propre une expression vague et indéterminée, et voyez l'effet ! L'abstraction disparaîtra de la poésie de ce peuple, et le mystère y naîtra. C'est précisément ce qui est arrivé par l'introduction dans notre langue d'une forme de

Sara la Baigneuse.

style que nous appellerions volontiers *comparaison symbolique*, ou, pour être plus bref, *symbole*. L'artifice de cette forme de langage consiste à ne pas développer l'idée que l'on veut comparer à une autre, mais à développer uniquement cette seconde idée, c'est-à-dire l'image. De même qu'on remplace les mots propres par une métaphore, ici l'idée est remplacée par son emblème. On a, pour ainsi dire, la métaphore d'une idée...

» Parler par symboles, allégoriser, voilà, à ce qu'il nous semble, la grande innovation en fait de style depuis cinquante ans. Nous serions presque tenté de ramener la question du romantisme, quant au style poétique, à l'introduction dans la langue d'un trope, non pas nouveau, mais presque inusité pendant deux siècles. — Ce grand changement dans le style, et par suite dans la langue, n'est pas dû à une puérile imitation, mais à des besoins bien sentis. Il ne s'est pas opéré par l'accession de quelques idiotismes étrangers, mais par une force intérieure de développement et par une sorte de croissance naturelle. Le besoin de poésie, de rénovation des idées morales et religieuses, l'étude de la nature et de ses mystérieuses harmonies, voilà ce qui

J.-E. BULAND

Fantômes

Hélas! Que j'en ai vu mourir de jeunes filles!
C'est le destin. Il faut une proie au trépas.
Il faut que l'herbe tombe au tranchant des faucilles;
Il faut que dans le bal les folâtres quadrilles
    Foulent des roses sous leurs pas.

Que j'en ai vu mourir! — L'une était rose et blanche;
L'autre semblait ouïr de célestes accords;
L'autre, faible, appuyait d'un bras son front qui penche,
Et, comme en s'envolant l'oiseau courbe la branche,
    Son âme avait brisé son corps.

Une, pâle, égarée, en proie au noir délire,
Disait tout bas un nom dont nul ne se souvient;
Une s'évanouit comme un chant sur la lyre;
Une autre en expirant avait le doux sourire
    D'un jeune ange qui s'en revient.

Les Orientales.

A. MOROT

Mazeppa

Enfin, après trois jours d'une course insensée,
Après avoir franchi fleuves à l'eau glacée,
  Steppes, forêts, déserts,
Le cheval tombe aux cris des mille oiseaux de proie.
Et son ongle de fer sur la pierre qu'il broie
  Éteint ses quatre éclairs.

Voilà l'infortuné, gisant, nu, misérable,
Tout tacheté de sang, plus rouge que l'érable
  Dans la saison des fleurs.
Le nuage d'oiseaux sur lui tourne et s'arrête;
Maint bec ardent aspire à ronger dans sa tête
  Ses yeux brûlés de pleurs.

Eh bien! ce condamné qui hurle et qui se traîne,
Ce cadavre vivant, les tribus de l'Ukraine
  Le feront prince un jour.
Un jour, semant les champs de morts sans sépultures,
Il dédommagera par de larges pâtures
  L'orfraie et le vautour.

Les Orientales

l'a engendré. Après cela, mille causes accessoires y ont concouru. On a pris goût au style poétique de la Bible, qui était pour Voltaire un sujet d'inépuisables risées ; on a pris goût aux littératures étrangères ; on a étudié l'Orient ; on a eu besoin d'émotions nouvelles ; le sentiment de la liberté et de l'individualisme s'est montré partout, s'est appliqué à tout ; enfin on retrouve ici, comme dans mille autres questions, l'indépendance de tout ce qui compose l'esprit du siècle...

» La comparaison symbolique n'avait jamais été répandue dans des vers français avec beaucoup d'audace avant M. Hugo. C'est par là que le style de M. Hugo diffère esssentiellement de celui de M. de Lamartine. Je ne sais si je m'abuse, mais il me semble que cette force de représenter tout en emblèmes, exagérée jusqu'au point de ne pouvoir souffrir l'abstraction, est le trait caractéristique de la poésie de M. Hugo. Il lui doit ses plus grandes beautés et ses défauts les plus saillants. C'est par là qu'il s'élève quelquefois à des effets jusqu'à présent inconnus ; et c'est là aussi ce qui le fait tomber dans ce qu'on prendrait pour de misérables jeux de mots. On pourrait définir une partie de sa manière : la profusion du symbole. Avec cette tournure de génie, il devait être entraîné, même à son insu, vers l'étude du style oriental. Le sujet et jusqu'au titre de son dernier recueil sont un indice de son talent.

» Ce n'est pas seulement dans le détail que les poètes de cette école cultivent le symbole ; ils ont quelquefois jeté dans ce moule une pièce tout entière et de grande étendue. Quelques-uns des plus beaux ouvrages de M. Hugo et quelques-uns de ses plus défectueux, *Les deux Iles, Mazeppa, Canaris*, sont d'un bout à l'autre des symboles. — Le *Mazeppa* surtout est un parfait symbole, et sous ce rapport on peut le regarder comme une création qui n'avait pas de modèle dans notre langue. Pour saisir la différence qui existe entre la manière de M. Hugo dans cette pièce et celle de ses devanciers, il suffit de mettre en regard le *Mazeppa* et le beau début de l'Ode au comte Du Luc. Il y a assez d'analogie pour le sujet. Rousseau veut peindre cette espèce d'obsession de l'artiste à l'approche du génie, ces longs travaux qui précèdent la création, ces fureurs, ces transports pour arriver aux « traits de vive flamme » ; M. Hugo a en vue, non seulement la vie intérieure de l'homme de génie, mais les chutes et les combats, au prix desquels il gagne sa couronne comme un athlète. — En y pensant, vous trouverez dans J.-B. Rousseau deux belles comparaisons, mais non pas un symbole. Le poète procède par diffusion et non par concentration. Il oublie

ses deux images, il brise ses deux miroirs, et au lieu de contempler son sujet spirituel dans un emblème physique, il change d'inspiration, il se sert d'expressions abstraites; il parle des « accès d'une sainte manie », de « l'ardeur qui le possède ». Il prend ses figures à toutes sources, rien n'est suivi, c'est une manière fragmentaire et hachée.
— Bien différent est le procédé de M. Hugo. Il s'élance avec Mazeppa, il peint au long son supplice et son triomphe, on dirait même qu'il n'a pas voulu faire autre chose; on le dirait, car il est déjà aux trois quarts de son œuvre. Il ne s'arrête pas non plus tout à coup, et, par un trait soudain, il ne se contente pas d'écrire le mot *génie* sur le piédestal de son symbole. Mais insensiblement il anime, il spiritualise cette grande image physique qu'il s'est plu à décrire; il ne la refait pas, il ne la transforme pas, mais il en fait voir en quelque sorte l'intérieur, l'âme. Ainsi la statue de Pygmalion devient Galatée, sans changer de forme. Ce n'est plus Mazeppa ; c'est le génie, mais sous les traits de Mazeppa enchaîné à son coursier et roulant dans les déserts. Les *pieds d'acier*, les *froides ailes*, toutes les expressions qui étaient prises au propre, reviennent au figuré. Toutes les parties spirituelles de l'objet que l'artiste contemple maintenant, se produisent, non pas abstraitement, mais sous la forme même des parties similaires de l'image, comme autant d'emblèmes harmonieux qui se répondent entre eux, et au tout. Ainsi s'opère la fusion de l'idée morale dans l'image physique. L'assimilation est parfaite. Le génie, ses tourments intérieurs, ses blasphèmes, toutes ces pures conceptions de l'intelligence sont devenues visibles. Nous avons un symbole et non pas une comparaison. »

L.....X
LE GLOBE, 8 avril 1829.

LE DERNIER JOUR D'UN CONDAMNÉ

Ce petit livre ouvre le grand travail poursuivi par Victor Hugo : *Le Dossier de la peine de mort*. En 1820, il avait vu Louvel conduit à l'échafaud. En 1825, il avait assisté à l'exécution du parricide Jean Martin. Une fois, il avait traversé la place de Grève, comme le bourreau *répétait*, graissant les rainures, essayant le couperet. Le lendemain de l'exécution d'Ulbach, il commença *Le dernier jour d'un Condamné*.

Chaque soir, il lisait à ses amis les pages qu'il venait d'écrire. L'éditeur Gosselin, averti par Edmond Bertin, demanda l'œuvre nouvelle. Il l'obtint, lut le manuscrit, et conseilla au poète, « dans l'intérêt de la vente », de retrouver les feuillets contenant le récit du meurtre, que le poète avait jugé bon de supposer perdus. Victor Hugo répondit qu'il l'avait pris pour éditeur, non pour collaborateur. Le livre parut au commencement de février 1829, quinze jours après *Les Orientales*, sans nom d'auteur, en un volume in-12, imprimé sur mauvais papier, avec fac-similé plié du manuscrit de la chanson en argot. Dans la quatrième édition fut publiée la préface dialoguée : *Une Comédie à propos d'une tragédie*; et dans la cinquième, chez Renduel, la préface datée du 15 mars 1832. Pour que l'œuvre semblât vraiment *vécue*, contînt toute l'humanité possible, Victor Hugo ne craignit pas d'y mêler ses propres souvenirs d'enfance. Le récit du vertigineux accident sur la tour Notre-Dame n'est-il pas aussi un souvenir personnel dont l'angoisse se retrouve dans la mort d'Habibrah et dans celle de Claude Frollo? Quant à l'histoire du vieux « friauche », certainement ces pages contiennent en germe l'idée qui a pris son développement idéal dans la poignante épopée des *Misérables*.

LE *FIGARO* ET LA *REVUE DES DEUX-MONDES*

« Ce n'est pas là un roman, c'est un chant de *l'Enfer* du Dante. — L'auteur met dans la bouche du condamné de quoi justifier l'étrangeté de son ouvrage : « Ce que j'écrirai ainsi ne sera peut-être pas inutile. N'y aura-t-il pas dans ce procès-verbal de la pensée agonisante, dans cette progression toujours croissante de douleurs, dans cette espèce d'autopsie intellectuelle d'un condamné, plus d'une leçon pour ceux qui condamnent? Peut-être cette lecture leur rendra-t-elle la main moins légère, lorsqu'il s'agira quelque autre fois de jeter une tête qui pense, une tête d'homme, dans ce qu'ils appellent la balance de la Justice. » — On s'intéresse tout d'abord à ce condamné à mort qui semble un type général, dont on ignore et le nom et le crime ; car il s'attache à des noms et à des crimes un préjugé repoussant, qu'un esprit fort peut seul combattre. Mais non ! ce condamné est un homme de bonne naissance, qui se voit descendre au rang des assassins par une de ces fatalités inouïes, erreurs de la Providence. Et, dans ce drame poignant qui commence à Bicêtre et se termine à la Grève, il est le personnage principal, toujours placé en face de la guillotine. Quoi, cependant, de moins uniforme que cette situation de l'âme, pleine d'espoirs, de terreurs, de spectres et de tortures? C'est un jour affreux répandu sur la barbarie de nos lois. Enfin ce mot, sourd comme la chute d'un couperet : QUATRE HEURES! clôt en même temps le livre et la vie de l'homme. »

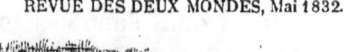
FIGARO, 27 février 1829.

« *Le dernier jour d'un Condamné* est un immense et magnifique dithyrambe, la plus développée, la plus ailée, la plus sublime des odes du poète. — De là cette admirable prose, toute de strophes et de rythmes nouveaux. De là ce roman, que les étrangers ne s'efforcent de traduire que dans la plus haute poésie lyrique. — Un jeune Italien a traduit *Le dernier jour d'un Condamné* en tercets dans le rythme du Dante. »

REVUE DES DEUX MONDES, Mai 1832.

ALBERT MAIGNAN

Don Carlos

— Gouverner tout cela! Monter, si l'on vous nomme,
A ce faîte! Y monter, sachant qu'on n'est qu'un homme!
Avoir l'abîme là!..... — Pourvu qu'en ce moment
Il n'aille pas me prendre un éblouissement!
Oh! d'États et de rois mouvante pyramide,
Ton faîte est bien étroit! Malheur au pied timide!
A qui me retiendrais-je? Oh! si j'allais faillir,
En sentant sous mes pieds le monde tressaillir,
En sentant vivre, sourdre et palpiter la terre!
— Puis, quand j'aurai ce globe entre mes mains, qu'en faire?
Le pourrai-je porter seulement? Qu'ai-je en moi?
Être empereur, mon Dieu! J'avais trop d'être roi!

HERNANI.

HERNANI

ACHEVÉ le 25 septembre 1829, *Hernani* avait été commencé le 29 août. Cela fait à peine un mois. *Marion Delorme*, comme on le verra plus loin, avait été frappée d'interdiction. Il s'agissait d'imposer sans retard une création nouvelle à la Comédie-Française. La pièce, lue le 1er octobre, reçue par acclamations, fut immédiatement distribuée. Mlle Mars, Firmin, Joanny, Michelot, eurent les quatre grands rôles.

Le succès du *Henri III* d'Alexandre Dumas avait été une surprise. Les classiques, non prévenus, non préparés, n'avaient pu se défendre. Ils s'étaient juré qu'on ne les prendrait plus au dépourvu. Ils comptaient pour alliés les ministériels, les *ultras*, qui, ne pardonnaient pas à Victor Hugo l'*Ode à la Colonne*. Dès que la réception d'*Hernani* fut connue, ce fut un branle-bas de combat. Sept académiciens adressèrent au roi une pétition, pour que la Comédie-Française fût fermée aux « dramaturges. » Charles X s'en tira spirituellement : « En fait de littérature, je n'ai que ma place au parterre. » L'exaspération redoubla. N'ayant pu exterminer la pièce en bloc, on tenta de la démolir en détail. « On assiégeait les acteurs, dit Alphonse Royer, pour leur arracher les bribes de leurs rôles, dont on allait faire des gorges chaudes dans les cafés. Un des membres de la censure, abusant du secret professionnel, lacérait en public la pièce et l'auteur. Le Vaudeville, dans sa *Revue de l'année*, avait parodié d'avance la scène des portraits, où Ruy Gomez était représenté par un montreur d'ours. Des mains inconnues glissaient dans les journaux de ces réclames à double tranchant qu'on appelle, en argot de presse, des *serpents*. » Un auteur tragique fut surpris, pendant une répétition, embusqué dans l'ombre. On lut la pièce au ministère des Affaires étrangères ; le secrétaire du ministre s'écria : « C'est stupide ! »

LE RAPPORT DE LA CENSURE

La censure ne rendait pas le manuscrit. Le ministre le retenait. Il le renvoya enfin « avec l'indication de quelques changements jugés nécessaires. » Les scènes principales en souffraient. Le poète résista. Chose étrange, ce fut la censure qui lui vint alors en aide. Aucun sentiment sympathique n'animait, d'ailleurs, les commissaires. Ils se rappelaient simplement le vers de Racine : « J'embrasse mon rival, mais c'est pour l'étouffer. » Le rapport signé par le baron Trouvé, surintendant des théâtres, et par MM. Brifaut, Chéron, Laya, Sauvo, paraît avoir été fait exprès pour prouver à l'évidence, par l'absurde et le ridicule, la vanité et le péril de l'institution qu'ils représentaient. « Cette pièce, y est-il dit, nous a semblé un tissu d'extravagances, auxquelles l'auteur s'efforce vainement de donner un caractère d'élévation, et qui ne sont que triviales et souvent grossières. Elle abonde en inconvenances de toute nature. Le roi s'exprime souvent comme un brigand. La fille d'un Grand d'Espagne n'est qu'une dévergondée sans dignité ni pudeur, etc... Toutefois, malgré tant de vices capitaux, nous sommes d'avis que non seulement il n'y a aucun inconvénient à autoriser la représentation de cette pièce, mais qu'il est d'une sage politique de n'en pas retrancher un mot.

Il est bon que le public voie jusqu'à quel point d'égarement peut aller l'esprit humain, affranchi de toute règle et de toute bienséance. »

Le Gouvernement céda sur certains points, mais persista à exiger partout la suppression du nom de Jésus et celle des vers attentatoires à la dignité des rois. Toutes ces machinations n'étaient pas sans influer sur les acteurs. Mlle Mars ne pouvait se résigner à appeler Firmin son « lion superbe et généreux. » Il fallut lui redemander le rôle. Elle accepta alors le *lion* aux répétitions, mais avec l'arrière-pensée de le déguiser en *seigneur* pour le public, ce qu'elle ne manqua pas de faire. Autre alerte : la claque se disposait à trahir. Le poète, à qui répugnaient les applaudissements salariés, voulait d'ailleurs la liberté au parterre comme il la revendiquait sur la scène. La claque fut supprimée. La jeunesse romantique, écrivains et artistes, s'offrit au Maître pour la remplacer. Chacun reçut pour passe « un carré de papier rouge, timbré d'une griffe mystérieuse inscrivant au coin du billet le mot espagnol *hierro*, qui veut dire *fer*. Cette devise, d'une hauteur castillane appropriée au caractère d'Hernani, signifiait qu'il fallait être, dans la lutte, franc, brave et fidèle comme l'épée. » On le fut. Les péripéties de cette mêlée épique ont été vingt fois racontées. La victoire fut remportée d'enthousiasme. C'était la révolution littéraire, annonçant la révolution politique (25 février 1830). Le quatrième acte fut irrésistible, le cinquième « fut un enivrement. » Pendant le dernier entr'acte, le libraire Mame, entraînant l'auteur dans un débit de tabac, se fit céder, pour dix mille francs qu'il portait sur lui, le droit de publier la pièce (*Hernani ou l'Honneur castillan*, drame. — Mame et Delaunay-Vallée. — 1 vol. in-8, avec la signature *Hierro*.)

LES SOUVENIRS DE THÉOPHILE GAUTIER

Gautier, qu'on vit, le premier soir, flamboyer avec un pourpoint de satin cerise agrafé par derrière sur un pantalon vert pâle à bande de velours noir, a célébré « cette œuvre de génie, avec ses personnages plus grands que nature, ses passions gigantesques, son lyrisme effréné », dans un style où vibre toute l'ardeur du combat :

« Il serait difficile de décrire l'effet que produisaient sur l'auditoire ces vers si singuliers, si mâles, si forts, d'un tour si étrange, d'une allure si cornélienne et si shakespearienne à la fois. Deux systèmes, deux partis, deux armées, deux civilisations même — ce n'est pas trop dire — étaient en présence, se haïssant cordialement, comme on se hait dans les haines littéraires. Certains vers étaient pris et repris, comme des redoutes disputées par chaque armée avec une opiniâtreté égale. Un jour, les romantiques enlevaient une tirade que l'ennemi reprenait le lendemain et d'où il fallait le déloger. Quel vacarme! Quels cris! quelles huées! quels sifflets! quels ouragans de bravos! quels tonnerres d'applaudissements! Les chefs de parti s'injuriaient comme les héros d'Homère. Dans le grand mo-

Hernani. Acte V, scène III.

nologue de don Carlos devant le tombeau de Charlemagne, il nous semblait monter, par un escalier dont chaque marche était un vers, au sommet d'une flèche de cathédrale d'où le monde nous apparaissait, comme dans la gravure sur bois d'une cosmographie gothique, avec des clochers pointus, des tours crénelées, des toits à découpures, des palais, des enceintes de jardins, des remparts en zigzag, des bombardes sur leur affût, des tire-bouchons de fumée, et, tout au fond, un immense fourmillement de peuple. Le poète excelle dans ces vues prises de haut sur les idées, la configuration ou la politique d'un temps. — Pour cette génération, *Hernani* a été ce que fut *Le Cid* pour les contemporains de Corneille. Tout ce qui était jeune, vaillant, amoureux, poétique, en reçut le souffle. Ces belles exagérations héroïques et castillanes, cette superbe emphase espagnole, ce langage si fier et si hautain dans sa familiarité, ces images d'une étrangeté éblouissante, nous jetaient comme en extase et nous enivraient de

Charles-Quint.

leur poésie capiteuse. Le charme dure encore pour ceux qui furent alors captivés. Certes, l'auteur d'*Hernani* a fait des pièces aussi belles, plus complètes et plus dramatiques que celle-là peut-être ; mais nulle n'exerça sur nous une pareille fascination. Il s'opérait un mouvement pareil à celui de la Renaissance. Une sève de vie nouvelle coulait impétueusement. Tout germait, tout bourgeonnait, tout éclatait à la fois. Des parfums vertigineux se dégageaient des fleurs, l'air grisait, on était fou de lyrisme et d'art. Il semblait qu'on vînt de retrouver le grand secret perdu; et cela était vrai, on avait retrouvé la poésie. »

THÉOPHILE GAUTIER

FEUILLETONS DU LUNDI

Le feuilleton du *Globe* fut le plus favorable : « M. Victor Hugo vient d'exploiter, je ne dirai pas une forme, mais une source nouvelle d'émotion dramatique, et de nous donner un drame dont l'avènement n'a guère été possible que depuis trente ans, et qui, depuis quinze, a été vingt fois tenté sans succès. Nous voulons parler du *drame d'imagination*. — Nos trois grands tragiques agissent vivement sur le cœur, sur l'esprit, sur la raison; faiblement, et seulement comme moyen, sur l'imagination. Au contraire, dans *Hernani,* le poète saisit l'imagination, la frappe, la passionne; il agit sur elle directement et comme but. Ce n'est pas à dire que le cœur reste froid, que les larmes ne coulent point, qu'une seule de nos facultés soit mise en jeu dans la nouvelle pièce; presque toutes y sont satisfaites, mais toutes y sont subordonnées à une seule, l'imagination. Il arrive de là, comme dans *Figaro*, que les mœurs, les passions, les pensées, les sentiments, le langage, n'ont qu'une vérité, qu'une justesse relatives et de position. Séparez les parties; vous trouverez le faux, ce qui est commode pour la critique aveugle et malveillante. Mais regardé d'ensemble et au point de vue du poète, tout est vrai, tout est proportionné. L'imagination du poète, comme un verre d'optique, grossit les parties, tout en conservant les distances et en gardant les proportions. »

C. M.

LE GLOBE. — Lundi 1ᵉʳ mars 1830.

Dans *Le National*, Armand Carrel attaqua *Hernani* « avec une verve railleuse assez légère », dit Sainte-Beuve : « Nous ne pouvons pas nier que dans une autre planète, dans Saturne ou dans Jupiter, l'honneur ne fasse faire de telles choses; mais sur notre globe, pour peu que nous le connaissons, il nous semble que rien de semblable ne peut se voir. Tout au plus l'admettrions-nous des plus insensés habitants de Bedlam ou de Charenton, si par prudence on ne les gardait à vue. »

Toute la France se passionna. Il y eut des duels. Un jeune homme fut tué pour *Hernani* à Toulouse. A Vannes, un caporal de dragons laissa ce testament : « Ci-gît qui crut à Victor Hugo. » Le drame fut arrêté à sa quarante-cinquième représentation par un congé de Mlle Mars. Il a été repris à la Comédie-Française en 1838, 1867, 1877.

LA CINQUANTAINE

Le 25 février 1880, le cinquantième anniversaire de la première représentation a été célébré avec une émotion et une splendeur indicibles. Devant le buste du poète, Sarah Bernhardt déclama les beaux vers de François Coppée, *La Bataille de Hernani* :

> Hernani! cinquante ans sont passés; mais ce nom
> Résonne dans nos cœurs comme un bruit de canon
> Et grise nos cerveaux comme une odeur de poudre.
> Et quand gronde un écho lointain de cette foudre,
> Quiconque a le respect et le culte du beau,
> Sent passer sur son front une ombre de drapeau...
> Mais autrefois, ce drame aux vastes échappées,
> Ces vers simples et forts comme sont les épées,
> Ce fier lyrisme mis soudain en liberté,
> Avec sa belle ardeur de cheval emporté,
> Ce tourbillon de mots d'allure familière
> Semblables aux oiseaux lâchés d'une volière,
> Ce grand souffle, ce coup d'audace, ce réveil,
> Aveuglèrent ainsi qu'un lever de soleil.

Nous avons cité le toast porté par M. Émile Augier « Au père » dans le banquet offert à Victor Hugo par la presse parisienne. L'effet produit par la représentation a été commenté en ces termes : « Chaque fois que nous avons revu *Hernani*, nous avons plus vivement admiré la majestueuse et toute-puissante harmonie du drame, l'ampleur avec laquelle il se développe, ses gradations merveilleusement ordonnées, le grandiose épanouissement de sa funèbre apothéose. Le dernier acte est la plus belle chose du théâtre moderne. Où trouver rien d'aussi suave et terrible à la fois? Il a fallu, pour le concevoir, le génie d'un Michel-Ange uni au génie d'un Raphaël. Jamais la joie et la douleur humaines n'ont été symbolisées par d'aussi hauts caractères, confrontées et heurtées dans une action d'une fatalité aussi poignante. « — Félicité parfaite! » murmure l'amante. L'amant dit : « — Un ange du Seigneur m'attendait sur le seuil. » Nous sommes en plein ciel ; et tout à coup, en un clin d'œil, c'est la chute effroyable, c'est le vertige de l'infernal abîme. Par une nuit plus douce que celle où Lorenzo soupire aux pieds de Jessica, râle soudain une agonie plus lamentable que celle du roi Lear. Quel dénouement de Shakespeare l'emporte sur cette foudroyante catastrophe, sur cette tempête de souffrance et de mort, qu'un sentiment si fier déchaîne volontairement, avec une sublime âpreté, dans l'enchantement féerique d'un paradis terrestre? La fin de *Roméo et Juliette* est loin d'avoir cette terrible concentration. Deux monologues en sont toute la substance. Le bien-aimé meurt avant que ne s'éveille la bien-aimée. Il n'y a pas lutte possible, sacrifice complet, communion passionnée dans le martyre. Au sommet d'*Hernani*, tout se rassemble, se combat, s'étreint avec désespoir, et dans le plus étroit embrassement, dans le paroxysme éperdu de la vie et de l'amour, se précipite vers la mort. Le poète a fait tenir là toute la destinée humaine, tout ce qu'elle offre de nobles aspirations, de saintes espérances, d'irrémédiables fragilités. L'amour tombe vaincu aux pieds du bourreau masqué; mais, par un suprême effort, il se retrouve, se ressaisit, se relève, défie le génie du mal, et sentant en lui-même de quoi féconder l'éternité, rentre triomphalement au sein de la maternelle et mystérieuse nature. Pour l'envie, pour la haine stérile, la damnation s'ouvre, le supplice sans fin commence. »

RÉVEIL SOCIAL. — 1er mars 1880.

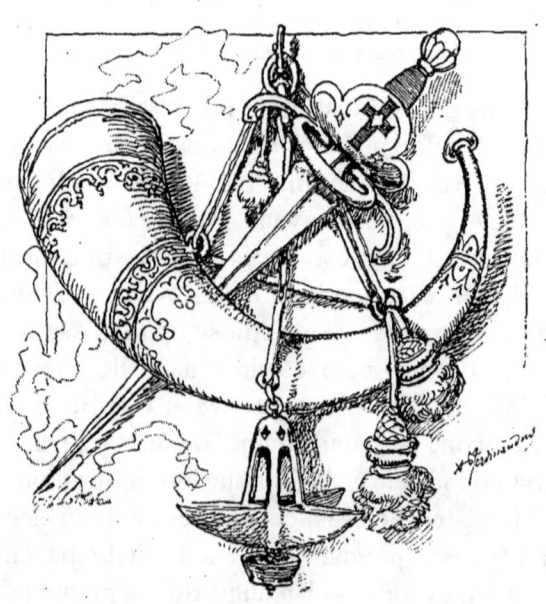

JULES ADELINE

Notre-Dame

... Il est, à coup sûr, peu de plus belles pages architecturales que cette façade, où, successivement et à la fois, les trois portails creusés en ogive, le cordon brodé et dentelé des vingt-huit niches royales, l'immense rosace centrale flanquée de ses deux fenêtres comme le prêtre du diacre et du sous-diacre, la haute et frêle galerie d'arcades à trèfle qui porte une lourde plate-forme sur ses fines colonnettes, enfin les deux noires et massives tours avec leurs auvents d'ardoise, parties harmonieuses d'un tout magnifique, superposées en cinq étages gigantesques, se développant à l'œil, en foule et sans trouble, avec leurs innombrables détails de statuaire, de sculpture et de ciselure, ralliés puissamment à la tranquille grandeur de l'ensemble ; vaste symphonie en pierre pour ainsi dire ; œuvre colossale d'un homme et d'un peuple, tout ensemble une et complexe comme les Iliades et les Romanceros dont elle est la sœur ; produit prodigieux de la cotisation de toutes les forces d'une époque, où sur chaque pierre on voit saillir en cent façons la fantaisie de l'ouvrier disciplinée par le génie de l'artiste ; sorte de création humaine, en un mot, puissante et féconde comme la création divine dont elle semble avoir dérobé le double caractère : variété, éternité... — Allons pieusement admirer la grave et puissante cathédrale, qui terrifie, au dire de ses chroniqueurs, *quæ mole suâ terrarem incutit spectantibus.*

Notre-Dame de Paris. — Livre III. Chap. I.

JULES LEFEBVRE

La Esméralda

Je suis l'orpheline,
Fille des douleurs
Qui sur vous s'incline
En jetant des pleurs;
Un joyeux délire
Bien souvent soupire;
Je montre un sourire,
Je cache des pleurs!
Je danse, humble fille,
Au bord du ruisseau,
Ma chanson babille
Comme un jeune oiseau;
Je suis la colombe
Qu'on blesse et qui tombe;
La nuit de la tombe
Couvre mon berceau.

La Esméralda, acte I, scène 1re.

HARPIGNIES

*

Vue de Notre-Dame

Sans doute, c'est encore aujourd'hui un majestueux et sublime édifice que l'église Notre-Dame de Paris. Mais si belle qu'elle se soit conservée en vieillissant, il est difficile de ne pas soupirer, de ne pas s'indigner devant les dégradations, les mutilations sans nombre que simultanément le temps et les hommes ont fait subir au vénérable monument, sans respect pour Charlemagne qui en avait posé la première pierre, pour Philippe-Auguste qui en avait posé la dernière. — Sur la face de cette vieille reine de nos cathédrales, à côté d'une ride on trouve toujours une cicatrice. *Tempus edax, homo edacior.* Ce que je traduirais volontiers ainsi : le temps est aveugle, l'homme est stupide. — Si nous avions le loisir d'examiner une à une avec le lecteur les diverses traces de destruction imprimées à l'antique église, la part du temps serait la moindre, la pire celle des hommes, surtout des hommes de l'art. Il faut bien que je dise *des hommes de l'art*, puisqu'il y a eu des individus qui ont pris la qualité d'architectes dans les deux derniers siècles.

Notre-Dame de Paris.

NOTRE-DAME DE PARIS — LA ESMÉRALDA

Dans une étude écrite par Victor Hugo en 1823, on trouve ces lignes : « Après le roman pittoresque, mais prosaïque, de Walter Scott, il restera un autre roman à créer, plus beau et plus complet encore selon nous : c'est le roman à la fois drame et épopée, pittoresque mais poétique, réel mais idéal, vrai mais grand, qui enchâssera Walter Scott dans Homère. » Sept ans plus tard, *Notre-Dame de Paris* remplissait exactement ce programme, réalisait pleinement cet idéal. La première ligne fut écrite le 25 juillet 1830. La Révolution éclata. Un cahier de notes fut égaré. L'éditeur perdait patience; Victor Hugo acheta alors une grosse bouteille d'encre et un gros tricot de laine, mit ses habits sous clef et se constitua prisonnier dans son cabinet de travail. Une seule fois, le 20 décembre, il sortit pour assister au procès de ministres de Charles X. Le 15 février, l'œuvre était achevée. La bouteille d'encre aussi. D'où vint l'idée à l'auteur d'intituler le livre : « Ce qu'il y a dans une bouteille d'encre. » Il céda le titre à M. Alphonse Karr, qui, le trouvant bon, l'utilisa. L'éditeur Gosselin n'eut pas plus tôt le manuscrit, qu'il le fit lire à sa femme ; elle le trouva « mortellement ennuyeux. » Pierre Leroux, ayant entendu le chapitre *Les Cloches*, avait jugé « ce genre de littérature bien inutile ». *Notre-Dame de Paris* (2 vol. in-8°, avec un fleuron et deux vignettes d'après Tony Johannot) parut le 13 février 1831, le jour du sac de l'Archevêché. Presque toute la presse parisienne fut hostile. « M. Alfred de Musset, dans *Le Temps*, dit le Témoin de la vie de Victor Hugo, constata sans tristesse que le livre avait du malheur de venir un jour d'émeute et qu'il avait été noyé avec la bibliothèque de l'Archevêché. » Voici un extrait de l'article, non signé, publié dans *Le Temps* du 30 juin 1831 :

L'ARTICLE DU *TEMPS*

« M. Victor Hugo, par ses essais et ses succès, par *Cromwell* et *Hernani*, n'est pas étranger à l'intronisation définitive du drame en France. Il est le Camille Desmoulins de notre littérature nouvelle, il lui a fait prendre sa cocarde. Mais a-t-il eu la même bonne fortune dans le roman? A-t-il pris sur le terrain du roman la nature en flagrant délit? — Le colosse de Notre-Dame, avec ses deux têtes couronnées d'un diadème de sculptures, ses deux fronts de pierre qui s'élèvent au-dessus des édifices circonvoisins, pose majestueusement sur la Cité. La voix des cloches aux jours de fête, le concert religieux de tous ces bronzes mis à la fois en branle et leur cadence frappée par le sonore bourdon de la cathédrale, se détachent du roman pour entrer dans la tête. Rien n'est puissant comme cette harmonie : on l'entend. Rien n'est beau comme ce coup d'œil circulaire à vol d'oiseau : on le voit. Le bas-relief, la pierre sculptée, verdâtre ou noircie, fière ou démantelée, en colonnes, en églises, en flèches, en tournelles, se dresse et s'assied dans le concept, lorsque, de sa plume de fée, Victor Hugo évoque lentement la civilisation morte. On s'explique le miracle de Thèbes. Sur ce point, l'illusion est complète ; on devine que là est sa prédilection, qu'il a cédé à sa préoccupation favorite ; car là aussi se montre toute sa puissance. Mais la société qui fermente sous ces toits, la vie du jour, l'être intellectuel en un mot, ne sont tour à tour qu'un être de raison, une vie dont le type n'est pas, une société réellement de fantaisie. »

LE TEMPS, 30 juin 1831.

L'ARTICLE DE L'AVENIR

Avec des réserves vertement accentuées, M. de Montalembert fut plus favorable dans *L'Avenir*. Cette feuille avait pourtant pour inspirateur Lamennais, qui, s'il eût été un esprit médiocre, aurait pu craindre d'avoir servi par certains aspects à la création de Claude Frollo, « cet homme plein d'ascendant. » Le souvenir d'Alphonse Rabbe et celui de Lamennais reviennent toujours me hanter, je ne sais pourquoi, quand je rouvre *Notre-Dame*. Voici l'article :

« D'abord, il est évident qu'il y a dans cette œuvre deux parties essentiellement distinctes : l'architecture et le roman, l'œuvre d'art et l'œuvre d'imagination ou de sentiment. Commençons par l'œuvre d'art, et remercions solennellement M. Victor Hugo de l'éclatante lumière qu'il a jetée sur des beautés depuis longtemps négligées et méconnues, que son œuvre contribuera, plus que toute autre chose, à réhabiliter et à populariser. Tous les Français, intéressés, à ce titre, à ce que la France ne soit pas dépouillée de ses plus beaux monuments, doivent à l'auteur de cette énergique défense des chefs-d'œuvre de nos pères le témoignage de leur reconnaissance. Celui qui a si courageusement flétri les ténébreuses dévastations de la « Bande noire » a retrouvé toute sa poétique énergie pour flétrir le goût atroce qui va aujourd'hui, effaçant, mutilant, détruisant et rebâtissant sur toute l'étendue de la France. M. Victor Hugo aura donné le signal de la révolution qui doit infailliblement s'opérer dans l'architecture...

» Il est de notre devoir de signaler, comme l'erreur qui prédomine dans *Notre-Dame de Paris*, le penchant à sacrifier le point de vue idéal au point de vue matériel. Nous lui devons sans doute les peintures les plus riches et les plus ornées, des descriptions d'une énergie et d'une vérité souvent effrayantes et toujours profondes ; mais au sein des plus brillants efforts du poète, on sent l'incomplet et le vide. Trop de ses personnages, trop de ses héroïnes surtout, sont atteints de cette contagion. Nulle trace d'une main divine, nulle pensée de l'avenir, nulle étincelle immortelle. Pâquette-la-Chantefleurie forme seule une exception admirable. Fleur-de-Lys et même la séduisante Esméralda déplaisent par le positif trop prononcé de leur caractère. La Bohémienne est gracieuse, irrésistible, enivrante ; mais c'est toujours l'enivrement des sens, la victoire d'une forme purement terrestre. La création n'est pas achevée, l'inspiration n'est pas venue d'en haut. L'infortunée! n'était-ce pas assez pour elle d'être partout sans foyer dans le monde? Fallait-il encore lui fermer l'accès du ciel et nous la jeter éperdue, sans foi, sans espérance, et, s'il faut le dire, sans âme? Un second défaut, qui remonte encore plus haut chez M. Victor Hugo et qui nous semble d'une nature également funeste à son talent, c'est l'usage trop prodigué du ressort de la douleur et de l'horreur. Chose étrange! la seule douleur qu'il n'ait jamais pu ressentir, celle d'une mère pleurant sur son unique enfant, est aussi la seule qu'il ait vraiment comprise et fidèlement rendue. On dirait qu'un cœur de mère bat dans cette poitrine de jeune homme, tant il y a de révélations intimes et incroyables, tant il y a de secrets déchirants mis à nu dans le récit des angoisses de la Chantefleurie!..

A l'angle de la façade est un gros bréviaire public.

» En première ligne se place ce style merveilleux créé par M. Victor Hugo, et que nul n'a pu imiter et atteindre après lui; ce style de feu, dont l'ardeur est irrésistible et qui déborde avec un luxe effréné; ce style qui fait comprendre et sentir l'intime liaison qui existe entre tous les arts, l'identité du beau dans toutes ses manifestations. Ce genre de beauté, que nous nommerions volontiers le pittoresque de la poésie, se déploie admirablement dans la scène de l'amende honorable, dans celle de l'assaut de Notre-Dame par les truands, et surtout dans ce panorama de Paris vu à vol d'oiseau qui se termine par un exploit littéraire presque inouï, par cette analyse du concert sublime des carillons, qui a toute l'expression, toute l'harmonie du concert même.

» Si des choses nous passons aux hommes, de la nature et de l'art extérieur aux secrets du cœur, nous retrouvons ce style inimitable, se jouant de toutes les difficultés et maîtrisant sans clémence toutes les émotions de l'âme, dans deux chapitres qui resteront deux monuments de la littérature moderne, *Lasciate ogni speranza* et *Fièvre*. Nous n'oublierons pas dans nos éloges la juste et sanglante satire de cette ancienne magistrature, qui fut toujours l'odieux instrument du despotisme civil et religieux; ni ce Jehan Frollo, type hardi et *attrayant* du mauvais sujet; ni ce Gringoire qui intéresse si vivement par son amu-

P. KAUFFMANN

Phœbus et la Esmeralda

La bohémienne se dressa gracieusement sur la selle de l'officier, elle appuya les deux mains sur les deux épaules du jeune homme, et le regarda fixement quelques secondes, comme ravie de sa bonne mine et du bon secours qu'il venait de lui porter. Puis rompant le silence la première, elle lui dit, en faisant plus douce encore sa douce voix :

— Comment vous appelez-vous, monsieur le gendarme ?
— Le capitaine Phœbus de Châteaupers, pour vous servir, ma belle! répondit l'officier en se redressant.

Notre-Dame de Paris.

G. FRAIPONT

Claude Frollo

Au moment où sa pensée se fixait ainsi sur le prêtre, comme l'aube franchissait les arcs-boutants, il vit à l'étage supérieur de Notre-Dame, au coude que fait la balustrade extérieure qui tourne autour de l'abside, une figure qui marchait. Cette figure venait de son côté. Il la reconnut. C'était l'archidiacre. Claude allait d'un pas grave et lent. Il ne regardait pas devant lui en marchant; il se dirigeait vers la tour septentrionale; mais son visage était tourné de côté, vers la rive droite de la Seine, et il tenait la tête haute, comme s'il eût tâché de voir quelque chose par-dessus les toits. Le hibou a souvent cette attitude oblique. Il vole vers un point et en regarde un autre.

Notre-Dame de Paris.

F. BOGGS

Phœbus et Claude Frollo

La rue était tout à fait déserte. Au moment où il renouait nonchalamment ses aiguillettes, le nez au vent, il vit l'ombre qui s'approchait de lui à pas lents, si lents, qu'il eut le temps d'observer que cette ombre avait un manteau et un chapeau.

Arrivée près de lui, elle s'arrêta et demeura plus immobile que la statue du cardinal Bertrand. Cependant elle attachait sur Phœbus deux yeux fixes, pleins de cette lumière vague qui sort la nuit de la prunelle d'un chat.

Le Moine bourru — Notre-Dame de Paris

sante insouciance du monde et de la destinée, et par cette résignation heureuse avec laquelle il se console, en se passionnant pour l'architecture, de ses mésaventures amoureuses et dramatiques. — Mais, nous l'avouons, de tous les personnages du roman celui qui a le plus complètement conquis notre prédilection, c'est le malheureux Quasimodo, qui est aussi, si je ne me trompe, l'objet de la prédilection de l'auteur. Il a raison. C'est là la création vraiment originale, vraiment poétique de son livre. Oui, c'est une pensée profondément chrétienne que celle de ce pauvre avorton, objet de tant de haine et de mépris, mais où Dieu a planté plus de vertu, plus de courage, plus de foi, que dans toutes les belles créatures qui l'environnent et le foulent aux pieds. Comme on souffre avec ce pauvre cœur qui,

Claude Frollo avait gravé sur la muraille ce mot grec.

après avoir si longtemps plié sous le poids d'un dédain universel, se dilate pour la première fois, fait tout à coup une si vaste dépense d'amour et de dévouement! Et tout cela en pure perte! Une goutte d'eau, c'est tout ce qu'il a jamais reçu; une pensée éphémère, c'est tout ce qu'il ose jamais espérer; l'indifférence et la mort de ce qu'il aime, c'est tout ce qu'il obtient. Fidèle image de tant d'affections étouffées au berceau, de tant de cœurs brisés dans leur adolescence! Mélancolique justification d'une récente et délicieuse pensée : Les cœurs qui aiment le plus sont ceux qui ont été peu ou mal aimés. »

Ch. de M. — L'AVENIR. — 11 avril 1831.

Sainte-Beuve, se rapprochant parfois de Montalembert, vante la forme pour attaquer le fond. Il loue Victor Hugo d'avoir inventé « un roman à lui, un peu fantastique, toujours anguleux, hautain, *vertical* pour ainsi dire, pittoresque sur tous les bords, et à la fois sagace, railleur, désabusé. » Il reconnaît que « l'impression générale de l'œuvre est l'art, l'architecture, la cathédrale illuminée avec une incomparable verve d'enthousiasme »; mais il se plaint de rencontrer trop souvent « une ironie qui déconcerte. » Il termine ainsi : « Quand l'ironie disparaît dans l'ardeur exaltée des sentiments, c'est la fatalité seule qui la remplace, une fatalité forcenée, visionnaire, à la main de plomb, sans pitié. Or cette pitié, le dirai-je? je la demande, je l'implore, je la voudrais quelque part, autour de moi, au-dessus de moi, sinon dans l'homme, du moins dans le ciel. Il manque un jour céleste à cette cathédrale sainte; elle est comme éclairée d'en bas par des soupiraux d'enfer. Quand on gravit d'effort en effort, d'agonie en agonie, aux extrémités funèbres des plus poétiques destinées, le manque d'espérance au sommet accable. »

UNE CAUSERIE DE GŒTHE

Gœthe, dans les « Entretiens avec Eckermann », va plus loin encore que Sainte-Beuve : « Victor Hugo est un beau talent, mais il est imbu des funestes tendances romantiques de son époque. Voilà pourquoi il est entraîné à peindre, à côté du beau, ce qu'il y a de plus insupportable et de plus hideux. J'ai lu ces jours derniers sa *Notre-Dame de Paris,* et il ne m'a pas fallu une médiocre patience pour endurer les tourments que cette lecture m'a occasionnés. C'est le livre le plus détestable qu'on ait jamais écrit. On n'est pas même dédommagé des tortures auxquelles il vous condamne par le plaisir qu'on pourrait éprouver à voir une peinture vraie de la nature humaine, de caractères d'hommes. Cet ouvrage est, au contraire, dénué de naturel et de vérité. Les prétendus personnages qu'il met en scène ne sont point des êtres vivants, mais de misérables marionnettes auxquelles il fait faire, selon ses caprices, toutes sortes de gambades et de contorsions; il leur prête nombre de fadaises pour certains effets qu'il a en vue. Qu'est-ce donc qu'une époque qui, non seulement rend possible et provoque un tel livre, mais le trouve même tout à fait supportable et amusant? »

J.-N. Charles, le traducteur des *Entretiens,* explique ainsi cette exécution : « Les lecteurs français auraient lieu de trouver plus qu'étrange ce jugement de Gœthe, s'ils ne savaient pas qu'un chef d'école en Allemagne n'est pas très porté à la bienveillance pour les œuvres les plus éclatantes d'une école rivale, fût-elle étrangère. Gœthe échappe habituellement à ce travers de décrier tout haut ce que l'on estime le plus en secret; mais la regrettable faiblesse que nous condamnons ne tire pas à conséquence contre Victor Hugo ; elle s'explique suffisamment par la jalousie littéraire ; et par cela même, elle consacre la célébrité de notre illustre compatriote. »

LA LETTRE D'EUGÈNE SUE

Eugène Sue écrivit à Victor Hugo cette noble lettre, qui fait justice de toutes les malveillances : « J'ai *Notre-Dame;* je l'ai eue un des premiers, je vous jure. Si l'impuissante admiration d'un barbare comme moi pouvait s'exprimer et se traduire d'une manière digne du livre qui l'a inspirée, monsieur, je vous dirais que vous êtes un grand dissipateur et que vos critiques sont comme les pauvres gens du cinquième étage, qui, voyant les prodigalités du grand seigneur, se disent tout furieux : De l'argent dépensé pour un jour, je vivrais ma vie entière ! — Et de fait, la seule chose qu'on ait reprochée à votre livre, c'est qu'il y avait trop. C'est une plaisante critique dans ce siècle, n'est-il pas vrai ? — Mais de tous temps, les génies supérieurs ont excité une basse et étroite jalousie, force sales et menteuses critiques. Que voulez-vous, monsieur ? il faut bien payer sa gloire. — Je vous dirais encore, monsieur, qu'à part toute la poésie, toute la richesse de pensée et de drame, il y a une chose qui m'a bien vivement frappé : c'est que, Quasimodo résumant pour ainsi dire la beauté d'âme et de dévouement, — Frollo l'érudition, la science, la puissance intellectuelle, — et Châteaupers la beauté physique, vous avez eu l'admirable pensée de mettre ces trois types de notre nature face à face avec une jeune fille naïve, presque sauvage au milieu de la civilisation, pour lui donner le choix, et de faire ce choix si profondément *femme.* — Agréez l'assurance de mon dévouement et de mon admiration sincère. »

En somme, l'œuvre eut un succès inouï. Les éditions se multiplièrent. La huitième édition, qualifiée définitive (Renduel, 1832, 3 vol. in-8°) offrit une préface nouvelle, datée du 20 octobre 1832, et les « trois chapitres retrouvés : *Impopularité, Abbas beati Martini, Ceci tuera cela.* » En 1836, Renduel publia « l'édition keepsake », avec un frontispice et onze compositions sur papier de Chine. En 1844, parut l'édition Perrotin, illustrée par L. Boulanger, Tony Johannot, Lemud, E. de Beaumont, Raffet, Daubigny, Messonnier, etc. Les dessins de ces artistes se retrouvent avec des compositions de Chifflart, Brion et Victor Hugo lui-même, dans la récente édition populaire.

Beaucoup de musiciens, entre autres Meyerbeer, demandèrent à Victor Hugo de tirer un opéra de son roman; il n'y consentit que pour la fille du rédacteur en chef du *Journal des Débats*, Mlle Bertin. Pendant les répétitions de *La Esméralda*, le poète voyageait en Bretagne. « A son retour, il fut frappé de la mesquinerie de la mise en scène. » La première représentation eut lieu à l'Académie royale de musique, le 14 novembre 1836. « Les journaux furent d'une violence extrême contre la musique. L'esprit de parti s'en mêla et se vengea sur une femme du journal de son père. »

Dès 1832, un drame avait été tiré du roman par Dubois, « artiste du théâtre de Versailles. » La pièce de Paul Foucher, cinq actes et quinze tableaux, fut jouée en 1850. Reprise en 1879 par les soins de M. Meurice, elle obtint un grand succès. La centième représentation fut célébrée par Théodore de Banville :

> O peuple frissonnant, ému comme une femme,
> Heureux de savourer la douleur et l'effroi,
> Tu vins cent fois de suite applaudir notre drame
> Où l'âme de Hugo pleure et gémit sur toi...
>
> Tu ne te lassais pas de ce drame qui t'aime
> Et qui semble un miroir magique où tu te vois,
> O peuple! car Hugo le songeur, c'est toi-même,
> Et ton espoir immense a passé dans sa voix.
>
> C'est lui qui te console et c'est lui qui t'enseigne;
> Sans le lasser, le temps a blanchi ses cheveux;
> Peuple, on n'a jamais pu te blesser sans qu'il saigne;
> Et quand ton pain devient amer, il dit : J'en veux!

FALERO

La Esmeralda

... — Elle était là, perdue dans les ténèbres, ensevelie, enfouie, murée. Qui l'eût pu voir en cet état, après l'avoir vu rire et danser au soleil, eût frémi. Froide comme la nuit, froide comme la mort, plus un souffle d'air dans ses cheveux, plus un bruit humain à son oreille, plus une lueur de jour dans ses yeux, brisée en deux, écrasée de chaînes, accroupie près d'une cruche et d'un pain, sur un peu de paille, dans la mare d'eau qui se formait sous elle des suintements du cachot, sans mouvement, presque sans haleine, elle n'en était même plus à souffrir.

NOTRE-DAME DE PARIS. — Livre VIII. - Chapitre IV.

G. PILOTELLE

*

Notre-Dame de Paris

La Vision du Poète.

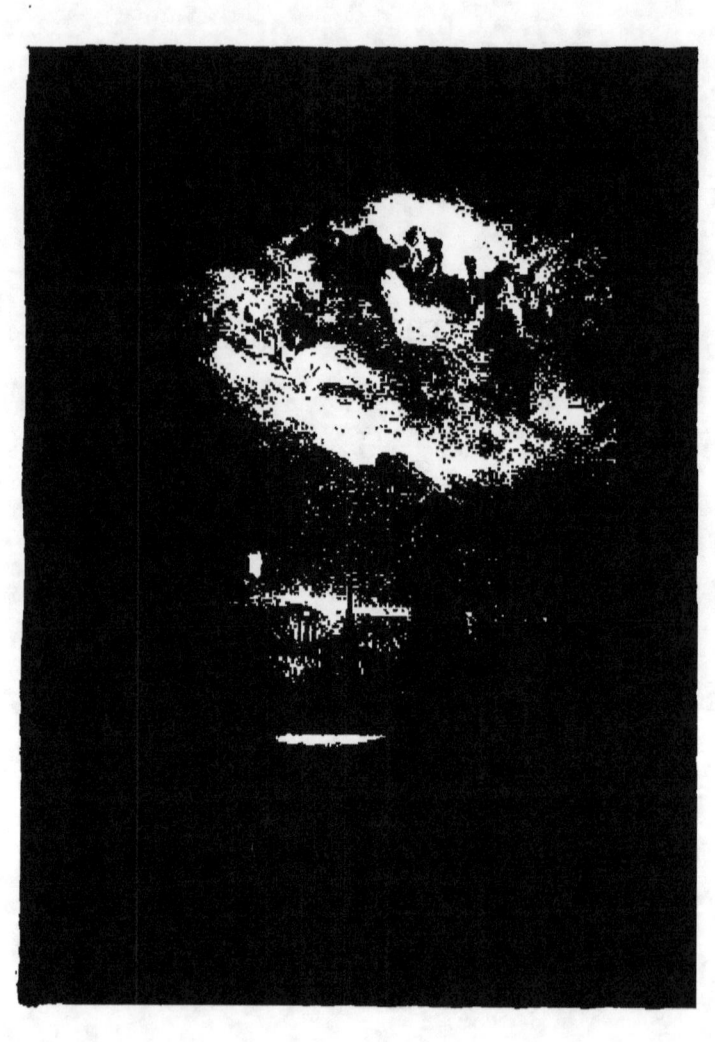

MARION DE LORME

Marion De Lorme fut commencée dès que Victor Hugo eut renoncé à faire jouer *Cromwell*. Le premier vers fut écrit le 1er juin 1829; le 24, la pièce était achevée. Le quatrième acte avait été fait entre deux levers de soleil. Le titre fut d'abord : *Un duel sous Richelieu*. Un soir de juillet, l'œuvre fut lue par l'auteur à une assistance d'élite, où se trouvaient Balzac, Delacroix, Musset, Dumas, Vigny, Sainte-Beuve, Mérimée, les Deschamps, les Devéria, les Bertin. Le lendemain, accoururent les directeurs de théâtre. M. Taylor eut naturellement l'avantage. Le succès de lecture fut le même à la Comédie-Française que chez le poète; mais le rapport des censeurs conclut à l'interdiction. Victor Hugo alla plaider sa cause chez M. de Martignac, chez M. de Labourdonnaye qui succéda à M. de Martignac, enfin devant le roi lui-même. M. de Martignac lui rappela combien *Le Mariage de Figaro* avait été funeste à la monarchie. Charles X, dans l'entrevue qui fait le sujet du beau poème des *Rayons et des Ombres*, intitulé *Le 7 Août 1829*, objecta qu'il y avait dans le drame « un acte terrible », et congédia le dramaturge en ajoutant : « Soyez tranquille; il n'y a pour moi que deux poètes, vous et Désaugiers. » M. de Labourdonnaye lui offrit un dédommagement pécuniaire, qui fut immédiatement refusé. Le poète Fontaney rima, à ce propos, un sonnet où nous relevons le quatrain suivant :

> Quoi ! sur ton char de gloire en te voyant passer,
> Par cet appât vulgaire ils pensaient te séduire,
> Et que, dans ton chemin, cet or qu'ils faisaient luire,
> Comme un prix de tes chants tu l'irais ramasser !

Le Globe publia deux articles éloquemment indignés, sous ce titre significatif :

PREMIER COUP D'ÉTAT LITTÉRAIRE

« M. Victor Hugo a eu l'honneur de recevoir le premier coup dans cette guerre à mort qui recommence contre les idées. Le théâtre est suspendu en France. Les esprits, ramenés au calme et dégagés du tourbillon des partis, commençaient à interroger, à suivre leurs goûts propres, leurs vocations naturelles. L'art, longtemps disparu de la face de notre beau pays, ou réfugié dans quelques salons où il languissait loin du grand air et du soleil, revenait plus actif, plus généreux, plus fécond; le théâtre s'entr'ouvrait à lui et lui laissait voir un trône vacant. — Il s'agit bien maintenant de théâtre et de littérature; on nous prépare à juger de bien autres tragédies. Nous y aurons peut-être un rôle, et d'avance nous l'acceptons. Le combat réclame toutes nos forces; il sera rude, mais nous espérons qu'il sera court.

« — Un jeune poète, blessé dans ses intérêts les plus chers, dans ses espérances de gloire, demande au roi une audience. Le roi n'a que des paroles d'encouragement. Après le roi vient le ministre, gracieux aussi et presque caressant, mais refusant net et sans détour. Point de rois sur la scène, s'ils n'y sont admirables de tous points ! Et jamais, même pour l'éloge, le nom d'un Bourbon ! Pour rallier le poète au ministère, il n'est offre brillante qu'on épargne. On échoue du côté de l'ambition politique. Vite, triplons la modique pension que reçoit M. Hugo sur les fonds littéraires, et expédions cette grâce en l'imposant presque au nom du royal bienfaiteur. Mais cette fois encore, l'adresse échouera ; la reconnaissance restera pour le roi, le refus pour le ministre. — Quant aux journaux qui chicanent sur le chiffre de la pension et font reproche à M. Hugo d'en avoir déjà accepté une, la réponse est facile. Il y a tel jour et telle heure où une grâce honore; changez le jour et l'heure, c'est une flétrissure. »

LE GLOBE. — 17 et 19 août 1829.

DUMAS, GŒTHE, JANIN, SAINT-VICTOR

Après la chute de Charles X, la Comédie-Française redemanda *Marion de Lorme*. Le poète « comprit qu'en présence de cette enivrante Révolution de Juillet, sa voix pouvait se mêler à celles qui applaudissaient le peuple, non à celles qui maudissaient le roi ». Il attendit, refusant un succès sûr. En 1831, on ne songeait déjà plus à Charles X ; on ne pensait qu'à attaquer Louis-Philippe. Rien ne s'opposait dès lors à la représentation. L'auteur, se défiant de l'art et des artistes officiels, renonça à la Comédie-Française, malgré les démarches de Mlle Mars! Il traita avec le directeur de la Porte-Saint-Martin, qui, d'ailleurs, ne répondit à sa confiance qu'en vendant le théâtre le jour même de la première représentation (11 août 1831). Bocage et Mme Dorval jouèrent Didier et Marion. Il y eut, comme pour *Hernani*, bataille dans la salle et victoire éclatante. Mais Bocage fut malade, le romantisme était divisé, l'émeute grondait dans la rue. Le drame a été repris à la Comédie-Française en février 1873. La première édition a été publiée chez Eugène Renduel (1831, 1 vol. in-8°, avec la griffe *Hierro* au verso du faux-titre). L'édition *ne varietur* donne toute une scène inédite entre Laffemas et Saverny. Nous tenons du Maître ces quatre vers, qui, retranchés dans la chanson du *Gracieux*, n'ont jamais été publiés :

Les magistrats sont les marbres
Dont les cachots sont construits,
Et les gibets sont les arbres
Dont les pendus sont les fruits.

Dans *Marion de Lorme*, comme dans toutes ses œuvres, Victor Hugo a mêlé sa vie à son drame. Le duel de Didier rappelle le duel qu'il eut à Versailles, dans un temps où sa personnalité morale était telle, qu'elle a dû servir de point de départ à la conception de son héros. L'idée du troisième acte lui vint dans une promenade sur le boulevard Montparnasse, où, en regard du cimetière, paradaient des saltimbanques. On a plusieurs fois conté que le premier dénouement, où Didier mourait sans pardonner, fut changé sur les conseils de Mérimée ou de Dumas, confirmés par les objections des acteurs. La vérité est que l'auteur, en écrivant la pièce, avait hésité entre les deux solutions, et qu'il avait successivement essayé l'une et l'autre. Puis il avait donné la préférence au dénouement implacable; mais aux répétitions, sur les instances de Mme Dorval, il le remplaça par le dénouement miséricordieux.

Dans la *Revue des Deux-Mondes* du 1er septembre 1831 se trouvent

Acte IV, scène VII.

ces lignes : « Nous avons entendu dire que Didier était une imitation d'Antony. M. Dumas nous prie de consigner ici que *Marion de Lorme* était fait un an avant que lui-même ne songeât à *Antony;* qu'il connaissait *Marion de Lorme* avant de faire *Antony;* et que, par conséquent, s'il y a plagiat, c'est de sa part et non de celle de M. Victor Hugo. »

Gœthe a jugé *Marion de Lorme* avec aussi peu d'impartialité que *Notre-Dame de Paris;* le sujet, selon lui, n'offrait matière qu'à un seul acte ayant quelque valeur! Jules Janin, après avoir spirituellement comparé Marion à « La Courtisane amoureuse » de La Fontaine, ajoute : « A M. Victor Hugo revient l'honneur d'avoir écrit le plus rare et le plus touchant de tous les drames de ce siècle, *Marion de Lorme.* » Paul de Saint-Victor ratifie cette appréciation : « C'est le premier en date des drames du poète, et c'en est aussi le

E. de LIPHART

Marion de Lorme

DAME ROSE, *déshabillant Marion.*

Eh bien,
Madame, le monsieur de ce soir est-il bien?
— Riche?

MARION

Non.

DAME ROSE

Galant?

MARION

Non.
(Se tournant vers Rose.)
Rose, il ne m'a pas même
Baisé la main.

DAME ROSE

Alors qu'en faites-vous?

MARION, *pensive.*

Je l'aime.

MARION DE LORME. — *Acte I*er*, scène IV.*

GABRIEL FERRIER

Feuilles d'Automne

> Where should I steer?
> BYRON.

Quand le livre où s'endort chaque soir ma pensée,
Quand l'air de la maison, les soucis du foyer,
Quand le bourdonnement de la ville insensée
Où toujours on entend quelque chose crier,

Quand tous ces mille soins de misère ou de fête
Qui remplissent nos jours, cercle aride et borné,
Ont tenu trop longtemps, comme un joug sur ma tête,
Le regard de mon âme à la terre tourné;

Elle s'échappe enfin, va, marche, et dans la plaine
Prend le même sentier qu'elle prendra demain,
Qui l'égare au hasard et toujours la ramène,
Comme un coursier prudent qui connaît le chemin.

Elle court aux forêts, où dans l'ombre indécise
Flottent tant de rayons, de murmures, de voix,
Trouve la rêverie au premier arbre assise,
Et toutes deux s'en vont ensemble dans les bois.

LES FEUILLES D'AUTOMNE.

plus jeune. S'il n'a pas la fermeté magistrale, la certitude d'exécution souveraine, qui marquèrent bientôt toutes ses œuvres, il a le charme de la jeunesse, son enthousiasme ardent et tendre, une candeur grave, une foi profonde, la fleur du génie. On y sent la verdeur du Printemps sacré, qui régnait alors. Un souffle lyrique y circule, les larmes y coulent comme de source vive. »

UNE PAGE D'AUGUSTE VACQUERIE

L'on n'a rien écrit de plus décisif sur *Marion de Lorme*, que cette page vraiment digne de l'œuvre qu'elle commente : « Lorsque Marion rencontre Didier et qu'elle court après lui, c'est un amant et non un mari qu'elle demande. Mais Didier ne la connaît pas. En lui voyant le visage d'un ange, il s'imagine qu'elle en a l'âme aussi :

> Là-haut, dans sa vertu, dans sa beauté première,
> Veille, sans tache encore, un ange de lumière,
> Un être chaste et doux à qui, sur les chemins,
> Les passants, à genoux, devraient tendre les mains...

« Marion ne comprend pas très bien ce langage, différent de tout ce qu'elle a entendu jusqu'à ce jour. Elle cherche ce que veut dire cette « théologie », et trouve Didier principalement singulier ; mais cette singularité même l'attire. Quand elle comprend, un immense bouleversement se fait en elle. A la lueur de la révélation qui éclate dans les paroles de Didier, elle voit la vraie figure de son passé et en a honte. Elle se repent ; elle veut remonter. En se comparant à une passion semblable, elle se sent à la fois rapetissée et grandie. Quoi ! l'amour peut être une religion, et elle peut être aimée ! Il lui vient l'ambition d'être comme Didier la voit. — Chose profonde : le croyant fait le Dieu ! La transformation commence. L'idée que Didier se fait de Marion devient Marion même. La vision se substitue par degrés à la réalité. Adam tire encore une fois Ève de son flanc. »

AUGUSTE VACQUERIE

UN EXTRAIT DE « LA RENAISSANCE »

La reprise du drame en 1873 donna lieu à ces considérations : « Une logique simple et puissante, celle de la nature même, préside à tous les développements de l'action. Une fille galante a du cœur. Elle convoite le fruit défendu : l'amour vrai. Qui aimera-t-elle ? Nul autre qu'un homme assez beau pour la distraire de ses souvenirs, assez ferme pour lui inspirer le respect et la crainte, assez sauvage pour avoir fui les banalités érotiques, assez simple pour garder des illusions sur elle. Marion doit aimer Didier. — C'est un homme à pudeur. L'idéal de son cœur est une vierge. Mais les vierges passent les yeux baissés, et il regarde le ciel. La claire innocence ne saurait, d'ailleurs, fondre la glace dont il est cuirassé ; il faut une flamme plus ardente. N'étant pas séducteur, il sera séduit. Didier doit aimer Marion.—Que peut-il advenir de semblables amours? Elle cachera son passé, qui toujours reparaîtra. C'est la tache de boue indélébile au front de la courtisane, comme la tache de sang sur la clef du conte de fées ; un jour, le bien-aimé saura tout. — Le dénouement est fatal et complet. Il navre et console. Au cœur d'un mourant, s'unissent les deux puissances qui semblent à peine conciliables dans la divinité : la toute-justice et la toute-miséricorde. Il y a là comme une transfiguration de l'âme humaine sur le seuil du tombeau. »

LA RENAISSANCE, 15 février 1873.

LES FEUILLES D'AUTOMNE

UTRE *Marion de Lorme*, Victor Hugo publia en 1831 *Les Feuilles d'Automne* (1 vol. in-8°, chez Renduel, avec vignette sur bois d'après Tony Johannot).

« Si l'on disait à de certaines gens que le poète qui ressemble le plus à Virgile, c'est Victor Hugo dans *Les Feuilles d'Automne*, on passerait pour un fou ou pour un enragé. Rien n'est plus vrai pourtant. Tous les génies sont frères et forment, à travers l'espace et les siècles, une famille rayonnante et sacrée. »

THÉOPHILE GAUTIER.

« Dans *Les Feuilles d'Automne*, c'est le fond qui est nouveau chez le poète plutôt que la manière. Il restait à M. Victor Hugo, ses excursions et voyages dans le pays des fées et dans le monde physique une fois terminés, à reprendre son monde intérieur, invisible, qui s'était creusé silencieusement en lui durant ce temps, et à nous le traduire profond, palpitant, immense, de façon à faire pendant aux deux autres ou plutôt à les réfléchir, à les absorber, à les fondre dans son réservoir animé et dans l'infini de ses propres émotions. Or, c'est précisément cette œuvre de maturité féconde qu'il nous a donnée aujourd'hui. — A la verte confiance de la première jeunesse, à la croyance ardente, à la virginale prière d'une âme stoïque et chrétienne, à la mystique idolâtrie pour un seul être voilé, aux pleurs faciles, aux paroles fermes et nettement dessinées dans leur contour comme un profil d'énergique adolescent, ont succédé ici un sentiment amèrement vrai du néant des choses, un inexprimable adieu à la jeunesse qui s'enfuit, aux grâces enchantées que rien ne répare; la paternité à la place de l'amour; des grâces nouvelles, bruyantes, enfantines, qui courent devant les yeux, mais qui aussi font monter les soucis au front et pencher tristement l'âme paternelle; des pleurs (si l'on peut encore pleurer), des pleurs dans la voix plutôt qu'au bord des paupières, et désormais le cri des entrailles au lieu du soupir du cœur; plus de prières pour soi, ou à peine, car on n'oserait, et d'ailleurs on ne croit plus que confusément; des vertiges, si l'on rêve; des abîmes, si l'on s'abandonne; l'horizon qui s'est rembruni à mesure qu'on a gravi; une sorte d'affaissement, même dans la résignation, qui semble donner gain de cause à la fatalité; déjà les paroles pressées, nombreuses, qu'on dirait tomber de la bouche du vieillard assis qui raconte; et dans les tons, dans les rythmes pourtant, mille variétés, mille fleurs, mille adresses concises et viriles à travers lesquelles les doigts se jouent comme par habitude, sans que la gravité de la plainte fondamentale en soit altérée. — Exquis pour les gens du métier, original et essentiel entre les autres productions de l'auteur qu'il doit servir à expliquer, le recueil des *Feuilles d'Automne* est aussi en parfaite harmonie avec ce siècle de rénovation confuse. Cette tristesse du ciel et de l'horizon, cette piété du poète réduite à la famille, est un attrait, une convenance, une vérité de plus en nos jours de ruine, au milieu d'une société dissoute, qui se trouve provisoirement retombée à l'état élémentaire de famille, à défaut de patrie et de Dieu. Ce que le poète fait planer là-dessus d'inquiet, d'indéterminable, d'éperdu en rêverie, ne sied pas moins à nos agitations insensées. Ce livre, avec les oppositions qu'il renferme, est un miroir sincère : c'est l'hymne d'une âme en plénitude, qui a su se faire une sorte de bonheur à une époque déchirée et douloureuse, et qui le chante. »

Sainte-Beuve (1831).

H. HANOTEAU

A un Voyageur

Combien vivent joyeux qui devaient, sœurs ou frères,
Faire un pleur éternel de quelques ombres chères !
      Pouvoir des ans vainqueurs !
Les morts durent bien peu : laissons-les sous la pierre !
Hélas ! dans le cercueil ils tombent en poussière
      Moins vite qu'en nos cœurs !

Voyageur ! voyageur ! Quelle est notre folie !
Qui sait combien de morts à chaque heure on oublie,
      Des plus chers, des plus beaux ?
Qui peut savoir combien toute douleur s'émousse,
Et combien sur la terre un jour d'herbe qui pousse
      Efface de tombeaux ?

Les Feuilles d'Automne.

DEVERIA

A une Femme

Enfant ! si j'étais roi, je donnerais l'empire,
Et mon char, et mon sceptre, et mon peuple à genoux,
Et ma couronne d'or et mes bains de porphyre,
Et mes flottes, à qui la mer ne peut suffire,
      Pour un regard de vous !

Si j'étais Dieu, la terre et l'air avec les ondes,
Les anges, les démons courbés devant ma loi,
Et le profond chaos aux entrailles fécondes,
L'éternité, l'espace et les cieux et les mondes,
      Pour un baiser de toi !

Les Feuilles d'Automne.

F.-J. BARRIAS

Berceuse

Enfant, rêve encore !
Dors, ô mes amours !
Ta jeune âme ignore
Où s'en vont les jours.
Comme une algue morte,
Tu vas, que t'importe !
Mais tu dors toujours !

. . . .

Il dort, innocence !
Les anges sereins
Qui savent d'avance
Le sort des humains,
Le voyant sans armes,
Sans peur, sans alarmes,
Baisent avec larmes
Ses petites mains.

Les Feuilles d'Automne.

LE ROI S'AMUSE

Tout enfant, Victor Hugo entendit son père raconter un fait, dont il avait été le témoin pendant la guerre de Vendée, près de Châteaubriant : « Un soldat, convalescent d'une blessure reçue à l'armée du Rhin, allait se rétablir chez son père. On lui avait bien recommandé de ne pas devancer l'escorte de la diligence; mais à la vue de son village, il n'avait pu attendre et s'était hasardé seul. Un paysan, qui travaillait à la terre, prit un fusil caché dans une haie, l'ajusta, l'atteignit en plein visage, puis vint dépouiller le mort. La détonation avait été entendue, l'escorte de la diligence accourait; le paysan s'enfuit avec le havre-sac et un portefeuille, dans lequel il y avait une feuille de route. Comme ni lui, ni sa femme ne savaient lire, ils prièrent un voisin de leur dire ce qu'il y avait dans le papier, et ils apprirent ainsi que le mort était leur fils. La mère se tua d'un coup de couteau, et le père vint se livrer à la justice. »

A ce sinistre souvenir on peut rattacher l'origine d'une conception dramatique, qui a caractérisé plusieurs des œuvres de Victor Hugo avec une puissance de plus en plus éclatante. C'est ainsi que la comtesse d'Ahlefeld tue son fils Frédéric; la Sachette, sa fille Esméralda; Lucrèce Borgia, Gennaro. Mais jamais cette idée du crime revenant frapper le criminel en sa plus chère, en sa seule affection, ne s'est révélée avec une aussi pénétrante terreur que dans *Le Roi s'amuse;* Blanche et Triboulet en sont l'incarnation la plus hautement tragique.

Le manuscrit original de *Le Roi s'amuse* porte cette mention : « Commencé le 3 juin 1822. Fini le 23 juin. La dernière scène du premier acte a été faite au milieu de la fusillade de l'émeute des 5 et 6 juin. » Le baron Taylor obtint le drame pour le Théâtre-Français. La première représentation (12 novembre 1832) fut une bataille plus acharnée encore que celle d'*Hernani*. Le lendemain matin, la pièce était suspendue. La seule visite que reçut Victor Hugo, ce jour-là, fut celle de Théophile Gautier. Le soir, après le conseil des ministres, la suspension fut transformée en interdiction. Prétexte : l'immoralité de l'œuvre ! L'auteur en appela au public dans une préface où respire la plus hautaine et la plus légitime indignation. (Première édition, — 1 volume in-8°, chez Renduel, avec vignette d'après Tony Johannot.) En même temps, il saisissait du litige le Tribunal de Commerce. A l'audience, il prononça le célèbre discours après lequel M. de Montalembert lui dit : « Vous êtes un orateur autant qu'un écrivain ; si le théâtre vous est fermé, il vous restera la tribune. »

LA LETTRE DE JOSEPH BONAPARTE

Londres, 3 janvier 1833.

Monsieur,

J'ai reçu deux exemplaires du *Roi s'amuse ;* nous en avons fait la lecture le dernier jour de l'année passée ; hier, dans l'après-dînée, il a fallu en donner une nouvelle représentation. Notre société ne se composait pas de plus de dix-huit personnes ; mais je puis vous assurer que vous avez eu un succès très complet, au point que je me suis vanté de votre amitié pour moi. Aujourd'hui, je me crois dans l'obligation de vous en faire l'aveu pour être relevé par vous de ma petite vanité. — Recevez surtout mon compliment ; cet ouvrage m'a plus intéressé qu'aucun autre que j'aie lu depuis longtemps. Nul des personnages, à la vérité, n'excite cette vive et parfaite admiration qui nous subjugue dans les héros des œuvres classiques ; mais dans ce corps de plomb de Triboulet, que d'or natif !!! Que de vérité, de nature, de fécondité, dans cette malédiction paternelle de Saint-Vallier ! C'est la voix du Dieu vivant, qui poursuit le puissant dégradé ! Je m'arrête ; je n'ai ni le temps, ni le talent, ni l'intention de juger votre pièce ; je vous répète ce que disait la servante de Molière : « Cela m'amuse, lisez encore ! » — Votre préface est d'un homme de cœur, d'un vrai citoyen ; l'estime de tout ce qui sent vivement et patriotiquement vous est acquise. Je regrette que votre père, que mon ami Hugo, ne soit pas témoin de vos efforts, et de vos succès qui suivent tant de traverses. — Ce que vous dites de Napoléon dans votre réponse au tribunal m'a paru exiger que j'énonce aujourd'hui ce que je crois pouvoir prouver un jour : son despotisme ne fut qu'une dictature née de la guerre ; il eût cessé avec elle. Pitt seul a voulu perpétuellement la guerre. — Agréez ma profonde estime et ma vive sympathie pour le fils du général Hugo, mon ami.

JOSEPH.

L'ARTICLE DE GUSTAVE PLANCHE

La presse fut singulièrement hostile. Gustave Planche reprocha au poète sa fantaisie lyrique, mais au moins lui rendit justice :

« Depuis dix ans, M. Hugo n'a pas innové moins hardiment dans la langue que dans les idées et les systèmes littéraires. Il a imprimé aux rimes une richesse oubliée depuis Ronsard, aux rythmes et aux césures des habitudes perdues depuis Régnier et Molière et retrouvées studieusement par André Chénier. Au mouvement, au mécanisme intérieur de la phraséologie française, il a rendu ces périodes amples et flottantes que le dix-huitième siècle dédaignait, qui avaient été s'effaçant de plus en plus sous les petits mots, les petits traits, les petites railleries des salons de Mme Geoffrin. L'éclat pittoresque des images, l'heureuse alliance et l'habile entrelacement des sentiments familiers et des plus sublimes visions, que de merveilles n'a-t-il pas faites ! Nul homme parmi nous n'a été plus constant et plus progressif. La voie qu'il avait ouverte, il l'a suivie courageusement sous le feu croisé des moqueries et du dédain. D'année en année, il révélait une nouvelle face de son talent, et en même temps un nouvel ordre d'idées. — Chacun de ses ouvrages signale un perfectionnement très sensible dans l'instrument littéraire ; mais tous pourtant sont empreints d'un commun caractère : ils procèdent plutôt de la pensée solitaire et recueillie, écoutant au dedans d'elle-même les voix confuses de la rêverie et de l'imagination, que d'un besoin logique de systématiser sous la forme épique et dramatique les développements d'une passion observée dans la vie sociale ou d'une anecdote compliquée d'incidents variés. Dans le roman, dans le drame comme dans l'ode, il est toujours le même. Il lui faut des contrastes heurtés, qui fournissent au développement stratégique de ses rimes, de ses similitudes, de ses images, de ses symboles, de magnifiques occasions, de périlleux triomphes. — Pour le maniement de la langue, M. Hugo n'a pas de rival ; il fait de notre idiome ce qu'il veut. Il le forge et le rend solide, âpre et rude comme le fer; il le trempe comme l'acier, le fond comme le bronze, le cisèle comme l'argent ou le marbre. Les lames de Tolède, les médailles florentines ne sont pas plus acérées ou plus délicates que les strophes qu'il lui plaît d'ouvrir. »

François Ier

GUSTAVE PLANCHE.
Revue des Deux-Mondes,
1er décembre 1832.

UNE PAGE DE Mme DE GIRARDIN

« Cette étude de l'âme humaine dans les monstruosités les plus hideuses, cette découverte de la beauté dans la laideur, cette recherche de la perle divine dans tous les fumiers humains, c'est un généreux et sublime travail. C'est réfuter victorieusement l'opinion

JULES GARNIER

Le Roi s'amuse

M. DE SAINT-VALLIER

Une insulte de plus ! — Vous, Sire, écoutez-moi,
Comme vous le devez, puisque vous êtes roi !
Vous m'avez fait un jour mener pieds nus en Grève ;
Là, vous m'avez fait grâce, ainsi que dans un rêve,
Et je vous ai béni, ne sachant en effet
Ce qu'un roi cache au fond d'une grâce qu'il fait.
Or, vous aviez caché ma honte dans la mienne. —
Oui, Sire, sans respect pour une race ancienne,
Pour le sang de Poitiers, noble depuis mille ans,
Tandis que, revenant de la Grève à pas lents,
Je priais dans mon cœur le Dieu de la victoire
Qu'il vous donnât mes jours de vie en jours de gloire,
Vous, François de Valois, le soir du même jour,
Sans crainte, sans pitié, sans pudeur, sans amour,
Dans votre lit, tombeau de la vertu des femmes,
Vous avez froidement, sous vos baisers infâmes,
Terni, flétri, souillé, déshonoré, brisé
Diane de Poitiers, comtesse de Brezé !
. . . .

LE ROI S'AMUSE
(Acte Ier. Scène V.)

A. GUÈS

Triboulet

LE ROI, *chantant.*

Vive les gais dimanches
Du peuple de Paris,
Quand les femmes sont blanches...

TRIBOULET.

Quand les hommes sont gris !

LE ROI S'AMUSE. — *Acte 1. Scène II.*

de ce philosophe à qui l'on demandait s'il croyait à l'immortalité de l'âme, et qui répondit : « C'est selon ! » Comme on s'étonnait de cette réponse spirituellement impie : « J'avoue franchement, continua-t-il, que je ne crois pas à l'immortalité de toutes les âmes. Il y a beaucoup d'êtres dans le monde qui n'ont pas besoin d'être immortels, qui n'y tiennent pas. Les polichinelles, par exemple ! Pensez-vous qu'un homme qui toute sa vie a parlé comme ça (et il imitait l'accent du personnage), pensez-vous que cet homme tienne beaucoup à son immortalité? — Oui, oui, sans doute! répond Victor Hugo, et il y tient peut-être plus que vous. » Souvent de grands éclats de rire ont caché de tragiques douleurs. Un Paillasse, qui nourrit quatre enfants en faisant des gambades sur un théâtre de boulevard, est plus noble que vous, Monsieur, qui le regardez peut-être de votre loge, entre un ami que vous avez ruiné et une malheureuse fille que vous avez perdue. L'âme de Marion Delorme, de Quasimodo, est de la même essence que la vôtre. Triboulet, dégradé par le rire, s'ennoblit une heure à l'aspect de sa fille déshonorée. Le rayon divin jaillit de l'être abject. Le bouffon se transforme. L'amour paternel lui révèle toutes les délicatesses du cœur. Quelques degrés de plus, il serait *Virginius*. »

Mᵐᵉ ÉMILE DE GIRARDIN (Lettres parisiennes)

LUCRÈCE BORGIA

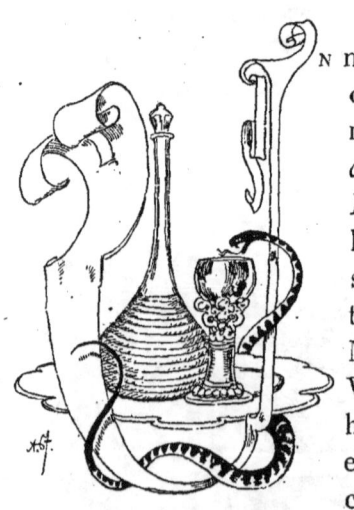

N mois s'était à peine écoulé depuis l'interdiction de *Le Roi s'amuse*, que déjà l'on répétait à la Porte-Saint-Martin *Le Souper de Ferrare*, intitulé pour Mlle Georges : *Lucrèce Borgia*. Frédérick Lemaître choisit le rôle de Gennaro. Meyerbeer et Berlioz s'offrirent pour noter la chanson. Le directeur préféra son chef d'orchestre Piccini. Ni la musique ni les décors n'allaient bien; Victor Hugo dut s'improviser à la dernière heure peintre et musicien, pour que tout fût en harmonie avec le drame. De vrais chantres de paroisse furent engagés pour le *De Profundis*. Au début, il y eut un coup de sifflet. Mais l'émotion et l'enthousiasme allèrent croissant de scène en scène. Ce fut un triomphe (2 février 1833). On détela le fiacre qui emportait Victor Hugo. Le succès ne fut guère contesté que par Armand Carrel et par ce Destigny, qui appelait l'auteur : « Un Homère assidu de la fille de joie. » Mlle Georges, « si bien secondée par Lockroy », fut

« sublime comme Hécube et touchante comme Desdémone. » Frédérick fut « plein de grandeur et plein de grâce, modeste, sévère et terrible. » Tout Paris acclama, avec eux, Mlle Juliette : « Quelques-unes de nos actrices, remarqua *L'Artiste,* disputeraient peut-être à Mlle Juliette le prix de la beauté ; mais aucune n'a cette pureté, cette jeunesse, cette naïveté de contours qui rappellent les statues grecques, et, à la fois, cette poétique et expressive physionomie qui fait comprendre les héroïnes de Shakespeare. » La même Revue publia ces lignes :

LE COMPTE RENDU DE L'*ARTISTE*

« Préoccupée seulement de la peinture des passions, l'ancienne école dramatique ne s'est pas aperçue que, si elles étaient les mêmes chez tous les hommes, les influences locales, les traditions, les coutumes, les températures même, en modifiaient le développement, leur donnaient, selon les différents pays, une physionomie individuelle, originale, reflétant, pour ainsi dire, le caractère particulier de chaque peuple. Aussi ne les a-t-elle traitées que comme des abstractions. Elle a revêtu des passions de son époque les hommes d'un autre temps. C'est à ce mépris de l'histoire, à l'obligation de jeter une intrigue amoureuse au milieu d'une conception dramatique, à la nécessité de tourner continuellement dans le cercle des Unités, que nous devons de n'avoir pas de théâtre national. Il était impossible, avec de pareilles exigences, de traiter un sujet historique dans toute sa vérité, dans tous ses développements. Voltaire l'a tenté, il a échoué. Aussitôt l'on a crié que notre histoire avait trop peu d'intérêt pour être mise en scène ; et l'on est retourné aux Grecs et aux Romains, jusqu'à ce que la Révolution vînt étonner le monde par l'éclat de ses gigantesques actions. — M. Hugo, le premier, a ouvert la route. En élargissant les formes, il a agrandi la chose. A lui la gloire d'avoir émancipé notre théâtre ! — Grâce à lui, le drame n'est plus simplement une étude psychologique, où chaque passion, disséquée à part, se présente hors des faits qui lui ont donné naissance. Le drame, maintenant, c'est la triple alliance de l'histoire, de la philosophie, de la peinture des passions. *Lucrèce Borgia* n'est pas uniquement une œuvre dramatique ; c'est une peinture largement conçue de l'Italie au XVIe siècle. Et ce qu'il a fait pour l'Italie dans *Lucrèce Borgia,* Victor Hugo l'a fait pour l'Angleterre dans *Cromwell ;* pour l'Espagne dans *Hernani,* pour la France dans *Marion Delorme* et *Notre-Dame de Paris…* »

LA LETTRE DE GEORGE SAND

Le 2 février 1870, *Lucrèce Borgia* fut reprise à la Porte-Saint-Martin. La même nuit, fut écrite cette lettre :

A Victor Hugo, à Guernesey.

Mon grand ami,

Je sors de la représentation de *Lucrèce Borgia,* le cœur tout rempli d'émotion et de joie. J'ai encore dans la pensée toutes ces scènes poignantes, tous ces mots charmants ou terribles, le sourire amer d'Alfonse d'Este, l'arrêt effrayant de Gennaro, le cri maternel de Lucrèce ; j'ai dans les oreilles les acclamations de cette foule qui criait : « Vive Victor Hugo ! » et qui vous appelait, hélas ! comme si vous alliez venir, comme si vous pouviez l'entendre. On ne peut pas dire, quand on parle d'une œuvre consacrée, telle que *Lucrèce Borgia* : le drame a eu un immense succès ; mais je dirai : vous avez eu un magnifique triomphe. Vos amis du *Rappel,* qui sont mes amis, me demandent si je veux être la première à vous donner la nouvelle de ce triomphe. Je le crois bien, que je le veux ! Que cette lettre vous porte donc, cher absent, l'écho de cette belle soirée !

Cette soirée m'en a rappelé une autre, non moins belle. Vous ne songiez pas que j'assistais à la première représentation de *Lucrèce Borgia,* — il y a aujourd'hui trente-sept ans, jour pour jour. Je me souviens que j'étais au balcon, et le hasard m'avait placée à côté de Bocage que je voyais ce jour-là pour la première fois. Nous étions, lui et moi, des étrangers l'un pour l'autre ; l'enthousiasme commun nous fit amis. Nous applaudissions ensemble. Nous disions ensemble : Est-ce beau! Dans les entr'actes, nous ne pouvions nous empêcher de nous parler, de nous extasier, de nous rappeler réciproquement tel passage, telle scène. Il y avait alors dans les esprits une conviction et une passion littéraires, qui tout de suite vous donnaient la même âme et créaient comme une confraternité de l'art. A la fin du drame, nos mains furent vite l'une dans l'autre. Elles y sont restées jusqu'à la mort de ce grand artiste, de ce cher ami.

J'ai revu aujourd'hui *Lucrèce Borgia,* telle que je l'ai vue alors. Le drame n'a pas vieilli d'un jour ; il n'a pas un pli, pas une ride. Cette belle forme, aussi ferme et aussi nette que le marbre de Paros, est restée absolument intacte et pure. Et puis, vous avez touché là, vous avez exprimé là, avec votre incomparable magie, le sentiment qui nous

GASTON MÉLINGUE

Une salle du palais ducal de Ferrare. — Tentures de cuir de Hongrie frappées d'arabesques d'or. Ameublement magnifique dans le goût de la fin du xvᵉ siècle en Italie. — Le fauteuil ducal en velours rouge, brodé aux armes de la maison d'Este; à côté, une table couverte de velours rouge.

Don Alphonse d'Este

Prends cette clef, va à la galerie de Numa. Compte tous les panneaux de la boiserie, à partir de la grande figure peinte qui est près de la porte et qui représente Hercule, fils de Jupiter, un de mes ancêtres. Arrivé au vingt-troisième panneau, tu verras une petite ouverture cachée dans la gueule d'une guivre dorée, qui est une guivre de Milan. C'est Ludovic le Maure qui a fait faire ce panneau. Introduis la clef dans cette ouverture. Le panneau tournera sur ses gonds comme une porte. Dans l'armoire secrète qu'il recouvre, tu verras, sur un plateau de cristal, un flacon d'or et un flacon d'argent avec deux coupes en émail. Dans le flacon d'argent, il y a de l'eau pure. Dans le flacon d'or, il y a du vin préparé. Tu apporteras le plateau, sans y rien déranger, dans le cabinet voisin de cette chambre, Rustighello; et, si tu as jamais entendu des gens, dont les dents claquaient de terreur, parler de ce fameux poison des Borgia qui, en poudre, est blanc et scintillant comme de la poussière de marbre de Carrare, et qui, mêlé au vin, change du vin de Romorantin en vin de Syracuse, tu te garderas de toucher au flacon d'or.

Lucrèce Borgia. — Acte II, Scène 1re.

prend le plus aux entrailles; vous avez incarné et réalisé « la mère. » C'est éternel comme le cœur. *Lucrèce Borgia* est peut-être, dans tout votre théâtre, l'œuvre la plus puissante et la plus haute. Si *Ruy-Blas* est par excellence le drame heureux et brillant, l'idée de *Lucrèce Borgia* est plus pathétique, plus saisissante et plus profondément humaine. Ce que j'admire surtout, c'est la simplicité hardie, qui, sur les robustes assises de trois situations capitales, a bâti ce grand drame. Le théâtre antique procédait avec cette largeur calme et forte. Trois actes, trois scènes, suffisent à poser, à nouer et à dénouer cette étonnante action : — La mère insultée en présence du fils ; — le fils empoisonné par la mère ; — la mère punie et tuée

Lucrèce Borgia

par le fils. La superbe trilogie a dû être coulée d'un seul jet, comme un groupe de bronze. Elle l'a été, n'est-ce pas? Je crois même me rappeler comment elle l'a été.

Le Théâtre-Français avait donné, à la fin de 1832, la première et unique représentation du *Roi s'amuse*. Cette représentation avait été une rude bataille, et s'était continuée et achevée entre une tempête de sifflets et une tempête de bravos. Aux représentations suivantes, qu'est-ce qui allait l'emporter, des bravos ou des sifflets? Grande question, importante épreuve pour l'auteur! — Il n'y eut pas de représentations suivantes. Le lendemain, *Le Roi s'amuse* était interdit « par ordre »; et il attend encore, je crois, sa seconde représentation. Il est vrai qu'on joue tous les jours *Rigoletto*. Cette confiscation brutale portait au poète un préjudice immense. Il doit y avoir eu là pour vous, mon ami, un cruel moment de douleur et de colère. Mais dans ce même temps, Harel, le directeur de la Porte-Saint-Martin, vient vous demander un drame pour son théâtre et pour Mlle Georges. Seulement, ce drame, il le lui faut tout de suite; et *Lucrèce Borgia* n'est construite que dans votre cerveau. L'exécution n'en est pas même commencée. N'importe! vous aussi, vous voulez tout de suite votre revanche. Vous vous dites à vous même ce que vous avez dit au public dans la préface : « Mettre au jour un nouveau drame six semaines après le drame proscrit, ce sera encore une manière de dire son fait au Gouvernement. Ce sera lui montrer qu'il perd sa peine. Ce sera lui prouver que l'art et la liberté peuvent repousser en une nuit sous le pied maladroit qui les écrase. »

Vous vous mettez aussitôt à l'œuvre. En six semaines, votre nouveau drame est écrit, appris, répété, joué. Et le 2 février 1833, deux mois après la bataille du *Roi s'amuse,* la première représentation de *Lucrèce Borgia* est la plus éclatante victoire de votre carrière dramatique. Il est tout simple que cette œuvre d'une seule venue soit solide, indestructible et à jamais durable, et qu'on l'ait applaudie hier comme on l'a applaudie il y a quarante ans, comme on l'applaudira dans quarante ans encore, comme on l'applaudira toujours. L'effet, très grand dès le premier acte, a grandi de scène en scène et a eu au dernier acte toute son explosion. Chose étrange! Ce dernier acte, on le connaît, on le sait par cœur, on attend l'entrée des moines, on attend l'apparition de Lucrèce Borgia, on attend le coup de couteau de Gennaro. Eh bien! on est pourtant saisi, terrifié, haletant, comme si on ignorait ce qui va se passer. La première note du *De Profundis,* coupant la chanson à boire, vous fait passer un frisson dans les veines; on espère que Lucrèce Borgia sera reconnue et pardonnée par son fils, on espère que Gennaro ne tuera pas sa mère. Mais non, vous ne le voudrez pas, maître inflexible; il faut que le crime soit expié, il faut que le parricide aveugle châtie et venge tous ces forfaits, aveugles aussi peut-être...

Quelle ovation à votre nom et à votre œuvre!

Quand on pense à ce que vous aviez fait déjà en 1833! Vous aviez renouvelé l'ode; vous aviez, dans la préface de *Cromwell,* donné le mot d'ordre à la révolution dramatique; vous aviez, le premier, révélé l'Orient dans *Les Orientales,* le Moyen-Age dans *Notre-Dame de Paris.* Et depuis, que d'œuvres et que de chefs-d'œuvre! que d'idées remuées! que de formes inventées! que de tentatives, d'audaces et de découvertes! Et vous ne vous reposez pas!... Et on me dit que, dans le même moment où j'achève cette lettre, vous allumez votre lampe et vous vous remettez tranquille à votre œuvre commencée.

GEORGE SAND.

Le 26 février 1881, la veille du quatre-vingtième anniversaire de Victor Hugo, il y eut au théâtre de la Gaîté une nouvelle et triomphale reprise de *Lucrèce Borgia.* « Toute une école littéraire, observa-t-on alors, s'est attachée de nos jours à ravaler l'homme au niveau de la brute, à noyer l'âme dans l'instinct bestial. Une des plus nobles gloires de Victor Hugo est d'avoir, au contraire, reconnu, dégagé dans la bête humaine, dans le monstre, l'élément divin, la pure étincelle, et d'avoir su, avec cette étincelle, allumer tant de radieux flambeaux sur nos fronts. Son Gennaro n'a-t-il pas quelque chose de plus purement héroïque que l'Oreste de l'antiquité? N'a-t-il pas la fleur de générosité juvénile qui manque à Hamlet? Sa Lucrèce n'est-elle pas bien autrement tragique que la Clytemnestre grecque? Tandis que la tragédie antique va de la lumière à la nuit, son drame va de la nuit à la lumière. »

LE BEAUMARCHAIS, 6 mars 1881.

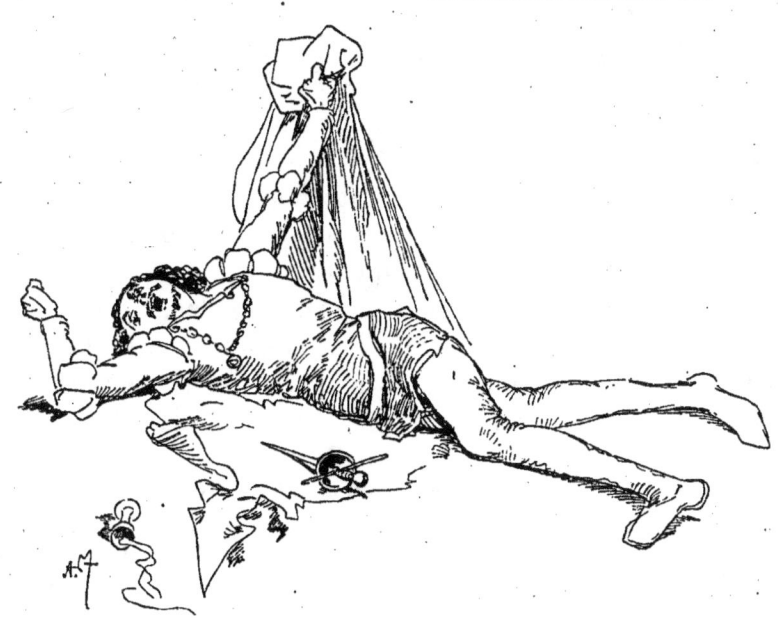

MARIE TUDOR

arie Tudor, commencée le 12 août 1833, fut terminée le 1ᵉʳ septembre. Le titre primitif, *Marie d'Angleterre*, forme le titre courant de l'édition originale (1 vol. in-8°, chez Renduel) et se retrouve sur le frontispice, une des plus belles eaux-fortes de Nanteuil. La fortune fut moins propice à *Marie Tudor* qu'à *Lucrèce Borgia*. Le directeur de la Porte-Saint-Martin, qui avait failli se battre en duel avec l'auteur pour avoir la pièce, ne voulait plus la jouer. Il la fit siffler (6 novembre 1833). Il fallut toute la puissance du drame pour vaincre les destinées contraires. A la reprise du 27 septembre 1873, il obtint enfin tous les applaudissements qu'il mérite.

L'ARTICLE DE CAMILLE PELLETAN

« Il y a dans le théâtre de Victor Hugo deux groupes bien tranchés : les drames en vers, les drames en prose. Cette assertion peut paraître naïve et superflue. Si nous la faisons, c'est qu'il y a entre ces deux groupes d'autres distinctions que la présence et l'absence du mètre et de la rime. Les drames en vers sont plus touffus ; les épisodes y tiennent une plus grande place ; des éclats de rire traversent l'action ; des tableaux de genre, des morceaux d'histoire s'y mêlent à l'intrigue. Je citerai pour *Marion Delorme*, par exemple, le cabaret de Blois, la scène des Comédiens, la cour de Louis XIII. Le vers, d'ailleurs, se prête à cette conception de l'œuvre. Il est plein de

Marie Tudor

détails exquis, d'images vives, de silhouettes et de croquis tracés en quelques mots. A la fin, l'œuvre s'étend, s'élargit au delà de toutes proportions ; il y entre une époque, un monde, une épopée ; les figures passent, géantes, démesurées ; le plancher et la scène semblent craquer sous leurs pas. Le drame grandit, comme ce satyre dont le Maître parle dans *La Légende des Siècles*. Et l'on a *Les Burgraves*.

» Les drames en prose offrent avec les drames en vers le contraste le plus complet. Autant les autres débordent, autant ceux-ci se condensent. On a opposé souvent aux conceptions dramatiques, amples, complexes, chargées d'épisodes, des Anglais et des Allemands, comme Shakespeare et Gœthe, le théâtre simple, direct, concentré, des littératures classiques, tel qu'il apparaît en Grèce, tel qu'il reparaît dans Corneille et dans Molière. Les œuvres en vers de Victor Hugo nous semblent plus près des premières, les drames en prose du second. Et *Marie Tudor* est peut-être le type le plus caractérisé des drames en prose. D'un bout à l'autre de la pièce, pas un mot qui ne porte, pas un trait qui ne soit essentiel, pas un incident qui ne soit profondément engagé dans la trame de l'action. Tout se tient et se répond ; dans chaque détail, on découvre par la suite un ressort du drame ; tout est rigoureusement et puissamment combiné. Prenez la scène du Juif au premier acte, ou, pour parler comme le poète, à la première Journée ; cette scène est grosse du drame tout entier. Il n'y est pas dit un mot, si accessoire qu'il soit en apparence, qui ne couve et n'aille éclater ensuite d'une façon redoutable.

» Ajoutez à cela la concentration exclusive de la lumière et de l'intérêt sur les figures nécessaires. Pas un personnage ne paraît qui ne soit indispensable, comme pas une phrase n'est prononcée qui ne tienne à l'essence de l'œuvre. Le drame est direct, rigoureux, inexorable. Il ne montre rien en dehors de l'enchaînement fatal des catastrophes et du développement, aussi logique que piquant, des passions qu'elles font éclater. Le spectateur se sent saisi au début par une main de fer et conduit despotiquement à travers toutes ces terribles magnificences par une suite de tableaux profondément pathétiques et étrangement énormes, qui sortent l'un de l'autre avec une invincible nécessité. La langue dans laquelle cela est écrit, est donnée par l'idée même de l'œuvre, sévère, rigide, coupée à l'emporte-pièce, d'une concision singulière, d'un relief étonnant. C'est un style d'acier, trempé, fondu, sans un ornement ; une prose brève, pour s'harmoniser avec la rapide fatalité du drame ; intense et sonore, pour traduire l'éclatante beauté de la conception dramatique ; sobre, pour ne permettre aucune diversion à l'intérêt.

» Une grande figure domine le drame : Marie. Tout ce qu'il y a de fureur et d'orgueil dans une passion royale, tout le déchaînement d'une femme trompée, cruelle et souveraine, et tous les dessous et les retours d'un amour secoué, irrité, décuplé par les obstacles ; cet acharnement, cette exaspération de tendresse, hautaine, violente, tempétueuse, dans une âme vindicative, impérieuse et sanguinaire ; cet orage de passion bouillonnant à travers toute l'infidélité et la vilenie de Fabio ; la haine universelle, la sédition du peuple ; — voilà ce qui remplit le drame et ce qui palpite sur la scène durant trois actes. A côté, quelles figures que ce personnage d'aventurier, si hardi et si décidé dans le crime, si tendrement dominateur dans l'amour, si écrasé, si vil quand il est démasqué ; et ce politique subtil, tenace et glacé, qui s'appelle Simon Renard ; et ces deux âmes pures de Gilbert et de Jane ! Ces quatre personnages, au-dessus de qui plane cette force fatale des choses qui domine tout dans les drames de Victor Hugo, — car il n'en est pas un qui ne pût porter en tête l'épigraphe de *Notre-Dame de Paris*, ΆΝΆΓΚΗ — ces quatre personnages, les uns par leurs ruses, les autres par leurs passions, ourdissent pour le destin la trame, au milieu de laquelle se débat, éclate et déborde l'âme furieuse et presque sauvage de la reine.

» Rien de plus grand que la donnée générale de l'œuvre ; rien de plus splendide que les scènes que le poète en fait jaillir ! Une chose leur donne une puissance incomparable ; c'est ce concours calculé, irrésistible des moindres mots dans le dialogue, des plus minces incidents dans l'action, des moindres indications dans la mise en scène. Je dis *la mise en scène;* et c'est peut-être là un des caractères les plus frappants de la pièce, que le parti qu'en a tiré, je ne dis pas le théâtre, mais le poète. Dans nombre d'œuvres de Victor Hugo, mais surtout dans *Marie Tudor*, le décor n'est pas seulement une simple toile de fond avec indication de lieu, une circonstance matérielle nécessaire mais sans valeur propre ; le décor entre dans l'action du drame ; il se mêle aux passions ; il est une *création*, comme un personnage. Chose toute neuve au théâtre, ce me semble ! Le poète donne un rôle à tout, au paysage, aux architectures, aux foules, à la lumière même. Chaque scène devient une prodigieuse symphonie aux mille parties ; sa conception n'est complète que si la nature, même inanimée, s'y répand tout entière. Il sait trouver des décors pathétiques. Quelle scène superbe que celle où Marie Tudor écrase Fabiani, alors même qu'elle serait bornée aux deux rôles de la reine et de l'intrigant ! mais quelle puissance elle emprunte à la solennité, à la splendeur de toute la cour réunie, à cette pompe, à cette foule qui l'entoure !

» A cet égard, le dernier acte nous paraît sans égal. La donnée, par elle-même, est d'une singulière puissance dramatique. Une tête va tomber. Laquelle ? On n'en sait rien. Le condamné passe. Qui est-il ? On n'en sait rien. Un voile le couvre de la tête aux pieds. Deux femmes sont là, à genoux, déchirées d'angoisses. Chacune sent son être, sa vie suspendue au mot de l'énigme. Et elles attendent ! Cela est poignant, n'est-ce pas, et suffirait à faire une des plus magnifiques choses du théâtre. Maintenant, voyez la mise en scène. On est perdu, enfoncé dans les formidables entrailles de la Tour de Londres, dans un recoin plein de fissures, sur qui pèse tout le poids des pierres énormes; dans une sorte de caverne, à mi-route d'un escalier sinistre, l'escalier des condamnés! En haut, les marches s'enfoncent, serrées dans un couloir sinistre, vers quoi? vers une prison. En bas, elles descendent, par un corridor étranglé, vers quoi? vers un échafaud. Toute la terreur du supplice se condense, s'étouffe, se répercute dans ce trou. Le tocsin, lent, agaçant, obstiné, sourd, impitoyable, y égrène patiemment, à intervalles égaux, les échos de ses coups de cloche qui ne cessent pas et qui sonnent la mort. De grandes croix noires, pleines d'épouvante, étalent uniformément leurs quatre bras sur de larges draps blancs, et annoncent la mort. Les cierges se mêlent à ces terreurs par le tremblement de leur pâleur; et eux aussi, ils sont allumés pour la mort. Un flamboiement d'incendie rougeoie au fond, derrière un rideau blanc, car le décor est tout entier de deux couleurs; et quand ce rideau s'écarte, il laisse voir la fournaise d'une ville illuminée. Et cette flamme éclaire le supplice. Une apparition fantastique, un cortège funèbre serpente dans les viscères du redoutable monument; et l'on entend la voix du héraut qui proclame le nom du coupable et sa peine; et la phrase lugubre se répète comme pour marquer les étapes du condamné dans sa descente vers le billot; et l'on sent le cortège s'enfoncer, à mesure que les voix et les pas arrivent plus étouffés et plus sourds. Le cortège a disparu. C'est encore là que le poète placera les angoisses des deux femmes, dans ce creux perdu de la terre, loin de tout. Il les isolera, il les écrasera, entre ces murs terribles qui étouffent la voix et rendent l'anxiété impuissante... — N'est-ce pas là une chose sans exemple, que ce drame où le décor même a du génie?

CAMILLE PELLETAN.

LA RENAISSANCE, 5 octobre 1873.

FÉLIX ZIEM

Venise. — Le pont des Soupirs

«... A Venise, tout se fait secrètement, mystérieusement, sûrement. Condamné, exécuté; rien à voir, rien à dire; pas un cri possible, pas un regard utile; le patient a un bâillon, le bourreau un masque. Que vous parlais-je d'échafaud tout à l'heure? Je me trompais. A Venise, on ne meurt pas sur l'échafaud; on disparaît. Il manque tout à coup un homme dans une famille. Qu'est-il devenu? Les plombs, les puits, le canal Orfano le savent. Quelquefois on entend quelque chose tomber dans l'eau la nuit. Passez vite alors. Du reste, bals, festins, flambeaux, musiques, gondoles, théâtres, carnaval de cinq mois, voilà Venise... »

ANGELO. — *Première Journée. Scène première.*

LITTÉRATURE ET PHILOSOPHIE MÊLÉES
CLAUDE GUEUX

 la première page de *Littérature et Philosophie mêlées*, on lit : « Ces deux volumes (2 vol. in-8, chez Renduel, 1834) ne sont autre chose que la collection de toutes les notes que l'auteur, dans la route littéraire et politique qu'il a déjà parcourue, a écrites çà et là, chemin faisant, depuis quinze ans qu'il marche. » Toutes les notes? Non, pas absolument toutes. Il y manque maintes pages du *Conservateur littéraire*, de *La Muse française* et autres Revues, maintes pages marquées au hasard d'une initiale ou signées de pseudonymes plus ou moins transparents. Qu'est devenue aussi la *Vision sur le VIIIe siècle*, que le jeune Victor-Marie Hugo devait lire, le 13 mars 1821, devant la Société des Bonnes-Lettres?

Dans la *Revue des Deux-Mondes*, Gustave Planche, tout en blâmant Victor Hugo de « ramener toutes les lois de la poésie dramatique à l'antithèse morale, comme il avait précédemment ramené toutes les lois du style à l'antithèse des images », constata ceci : « La préface de *Littérature et Philosophie mêlées* est un des morceaux les plus remarquables que M. Hugo ait écrits depuis la préface de *Cromwell*. Quelques-unes des questions traitées par l'auteur en 1827 sont revenues sous sa plume en 1834. Plusieurs se sont rétrécies en se spécialisant; d'autres, au contraire, se sont élargies et renouvelées; mais, pareilles ou diverses, ces questions pouvaient prétendre légitimement à l'intérêt et à la curiosité, car la position littéraire de l'auteur n'est plus la même aujourd'hui qu'en 1827. Alors, on s'en souvient, il marchait hardiment à la conquête d'un monde encore inconnu. Aujourd'hui, ce qu'il voulait, il l'a conquis. Il n'en est plus à dire qu'un art nouveau est possible en France; cet art, il l'a personnifié en des œuvres nombreuses. Il a jeté sa volonté dans tous les moules.

Il a écrit sa fantaisie sur la pierre et sur le marbre. Il est donc naturel que sa pensée ait changé de style et que la parole du novateur ait pris, avec les années, le ton du commandement et presque de la dictature. » — Le *Journal des Débats* avait précédemment loué l'étude sur Mirabeau : « Quelle que fût l'éloquence du grand orateur, il est impossible qu'elle surpassât en nombre, en souplesse, en harmonie, en majesté, l'éloquence du poète. »

Il est bon de noter que, dès septembre 1830, Victor Hugo écrivait : « La république, qui n'est pas encore mûre mais qui aura l'Europe dans un siècle, c'est la société souveraine de la société; se protégeant, garde nationale; se jugeant, jury; s'administrant, commune; se gouvernant, collège électoral. Les quatre membres de la monarchie, l'armée, la magistrature, l'administration, la pairie, ne sont pour cette république que quatre excroissances gênantes, qui s'atrophient et meurent bientôt. »

Claude Gueux, brochure in-8, parut en 1834, à l'imprimerie Everat. La couverture rose portait cette mention : « Extrait de la *Revue de Paris.* » Le directeur de la *Revue* avait reçu cette lettre :

Dunkerque, le 30 juillet 1834.

Monsieur le directeur de la *Revue de Paris,*

Claude Gueux, de Victor Hugo, par vous inséré dans votre livraison du 6 courant, est une grande leçon; aidez-moi, je vous prie, à la faire profiter. — Rendez-moi, je vous prie, le service d'en faire tirer à mes frais autant d'exemplaires qu'il y a de députés en France, et de les leur adresser individuellement et bien exactement.

J'ai l'honneur de vous saluer.

Charles CARLIER, négociant.

ANGELO

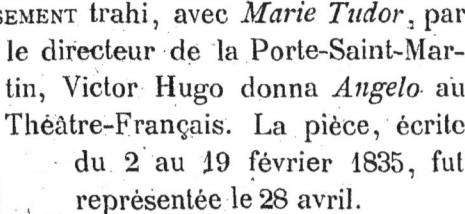

DIEUSEMENT trahi, avec *Marie Tudor*, par le directeur de la Porte-Saint-Martin, Victor Hugo donna *Angelo* au Théâtre-Français. La pièce, écrite du 2 au 19 février 1835, fut représentée le 28 avril.

« Mlle Mars entendit chez elle une lecture du drame; et, des deux rôles de femme, elle choisit celui de la Tisbe. Mme Dorval fut engagée, sur la demande de l'auteur, pour représenter Catarina Bragadini. Le choix par Mlle Mars du personnage de la courtisane, quand le rôle de l'honnête femme convenait beaucoup mieux à la distinction de sa personne et de son talent, n'avait d'autre raison que la crainte de laisser trop d'avantages à l'actrice populaire, en lui permettant de développer à l'aise la fougue et le naturel de ses qualités instinctives. On devine ce qui dut se passer, pendant les répétitions, entre ces deux rivales. Célimène fut écrasante d'impertinence; la pauvre Marie Dorval supporta tout, pour ne pas créer d'obstacles. « Quand on répète à côté de cette femme, dit un jour Mlle Mars à l'un de ses camarades, on a envie de se gratter. » La première représentation eut lieu. Les deux actrices furent admirables; quand l'une faiblissait, l'autre relevait la scène avec une autorité et un effet incomparables. — La Tisbe et la femme d'Angelo Malipieri n'ont pas moins ému l'auditoire, quand leurs douleurs ont été traduites par Rachel et sa sœur Rebecca. — La pensée de Victor Hugo était d'opposer l'un à l'autre deux types de femmes : la femme dans la société et la femme hors la société, toutes deux se défendant, l'une contre la tyrannie d'un époux sans amour et sans générosité, l'autre contre le mépris. L'émotion des spectateurs, qui a accompagné le drame, chaque fois qu'il a été repris, prouve que l'auteur a réussi à incarner sa pensée dans sa création. »

ALPHONSE ROYER (Histoire du Théâtre en France.)

« ANGELO » APPRÉCIÉ PAR M. GRANIER DE CASSAGNAC

« L'aventure qui fait le sujet d'*Angelo* est censée se passer vers 1554. *Hernani*, *le Roi s'amuse*, *Lucrèce Borgia*, *Marie Tudor*, sont également placés au XVIe siècle, pour lequel M. Victor Hugo paraît avoir une sorte de prédilection. C'est le plus magnifique siècle des temps modernes. Le grandiose qu'il faut à l'art s'y trouve dans la nature même. Angelo Malipieri a ceci de particulier et de neuf, qu'il est un tyran qui a peur, une sorte de vizir qui a sous son pied la ville de Padoue et sur sa tête le pied du doge. Délégué du sénat vénitien, il fait trembler et il tremble, il guette et il est guetté. Cette situation originale, et encore inexpérimentée au théâtre, est le cadre du drame ; mais elle n'en est pas la matière même, laquelle est tirée d'événements beaucoup moins exceptionnels. Nous croyons qu'il importe beaucoup de distinguer ainsi dans le drame ce qui est la matière première, immédiate, d'avec ce qui est la circonstance spéciale et personnelle. La matière première, ou, comme on disait dans l'école, *materia ex quâ*, ce doivent

Le château d'Angelo.

G. VIBERT

Napoléon

Demain c'est le cheval qui s'abat blanc d'écume.
Demain, ô conquérant, c'est Moscou qui s'allume,
　　La nuit, comme un flambeau;
C'est votre vieille garde au loin jonchant la plaine.
Demain, c'est Waterloo! demain, c'est Sainte-Hélène!
　　Demain, c'est le tombeau!

Les Chants du Crépuscule.

toujours être, à notre avis, les sentiments humains et les passions universelles, ce qui est compris partout et de tous, comme l'amour, la jalousie, la maternité, le respect filial, la reconnaissance. Ensuite vient la situation particulière, qui donne à ces sentiments et à ces passions telle ou telle direction, telle ou telle étendue, qui les développe ici, les restreint là-bas, les fait parler, agir, selon les temps, les lieux, les personnes et les circonstances ; car le cœur humain est comme le bronze en fusion qui prend les formes infinies des moules infinis où on le verse. Le tout est de trouver des circonstances particulières, qui impriment une tournure nouvelle à ce fond trivial de passions. — Un procédé que M. Hugo ne quitte jamais, c'est d'indiquer nettement la valeur individuelle de ses personnages, et de les poursuivre chacun dans la direction propre à son caractère, à ses idées, à son éducation, à ses préjugés. Ne vous demandez jamais si vous feriez ce qu'ils font, ce qui est une mauvaise manière de raisonner ; demandez-vous si, étant ce qu'ils sont, ils doivent agir comme ils agissent. N'allez pas aux biographies, vous n'y trouveriez rien ; ce drame est une fiction comme tous les drames de M. Victor Hugo. Pour qu'il soit tel que son auteur a voulu le faire (et nous ne parlons pas ici de l'exécution, mais de la conception, la seule chose dont l'artiste soit vraiment maître), il faut qu'il soit possible avec les personnages qui le réalisent, impossible avec d'autres ; il faut que tout dans ses détails découle immédiatement de ses principes ; et qu'un historien, exercé à l'intelligence de la société et des mœurs du moyen âge, soit en état d'affirmer, à l'aide d'indications indirectes mais infaillibles, qu'une semblable aventure n'a pu se passer qu'à Padoue, vers le milieu du xvie siècle. »

GRANIER DE CASSAGNAC (Revue de Paris, Mai 1835).

LE PROCÈS — LA REPRISE — L'OPINION DE GAUTIER

Par des traités successifs, la Comédie-Française s'était engagée à reprendre *Angelo*, *Marion De Lorme*, *Hernani*. Ces traités restaient inexécutés. Le poète s'adressa au Tribunal de commerce. La Comédie-Française fut condamnée à lui payer six mille francs de dommages-intérêts et à remplir ses engagements ; le jugement fut confirmé par arrêt de la Cour (12 décembre 1837). *Hernani* fut repris avec un tel succès, que les classiques endurcis s'écrièrent : « Parbleu ! l'auteur a changé tous les vers. » *Angelo* attendit jusqu'au 18 mai 1850. Dans le feuilleton de *La Presse* du 27 mai, Gautier commenta la reprise en ces termes : « *Angelo* est le seul drame en prose que Victor Hugo ait fait représenter au Théâtre-Français; mais une telle prose, si nette, si solide, si sculpturale, vaut le vers; elle en a l'éclat, la sonorité, le rythme même, avec plus d'aisance, de rapidité et de souplesse; elle est tout aussi littéraire et difficile à écrire. Elle peut être le langage le plus accommodé au théâtre, où elle tiendrait la place entre le vers et la langue vulgaire. Nous manquons pour la scène, et c'est un malheur, du vers iambique que possédaient les Grecs et les Latins. »

Précédemment, dans le même journal, en 1835, à propos de la publication d'*Angelo* en librairie, le même critique avait émis cette appréciation : « Le caractère de M. Hugo n'est ni anglais, ni allemand, ni français; il n'est pas profondément humain comme Shakespeare, magnifiquement placide et indifférent comme Goethe, spirituel et sensé comme Molière. Il est volontaire et démesuré, il est espagnol et castillan. Il admire bien Homère et la Bible, si vous voulez; mais soyez sûr qu'il donnerait l'un et l'autre pour le *Romancero*. C'est un génie dramatique de même trempe que celui du vieux Corneille, orgueilleux et sauvagement hérissé, quoique, de temps en temps, il se donne des grâces de lion et fasse des coquetteries gigantesques. C'est un rude dessinateur, capable de dire, comme Michel-Ange, que la peinture à l'huile n'est bonne que pour des femmes ou des paresseux. Il va tout droit au nerf, le dégage des chairs et le fait saillir avec une vigueur prodigieuse. — Puget a dit que les blocs de marbre tremblaient comme la feuille quand ils le sentaient approcher, et qu'ils lui fondaient dans les mains comme de la cire; je crois qu'il doit en être ainsi des blocs où le poète taille sa pensée. Il me semble le voir, avec son coin de fer, faisant sauter à droite et à gauche d'énormes éclats, sculptant plutôt à la hache qu'au ciseau, ouvrant à grands coups de marteau, la bouche béante de ses masques tragiques, et travaillant largement et robustement, sans petites finesses et sans petites délicatesses, comme il sied à un artiste primitif dont les figures doivent être placées haut. — Au milieu de l'affadissement où nous vivons, dans ce siècle où rien n'a conservé ses angles, une nature avec des arêtes aussi vierges et aussi franches est une véritable merveille. Ce fier génie s'est trompé en naissant aujourd'hui. Il aurait dû venir au xvie siècle, un peu avant l'apparition du *Cid*. Ce n'est pas qu'il eût été plus grand, mais il eût été plus heureux. En ce temps, il eût été peintre, sculpteur, ingénieur et poète, comme le Vinci, comme Benvenuto, comme Buonarotti; car c'est un génie essentiellement plastique, amoureux et curieux de la forme, ainsi que tout véritable génie. La forme, quoiqu'on en ait dit, est tout!...

« Une qualité que M. Hugo porte à un degré aussi éminent qu'Anne Radcliffe et Maturin, c'est la terreur ténébreuse et architecturale, si l'on peut s'exprimer de la sorte. Le château d'*Angelo* est une construction effroyablement merveilleuse. Des escaliers montent et descendent dans le noyau des colonnes, les boiseries entendent et parlent. « Il y a un couloir secret, perpétuel trahisseur de toutes les salles, de toutes les chambres, de toutes les alcôves. » La nuit, on entend des pas dans le mur, et on ne sait point si un de ces beaux tableaux de courtisanes nues, peintes par Titien, ne va pas tourner sur lui-même et donner passage à un bravo, qu'il faudra suivre dans quelque lieu profond et humide d'où il ressortira seul. On tend des églises en noir, on chante un service, on lève une dalle dans un caveau, on creuse une fosse pour une personne vivante. Derrière ces beaux rideaux de brocard richement brodés, à la place d'un lit, il y a un billot de bois grossier, une hache et un drap noir. Et l'habit pailleté de la Rosamonde n'est autre chose que le suaire oublié par un fantôme. Piranèse, le grand Piranèse lui-même, ce démon du cauchemar architectural, lui qui sait arrondir des voûtes si noires, si suantes, si prêtes à crouler, qui fait pousser dans ses décombres des plantes qui ont l'air de serpents, et qui tortille si hideusement les jambes de la mandragore entre les pierres lézardées des corniches disjointes, n'aurait certainement pas, dans son eau-forte la plus fiévreuse et la plus surnaturelle, atteint à cette puissance de terreur opaque et étouffante...

« Pour la représentation, M. Hugo a écorné lui-même son œuvre et abattu les arêtes et les saillies extrêmes où le public pourrait s'accrocher. Il valait mieux, après tout, que ce travail fût fait par lui-même que par un parterre violent et passionné. — Je ne suis point de ceux qui croient qu'une pensée peut être impunément ôtée d'une œuvre quelconque. Vous avez une toile où il y a un nœud ; vous arrachez ce nœud, mais vous arrachez avec lui le fil auquel il tient et vous faites un vide dans toute la longueur de la trame. Une branche d'arbre coupée peut contribuer à rendre l'arc d'un berceau plus pur ; mais elle fait une plaie au tronc de l'arbre et y laisse un écusson blanc, hideux à voir comme un ulcère. »

THÉOPHILE GAUTIER (La Presse, 1835.)

« Ce qui nous frappe dans *Angelo*, a dit d'autre part M. Meurice, c'est le cachet de vérité empreint dans ce beau drame plus profondément que dans aucune des pièces de Victor Hugo, *Marie Tudor* peut-être exceptée. — Et ce n'est pas seulement la vérité lyrique, la vérité de la poésie, que nous louons spécialement dans *Angelo*, c'est la vérité absolue, la vérité du sentiment intime et de l'expression familière, la vérité de la vie. »

PAUL MEURICE (Feuilleton de l'Événement du 21 mai 1850.)

La première édition d'*Angelo* a été publiée chez Renduel (1 vol. in-8, Paris, 1835). C'est seulement dans l'édition de 1882 qu'a été restituée la première partie de la Journée III. L'auteur avait consenti à supprimer pour la représentation cet épisode jugé dangereux par la Comédie-Française, qui se rappelait avec terreur l'accueil fait à Saltabadil. « La mort d'Homodéi, a remarqué M. Edouard Thierry à ce propos, est nécessaire à l'intrigue du drame et à sa moralité : à l'intrigue, comme le coup de couteau qui tranche héroïquement le nœud, à la moralité, comme châtiment. Victor Hugo a voulu que le châtiment fût terrible, que le public le vît pour n'en pas douter, qu'il en eût la pleine satisfaction, et qu'il assistât, vengé dans ceux qu'il aime, à ce supplice digne de l'Enfer du Dante, la toute-puissance du mal réduite au désespoir de l'impuissance. — Quelle étude d'une réalité effrayante ! Quelle observation sur le vif ! Quelle faculté d'entrer dans une situation et d'en tirer tous les mouvements, tous les cris, tout le prévu et l'imprévu, toutes les circonstances, toutes les incidences, toute la logique et tout le désordre, tout ce qui emporte l'homme au dehors de lui même, tout ce qui le ramène à ce qui est le plus simple et le plus familier ! »

ÉDOUARD THIERRY (Moniteur universel, 1882).

P. A. COT

Magdalena

Oh ! n'insultez jamais une femme qui tombe !
Qui sait sous quel fardeau la pauvre âme succombe ?
Qui sait combien de jours sa faim a combattu ?
Quand le vent du malheur ébranlait leur vertu,
Qui de nous n'a pas vu de ces femmes brisées
S'y cramponner longtemps de leurs mains épuisées !
Comme au bout d'une branche on voit étinceler
Une goutte de pluie où le ciel vient briller,
Qu'on secoue avec l'arbre, et qui tremble et qui lutte,
Perle avant de tomber et fange après la chute !
— La faute en est à nous. A toi, riche ! à ton or !
Cette fange d'ailleurs contient l'eau pure encor.
Pour que la goutte d'eau sorte de la poussière,
Et redevienne perle en sa clarté première,
Il suffit, c'est ainsi que tout remonte au jour,
D'un rayon de soleil ou d'un rayon d'amour.

Les Chants du Crépuscule.

ALBERT MAIGNAN

Rêverie

Que le bois, le jardin, la maison, la nuée,
Dont midi ronge au loin l'ombre diminuée,
Que tous les points confus qu'on voit là-bas trembler,
Que la branche aux fruits mûrs, que la feuille séchée,
Que l'automne, déjà par septembre ébauchée,
Que tout ce qu'on entend ramper, marcher, voler,

Que ce réseau d'objets qui t'entoure et te presse,
Et dont l'arbre amoureux qui sur ton front se dresse
    Est le premier chaînon,
Herbe et feuille, onde et terre, ombre, lumière et flamme,
Que tout prenne une voix, que tout devienne une âme,
    Et te dise mon nom !

Les Chants du Crépuscule.

LES CHANTS DU CRÉPUSCULE

Unissant étroitement en son âme les préoccupations patriotiques du citoyen aux tendres et profonds sentiments de l'homme et du poète, Victor Hugo consacra dans ce beau recueil cette union intime et féconde (1 vol. in-8°, chez Renduel, Paris, 1835). « Le doute, dit la *Revue de Paris* de Novembre 1835, n'est pas le dernier mot de M. Hugo. Toujours ces puissantes âmes échappent par quelque côté à nos critiques d'enfant; toujours elles dépassent par quelque grande action notre moralité étroite et bourgeoise. Sainte-Beuve a donné l'appréciation suivante :

« C'est, comme l'indique le titre, une heure déjà assombrie, le déclin des espérances, le doute qui gagne, l'ombre allongée qui descend sur le chemin, et avec cela, à travers les aspects funèbres, des douceurs particulières, comme il en est à cette heure charmante; la nuit qui s'avance, mais « la nuit que la tristesse aime comme une sœur ». A ces impressions personnelles et intimes, le poète a marié, par une analogie symbolique, l'état du siècle qui nage dans une espèce de crépuscule aussi... — *Les Chants du crépuscule*, non seulement soutiennent à l'examen le renom lyrique de M. Hugo, mais doivent même l'accroître en quelque partie. Mainte pièce du recueil décèle chez lui des sources de tendresse élégiaque plus abondantes et plus vives qu'il n'en avait découvert jusqu'ici, quoique, même en cela, le grave et le sombre dominent. On suit, avec un intérêt respectueux, sinon affectueux, ce front sévère, opiniâtre, assiégé de doutes, d'ambitions, de pensées nocturnes qui le battent de leurs ailes. On contemple « cet homme au flanc blessé », saignant, mais debout dans son armure, et toujours puissant dans sa marche et dans sa parole. On le voit, rôdeur à l'œil dévorant, *au sourcil visionnaire*, comme Wordsworth a dit de Dante, tour à tour le long des grèves de l'Océan, dans les nefs désertes des églises au tomber du jour, ou gravissant les degrés des lugubres beffrois. Ce beffroi altier, écrasant, où il a placé la cloche à laquelle il se compare, représente lui-même à merveille l'aspect principal et central de son œuvre : de toutes parts le vaste horizon, un riche paysage, des chaumières riantes, et aussi, plus l'on approche, d'informes masures et des toits bizarres entassés. »

SAINTE-BEUVE. Novembre 1835.

LES VOIX INTÉRIEURES

N grand poète a beau faire, il ne saurait être accessible à tout le monde. Dès leur apparition (Paris, 1837, 1 vol. in-8°, chez Renduel), *Les Voix intérieures* furent vivement attaquées. Planche trouve dans *La Vache*, ce pur chef-d'œuvre, uniquement « d'ignobles détails démontrant que M. Hugo n'arrivera jamais à la simplicité antique. » Chaudes-Aigues « hésite entre la compassion et le dédain. » Alexandre Dumas balaya victorieusement ces méchantes inepties :

« Il y a au pied du Vésuve un ermitage habité par un vieux solitaire, lequel cultive sur ce sol mouvant un jardin, qui, grâce au soleil qui l'échauffe et au feu souterrain qui le fertilise, rapporte par an trois moissons de fruits. Lorsque la montagne est en repos, que l'air est tranquille, que le gouffre éteint pousse silencieux vers le ciel sa colonne de fumée pareille au pilier gigantesque et vacillant de quelque palais fantastique, le vieillard attend sur le seuil de son ermitage les voyageurs qui gravissent le volcan; et, du plus loin qu'il aperçoit la caravane cosmopolite, il prépare pour elle son eau la plus fraîche, son meilleur vin, ses fruits les plus beaux. Les pèlerins fatigués s'arrêtent, s'étonnent de trouver au bord d'un abîme, sur un sol de soufre, sous une pluie de flammes, cet homme grave et simple qui leur offre une eau si pure, un vin si doux et des fruits si parfumés. Ils lui demandent le secret de sa vie, et comment, au milieu des convulsions de la montagne qui renversent au loin les maisons de Torre del Greco, sur les flammes souterraines qui font bouillonner la mer à l'égal d'une tempête et agitent ainsi qu'une forêt battue des vents les vaisseaux tremblants dans le port, à quelques pas à peine de ces laves qui descendent, dévorant moissons, ceps de vignes, bois d'orangers, comment, dis-je, il peut vivre ainsi, hospitalier, tranquille et confiant au lendemain. Alors il leur montre dans l'intérieur de sa cabane un crucifix, et, à l'extérieur, ce panorama splendide qui a Naples pour premier plan, Sorrente, Caprée, le Pausilippe pour lointains, la mer immense pour horizon ; et il leur dit, avec ce ton simple qui ne laisse aucun doute aux cœurs les plus sceptiques : — Aux jours d'orage, je prie ; aux jours de calme, je contemple.

« Voilà tout le secret de Victor Hugo, notre grand poète ; voilà ce que nous répondrons pour lui aux gens qui nous demandent comment il se fait qu'à chaque éruption politique, lorsque Paris a jeté des flammes comme un volcan, lorsque la colère du peuple ou la vengeance des rois a coulé dans nos rues comme une lave, cette muse virginale, à la voix calme et sévère, reparaît tout à coup au milieu de nous, sans avoir à sa robe une seule tache de boue, à ses mains une seule tache de sang. C'est que cette muse a pour conseillère la raison, et pour devise la vérité. C'est qu'étrangère à tous les partis, des hauteurs du passé et tendant aux cimes de l'avenir, elle plane sur les passions humaines comme une aigle sur les abîmes. C'est que le poète n'a jamais suivi, luxurieux et timide, cette courtisane du coin de la rue, qui se fait de la première borne un lit et qu'on appelle la popularité. C'est qu'en 1825, à l'époque où le *Constitutionnel* et le *Courrier français* plaçaient Casimir Delavigne et Béranger sur le piédestal de l'opposition, il chantait la Vendée et ses martyrs ; qu'en 1829, prophète des révolutions prochaines, il écrivait sur les murailles des Tuileries les mots fatidiques qui troublèrent le festin de Balthasar ; qu'en 1830, historique défenseur des traditions monarchiques, il faisait incliner le drapeau de Fleurus et d'Iéna devant l'oriflamme de la Mansoure et de Bovines ; et qu'enfin, en 1836, lorsque l'on descendait sans bruit dans le caveau des comtes de Stralsado (dont les armes, rapprochement étrange ! sont des fleurs de lys sans nombre et deux sceptres brisés) le cadavre découronné de Charles X, — seul barde du malheur, unique courtisan de la tombe, il fit entendre, au milieu de l'oubli silencieux du

E. TOUDOUZE

La Fleur et le Papillon

La pauvre fleur disait au papillon céleste :
— Ne fuis pas!
Vois comme nos destins sont différents. Je reste,
Tu t'en vas !

Pourtant nous nous aimons, nous vivons sans les hommes
Et loin d'eux,
Et nous nous ressemblons, et l'on dit que nous sommes
Fleurs tous deux.....

Oh! pour que notre amour coule des jours fidèles,
O mon roi,
Prends comme moi racine, ou donne-moi des ailes
Comme à toi.

Les Chants du Crépuscule.

vieux règne et des fêtes bruyantes du règne nouveau, l'hymne religieux d'une sainte reconnaissance.

« C'est que Victor Hugo est, non seulement un grand poète, mais encore un penseur profond ; de sorte que, souvent, la même chose qui arrache des cris d'admiration à la foule n'obtient de lui qu'un sourire de pitié, tandis qu'au contraire ce qu'elle insulte lui paraît parfois respectable et ce qu'elle abaisse digne d'être grand. Voilà comment on le voit passer, front sévère, au milieu de la lutte des ambitions et des intérêts, se contentant d'abriter le faible sous son bouclier, sans tirer encore son épée contre le puissant ; et cependant on devine que, le jour où le poète, si calme en apparence, démusèlera sa colère, elle éclatera en rugissements de lion.

« Une chose à remarquer, surtout au milieu de notre époque athée et révolutionnaire, qui doute de Dieu et qui nie les rois, c'est cette profonde conviction qui ressort de l'ensemble de l'œuvre : le poète sent, on le devine, qu'il ne s'est pas mis à un travail infructueux et perdu ; comme ces vieux Romains qui semblaient croire à l'éternité de leur empire, il bâtit son monument aux larges cintres avec du marbre et du granit; il lui enracine profondément les pieds dans la terre; il élève ses tours massives jusqu'au ciel; puis, confiant dans la matière à laquelle il a donné la force et à laquelle il promet la durée, il l'abandonne avec sécurité à la pluie et au soleil, à la brise et à la tempête. — Jamais notre grand poète n'a plus merveilleusement manié cette matière rebelle, qu'on appelle le style. Soit qu'il coule le bronze, soit qu'il sculpte l'or, c'est toujours fondu par Michel-Ange ou ciselé par Benvenuto Cellini. — Ainsi que la foudre est formée de trois rayons tordus et mêlés ensemble, ainsi l'œuvre du poète se compose de trois éléments réunis : le mépris, l'amour et la douleur... »

ALEXANDRE DUMAS (Feuilleton de la PRESSE du 9 juillet 1837).

RUY BLAS

uy Blas fut écrit du 4 juillet au 11 août 1838. Le drame devait commencer ainsi : Ruy Blas, ministre tout puissant, aimé de la reine, voit entrer un laquais, don Salluste, qui lui fait fermer la porte et ramasser son mouchoir. Tout se serait, ultérieurement, expliqué en récits. Le poète préféra tout exposer en action. En tête du manuscrit se trouvent ces deux variantes abandonnées du titre définitif. : *La Reine s'ennuie.* — *La Vengeance de don Salluste.*

La première représentation eut lieu le 8 novembre 1838 au Théâtre de la Renaissance, salle Ventadour. Le directeur du théâtre, Anténor Joly, ancien rédacteur en chef du journal le *Vert-Vert*, en devait le privilège à Victor Hugo et Alexandre Dumas qui l'avaient obtenu pour lui du ministère Guizot. N'ayant pas d'argent, il avait été obligé d'accepter pour associé un capitaliste. Ce commanditaire exigea qu'un jour sur deux on jouât l'opéra-comique. *Ruy Blas* et, le lendemain, *L'Eau merveilleuse*, inaugurèrent la scène nouvelle. Pour le drame, rien n'était prêt et les calorifères ne chauffaient pas ; tout fut prêt et la salle fut chauffée, pour la musique. *Ruy-Blas* n'en obtint pas moins un éclatant succès ; les loges applaudirent plus que le parterre et les stalles. A la seconde représentation, il y eut un coup de sifflet qui se multiplia à la quatrième. C'étaient les claqueurs de *L'Eau merveilleuse* qui, sournoisement, attaquaient le chef-d'œuvre. Frédérick Lemaître, en ayant reconnu un, s'interrompit après avoir dit :

Otons l'ombre à l'intrigue et le masque...

Puis, s'avançant jusqu'à la rampe, il regarda en face le claqueur perverti, et lui lança d'une voix tonnante la fin du vers :

... aux fripons!

Il y eut cinquante représentations à la Renaissance. Le drame, joué ensuite par les artistes en société à l'Ambigu, fut repris à la Porte-Saint-Martin, le 11 août 1841, pour la rentrée de Frédérick. L'Empire refusa à M. de Chilly, en 1867, l'autorisation de le représenter. « Plusieurs moyens d'éluder la difficulté s'offrent tout d'abord à l'esprit, disait alors M. Rochefort ; mais, en procédant par élimination, un seul me paraît sérieux. Il consisterait à annoncer qu'une erreur typographique avait toujours fait attribuer *Ruy Blas* à un poète que la pudeur nous défend de nommer, mais que cette pièce célèbre est réellement due à la collaboration de MM. Pinard, actuellement ministre de l'Intérieur, et Janvier de la Motte, ancien préfet. » M. Pierre Véron ajoutait, dans le *Charivari* : « On n'osera bientôt plus appeler un enfant *Victor!* » Le 19 février 1872, *Ruy Blas* fit à l'Odéon une réapparition triomphale. Mélingue, Geffroy, Lafontaine, Sarah Bernhardt, Émilie Broisat, l'interprétèrent supérieurement. Le 4 avril 1879, il fut acclamé avec plus d'enthousiasme encore au Théâtre-Français, où il n'a plus quitté le répertoire courant.

A l'origine, on fut assez froid dans la presse ; mais Mme de Girardin a laissé sur *Ruy Blas* une belle page, datée du 30 novembre 1838 : « La véritable pensée du drame est celle-ci : l'âme d'un laquais est aussi noble que celle d'un héros. Parlez-lui le langage de la passion généreuse, elle y répondra. L'amour fait de ce laquais un grand homme d'État ; il est capable des plus nobles actions, réalise les plans les plus vastes ; ministre, il va sauver l'Espagne. Mais voilà que vous venez lui rejeter à la face, avec une ironie cruelle, tout son passé comme une injure ; vous gonflez son cœur d'amertume; alors cet homme rentre avec furie dans son ancienne profession; vous lui en faites un crime, il s'en fait une arme. Né gentilhomme, il se fût vengé en chevalier; né domestique, il se fait justice en assassin ; et il commet ce meurtre dans un noble but, et cette lâcheté sauve l'honneur d'une reine. »

Deux parodies, *Ruy Brac* et *Ruy Blag*, firent beaucoup rire. Quelques journaux prétendirent sérieusement que le quatrième acte n'était autre chose que le *Ramoneur-Prince*, une bouffonnerie de 1797. M. Jules Sandeau se mit en frais de beau style, pour reprocher au poète d'avoir manqué de respect à la reine d'Espagne : « Marie-Anne de Neubourg était d'assez bonne famille pour qu'on pût avoir, sans crainte de déroger, quelques égards envers sa mémoire. » Le *Moniteur* ajouta : « Une insatiable ambition d'originalité tourmente M. Hugo, et il plaisante à froid. » Jules Janin trouva le quatrième acte « rempli de personnages hideux, de scènes bouffonnes, de barbarismes créés à plaisir. » Gustave Planche arriva à cette conclusion: « *Ruy Blas* est une gageure contre le bon sens ou c'est un acte de folie. » Armand Carrel n'avait-il pas jugé *Hernani* exactement de la même façon? Pauvre Carrel, pauvre Planche! En 1872 et en 1879, la critique fut plus intelligente ou plus respectueuse.

Ruy Blas.

G. JACQUET

Don César de Bazan

Quoi, ce bohémien? ce galeux? ce bandit?
Ce Zafari? ce gueux? ce va-nu-pieds?... — Tout juste!
Don César de Bazan, cousin de don Salluste!
Oh! la bonne surprise! et dans Madrid quel bruit!
Quand est-il revenu? ce matin? cette nuit?
Quel tumulte partout en voyant cette bombe,
Ce grand nom oublié qui tout à coup retombe!
Don César de Bazan! Oui, messieurs, s'il vous plaît.
Personne n'y pensait, personne n'en parlait.
Il n'était donc pas mort? Il vit, messieurs, mesdames!
Les hommes diront : Diable! — Oui-da? diront les femmes.
Doux bruit qui vous reçoit rentrant dans vos foyers,
Mêlé de l'aboiement de trois cents créanciers!

Ruy Blas. — Acte IV, scène 3e.

LUCIEN MÉLINGUE

Don César de Bazan

(Achevant de ranger ses ducats)

Rien n'est plus gracieux et plus divertissant
Que des écus à soi qu'on met en équilibre.

Ruy-Blas. — Acte Ier, scène III.

LES COMPTES RENDUS DE 1872 ET DE 1879

« Pris dans son ensemble, *Ruy Blas* vit surtout par le style; envisagé sous cet aspect, *Ruy Blas* est une œuvre sans pareille, écrite dans une langue étincelante, souple, familière, grande, qui parcourt

... Ce sont les lavandières
Qui passent en chantant, là-bas, dans les bruyères.

avec une agilité merveilleuse toute la gamme des sentiments humains.
— Quelle surprenante fantaisie que ce rôle de don César, qui tient, à lui seul, tout le quatrième acte, — un hors-d'œuvre, mais un chef-d'œuvre! — les cuirs de Cordoue n'ont pas plus d'arabesques, les poignards florentins plus de ciselures, ni les dessins de Callot plus de caprices. Ce vers-protée veut tout, sait tout et dit tout. — La jeunesse vigoureuse, la sève, la flamme intense, circulent dans les ra-

meaux touffus de cet arbre magique, où toute pensée s'épanouit en fleurs éclatantes, lumineuses et diaprées. Si jamais la poésie française était perdue, on la retrouverait entière dans *Ruy Blas*. Je ne parle pas ici du travail de l'outil, du vers savant, ouvragé, serti, damasquiné, émaillé, ciselé; mais de la présence perpétuelle du génie lyrique, qui s'épanouit en gerbes immenses ou se concentre en quatre mots tirés des profondeurs de l'âme. — « Triste flamme, éteins-toi ! » dit Ruy Blas en buvant le poison. De pareils traits qu'on sent, mais qu'on ne loue pas, font comprendre cette définition du Maître lui-même : « La poésie est un coup d'aile ! »

AUGUSTE VITU (Figaro, 1872).

« Le talent propre de Victor Hugo, au théâtre, ressemble par quelques points à celui d'un faiseur de livrets d'opéras. Les Scribe et les Planard, quand ils savent leur métier, imaginent des situations où deux passions très nettes se rencontrent et se choquent, des tableaux où se déploie l'action avec une certaine magnificence. Ils ménagent dans cette action des temps d'arrêt, des espaces, où le musicien puisse prendre la parole et se développer à sa fantaisie. Il faut qu'ils aient le génie de l'antithèse et du pittoresque. Or, ce sont deux qualités propres de Victor Hugo ; au lieu de travailler pour un compositeur, c'est à lui qu'il songe, à sa poésie, qui joue en cette affaire le rôle de la musique. — Il découpe dans le drame, ainsi conçu, des solos, des duos, des trios et des chœurs, auxquels il ajoute l'accompagnement de sa poésie ; et, comme il est grand écrivain, qu'il dispose d'un merveilleux orchestre, il arrive à des effets d'une puissance surprenante.

» Examinez, à ce point de vue, le troisième acte de *Ruy Blas;* c'est une merveille. Il s'ouvre par un chœur de ministres, chœur agité, où grondent dans l'orchestre toutes les convoitises ardentes à se disputer la proie. Ruy Blas entre ; il a tout entendu. C'est le solo du baryton ou du ténor, le solo de l'indignation. Ne vous étonnez pas qu'il soit long et qu'il y ait des redites ; des redites ? non ! ce sont des refrains, des rappels de phrases mélodiques. N'objectez pas que jamais premier ministre n'a parlé de la sorte, ni traité les affaires d'un tel style. C'est un solo. La musique est-elle superbe ? les vers sont-ils beaux ? Ils sont (à peu d'exceptions près) admirables. C'est un morceau merveilleusement réussi. Que vous faut-il de plus ? vous êtes à l'Opéra. Le chœur des ministres sort et la reine entre. Par où ? par une porte secrète, d'où elle a tout entendu. N'allez pas me chicaner sur ce cabinet noir, creusé dans un mur ; sur cette reine qui s'y enferme pour guetter son amant ! Qu'est-ce que cela vous fait ? C'est un duo d'amour qui se prépare, et quel duo ! Un des plus tendres, un des plus ardents, un des plus pittoresques, un des plus poétiques qui soient jamais sortis de la main d'un poète. »

FRANCISQUE SARCEY (Le Temps, 1872).

« Victor Hugo est entré à cette heure dans la glorieuse galerie des ancêtres littéraires, et ses drames prennent place l'un après l'autre parmi les chefs-d'œuvre classiques qui seront l'éternel honneur du genre humain. Après *Hernani*, voici *Ruy Blas* qui se classe dans le grand répertoire. — Cette soirée a été un long triomphe pour l'illustre poète. Toute la salle, frémissante d'admiration, applaudissait avec enthousiasme et rappelait les acteurs. »

CLÉMENT CARAGUEL (Journal des Débats, 7 avril 1879).

« L'œuvre admirable que la Comédie-Française a eu l'honneur de représenter hier, fut sifflée au théâtre de la Renaissance, le 8 novembre 1838. Hier, la salle a failli s'écrouler sous les applaudissements enthousiastes. La méchante coalition d'esprits inférieurs, qui comptait enterrer le génie du poète sous une opposition brutale, est dispersée ; les petits grands hommes qui ont essayé d'arrêter sa marche vers l'immortalité, sont morts ou sont oubliés. Lui, le poète, est debout, dans toute la majesté de son génie, avec son œuvre impérissable, appartenant déjà à la postérité par son passé tout en restant de son temps par l'incessant labeur de sa haute intelligence, plus admiré que jamais par ses amis, respecté comme l'un des plus grands artistes de toutes les époques par ses ennemis, la gloire des lettres françaises contemporaines, le légitime orgueil de la nation dans l'avenir. — Nous savons tous les vers de Hugo par cœur ; pourtant, chaque fois que nous les relisons et que nous les entendons, ils ont le charme de l'inconnu. On y découvre chaque fois une séduction nouvelle. C'est le propre du génie de toujours se renouveler, en excitant toujours une nouvelle admiration. La langue que parle Victor Hugo dans *Ruy Blas* n'est pas seulement une des plus belles qu'il soit possible d'entendre, mais elle fait vibrer encore le cœur par les grandes pensées qu'elle exprime. Un même courant généreux traverse les cinq actes. A cette cour, livrée à toutes les intrigues et à toutes les bassesses, Ruy Blas sonne la fanfare de l'honneur et du dévouement. Victor Hugo en a fait l'incarnation de tout ce que le cœur humain peut renfermer de grandeur, de tendresse et de loyauté ; le poète y a concentré son âme tout entière, avec tous les élans qui l'ont placé si haut dans l'estime de son temps, avec sa haine de l'hypocrisie et son amour ardent de ce qu'il croit être la vérité et la justice. Dans *Ruy Blas*, Victor Hugo est à la fois un grand poète, un grand penseur et un grand cœur. »

ALBERT WOLFF (Événement, 6 avril 1879).

La première édition de *Ruy Blas* (1 vol. in-8°, 1838) porte ces noms d'éditeurs : Paris, H. Delloye. — Leipzig, Brockhaus et Avenarius. L'édition de 1872 (1 vol. in-8°, chez Michel Lévy, à Paris) contient une eau-forte d'Edmond Morin et les vers inédits :

> Qui donc a dit : La France tombe !
> Demain, on verra tout à coup
> La grande pierre de sa tombe
> Se lever lentement debout...

En 1879, MM. Hepp et Clament ont publié chez Ollendorf une *Histoire de Ruy Blas*. — Le 14 juillet 1882, *Ruy Blas* fut joué gratuitement à la Comédie-Française, pour la Fête nationale. « Il fallait voir avec quelle respectueuse attention le peuple écoutait la grande œuvre du poète, comme il la comprenait, comme il en sentait merveilleusement toutes les beautés, comme il vibrait aux beaux vers et de quel cœur il applaudissait les artistes ! A la fin du troisième acte, le public, découvrant Victor Hugo caché dans une baignoire, lui a fait une ovation indescriptible. On peut donner des chefs-d'œuvre à ce peuple, il en est digne. »

F. HEILBUTH

Jouez ! chantez !

O vous que votre âge défend,
Riez ! tout vous caresse encore.
Jouez ! chantez ! soyez l'enfant !
Soyez la fleur ! soyez l'aurore !...

Vous que rien ne vient éprouver,
Vous avez tout, joie et délire,
L'innocence qui fait rêver,
L'ignorance qui fait sourire.

Vous avez, lis sauvé des vents,
Cœur occupé d'humbles chimères,
Ce calme bonheur des enfants,
Pur reflet du bonheur des mères....

Les Rayons et les Ombres.

J. WORMS

Gastibelza

Gastibelza, l'homme à la carabine
    Chantait ainsi :
« Quelqu'un a-t-il connu doña Sabine,
    Quelqu'un d'ici?
Dansez, chantez, villageois! la nuit gagne
    Le mont Falù. —
Le vent qui vient à travers la montagne
    Me rendra fou!

Dansez, chantez, villageois, la nuit tombe!
    Sabine un jour
A tout vendu, sa beauté de colombe
    Et son amour,
Pour l'anneau d'or du comte de Saldagne,
    Pour un bijou... —
Le vent qui vient à travers la montagne
    Me rendra fou!

Les Rayons et les Ombres.

LES RAYONS ET LES OMBRES

es Rayons et les Ombres furent publiés, comme *Ruy Blas*, chez l'éditeur Delloye, gérant d'une société qui avait acquis pour onze ans l'exploitation des Œuvres complètes de Victor Hugo (1 vol. in-8°, Paris, 1840). *Le Retour de l'Empereur* parut à part, la même année, à la même librairie, en une plaquette du même format. C'est le 13 mai 1839, à une représentation de *La Esmeralda*, que Victor Hugo apprit la condamnation de Barbès et fit les quatre vers qui lui sauvèrent la vie.

« La base de la critique est l'admiration. C'est là son point de départ, sa raison d'existence. Si cette définition est juste, comme je le crois, on ne s'étonnera pas que nul poète de ce siècle n'ait autant exercé et passionné la critique que l'auteur des *Feuilles d'automne* et d'*Hernani*. Dans son nouveau volume, la proportion des beautés sur les défauts nous paraît s'être accrue.

» L'échelle des émotions que parcourt le poète est aussi variée, aussi étendue, aussi riche, que celle d'aucun autre lyrique moderne, y compris Schiller, Goëthe et Byron. Je vois d'abord une corde grave et mélodieuse, que nous avons entendue dans les premières Odes et qui est encore aussi vibrante et aussi sonore qu'aux premiers jours, celle des souvenirs d'enfance. A côté, je trouve celle de l'amitié fraternelle, de l'amour filial, j'ai presque dit du culte maternel. Vient ensuite la corde des affections de la famille et de la paternité, corde souvent touchée, sur laquelle le poète a exécuté si admirablement la pièce intitulée : *Mères, l'enfant qui joue...* et plusieurs autres. La quatrième est celle de la pitié aumônière, à laquelle on doit le tableau si naturel, si saisissant, si triste, des quatre pauvres petits qui pleurent, chantent et mendient. Puis viennent : celle de l'amour, quelquefois trop sensuel, quelquefois trop mystique, presque toujours trop personnel, vrai cependant et senti, surtout quand il se retourne vers le passé, comme dans *La Tristesse d'Olympio* ; celle de l'orgueil poétique, grosse corde qui résonne ici pourtant avec plus de modération que dans *Les Voix intérieures*, mais qui aurait encore besoin d'une sourdine ; celle de l'attrait pour les ruines, sentiment complexe dans lequel se mêlent le respect de la vieille monarchie et les souvenirs de l'Empire ; enfin, et par-dessus tout, l'amour de la couleur, du son, de l'étendue, en d'autres termes, l'adoration du monde matériel, ce que nos voisins appellent le « naturalisme. » Tous ces sentiments sont dans M. Hugo vrais et sincères. Les émotions les plus diverses peuvent, sans dissonance, s'allier, s'équilibrer, « concerter » même. Le cœur admet, comme on sait, les contradictions. Il y a dans cet organe une puissance merveilleuse d'affinité, qui, des éléments les plus divers, sait tirer une résultante pleine d'harmonie. — La forme est ici parfaitement souple, gracieuse et belle. La rime a toute sa richesse habituelle, et ce n'est pas là un mérite frivole. Le poète a dû à la puissance musicale de cette basse continue, qui marque si énergiquement le rythme, de pouvoir faire avec succès ce qu'on avait en vain essayé jusqu'à lui, c'est-à-dire pratiquer l'enjambement et déplacer la césure sans que le sentiment rythmique soit en rien affaibli. Il est impossible de se montrer, dans la coupe du vers, novateur plus habile et plus fidèle en même temps aux exigences de l'oreille. »

CHARLES MAGNIN (Revue des Deux-Mondes, 7 juin 1840).

LE RHIN

ien conçu pour passionner tout artiste et tout patriote, Le Rhin fut édité en 1842, par Delloye (Paris, 2 vol. in-8°), avec ce sous-titre « Lettres à un ami. » La première édition ne contenait que vingt-cinq lettres, suivies de la Conclusion. Les quatorze lettres, adressées la plupart à Louis Boulanger, sur Worms ; Mannheim, Spire, Heidelberg, l'Alsace et la Suisse, furent ajoutées dans l'édition en quatre volumes de 1845 (Paris, Jules Renouard et Ce).

« Si la France n'est pas bientôt maîtresse de la rive gauche du Rhin, ce ne sera pas la faute de M. Victor Hugo. Les deux cents pages qu'il a consacrées au remaniement de l'Europe, sont assurément ce qu'il a jamais écrit de plus sérieux, et, dans quelques endroits, de plus magnifique...

» Les *Lettres sur le Rhin* ont tous les mérites et tous les défauts de la manière de M. Victor Hugo, exagérés par je ne sais quelle allure plus délibérée et plus rapide, qui est comme le cachet de ce nouveau livre. M. Victor Hugo écrit *à un ami*. Il est fort en déshabillé ; et, bien que son style, même familier, ressemble beaucoup à celui de Balzac, dont on disait au dix-septième siècle « qu'il mettait des diamants sur sa robe de chambre », on voit que M. Victor Hugo ne se gêne guère avec son correspondant anonyme....

» Êtes-vous peintre, graveur, statuaire, architecte? entrez! M. Victor Hugo vous ouvre une immense galerie de portraits historiques, vous fait marcher entre deux rangées de statues, dresse sous vos yeux les anciennes cathédrales, rebâtit les palais gothiques. Êtes-vous botaniste? M. Victor Hugo a rédigé pour vous la flore du Rhin. Êtes-vous poète? il vous inonde de poésie. Amoureux? il vous mène aux ruines de Falkenburg. Homme d'État? il discute avec vous l'œuvre du Congrès. Soldat? il vous conduit au tombeau du général Hoche. Homme de loi, antiquaire, bibliophile? il vous plonge dans les archives de la jurisprudence féodale, il se couche avec vous sur de vieilles inscriptions indéchiffrables, il entasse sous vos yeux chartes, missels, manuscrits. Amateur de merveilleux? il vous fait entrer dans le Maüsethurm ou vous raconte la légende d'Aix-la-Chapelle. Aimez-vous à rire? lisez les aventures du beau Pécopin. Enfin, recherchez-vous le calembour? M. Hugo ne vous a pas oublié; il en a mis partout. »

CUVILLIER-FLEURY (Feuilleton du JOURNAL DES DÉBATS, 31 mars 1842).

H. GIACOMELLI

Choses ailées

J'eus toujours de l'amour pour les choses ailées.
Lorsque j'étais enfant, j'allais sous les feuillées,
J'y prenais dans les nids de tout petits oiseaux.
D'abord je leur faisais des cages de roseaux
Où je les élevais parmi des mousses vertes.
Plus tard, je leur laissais les fenêtres ouvertes.
Ils ne s'envolaient point; ou, s'ils fuyaient au bois,
Quand je les rappelais, ils venaient à ma voix.
Une colombe et moi longtemps nous nous aimâmes.
Maintenant je sais l'art d'apprivoiser les âmes.

Les Rayons et les Ombres.

A. HAGBORG

Oceano nox

Saint-Valery-sur-Somme.

Oh! combien de marins, combien de capitaines
Qui sont partis joyeux pour des courses lointaines,
Dans ce morne horizon se sont évanouis!
Combien ont disparu, dure et triste fortune!
Dans une mer sans fond, par une nuit sans lune,
Sous l'aveugle Océan à jamais enfouis!

Combien de patrons morts avec leurs équipages!
L'ouragan de leur vie a pris toutes les pages,
Et d'un souffle il a tout dispersé sous les flots!
Nul ne saura leur fin dans l'abîme plongée.
Chaque vague en passant d'un butin s'est chargée;
L'une a saisi l'esquif, l'autre les matelots!

Nul ne sait votre sort, pauvres têtes perdues!
Vous roulez à travers les sombres étendues,
Heurtant à vos fronts morts des écueils inconnus.
Oh! que de vieux parents qui n'avaient plus qu'un rêve,
Sont morts en attendant tous les jours sur la grève
    Ceux qui ne sont pas revenus!

LES RAYONS ET LES OMBRES.

LES BURGRAVES

Beauvallet, Geffroy, Ligier, Mme Mélingue jouèrent admirablement la trilogie des *Burgraves*, écrite en octobre 1842 et représentée par la Comédie-Française le 7 mars 1843. Cette merveilleuse épopée dramatique n'en fut pas moins froidement accueillie. Le Palais-Royal donna *Les Hures graves*, et *Les Buses graves* furent données aux Variétés. Il y avait alors une comète; Daumier dessina le poète regardant, près du Théâtre-Français, l'azur du ciel, et il rima cette légende :

> Hugo, lorgnant les voûtes bleues,
> Au Seigneur demande tout bas
> Pourquoi les astres ont des queues
> Et les *Burgraves* n'en ont pas.

Malgré l'enthousiasme des artistes et des poètes, malgré les articles si chaleureux de Théophile Gautier dans la *Presse*, de Charles Magnin dans la *Revue des Deux-Mondes*, de Philothée

O'Neddy dans la *Patrie*, de M. Édouard Thierry dans le *Messager*, Victor Hugo résolut de ne plus livrer sa pensée « à ces insultes faciles et à ces sifflets anonymes que vingt ans n'avaient pas désarmés. » D'ailleurs, n'allait-il pas avoir la tribune ?

La première édition des *Burgraves* (1 vol. in-8° chez Michaud, Paris, 1843) donne, au verso de son faux titre, une curieuse énumération « par siècles » des œuvres alors parues de Victor Hugo. C'est déjà l'idée de *La Légende des Siècles*, dont *Les Burgraves* semblent à tous égards le prélude.

LES DÉFENSEURS DES BURGRAVES

« Dans ses admirables *Lettres sur le Rhin*, M. Victor Hugo, avec ce talent descriptif qui n'eut jamais d'égal, nous a fait parcourir quelques-uns de ces repaires féodaux dont il sait tous les secrets. La salle d'armes, les caveaux aux voûtes surbaissées, l'escalier en colimaçon, le couloir qui circule en l'épaisseur des murs, l'oubliette au fond pavé d'ossements, la guérite en poivrière accrochée aux créneaux comme un nid d'hirondelles, il nous a tout montré, il nous a promené dans toutes les salles, à tous les étages. — C'est sans doute en visitant un de ces donjons, que l'idée des *Burgraves* est venue à l'illustre poète. Il aura d'abord, par le travail de la pensée, restauré les portions en ruine, remis à leur place les pierres écroulées, rattaché le pont-levis à ses chaînes, rétabli les planchers effondrés, arraché le lierre et les herbes parasites, replacé les vitraux dans leurs mailles de plomb, jeté un chêne ou deux dans la gueule béante des cheminées, posé çà et là dans l'embrasure des fenêtres quelques chaires de bois sculpté ; puis, quand il aura vu toutes ces choses ainsi arrangées et remises en état dans le manoir seigneurial, la fantaisie lui aura pris d'évoquer les anciens habitants ; car, le poète a, comme la Pythonisse d'Endor, la puissance de faire apparaître et parler les ombres. Hatto se sera présenté le premier, puis Magnus son père, puis Job l'aïeul, le cercle de la rêverie s'élargissant et se reculant toujours. Cette vision des temps disparus, M. Victor Hugo l'a fixée et réalisée en vers magnifiques, et il en est résulté la trilogie des *Burgraves*...

» Il y a chez M. Victor Hugo une qualité, la plus grande, la plus rare de toutes dans les arts : la force ! Tout ce qu'il touche prend de la vigueur, de l'énergie, de la solidité ; sous ses doigts puissants, les muscles sortent et se détachent, les formes s'accentuent, les contours se dessinent nettement. Rien de vague, rien de mou, rien d'abandonné au hasard. Il a cette violence et cette âpreté de style qui caractérisent Michel-Ange. Son génie est un génie mâle, car le génie a un sexe. Raphaël est un génie féminin, ainsi que Racine ; Corneille est un génie mâle. Nul ne se rapproche davantage de la grandeur sauvage d'Eschyle. Job a des tirades qui ne seraient pas déplacées dans le *Prométhée enchaîné*. L'imprécation de Guanhumara, quand elle prend la nature à témoin de son serment de vengeance, est un des plus beaux morceaux de notre littérature ; c'est l'ampleur et la poésie à pleine volée de la tragédie antique, bien différente de la tragédie classique :

> ... O vastes cieux ! ô profondeurs sacrées !
> Morne sérénité des voûtes azurées !
> O nuit, dont la tristesse a tant de majesté !
> Toi qu'en mon long exil je n'ai jamais quitté,
> Vieil anneau de ma chaîne, ô compagnon fidèle !
> Je vous prends à témoin ! — Et vous, murs, citadelle,
> Chênes qui versez l'ombre aux pas du voyageur,
> Vous m'entendez ! Je voue à ce couteau vengeur
> Fosco, baron des bois, des rochers et des plaines,
> Sombre comme toi, nuit, vieux comme vous, grands chênes !

» Quelle merveilleuse puissance il a fallu, pour faire revivre ainsi toute cette époque évanouie et perdue dans la nuit d'un passé douteux ! reconstruire ce monde de granit, habité par des géants d'airain ! rebâtir pierre à pierre, avec une patience d'architecte du moyen âge, ce burg inaccessible et formidable, aux caveaux pleins de mystères et de terreurs, avec ses vieux portraits de famille, ses panoplies qui rendent d'étranges murmures lorsque la bise les effleure de l'aile, et qui semblent encore remplies par les âmes dont elles ont revêtu les corps ! Quelle force de réalisation il a fallu pour mêler ainsi ces fantômes de la légende aux personnages naturels, et mettre dans ces bouches impériales et homériques des discours dignes d'elles ! Soutenir ainsi ce ton d'épopée, ce bel élan lyrique, pendant trois grands actes, M. Hugo seul pouvait le faire aujourd'hui. »

THÉOPHILE GAUTIER (Feuilleton de la Presse du 13 mars 1843).

« Le drame idéal, merveilleux, fantaisiste, est aussi légitime et a dans l'histoire de l'art de tout aussi beaux précédents que la tragédie basée sur le jeu des passions humaines. Si l'une descend de Sophocle, l'autre remonte à Eschyle ; tous deux s'adressent à des facultés qui ont un droit égal à être satisfaites. Seulement Eschyle, Shakespeare, Schiller, les maîtres du genre, avaient affaire à des auditoires mieux disposés que les nôtres. Chose étrange! quand nous nous trouvons assis en face d'un théâtre, nous devenons sur le champ de la plus singulière exigence ; nous voulons à tout prix retrouver derrière la rampe la peinture de la vie réelle.

» O poète, vous avez eu beau travailler pendant quinze ans à faire notre éducation poétique; vos plus transparentes fantaisies n'en risquent pas moins de rester incomprises ; vos plus poétiques fictions risquent d'être traitées d'absurdes, d'impossibles, et, par les plus modérés, d'invraisemblables. Invraisemblables! Comprenez-vous l'énormité?... Croyez-vous que, quand le vieil Eschyle clouait le Titan, martyr de la civilisation hellénique, sur la cime de je ne sais quel Caucase baigné par l'Océan, la Grèce, assise dans le théâtre de Bacchus, fît à l'auteur des objections géographiques ou se prît à le chicaner sur les invraisemblances de sa fable ? La beauté idéale de la conception et la perfection des vers absolvaient le poète; et, certes, la grandeur du tableau qui termine le premier acte des *Burgraves* aurait fait battre des mains à tout le peuple d'Athènes.

» Cette œuvre, grande par la pensée, sévère par l'exécution, attachante mais trop compliquée par la fable, nous paraît ce que M. Hugo a tenté jusqu'ici sur la scène de plus grave et de plus élevé. »

CHARLES MAGNIN (Revue des Deux-Mondes, 15 mars 1843).

MONGINOT

Job l'excommunié

C'est vrai, je suis maudit, je suis seul, je suis vieux!
— Je suis triste! — Au donjon qu'habitent mes aïeux
Je me cache, et là, morne, assis, muet et sombre,
Je regarde pensif autour de moi dans l'ombre.
Hélas! tout est bien noir. Je promène mes yeux
Au loin sur l'Allemagne, et n'y vois qu'envieux,
Tyrans, bourreaux, luttant de folie et de crime.

Les Burgraves.

NAPOLÉON LE PETIT

Par son discours sur la revision de la Constitution, discours qui fut une vraie bataille contre la majorité réactionnaire de l'Assemblée législative, Victor Hugo souleva, le 17 juillet 1851, un « tumulte inexprimable. » Il avait osé dire : « Quoi! parce que nous avons eu Napoléon le Grand, il faut que nous ayons Napoléon le Petit! » — Après l'attentat du 2 décembre, quand le représentant du peuple se fit historien pour dénoncer le coupable à l'indignation publique, le titre du livre vengeur était tout trouvé. Il écrivit *Napoléon le Petit* à Bruxelles, du 12 juin au 14 juillet 1852, dans la flamme de ses brûlants souvenirs, sur les témoignages directs des proscrits. La bouteille d'encre employée pour le manuscrit a une histoire curieuse. Avec les dernières gouttes, le poète mit sur l'étiquette :

> De cette bouteille sortit
> Napoléon le Petit.

Et il signa des initiales V. H. Puis il offrit le tout à Mme Juliette Drouët, qui avait eu la peine de faire la copie pour l'imprimerie. Mme Drouët tomba malade, fut soignée par un exilé, le docteur Yvan, fils du médecin de Napoléon Ier. Le docteur vit la bouteille à l'encre, en eut grande envie, l'obtint, grâce à l'assentiment du poète, et ne put, à son tour, la refuser, une fois rentré en France, au prince Jérôme-Napoléon, son protecteur, en possession de qui elle est restée.

La première édition (chez Jeffs, Londres, 1852, 1 vol. in-32) eut pour effet immédiat la loi Faider, bâclée en toute hâte à Bruxelles, sur l'avis du gouvernement français, afin d'expulser Victor Hugo du territoire belge. Mais la contrefaçon multiplia vite les exemplaires du livre, qui, tandis que l'auteur était forcé de passer la mer, pénétrèrent de toutes parts en France, malgré la douane et la police de l'Empire. Un fonctionnaire bonapartiste en porta un au château de Saint-Cloud. Selon les journaux officieux du temps, Louis-Napoléon le prit, l'examina, et dit en souriant : « Voyez, messieurs, *Napoléon le Petit*, par Victor Hugo le Grand ! » Le poète répondit par la pièce des *Châtiments*, intitulée *L'Homme a ri*, qui finit par ces vers :

>Ton rire sur mon nom gaiment vient écumer,
>Mais je tiens le fer rouge et vois ta chair fumer.

Le 2 décembre 1870, chez Hetzel, parut la première édition parisienne. Puis vinrent : l'édition Michel Lévy (grand in-8°, beau papier cavalier vélin, 1875), pour laquelle Henri Guérard publia une suite de dix eaux-fortes; et l'édition Hugues (1879), illustrée par MM. Jean-Paul Laurens, Chifflart, Vierge, Bayard, Morin, Lix, etc.....

APRÈS LA CHUTE DE L'EMPIRE

L'édition du siège de Paris inspira l'article suivant :

« Dès le début de l'ouvrage, le lecteur se sent, bon gré mal gré, constitué, dans son for intérieur, juge du crime de Décembre.

» Ce début est grandiose. C'est le tableau de la mémorable séance de l'Assemblée constituante, où le général Cavaignac descendit loyalement du pouvoir, comme il y était monté, et où le Président de l'Assemblée appela à la Présidence de la République le citoyen Charles-Louis-Napoléon Bonaparte, à qui le gouvernement avait généreusement rouvert la France et rendu ses droits civiques, malgré la défiance que ses antécédents pouvaient inspirer. — Dès le lendemain, il conspirait contre la République, qu'il avait juré de maintenir. Il commença la corruption de l'armée par les revues et les ripailles de Satory. Trois ans après, il fit le Coup d'État. Le livre de M. Hugo en trace l'horrible, mais fidèle peinture en couleurs ineffaçables!... L'auteur de l'attentat et ses complices sont représentés avec leurs traits caractéristiques, à la fois sinistres et grotesques. Plus le temps a marché, plus la vérité de ces peintures est devenue frappante. Lisez *Napoléon le Petit ;* et l'ineptie, l'incurie, le gâchis de la campagne du Rhin ne vous étonneront plus ; la capitulation de Sedan et celle de Metz vous seront expliquées. Vous comprendrez tout : cet empereur et ses lieutenants allant, sur un signe du roi de Prusse, se jeter à ses pieds ; ces prétoriens menaçant de leurs chassepots les bourgeois de Metz qui s'opposent à la reddition de leur ville ; cette nouvelle Garde Impériale qui se rend et ne meurt pas ; la France surprise sans armes, sans munitions, sans défense, après avoir prodigué pendant vingt ans les milliards pour le budget de la guerre ; la patrie envahie, saccagée, ruinée ; Paris assiégé ! Telles devaient être les suites du Coup d'Etat de Décembre. Voilà le résul-

Napoléon le Grand et Napoléon le Petit

tat de ces vingt années de corruption, de luxe, de despotisme, que vous appeliez vingt années de prospérité, aveugles bourgeois, crédules paysans !...

» Quelques esprits timides, tout en comprenant l'indignation de l'auteur, avaient trouvé qu'il avait poussé trop loin l'expression de son mépris et de son dégoût. Eh bien ! l'événement a prouvé qu'il était resté au-dessous de la vérité. Un trait manquait à son personnage ; c'est cette lâche impudence, après vingt ans de despotisme, d'attribuer son désastre, sa chute et sa honte, à d'autres qu'à lui, au pays d'abord qu'il trompait, puis à ses ministres, à ses généraux, à ses préfets, à ses intendants, qu'il choisissait lui-même et qui n'étaient que ses valets. Ce dernier trait complète le héros. Un homme vraiment grand, s'il vient à tomber, garde pour lui la responsabilité de sa chute, et couvre ses ministres et ses serviteurs. Un homme petit se cache derrière tout, rejette ses fautes sur celui-ci, sur celui-là, s'excuse aux dépens de ce qui devrait lui être le plus sacré. O Napoléon le Petit, que tu mérites bien le nom dont notre grand poète t'a marqué !

» O vous qui voulez connaître dans quelles abominables mains notre malheureuse patrie était tombée, étudiez ce sanglant et magnifique ouvrage, admirable préface des *Châtiments !* »

E.-D. DE BIÉVILLE (Le Siècle du 18 décembre 1870.)

CAPELLARO

La Satire

Les Chatiments.

LES CHATIMENTS

Nous demandions un jour à Victor Hugo lequel de ses livres lui était le plus cher; il répondit : « *Les Châtiments.* » Pour la France moderne, *Les Châtiments* sont ce que fut *La Divine Comédie* pour l'Italie du moyen âge : la sublime et immortelle protestation de la conscience nationale contre les iniquités du destin, l'épopée populaire de l'indignation souveraine et de l'invincible espérance. Quand le livre parut, l'impératrice Eugénie voulut l'avoir, le parcourut, et s'écria en le rejetant avec colère: « Mais qu'avons-nous donc fait à M. Hugo? » — « Ce qu'ils m'ont fait? répondit le poète, à qui l'on rapporta cette parole, ils m'ont fait le 2 Décembre! (1) » Plus tard, il a expliqué son œuvre dans *Les Quatre Vents de l'Esprit* :

> Parfois c'est un devoir de féconder l'horreur.
> Il convient qu'un feu sombre éclaire un empereur.
> J'ai fait *Les Châtiments.* J'ai dû faire ce livre.
> Moi que toute blancheur et toute grâce enivre,

(1) *La Lanterne,* par Henri Rochefort, n° 14.

> Je me suis approché de la haine à regret.
> J'ai senti qu'il fallait, quand l'honneur émigrait,
> Mettre au-dessus du crime, en une ombre sereine,
> Le resplendissement farouche de la peine,
> Et j'ai fait flamboyer ce livre dans les cieux.
> Haïr m'est dur. Mais quoi ! lorsqu'un séditieux
> Interrompt du progrès les glorieuses tâches,
> Tue un peuple, et devient l'infâme dieu des lâches,
> Il faut qu'une lueur s'allume au firmament.
> J'ai donc mis des rayons dans un livre inclément;
> J'ai soulevé du mal l'immense et triste voile;
> J'ai violé la nuit pour lui faire une étoile.

L'édition originelle des *Châtiments* fut tronquée par ordre (1 vol. in-18, Henri Samuel et C*e*, éditeurs, Bruxelles, 1853). La première édition que le poète ait reconnue, porte en tête: « *Châtiments*, par Victor Hugo, 1853, Genève et New-York. — Imprimerie universelle; Saint-Hélier, Dorset Street, 19. » L'éditeur Hetzel a dit: » Chacun sait que ce livre immortel est né dans l'exil. Une seule édition y fut imprimée sous les yeux de l'auteur et par nos soins. Depuis lors, d'innombrables contrefaçons en ont été faites, dont le moindre défaut était souvent l'incorrection la plus grossière. La législation imposée par l'Empire avait ses contre-coups, même sur les pays circonvoisins. Elle était telle, que, pour être assuré du secret, il fallut créer une imprimerie et un imprimeur; et que l'auteur, se trouvant n'avoir nulle part aucun droit sur le livre, n'a jamais, non plus que l'éditeur, tiré un sou de l'énorme débit des *Châtiments*, depuis la première édition publiée à ses frais pour la plus grande partie, puis aux frais du colonel Charras, de Victor Schœlcher, et aux miens, pour le reste. La spéculation en était venue à ce point d'effronterie, de vendre sous le nom de Victor Hugo des rapsodies telles que *Le Christ au Vatican.* »

LES AUDITIONS PUBLIQUES DES « CHATIMENTS »

La première édition parisienne (Hetzel), augmentée du poème *Au moment de rentrer en France*, parut le 20 octobre 1870. Le 22, Victor Hugo écrivait au directeur du *Siècle:* « *Les Châtiments* n'ont jamais rien rapporté à leur auteur, et il est loin de s'en plaindre. Aujourd'hui, cependant, la vente des cinq mille premiers exemplaires de l'édition parisienne produit un bénéfice de cinq cents francs. Je demande la permission d'offrir ces cinq cents francs à la souscription pour les canons. » Le 29, il autorisait la Société des gens de lettres à organiser une audition publique des *Châtiments*, qui eut lieu le 5 novembre, au théâtre de la Porte-Saint-Martin. M. Jules Claretie prononça le discours d'ouverture ; les poèmes furent récités par MM. Frédérick Lemaître, Berton, Lafontaine, Coquelin, Taillade, et par M{{mes}} Favart, Marie Laurent, Lia Félix, Duguéret. M{{me}} Gueymard-Lauters chanta « *Patrie,* musique de Beethoven. » Une seconde audition eut lieu le 13, au même théâtre, avec le concours de M. Eugène Muller, de MM. Maubant, Lacressonnière et Charly, de M{{mes}} Rousseil, Victoria Lafontaine et Périga. Le 17, Victor Hugo répondit à la Société des gens de lettres, qui demandait une audition nouvelle : « Donnons-la au peuple, cette troisième lecture des *Châtiments,* donnons-la lui gratuitement ; donnons-la lui dans la vieille salle royale et impériale de l'Opéra, que nous élèverons à la dignité de salle populaire. On fera la quête dans des casques prussiens, et le cuivre des gros sous du peuple de Paris sera un excellent bronze pour nos canons contre la Prusse. » Ce qui fut dit, fut fait. Le 28 novembre, la séance s'ouvrit à l'Opéra par une allocution de M. Tony Révillon ; puis on entendit, avec les comédiens déjà cités, MM. Dumaine et Desrieux, M{{mes}} Sarah Bernhardt et Ugalde. La quête, faite par les comédiennes, dans des casques pris aux Allemands, rapporta 468 fr. 50. Les trois auditions donnèrent un total de 16,817 fr. 50, sur lesquels 10,600 francs furent employés à la fabrication des deux canons : le *Victor Hugo* et le *Châtiment.* Le reliquat fut distribué aux victimes de la guerre. Beaucoup d'autres récitations ou lectures eurent lieu sur d'autres scènes. « Usez de moi comme vous voudrez pour l'intérêt public, avait dit le poète à M. Gambetta ; dépensez-moi comme l'eau. » Et il répétait à M. Chaudey : « Mon livre et moi nous appartenons à la France, qu'elle fasse du livre et de l'auteur ce qu'elle voudra ! »

« Nous venons d'assister, écrivit un des assiégés, à la séance littéraire la plus belle, la mieux remplie, la plus saisissante que nous ayons vue de toute notre vie ; et pourtant, elle n'était composée que de poésies d'un seul poète, de morceaux d'un seul livre, de souvenirs d'un seul événement. Mais ce poète, c'était Victor Hugo ; ce livre, c'était *Les Châtiments;* cet événement, c'était le guet-apens de Décembre. — *Les Châtiments* sont un chef-d'œuvre. Sept mille vers jetés tout d'une venue, prenant tous les tons, tantôt épiques, grandioses, lyriques, tantôt grimaçant comme les charges de Callot, marquèrent d'un fer rouge les acteurs de la farce tragique, les grands rôles comme les comparses. Jamais l'alliance du terrible et du grotesque, méthode chère à Victor Hugo, n'atteignit, en parlant seulement au point de vue de l'art, un tel degré de puissance. Là, du moins, cette alliance était légitime, car rien de plus grotesque que ces avaleurs de sabres et ces Robert-Macaire aux bottes éculées, s'installant comme chez eux dans l'Histoire de France ! »

Une édition populaire, publiée chez Hetzel et Cⁱᵉ, offre, avec vingt-deux dessins de Théophile Schuler, gravés par Pannemaker, un frontispice de Daumier : l'aigle impériale écrasée sous le livre du poète et frappée du tonnerre.

La *Revue des Deux-Mondes* avait, le 15 juin 1869, consacré à Victor Hugo un article doucereux et perfide, *L'Œuvre de l'Exil*. Elle donna sur *Les Châtiments*, en novembre 1870, une étude plus favorable, signée F. de Lagenevais, *Ultrix poësis* : « Des poésies de ce genre gagnent les âmes de tous, parce qu'elles arrachent des larmes ou qu'elles vengent la justice outragée. La plus belle, l'œuvre sans contredit la plus excellente du recueil entier, est *L'Expiation*. Quand les coups partent de si haut, ils ressemblent à la foudre ; alors la colère du poète a quelque chose de la majesté du destin. »

LES JOURNAUX DE 1875

L'édition de mai 1875, semblable à celle de *Napoléon le Petit*, et pour laquelle Henry Guérard fit paraître aussi une suite de dix eaux-fortes, fut annoncée de cette façon :

HENRI GERVEX

Souvenir de la Nuit du 4

L'enfant avait reçu deux balles dans la tête.
Le logis était propre, humble, paisible, honnête;
On voyait un rameau bénit sur un portrait.
Une vieille grand'mère était là qui pleurait.
Nous le déshabillions en silence. Sa bouche
Pâle s'ouvrait; la mort noyait son œil farouche;
Ses bras pendants semblaient demander des appuis.
Il avait dans sa poche une toupie en buis.
On pouvait mettre un doigt dans les trous de ses plaies.
Avez-vous vu saigner les mûres dans les haies?
Son crâne était ouvert comme un bois qui se fend.

Les Châtiments.

J.-V. RANVIER

Tout s'en va

LA PITIÉ
.... Je vole vers Cayenne où j'entends de grands cris....

LA CONCORDE
Je m'éloigne. La haine est dans les cœurs sinistres.

LA PENSÉE
On n'échappe aux fripons que pour choir dans les cuistres.
Il semble que tout meure, et que de grands ciseaux
Vont jusque dans les cieux couper l'aile aux oiseaux.
Toute clarté s'éteint sous cet homme funeste.
O France ! je m'enfuis et je pleure.

LE MÉPRIS
Je reste.

Les Chatiments.

« En 1854, qui avait pu se procurer un exemplaire de l'édition microscopique des *Châtiments*, publiée en Belgique, devenait le point de mire de toutes les supplications impatientes. Je sais un exemplaire qui a passé de mains en mains pendant plusieurs années, qui a été lu par plus de mille personnes et copié au moins par une centaine. On se réunissait le soir pour assister à une lecture; et dans les salons, quand on était en petit comité, il se trouvait toujours quelqu'un assez complaisant pour réciter par cœur *Le Te Deum du 1ᵉʳ janvier 1852, Toulon, Souvenir de la nuit du 4, L'Empereur s'ennuie* ou *L'Expiation*. Jamais encore poésie ne s'était révélée sous cet aspect terrible et vengeur. Ce n'était pas des vers, c'était une artillerie de coups de fouets qui faisaient voler des lambeaux de chair. — Tout se taisait, la presse était muselée, la tribune muette; si l'on se parlait, c'était à voix basse; mais ce vol de strophes impitoyables et splendides, passant la frontière et venant s'abattre sur l'homme de Décembre ainsi que le vautour sur sa proie, apparaissait comme la revanche du crime. Ce jour-là, le monde apprit ce que vaut un poète indigné et ce que peut sa colère. »

LE SIÈCLE, 9 mai 1875.

« Pendant longtemps, la France n'a eu que les imprécations d'un proscrit pour toute consolation. Mais le proscrit, c'était un poète qui avait mis son génie au service de notre pauvre patrie courbée dans la honte et le malheur; c'était Victor Hugo. Ses vers étaient le cordial puissant et généreux dont chaque goutte ranime dans une crise de défaillance. Comment oublier ces heures terribles? Quels souvenirs! Nous frissonnons encore rien que d'y penser, nous dont la première jeunesse s'est écoulée dans l'horrible nuit qui suivit le triomphe du bonapartisme. Aussi, quand les livres de l'exil nous retombent sous la main, on dirait que nous les reprenons pour éprouver cette amère jouissance de repasser par les mêmes angoisses dont nous nous sentons délivrés. Il y a là comme un raffinement dans la reconnaissance que nous gardons à l'incomparable interprète de notre mépris, de nos ressentiments et de nos douleurs. Ses inspirations ont été si puissantes, qu'il nous replonge dans ce passé maudit; et, faut-il le dire? en nous y retrouvant, nous ne sentons que mieux la gloire qu'il s'est acquise par les œuvres qui ont aidé à nous sauver. — Ces poèmes splendides sont pleins de hautes et justes pensées, dignes d'être méditées à toutes les époques. La colère, l'indignation, le dégoût et l'horreur du mal y tiennent une grande place, mais ne les remplissent pas tout entiers. Il y a aussi la pitié, l'amour du bien et du beau, le culte des grandes traditions, l'aspiration à l'idéal de justice et de progrès qui est le but de la démocratie, l'effort vers la civilisation plus douce, plus étendue, plus complète; et cette face des *Châtiments*, plus auguste et plus sereine, n'est peut-être pas la moins attrayante, maintenant que le péril est passé. »

LA RÉPUBLIQUE FRANÇAISE, 15 mai 1875.

LES CONTEMPLATIONS

E livre (2 vol. in-8°; Paris, Michel Lévy et Pagnerre, mai 1856) est, de tous les livres de Victor Hugo, celui que j'ai le plus souvent repris, le plus constamment feuilleté. Je viens de le relire encore, bien que je le sache presque tout entier par cœur. Il s'en dégage toujours le plus céleste et le plus pénétrant parfum, l'émotion la plus pure et la plus généreuse, la plus délicieuse et la plus haute admiration.

Il n'y entre aucun élément factice; on n'a pas un seul instant la sensation ou le sentiment de l'artificiel. Nulle tension, nulle recherche, nul effort. C'est un perpétuel jaillissement de source vive. L'instrument poétique est merveilleux, et le poète le fait vibrer d'une main absolument sûre. On dirait que l'harmonie sort du tressaillement de ses fibres mêmes, tant l'accord est parfait entre l'impression et l'expression! L'art ne saurait guère aller plus loin; il est devenu instinct, nature. L'artiste n'a plus à se préoccuper de la forme, l'idée surgissant tout armée de son cerveau, comme Minerve du front de Jupiter. Du premier coup, sans y penser, il arrive par la simplicité à la grandeur, par la sincérité au pathétique, par la vérité au sublime. La poésie est là dans son idéale pureté, dans son éclat suprême. C'est réellement la splendeur du bien. Ce n'est plus un vêtement ajusté, une riche parure, une couronne de fleurs, un collier de perles, une rivière de diamants ; c'est une lueur sidérale émanant de la beauté même et la revêtant de clarté vive. C'est la nudité divine de la conscience, la candeur aérienne du rêve, la sérénité invincible de l'idée. C'est le rayonnement de l'âme universelle sur l'océan humain. Le poète, comme son Satyre transfiguré, s'élargit jusqu'aux pôles et grandit jusqu'aux étoiles, sans rien perdre de sa personnalité caractéristique :

Ce qui fait qu'il est dieu, c'est plus d'humanité.

Les Contemplations se tiennent au centre, au cœur de son œuvre immense qui s'y condense et s'y résume. « Vingt-cinq années sont dans ce livre, a-t-il dit. C'est ce qu'on pourrait appeler *Les Mémoires d'une âme.* » Nulle part, pas même dans *La Légende des Siècles* qui l'emporte par la variété et la magnificence, il n'est aussi intime et aussi complet. Chacune de ses autres manifestations littéraires est représentée en ce recueil par des poèmes correspondants ; et ce recueil égale ou surpasse, par la poésie neuve qui lui est propre, chacune de ses autres manifestations littéraires. C'est qu'il a écrit la plupart de ces pages sous l'inspiration de sa douleur la plus sainte, la plus profonde, la plus éperdue : « O douleur, clef des cieux ! » C'est que *Les Contemplations*, contenant la France et l'exil, tout le bonheur et tout le deuil, sont dédiées à sa fille aînée, morte en fleur d'une mort soudaine et affreuse. C'est que jamais une plus chère espérance n'est sortie d'une épreuve plus cruelle. C'est que jamais plus d'amour n'a vaincu plus de souffrance : « Il n'est qu'un malheureux ; c'est le méchant, Seigneur ! »

LA CATASTROPHE DE VILLEQUIER

Ce fut le 4 septembre 1843. Le 4 septembre ! date fatidique, qui, après avoir pris au poète son enfant, devait lui rendre la mère-patrie ! Alphonse Karr publia dans *Les Guêpes* le récit de cette journée sinistre :

« A Villequier, à quatorze ou quinze lieues du Havre, au pied d'une montagne chargée d'arbres, est une maison en briques couverte de pampres verts. Devant, est un jardin qui descend à la rivière

ARMAND LELEUX

Vieille chanson du jeune temps

Je ne songeais pas à Rose ;
Rose au bois vint avec moi ;
Nous parlions de quelque chose,
Mais je ne sais plus de quoi.

J'étais froid comme les marbres ;
Je marchais à pas distraits ;
Je parlais des fleurs, des arbres ;
Son œil semblait dire : « Après ? »

La rosée offrait ses perles,
Le taillis ses parasols ;
J'allais ; j'écoutais les merles,
Et Rose les rossignols.

Moi, seize ans et l'air morose ;
Elle vingt. Ses yeux brillaient.
Les rossignols chantaient Rose
Et les merles me sifflaient....

Je ne vis qu'elle était belle
Qu'en sortant des grands bois sourds.
« Soit ; n'y pensons plus ! » dit-elle.
Depuis, j'y pense toujours.

Les Contemplations.

ÉDOUARD SAIN

Idylle

Elle était déchaussée, elle était décoiffée,
Assise, les pieds nus, parmi des joncs penchants;
Moi qui passais par là, je crus voir une fée
Et je lui dis : Veux-tu t'en venir dans les champs?

Elle me regarda de ce regard suprême
Qui reste à la beauté quand nous en triomphons,
Et je lui dis : Veux-tu, c'est le mois où l'on aime,
Veux-tu nous en aller sous les arbres profonds?

Elle essuya ses pieds à l'herbe de la rive ;
Elle me regarda pour la seconde fois,
Et la belle folâtre alors devint pensive.
Oh! comme les oiseaux chantaient au fond des bois!

Comme l'eau caressait doucement le rivage !
Je vis venir à moi, dans les grands roseaux verts,
La belle fille heureuse, effarée et sauvage,
Ses cheveux dans ses yeux et riant au travers.

LES CONTEMPLATIONS.

par un escalier de pierre couvert de mousse. Cette maison, pleine de bonheur il y a quelques jours, vient d'être le théâtre du plus affreux malheur. Elle appartient à Mme Vacquerie, mère de M. Charles Vac-

Les Oiseaux.

querie, qui a épousé, il y a sept mois, Mlle Léopoldine Hugo, fille de Victor Hugo.

Lundi matin, vers dix heures, M. Charles Vacquerie, en compagnie de son oncle, ancien marin, et d'un enfant de ce dernier, âgé de dix à onze ans, prit, pour aller à Caudebec, à une demi-lieue de Villequier, où il avait affaire, un canot que son oncle venait de faire construire. Au moment de partir, il demande à sa jeune femme si elle veut les accompagner. Elle refuse, à cause qu'elle n'est pas habillée. Les trois voyageurs se mettent en route, après avoir promis d'être de retour pour le déjeuner. — Quelques instants se sont à peine écoulés, que M. Charles Vacquerie croit voir que le canot n'a pas assez de lest. Il revient au bas de la maison prendre deux lourdes pierres, qu'il met dans le bateau pour lui donner plus de solidité. La jeune femme alors s'écrie : « Puisque vous voilà revenus, je vais aller avec vous ; attendez-moi cinq minutes. » On l'attend, elle monte dans le canot. Mme Vacquerie, la mère, recommande de revenir pour le déjeuner. On part.

Mme Vacquerie regarde le canot s'en aller et n'a qu'une seule idée : il fait trop calme, ils ne pourront pas s'en aller à la voile, nous déjeunerons trop tard. En effet, la voile du canot retombait languissamment sur le mât. Pas une feuille ne tremblait aux arbres. Il n'y avait pas lieu de prévoir un danger, — même pour une mère! Cependant, un léger souffle vient de temps en temps gonfler la voile. On marche lentement, mais on marche. On arrive à Caudebec. On va voir le notaire, auquel M. Charles Vacquerie avait à parler pour des affaires relatives à la succession de son père, mort dernièrement. Le notaire veut leur persuader de ne pas s'en retourner par la rivière, — non qu'il prévoie ni redoute le moindre danger, — mais au contraire parce qu'il ne fait pas de vent, parce qu'ils iront trop lentement. Il leur offre sa voiture pour les reconduire à Villequier. Les voyageurs refusent. Il n'est pas trop tard. Ils arriveront à temps. Et puis, c'est si amusant de voyager sur l'eau ! La rive est si belle!

On se met en route pour le retour. L'oncle Vacquerie tient la barre du gouvernail ; l'enfant regarde couler l'eau ; les deux époux se tiennent par la main et respirent l'atmosphère de bonheur qui les entoure. En effet, Léopoldine Hugo est toujours cette gracieuse jeune fille que nous avons vue croître au sein de cette famille si unie; toute la vie lui sourit; elle a dix-huit ans; elle vient d'épouser un homme qu'elle aime et dont elle est adorée. Elle est venue ramener la joie dans une famille décimée, — qui porte aujourd'hui sept deuils à la fois. Charles Vacquerie n'a pas vingt-sept ans. Depuis trois ans, il a donné sa vie entière à l'espoir de ce bonheur dont il jouit maintenant. Ses amis l'ont vu pendant trois ans rassembler des meubles curieux, de précieuses bagatelles, — « pour elle, quand elle sera ma fiancée! »

Tout le monde les aime, tout le monde applaudit à leur félicité.

Ils pensent à tout cela, ils ne désirent rien, — si ce n'est un peu de vent, parce que le canot ne marche pas.

Ah! vous êtes heureux! Ah! vous êtes jeunes! Ah! vous êtes beaux! Ah! vous êtes riches!

Malheureux!

Le malheur est un créancier auquel l'homme doit la dîme de sa vie; ce qu'il ne paye pas porte un intérêt usuraire et s'amasse. Ah! vous êtes arrivés au comble de vos vœux, vous avez atteint le but de toutes vos pensées! Eh bien! c'est derrière ce but que la mort est embusquée. Tous les pas que vous avez faits vers votre bonheur, vous les faisiez vers elle qui vous attendait là.

Tout à coup, entre deux collines, s'élève un tourbillon de vent qui, sans que rien ait pu le faire pressentir, s'abat sur la voile et fait brusquement chavirer le canot. Des paysans, sur la rive opposée, ont vu Charles Vacquerie reparaître sur l'eau et crier, puis plonger et disparaître, puis monter et crier encore, et replonger et disparaître — six fois!... Ils ont cru *qu'il s'amusait!*

Il plongeait et tâchait d'arracher sa femme, qui, sous l'eau, se tenait au canot renversé, mais qui se tenait comme se tiennent les noyés; — ses pauvres petites mains étaient plus fortes que des crampons de fer. Les efforts de Charles, ses efforts désespérés, ont été sans succès. Alors il a plongé une dernière fois, et il est resté avec elle. — Charles Vacquerie était bon nageur; personne n'eût été étonné qu'il eût parié de traverser vingt fois, trente fois, l'espace qui le séparait de la terre. Il n'a pas voulu être sauvé! — Je veux que ce pauvre père, qui ne sait rien encore au moment où j'écris ces lignes, qui croit sa fille vivante et heureuse, je veux que Hugo sache que l'homme auquel il a donné sa fille a voulu mourir pour ne pas revenir sans elle; je veux qu'il sache qu'il doit les confondre tous deux dans son amour et dans ses regrets. Charles Vacquerie a fait tout ce qu'un homme brave, dévoué, amoureux, pouvait faire pour sauver sa femme; puis, quand il a bien vu qu'il ne la ramènerait pas avec lui dans la vie, il est resté avec elle dans la mort.

Pendant ce temps-là, que faisait la pauvre mère? Elle attendait dans le jardin en pensant : *Pas de vent!* Cependant elle prit une longue vue et regarda dans la direction de Caudebec. Ses yeux se troublèrent. Elle appela un pilote et lui dit : « Regardez vite, je ne vois plus clair, il me semble que le bateau est de côté. » — Le pilote regarda et dit : « Non, madame, ce n'est pas leur bateau. » Puis, comme il avait bien vu, lui, leur bateau chaviré, il courut en toute hâte avec ses camarades. Mais il était trop tard. Et l'on apporta

quatre cadavres à Mme Vacquerie, — sur ce même escalier d'où étaient partis, trois heures auparavant, son fils, sa belle-fille, son beau-frère et son neveu,—heureux et riants... Qui pourra dire où cette pauvre femme, seule dans sa maison, a pris la force et le courage de ne pas mourir aussi? Elle ne voulait pas les croire morts! Tous ses soins furent inutiles. On envoya un exprès au Havre, à un ami de la famille Vacquerie, en lui donnant la triste commission d'annoncer la catastrophe à Mme Victor Hugo, qui était à Graville... — Je songeai alors à Hugo qui est en voyage, et qui va, c'est horrible! apprendre la mort de sa fille chérie par hasard, en parcourant négligemment un journal, après dîner, dans quelque auberge. Tout le monde a lu les beaux vers que lui ont tant de fois inspirés ses enfants; mais moi, j'ai vu souvent tous ses charmants enfants autour de lui, et je sais toute la place qu'ils occupent dans son cœur. On lui a écrit. Mais où? En Espagne, où il est allé; en France, où il revient peut-être; presqu'au hasard, sur la route qu'il doit parcourir. C'est épouvantable. »

ALPHONSE KARR (Les Guêpes, septembre 1843).

LOUIS LELOIR

Le tragique Alcantor

Scaramouche en un coin harcelait de sa batte
Le tragique Alcantor suivi du triste Arbate...

Les Contemplations. — *La Fête chez Thérèse.*

R. COLLIN

L'Ame en fleur

Les femmes sont sur la terre
Pour tout idéaliser ;
L'univers est un mystère
Que commente leur baiser.

C'est l'Amour qui pour ceinture
A l'onde et le firmament,
Et dont toute la nature
N'est, au fond, que l'ornement.

Tout ce qui brille offre à l'âme
Son parfum ou sa couleur ;
Si Dieu n'avait pas fait la femme,
Il n'aurait pas fait la fleur.

LES CONTEMPLATIONS.

LES CONTEMPLATIONS ANNONCÉES PAR AUGUSTE VACQUERIE

« Tu auras *Les Contemplations* la semaine prochaine, écrivait Auguste Vacquerie à son neveu Ernest Lefèvre, à la fin d'avril 1856; on imprime les dernières feuilles du second volume. C'est la plus grande œuvre lyrique de ce grand poète lyrique. Tout le problème terrestre, depuis la plainte du brin d'herbe jusqu'au sanglot du père! Les autres vers du poète n'étaient à eux tous qu'une partie de la vie et qu'un côté de la nature. Cette fois, il ne suffit plus que le soleil soit beau; le poète lui demande qui l'allume et dit aux rayons : « Vous êtes des ténèbres! » Cette fois, la nature est interrogée et répond. Le vent n'est plus un bruit, c'est une voix. La goutte d'eau n'est plus une perle, c'est une larme. Et il y a tout l'homme! Cela commence au berceau, et cela ne finit pas à la tombe. Regard aveugle de l'enfant qui ne voit pas même les pieds nus de Rose, cœur adolescent qu'éblouit l'œil de la femme, esprit viril que passionnent les misères du peuple, ce n'est encore là que la vie, le poète ne sort pas encore de ce monde-ci; mais quand sa fille meurt, il se jette dans la fosse après elle; il la cherche, il rouvre la bière; elle n'est plus dans le cadavre; il la veut, il fouille, il creuse, il troue, il frappe du front, il pousse du cœur, il va, il perce le globe de part en part; il crève la terre, et il roule échevelé dans les étoiles. »

AUGUSTE VACQUERIE (Profils et Grimaces).

L'EXEMPLAIRE DE Mme VICTOR HUGO

A la fin du sixième Entretien du *Cours familier de Littérature*, Lamartine, sous le titre *Épisode*, a écrit ceci :

« Nous avons lu, comme tout le monde, les deux volumes de poésies, intitulés *Les Contemplations*, que M. Victor Hugo vient de publier. Il ne sied pas à un poète de juger l'œuvre d'un poète son contemporain et son ancien ami. La critique serait suspecte de rivalité; l'éloge paraîtrait une adulation aux deux plus grandes puissances que nous reconnaissions sur la terre, le génie et le malheur. — Nous nous sommes contenté de jouir en silence des beautés de sentiment qui débordent de ces pages, de pleurer avec le père, de remonter avec l'époux et l'ami le courant des jours évanouis, où nous nous sommes rencontrés en poésie à nos premiers vers. Mais hier, une circonstance heureuse et imprévue nous a, pour ainsi dire, contraint de nous souvenir que nous avons été poète aussi, et de répondre par un bien faible écho à la voix qui nous vient de l'Océan. — Les poètes, les écrivains, les amis particuliers de Mme Victor Hugo ont eu l'idée de faire magnifiquement relier pour elle le volume de poésies de son mari, d'insérer dans ce volume quelques pages blanches, de couvrir ces pages blanches de leurs noms et de quelques lignes de prose ou de vers attestant leur souvenir et leur affection pour cette illustre et vertueuse femme. L'un d'eux m'a apporté hier ma page à remplir; cette page et sa destination m'ont inspiré ce matin les vers qui suivent. Je les donne ici, non comme un modèle de littérature, mais comme un témoignage de respect à Mme Victor Hugo et de souvenir affectueux de nos jeunesses à un ancien ami. Mais je les donne en demandant excuse à l'antiquité.

A MADAME VICTOR HUGO

SOUVENIR DE SES NOCES

Le jour où cet époux, comme un vendangeur ivre,
Dans son humble maison t'entraîna par la main,
Je m'assis à la table où Dieu vous faisait vivre,
Et le vin de l'ivresse arrosa notre pain.

La nature servait cette amoureuse agape;
Tout était miel et lait, fleurs, feuillages et fruits;
Et l'anneau nuptial s'échangeait sur la nappe,
Premier chaînon doré de la chaîne des nuits.

Psyché de cette scène où s'éveilla ton âme,
Tes yeux noirs regardaient avec étonnement,
Sur le front de l'époux tout transpercé de flamme,
Je ne sais quel rayon d'un plus pur élément.

C'était l'ardent brasier qui consume la vie,
Qui fait la flamme ailleurs, le charbon ici-bas;
Et tu te demandais, incertaine et ravie :
— Est-ce une âme? est-ce un feu?... Mais tu ne tremblais pas.

Et la nuit s'écoulait dans ces chastes délires,
Et l'amour sous la table entrelaçait vos doigts.
Et les passants surpris entendaient ces deux lyres,
Dont l'une chante encore et dont l'autre est sans voix.

Et quand du dernier vin la coupe fut vidée,
J'effeuillai dans mon verre un bouton de jasmin;
Puis je sentis mon cœur mordu par une idée,
Et je sortis d'hier en redoutant demain !...

— Et maintenant, je viens, convive sans couronne,
Redemander ma place à la table de deuil;
Il est nuit, et j'entends, sous les souffles d'automne,
Le stupide Océan hurler contre un écueil.

N'importe, asseyons-nous! Il est fier, tu fus tendre!
Que vas-tu nous servir, ô femme de douleurs?
Où brûlèrent deux cœurs, il reste un peu de cendre :
Trempons-la d'une larme! Et c'est le pain des pleurs.

ALP. DE LAMARTINE (5 juin 1856).

Autre feuille ajoutée au même exemplaire : « Madame, je suis bien heureux de cette occasion de vous dire, *de l'autre rivage,* que vous nous êtes tous plus présents, plus chers que jamais. La grande voix que vous savez est de plus en plus *la voix intérieure de la France.* — Je vous salue de cœur. »

« MICHELET. »

M. Édouard Durranc, dans le *Beaumarchais* des 1ᵉʳ et 29 octobre 1882, a cité plusieurs autres pages manuscrites. En regard des vers adressés *A Alexandre D.*, il a lu : « C'est à vous, mon Cher Hugo, que je dédie mon Drame de *La Conscience*. Recevez-le comme le Témoignage d'une amitié qui a survécu à L'Exil et qui survivra même à La Mort. — Je Crois à l'Immortalité de L'Ame.

ALEXANDRE DUMAS
Minuit, au moment où la toile tombe.

En regard des vers *A Paul M.*, se trouve la dédicace du drame *Paris,* « mutilé par la censure impériale » :

Maître! génie absent de la grande cité!
Lutteur qu'aime et que craint l'archange Adversité!
Voudrez-vous de ce drame où l'Histoire et la France
Ont eu le poing coupé pour crime d'espérance?
Qu'à votre fier rocher inondé de rayons
Il porte au moins les vœux que nous vous envoyons
Du sein de la patrie assombrie et fidèle,
Nous, exilés de vous, à vous, exilé d'elle!

PAUL MEURICE (juillet 1855).

En tête de l'exemplaire de Mᵐᵉ Victor Hugo, le même poète a mis ce quatrain comme introduction :

Sous la cendre honteuse et les souffles moqueurs,
L'honneur — qu'on n'éteint pas — garde des étincelles;
Je rapporte au trésor de l'exil ces parcelles
De ce qui reste encor de France dans les cœurs.

Il existe un second exemplaire particulièrement précieux des *Contemplations*, celui de Jules Janin, qui contient, comme celui de Mme Victor Hugo, de beaux dessins de la main de l'auteur, plusieurs

A quoi songeaient les deux cavaliers dans la forêt?

photographies, et, en outre, une longue lettre dont nous avons cité un fragment dans notre étude préliminaire. Le 21 février 1877, à la vente Jules Janin, cet exemplaire sur papier de Hollande fut vendu

CH. LANDELLE

Écrit au bas d'un crucifix

<blockquote>
Vous qui pleurez, venez à ce Dieu, car il pleure.
Vous qui souffrez, venez à lui, car il guérit.
Vous qui tremblez, venez à lui, car il sourit.
Vous qui passez, venez à lui, car il demeure.

Les Contemplations.
</blockquote>

J.-J. HENNER

Idylle

Chair de la femme, argile idéale! ô merveille!
O pénétration sublime de l'esprit
Dans le limon que l'Être ineffable pétrit!
Matière où l'âme brille à travers son suaire!
Boue où l'on voit les doigts du divin statuaire!
Fange auguste appelant le baiser et le cœur,
Si sainte, qu'on ne sait, tant l'amour est vainqueur,
Tant l'âme est vers ce lit mystérieux poussée,
Si cette volupté n'est pas une pensée,
Et qu'on ne peut, à l'heure où les sens sont en feu,
Étreindre la beauté sans croire embrasser Dieu!

La Légende des Siècles.

1,000 francs. L'exemplaire des *Feuilles d'automne*, sur papier de Chine, monta à 200 francs; celui des *Orientales* à 167 francs; celui de *La Légende des Siècles* à 635 francs.

La nichée sous le portail.

LA CRITIQUE PARISIENNE

« Jamais livre n'avait excité tant de curiosité ni de sympathie. Le jour de la mise en vente, les magasins de librairie étaient littéralement assiégés, et il n'a pas fallu plus de vingt-quatre heures pour que la première édition fût épuisée. A l'heure qu'il est, *Les Contem-*

plations sont dans toutes les mains; on dirait que le lecteur, dégoûté des rapsodies qu'ont vu végéter ces dernières années si stériles, ait voulu se retremper dans ce grand fleuve qui prend sa source aux derniers jours de la Restauration et qui n'a cessé de rouler, à travers tous les événements heureux ou malheureux, glorieux ou funestes, ses flots de belles pensées et de beaux vers. »

EDMOND TEXIER. (Le Siècle, 27 avril 1856.)

« Depuis longtemps, l'oreille appuyée sur le sol, nous écoutions tous les bruits du dehors; nous attendions ce rayon, cette ivresse, cette fête intellectuelle. Le rayon a brillé, l'ivresse chante, la fête resplendit. O maître! maître cher et bien-aimé! poète qui fûtes l'enthousiasme de notre jeunesse, qui êtes l'orgueil de notre âge mûr, soyez béni!

« Ce livre, dites-vous, doit être lu comme on lirait le livre d'un mort. — Non, certes, nous ne l'avons pas lu ainsi, et notre cœur en le lisant, en se plongeant dans ces flots de poésie, n'eût pas chanté de si joyeuses fanfares, s'il ne vous eût pas senti vivant. Non! ce n'est pas de la tombe que sortent tant de poèmes splendides, tant de fleurs délicates, tant de cris déchirants, tant d'espoirs sublimes! Ce n'est pas la mort, c'est la douleur qui vous a grandi. C'est elle qui a ajouté de nouvelles cordes à votre lyre, c'est elle qui vous a transporté, qui nous transporte avec vous dans les régions sereines, à travers les mondes invisibles, plus près de Dieu! La douleur! elle est en effet écrite en traits de feu à chaque page, à chaque ligne de ce beau livre. Mais elle n'y est pas seule! A travers les larmes du père, à travers tant de purs sanglots, que de rayons divins! En même temps que la douleur, la foi qui sauve, l'espérance qui console, l'amour qui sourit, se sont assis au foyer du poète, et c'est le chant alterné de ces muses divines, de ces hôtes sacrés, c'est ce chant plaintif et tendre que Victor Hugo a recueilli. Jamais ce grand talent ne s'était élevé à de telles hauteurs; jamais il n'avait parlé un si magnifique langage! »

LOUIS JOURDAN. (Le Siècle, 23 avril 1856.)

« Voici que le printemps revient... Un souffle a passé, une voix a parlé, qui semble nous rapporter du fond de l'horizon toutes les fleurs en souffrance et tous les parfums en retard. Cette voix, nous la connaissons pour l'avoir entendue bien souvent, aimée et bénie, et admirée alors et depuis, dans notre première et notre seconde jeunesse. Aujourd'hui, en l'entendant, nous avons cru vivre vingt ans en arrière et retrouver ces heures sacrées d'enthousiasme où nous portions en nous notre Jérusalem. Ah, Dieu soit loué! il y a donc encore une lyre qui chante sur le fleuve de Babylone!

Et cependant, le poète nous dit, en tête de son œuvre : « C'est un mort qui parle ici. » Un mort! et pourquoi donc? Est-ce que vous pouvez mourir? Est-ce qu'un homme comme vous, assez favorisé pour vivre de la vie de tous, pour être l'âme des âmes, et pour épancher cette âme générale, à la mesure de l'humanité, dans la forme impérissable de la poésie, n'a pas fait un bail à échéance indéfinie avec la durée? Est-ce qu'alors même qu'il semble disparaître de notre regard, sa génération ou la génération suivante ne le ressuscite pas, en quelque sorte, autant de fois qu'elle jette un vers de lui à l'écho? Hier, je lisais Dante, et je l'avais là, à ma droite, assis à mon foyer. Je puis vous l'affirmer en toute assurance, car sous son lugubre chaperon rouge, il avait le regard encore plus tragique qu'au sortir de Florence.

« Victor Hugo a fait deux parts de ses poésies avant de les livrer à la postérité, l'une intitulée *Autrefois*, l'autre *Aujourd'hui*.

« *Autrefois*, c'est le midi de la vie, c'est la gloire en fleur, c'est la moisson sur la glèbe, c'est le foyer au complet, c'est le chant du grillon sous l'âtre, c'est le sourire de Dieu dans l'immensité, c'est l'échange de toute âme ici-bas, c'est le poète, confesseur de la nature, surprenant à chaque calice son mystère, à chaque splendeur son rayon, à chaque vague son soupir, à chaque lis son parfum, et disant à toutes les beautés, à toutes les tendresses muettes de la terre : — Je vous prête ma voix, parlez et chantez! il vous manquait quelque chose, vous avez l'hymne maintenant. Le poète achève la création.

« Mais déjà l'ombre descend sur la vallée, voici l'heure funèbre du crépuscule appelée *Aujourd'hui*. La fleur est semée au vent, l'épi est broyé sous le fléau, une place est vide à côté du père, la dalle du foyer est brisée. Que ta volonté soit accomplie, Dieu tout puissant! Les tiens méritaient mieux cependant de la destinée. Le grillon ne chante plus, le printemps ne sourit plus, la fleur n'a plus de confidences, et la muse en deuil, assise sur une pierre, n'écoute plus que ce que dit à voix basse l'herbe du tombeau. — Le poète, en marchant, a laissé tant de choses aimées sur son chemin, qu'aujourd'hui il en sent remonter à son front la terrible et majestueuse pâleur du cœur trahi. Mais il n'a pour cela ni une haine, ni une colère contre la fortune. Loin de là! penché sur le monde entier, il ne puise dans sa douleur immense qu'un droit, immense comme elle, de bénir et d'amnistier jusqu'au rebuté, jusqu'au réprouvé de la création, le chacal et l'aspic, l'aconit et l'euphorbe. Il étend chaque vers de son poème comme un pan de manteau sur toute espèce d'infirmité : — Va maintenant! je t'ai touchée, tu es guérie...

« La pièce appelée *La Bouche d'ombre* est

Oui, je suis le rêveur...

une sublime vision en Dieu de la perpétuelle métempsycose et de la perpétuelle eucharistie de la création. Si Milton vivait de notre temps, il parlerait ainsi; car la vie est une dans sa diversité, et la nature n'est que l'immense procession de l'être en marche vers la Providence; et selon que nous faisons le bien ou le mal, nous avançons ou nous rétrogradons d'un degré. Il n'y a pas besoin de changer de forme pour cela; tu hurles, tu égorges, tu perds aussitôt dans ta fureur, dans ton crime, tout ce qui faisait de toi un homme, un esprit

LÉON GLAIZE

Le Sacre de la Femme

Or ce jour-là, c'était le plus beau qu'eût encore
Versé sur l'univers la radieuse aurore ;
Le même séraphique et saint frémissement
Unissait l'algue à l'onde et l'être à l'élément ;
L'éther plus pur luisait dans les cieux plus sublimes ;
Les souffles abondaient plus profonds sur les cimes ;
Les feuillages avaient de plus doux mouvements ;
Et les rayons tombaient caressants et charmants
Sur un frais vallon vert, où, débordant d'extase,
Adorant ce grand ciel que la lumière embrase,
Heureux d'être, joyeux d'aimer, ivres de voir,
Dans l'ombre, au bord d'un lac, vertigineux miroir,
Étaient assis, les pieds effleurés par la lame,
Le premier homme auprès de la première femme.
— L'époux priait, ayant l'épouse à son côté.

La Légende des Siècles.

PAUL BAUDRY

D'APRÈS L'EAU-FORTE DE WALTNER

Ève

Cependant la tendresse inexprimable et douce
De l'astre, du vallon, du lac, du brin de mousse,
Tressaillait, plus profonde à chaque instant, autour
D'Ève, que saluait du haut des cieux le jour.
Le regard qui sortait des choses et des êtres,
Des flots bénis, des bois sacrés, des arbres prêtres,
Se fixait plus pensif, de moment en moment,
Sur cette femme au front vénérable et charmant ;
Un long rayon d'amour lui venait des abîmes,
De l'ombre, de l'azur, des profondeurs des cimes,
De la fleur, de l'oiseau chantant, du roc muet.
— Et, pâle, Ève sentit que son flanc remuait.

Légende des Siècles (Le Sacre de la Femme).

CORMON

Caïn

Lorsqu'avec ses enfants, vêtus de peaux de bêtes,
Échevelé, livide au milieu des tempêtes,
Caïn se fut enfui de devant Jéhovah,
Comme le soir tombait, l'homme sombre arriva
Au bas d'une montagne, en une grande plaine...

La Légende des Siècles. — *La Conscience.*

divin : tu es le loup Attila, le jaguar Néron. Toute passion de la matière nous ramène à la bête; toute victoire, au contraire, de l'esprit sur la tentation du vice nous élève d'un échelon sur l'échelle de Jacob. »

EUGÈNE PELLETAN
(Feuilleton de La Presse, du 13 mai 1856.)

Crépuscule.

« Le poète a changé, c'est vrai ; il a vieilli, c'est vrai ; mais sous la main respectable du malheur, la couronne qu'il porte est aussi verdoyante que les palmes de la vingtième année ; et si le feuillage opulent cache des tempes blanchies, il ombrage aussi des pensées qui ne viennent qu'à cet âge de maturité où le poète est arrivé...

« *Les Contemplations* présentent des aspects grandioses, des révélations qu'on ne trouve pas au milieu des songes terrestres. M. Victor Hugo revient d'un voyage aux pays dantesques et nous dit des choses qu'il a vues... Il en est à cette phase de l'existence où une idée fait toute la croyance. On ne croira jamais au néant, si on a perdu un être cher...

« *Au bord de l'Infini*, le poète s'arrête. Il hésite devant l'abîme. Quel ange viendra le prendre par la main pour l'aider à traverser ces

espaces? Qui bâtira le pont?
Une voix a répondu : La prière!
L'audace s'empare du rêveur. Il s'élance.
« J'irai, dit-il, à la recherche de la Vérité, de la Justice, de la Raison, franchissant les gouffres bleus pour arriver aux pieds de l'Éternel; et si le tonnerre gronde, je rugirai!... » Des rayons se dégagent de cette poésie, enveloppée des problèmes ténébreux qu'elle aborde. Deux courants se disputent cet esprit qui cherche; il est, d'une part, accablé du néant de l'homme devant les mondes infinis qui l'entourent; et, d'autre part, il affirme la nécessité des plus humbles choses...

« Il entrevoit la fin des hostilités de l'homme avec l'homme, des conflits de l'esprit avec la matière, des divisions du bien et du mal. Il aperçoit ce commencement, cette aube d'un jour meilleur, *qui nescit occasum dies,* comme dit un hymne; il voit se dresser la patrie constellée et pacifique, *qui nescit hostem patria!* Il devine et chante les bienfaits de cette cité symbolique, que tant de rêveurs ont cherchée. Comme un Colomb des découvertes de l'âme, il aborde aux pays vierges que plusieurs avaient entrevus déjà, nous rapportant, marins naufragés dans l'immortalité, des visions de paradis déserts. Les strophes s'épanouissent et deviennent lumineuses comme des armures au lever du soleil; un crescendo splendide emporte l'esprit du lecteur haletant, — quand, subitement, l'aile qui visait si haut, se replie et s'abat jusqu'à terre, sur un coin isolé de ce pauvre monde, au bord de la mer, auprès d'une pierre sépulcrale. C'est que l'homme veut parler à son enfant; c'est qu'à travers l'espace on n'entrevoit que la robe blanche des élus, tandis que, les genoux appuyés sur la tombe, on se représente sa fille bien-aimée, la chère forme humaine, l'être mortel qu'on a perdu. Beethoven a ainsi de brusques retours à son motif principal. »

L. LAURENT PICHAT. (Revue de Paris, 15 mai 1856.)

D'autres critiques firent observer que Victor Hugo, « d'abord Français espagnol, puis épris de l'Allemagne avec *Le Rhin* et *Les Burgraves* », avait laissé certaines teintes anglaises se refléter çà et là dans l'œuvre de l'exil : « On a remarqué les mots doubles, les substantifs servant d'épithètes, comme *l'antre Liberté*. Cette façon toute anglaise de s'exprimer a commencé avec le séjour du poète dans l'île de Jersey. Elle se montre deux ou trois fois dans *Les Châtiments;* il n'y en a pas un exemple dans *Les Rayons et les Ombres.* » Cette tournure elliptique, particulièrement chère à Shelley, le grand poète panthéiste de l'Angleterre moderne, dont François-Victor Hugo a traduit *La Reine Mab*, revient souvent, en effet, dans *Les Contemplations* :

> Vautour Fatalité, tiens-tu la race humaine ?...
> Sous le réseau Clarté, tu vas saisir le monde !...
> Tisser, avec des fils d'harmonie et de jour,
> Pour prendre tous les cœurs, l'immense toile Amour !...

Et cette strophe caractéristique :

> Seul, quand renaît le jour sonore,
> A l'heure où, sur le mont lointain,
> Flamboie et frissonne l'Aurore,
> Crête rouge du coq Matin...

Rien ne manqua au triomphe du proscrit, pas même les invectives de l'insulteur public. Gustave Planche avait trouvé mauvais, dans la *Revue des Deux-Mondes,* qu'un simple poète, qu'un rimeur, se permît de causer « avec toutes les voix de la métempsycose. » Un homme obscur, nommé Edmond Duranty, dont quelques prosateurs moroses ont récemment tenté de faire un prophète, s'éleva le plus drôlement du monde contre Victor Hugo dans *Le Réalisme,* feuille fondée tout exprès pour attaquer la poésie et qui n'eut pas plus de cinq ou six numéros. Pour mieux exterminer les beaux vers du Maître, il les citait en les écrivant comme de la prose, sans mettre de majuscule en tête et sans arrêter la ligne à la rime. Il s'imaginait que, cela fait, toute musique, tout sentiment, toute pensée en disparaîtraient immédiatement. Il intitulait ses diatribes : « *Les Contemplations* de Victor Hugo ou Le Gouffre géant des sombres abîmes romantiques. » Et il s'écriait : « Hugo, un comédien de poésie, un esprit masqué où rien n'est sincère, pas même la vanité!... Otez à Hugo trente gros adjectifs, et toute sa poésie s'effondre comme un plafond auquel on enlève ses étais... Les femmes, il ne les aime pas; les enfants, il ne les comprend pas; la nature, il ne la sent pas... Il dit d'une femme : « — Elle me regarda de ce regard suprême, qui reste à la beauté quand nous en triomphons. » N'est-ce pas là du Delille? En politique, on croirait entendre M. Cabet ou un article du *Siècle*... Il m'est assez indifférent qu'Hugo *fasse bien les vers;* au jour de l'an, quand j'étais enfant, je m'inquiétais beaucoup des bonbons, peu du sac. » Il terminait en reprochant vertement à l'exilé « des poésies si cruellement trahissantes sur la mort de sa fille et de son gendre, une collection de vers purement ridicules. » Maintenant même, on ne saurait être plus naïvement aveugle et sourd.

La troisième édition des *Contemplations* (Michel Lévy, frères. — Hetzel. — Pagnerre) fut ornée de vignettes hors texte par J.-A. Beaucé. Sous ce titre : *Les Enfants,* l'éditeur Hetzel a réuni, en un beau volume illustré par E. Froment, la plupart des vers de Victor Hugo sur « Les têtes blondes », sur « Les deuils et les tombes », etc... On y retrouve presque toutes les strophes consacrées à la douloureuse Léopoldine et à la douloureuse Claire, ces deux jeunes âmes sitôt ravies, qui emplissent *Les Contemplations* de ciel pur.

A. MONCHABLON

La Conscience

Alors Tubalcaïn, père des forgerons,
Construisit une ville énorme et surhumaine.
Pendant qu'il travaillait, ses frères, dans la plaine,
Chassaient les fils d'Énos et les enfants de Seth ;
Et l'on crevait les yeux à quiconque passait ;
Et, le soir, on lançait des flèches aux étoiles.
Le granit remplaça la tente aux murs de toiles,
On lia chaque bloc avec des nœuds de fer,
Et la ville semblait une ville d'enfer ;
L'ombre des tours faisait la nuit dans les campagnes ;
Ils donnèrent aux murs l'épaisseur des montagnes ;
Sur la porte on grava : « Défense à Dieu d'entrer. »
Quand ils eurent fini de clore et de murer,
On mit l'aïeul au centre en une tour de pierre ;
Et lui restait lugubre et hagard. « O mon père !
L'Œil a-t-il disparu ? » dit en tremblant Tsilla.
Et Caïn répondit : « Non, il est toujours là. »

LA LÉGENDE DES SIÈCLES *(Première série).*

A. MONCHABLON

La Conscience

Alors il dit : « Je veux habiter sous la terre,
Comme dans son sépulcre un homme solitaire ;
Rien ne me verra plus, je ne verrai plus rien. »
On fit donc une fosse et Caïn dit : « C'est bien ! »
Puis il descendit seul sous cette voûte sombre ;
Quand il se fut assis sur sa chaise dans l'ombre
Et qu'on eut sur son front fermé le souterrain,
L'Œil était dans la tombe et regardait Caïn.

La Légende des Siècles.

DIOGÈNE MAILLARD

Booz endormi

La respiration de Booz qui dormait
Se mêlait au bruit sourd des ruisseaux sur la mousse.
On était dans le mois où la nature est douce,
Les collines ayant des lys sur leur sommet.

Ruth songeait et Booz dormait; l'herbe était noire;
Les grelots des troupeaux palpitaient vaguement;
Une immense bonté tombait du firmament;
C'était l'heure tranquille où les lions vont boire.

Tout reposait dans Ur et dans Jérimadeth;
Les astres émaillaient le ciel profond et sombre;
Le croissant fin et clair parmi ces fleurs de l'ombre
Brillait à l'occident, et Ruth se demandait,

Immobile, ouvrant l'œil à moitié sous ses voiles,
Quel dieu, quel moissonneur de l'éternel été
Avait, en s'en allant, négligemment jeté
Cette faucille d'or dans le champ des étoiles.

La Légende des Siècles.

LA LÉGENDE DES SIÈCLES

PREMIÈRE SÉRIE

A première série de *La Légende des siècles* fut publiée vers la fin de septembre 1859, à Paris, chez Michel Lévy frères et Hetzel ; à Leipsig, chez Alphonse Dürr ; avec ce sous-titre : *Histoire — Les Petites Épopées;* et avec cette dédicace : *A la France*.

Le monde des lettres et des arts fut tout entier transporté d'enthousiasme à l'apparition de cette éblouissante galerie de chefs-d'œuvre, qui nous mène de la première aurore « hors des temps ». Fut-il jamais semblable puissance de divination, d'évocation, de résurrection parfaite ? Ce qui n'avait plus de forme revêt la beauté souveraine ; ce qui n'avait plus d'existence devient éternel. Les âmes des générations éteintes surgissent tour à tour de la nuit des temps, et l'immense passé obscur rayonne comme un ciel noir qui s'étoile, en attendant le lever du soleil sans déclin.

Dans son *Traité de poésie*, Théodore de Banville pose ceci en principe : « Notre outil, c'est la versification du xvie siècle perfectionnée par les grands poètes du xixe, versification dont toute la science se trouve réunie dans un seul livre, *La Légende des siècles*, de Victor Hugo, qui doit être la Bible et l'Évangile de tout versificateur français. » Pour M. Gambetta, m'a-t-on rapporté, *Booz endormi* serait la plus admirable page de la poésie contemporaine.

« Quand on lit *La Légende des siècles*, a écrit Gautier dans *Les Progrès de la poésie française*, il semble qu'on parcoure un immense cloître, une espèce de Campo-Santo de la poésie, dont les murailles sont revêtues de fresques peintes par un prodigieux artiste qui possède tous les styles, et, selon le sujet, passe de la roideur presque byzantine d'Orcagna à l'audace titanique de Michel-Ange, sachant aussi bien faire les chevaliers dans leurs armures anguleuses que les géants nus tordant leurs muscles invincibles. Chaque tableau donne la sensation vivante, profonde et colorée, d'une époque disparue. La légende, c'est l'histoire vue à travers l'imagination populaire, avec ses mille détails naïfs et pittoresques, ses familiarités charmantes, ses portraits de fantaisie plus vrais que les portraits réels, ses grossissements de types, ses exagérations héroïques et sa poésie fabuleuse remplaçant la science souvent conjecturale.... Le volume se termine, comme une bible, par une sorte d'apocalypse. Jamais l'inexprimable et ce qui n'avait jamais été pensé n'ont été réduits aux formules du langage articulé, comme dit Homère, d'une façon plus hautaine et plus superbe. »

En tête du livre, le Maître a dit : « L'épanouissement du genre humain de siècle en siècle, l'homme montant des ténèbres à l'idéal, la transfiguration paradisiaque de l'enfer terrestre, l'éclosion lente et suprême de la liberté, droit pour cette vie, responsabilité pour l'autre ; une espèce d'hymne religieux à mille strophes, ayant dans ses entrailles une foi profonde et sur son sommet une haute prière ; le drame de la création éclairé par le visage du Créateur, voilà ce que sera, terminé, ce poème dans son ensemble, si Dieu, maître des existences humaines, y consent. » Et il ne voyait aucune difficulté à faire entrevoir dès lors « qu'il avait esquissé dans la solitude une sorte de poème d'une certaine étendue où se réverbère le problème unique, l'Être, sous sa triple face ; l'Humanité, le Mal, l'Infini ; le progressif, le relatif, l'absolu ; en ce qu'on pourrait appeler trois chants : *La Légende des siècles, La fin de Satan, Dieu*. »

L'ARTICLE D'EUGÈNE PELLETAN

Légende! c'est bien le nom de cette œuvre, vision et réalité à la fois, sorte de Jugement dernier de l'Humanité évanouie... Après avoir lu ces poèmes, notre temps, pris d'un secret épouvantement, pourrait dire une fois encore : « Voilà l'homme qui revient de l'Enfer! » Il en revient en effet, non pas de cet Enfer sous terre, imaginé par la poésie, mais de cet Enfer à ciel ouvert appelé l'Histoire.

Cette œuvre ressemble à une création nouvelle au lendemain d'un cataclysme. L'inspiration, comme la vie de la Genèse, y bouillonne, y éclate à grands traits au milieu des flammes, des fumées, sous les formes grandioses, fantastiques, de léviathans et de titans. Le poète a vu les crimes de la terre, ces monstres de l'ordre moral. Il les a saisis de sa main de fer, et les a reproduits sous leur type démoniaque dans leur lugubre laideur. Les voilà! voyez-les; voyez-vous vous-mêmes; et sous quelque nom, sous quelque prétexte qu'ils essayent encore de reparaître, apprenez à les maudire.

Ce n'est pas que Victor Hugo entonne un chant de malédiction et comme le *Dies iræ* de l'humanité. Il incline au contraire à une doctrine universelle de rédemption, non seulement de l'homme, mais encore du dernier être, du dernier disgracié de la nature. Il croit que, de proche en proche, l'immoralité, comme la difformité, remonte par l'échelle mystérieuse du progrès à la vertu et à la beauté. Il a pour toute déchéance une parole de compassion. Il amnistierait même Borgia, si Borgia pouvait avoir une bonne pensée.

Il a souffert. Il a appris à aimer. Aujourd'hui le poème du mal, demain le poème de l'amour! car l'amour dévore le mal comme le feu de l'autel. Il souffre peut-être encore, l'ombre grandit devant lui; mais le ciel lui a donné le don de prophétie; mais, debout sur la montagne, il a vu le premier la terre promise étinceler au soleil levant. Il la montre du doigt à la jeunesse; qu'elle ait donc le courage d'y marcher!

EUGÈNE PELLETAN. (La Presse, 14 octobre 1859.)

UN EXTRAIT DE LA REVUE GERMANIQUE

Le sujet, c'est l'humanité tout entière, l'humanité sous toutes ses faces et à toutes ses époques, dans ses luttes, dans ses épreuves, dans son laborieux effort vers le bien, marchant des terreurs et des misères du passé aux grandeurs promises de l'avenir. En se proposant une telle matière, M. Victor Hugo n'a pas trop présumé de ses forces, en même temps qu'en vrai poète il a subi et exprimé la préoccupation générale des esprits de notre temps. Le mouvement de la pensée nous porte aujourd'hui et nous portera de plus en plus vers l'histoire et la philosophie de l'histoire. Avançant toujours sur une route qui lui paraît déjà longue, bien que l'espace parcouru soit peu de chose dans la carrière infinie, l'esprit se recueille et regarde en arrière pour se rendre compte de ce qu'il a fait, se connaître par ses œuvres, et puiser dans le passé des indications et des leçons pour l'avenir.

Les pauvres gens.

Graves et hautes méditations, dont la poésie a le droit de s'emparer pour les traduire en son langage. *La Légende des siècles*, c'est de la philosophie de l'histoire en une suite de tableaux poétiques.

Revue Germanique, octobre 1859.

L'ÉTUDE DE BAUDELAIRE

Quand on se figure ce qu'était la poésie française avant que Victor Hugo apparût, et quel rajeunissement elle a subi depuis qu'il est venu ; quand on s'imagine ce peu qu'elle eût été s'il n'était pas venu, combien de sentiments mystérieux et profonds, qui ont été exprimés, seraient restés muets ; combien d'intelligences il a accouchées, combien d'hommes qui ont rayonné par lui seraient restés obscurs, il est impossible de ne pas le considérer comme un de ces

HECTOR LE ROUX

Au Lion d'Androclès

Pendant que l'ours grondait et que les éléphants,
Effroyables, marchaient sur les petits enfants,
La vestale songeait dans sa chaise de marbre.
Par moments, le trépas, comme le fruit d'un arbre,
Tombait du front pensif de la pâle beauté;
Le même éclair de meurtre et de férocité
Passait de l'œil du tigre au regard de la vierge.

La Légende des Siècles.

P. LEHOUX

Le petit roi de Galice

..... Le combat finissait; tous ces monts radieux
Ou lugubres, jadis hantés des demi-dieux,
S'éveillaient, étonnés, dans le blanc crépuscule,
Et, regardant Roland, se souvenaient d'Hercule.
Plus d'infants, neuf étaient tombés, un avait fui :
C'était Ruy-le-Subtil. Mais la bande sans lui
Avait continué, car rien n'irrite comme
La honte et la fureur de combattre un seul homme.
Durandal, à tuer ces coquins s'ébrèchant,
Avait jonché de morts la terre, et fait ce champ
Plus vermeil qu'un nuage où le soleil se couche.
Elle s'était rompue en ce labeur farouche,
Ce qui n'empêchait pas Roland de s'avancer.
Les bandits, le croyant prêt à recommencer,
Tremblants comme des bœufs qu'on ramène à l'étable,
A chaque mouvement de son bras redoutable
Reculaient, lui montrant de loin leur coutelas;
Et, pas à pas, Roland, sanglant, terrible, las,
Les chassait devant lui, parmi les fondrières;
Et n'ayant plus d'épée, il leur jetait des pierres.

LÉGENDE DES SIÈCLES.

L.-P. SERGENT

Eviradnus

Le moment est funèbre, Eviradnus sent bien
Qu'avant qu'il ait choisi dans quelque armure un glaive,
Il aura dans les reins la pointe qui se lève.
Que faire? Tout à coup, sur Ladislas gisant
Son œil tombe. Il sourit terrible ; et se baissant
De l'air d'un lion pris qui trouve son issue :
« Hé! dit-il, je n'ai pas besoin d'autre massue! »
Et, prenant aux talons le cadavre du roi,
Il marche à l'empereur qui chancelle d'effroi;
Il brandit le roi mort comme une arme, il en joue;
Il tient dans ses deux poings les deux pieds, et secoue
Au-dessus de sa tête, en murmurant : « Tout beau! »
Cette espèce de fronde horrible du tombeau,
Dont le corps est la corde et la tête la pierre.
Le cadavre éperdu se renverse en arrière,
Et les bras disloqués font des gestes hideux...

La Légende des Siècles.

esprits rares et providentiels qui opèrent, dans l'ordre littéraire, le salut de tous, comme d'autres dans l'ordre politique. Le mouvement créé par Victor Hugo se continue encore sous nos yeux. Qu'il ait été puissamment secondé, personne ne le nie ; mais si aujourd'hui des hommes mûrs, des jeunes gens, des femmes du monde, ont le sentiment de la bonne poésie, de la poésie profondément rythmée et vivement colorée, si le goût public s'est haussé vers des jouissances qu'il avait oubliées, c'est à Victor Hugo qu'on le doit. C'est encore son instigation puissante qui, par la main des architectes érudits et enthousiastes, répare nos cathédrales et consolide nos vieux souvenirs de pierre...

Victor Hugo était, dès le principe, l'homme le mieux doué, le plus visiblement élu pour exprimer par la poésie ce que j'appellerai le *mystère de la vie*. La nature qui pose devant nous, de quelque côté que nous nous tournions, et qui nous enveloppe comme un mystère, se présente sous plusieurs états simultanés dont chacun, selon qu'il est plus intelligible, plus sensible pour nous, se reflète plus vivement dans nos cœurs : forme, attitude et mouvement, lumière et couleurs, son et harmonie. La musique des vers de Victor Hugo s'adapte aux profondes harmonies de la nature; sculpteur, il découpe dans ses strophes la forme inoubliable des choses; peintre, il les illumine de leur couleur propre.  Et, comme si elles venaient directement de la nature, les trois impressions pénètrent simultanément le cerveau du lecteur. De cette triple impression, résulte la *morale des choses*. Aucun artiste n'est plus universel que lui, plus apte à se mettre en contact avec les forces de la vie universelle, plus disposé à prendre sans cesse un bain de nature. Non seulement il exprime nettement, il traduit littéralement la lettre nette et claire, mais il exprime, avec l'*obscurité indispensable*, ce qui est obscur et confusément révélé. Ses œuvres abondent en traits extraordinaires de ce genre, que nous pourrions appeler des tours de force si nous ne savions pas qu'ils lui sont essentiellement naturels. Le vers de Victor Hugo sait traduire pour l'âme humaine, non seulement les plaisirs les plus directs qu'elle tire de la nature visible, mais encore les sensations les plus fugitives, les plus compliquées, les plus morales (je dis exprès sensations morales), qui nous sont transmises par l'être visible, par la nature inanimée ou dite inanimée; non seulement la figure d'un être extérieur à l'homme, végétal ou minéral, mais aussi sa physionomie, son regard, sa tristesse, sa douceur, sa joie éclatante, sa haine répulsive, son enchantement ou son horreur ; enfin, en d'autres termes, tout ce qu'il y a d'humain dans n'importe quoi, et aussi tout ce qu'il y a de divin, de sacré ou de diabolique... C'est un génie sans frontières.

Ce serait sans doute ici le cas, si l'espace le permettait, d'analyser l'atmosphère morale qui plane et circule dans ses poèmes, laquelle participe très sensiblement du tempérament propre de l'auteur. Elle me paraît porter un caractère très manifeste d'amour égal pour ce qui est très fort comme pour ce qui est très faible ; et l'attraction exercée sur le poète par ces deux extrêmes tire sa raison d'une origine unique qui est la force même, la vigueur originelle dont il est doué. La force l'enchante et l'enivre ; il va vers elle comme vers une parente : attraction fraternelle. Ainsi est-il emporté irrésistiblement vers tout symbole de l'infini : la mer, le ciel ; vers tous les représentants anciens de la force : géants homériques ou bibliques, paladins, chevaliers ; vers les bêtes énormes et redoutables. Il caresse en se jouant ce qui ferait peur à des mains débiles ; il se meut dans l'immense, sans vertige. En revanche, mais par une tendance différente dont la source est pourtant la même, le poète se montre toujours l'ami attendri de tout ce qui est faible, solitaire, contristé ; de tout ce qui est orphelin : attraction paternelle. Le fort qui devine un frère dans tout ce qui est fort, voit ses enfants dans tout ce qui a besoin d'être protégé ou consolé. C'est de la force même et de la certitude qu'elle donne à celui qui la possède, que dérive l'esprit de justice et de charité. Ainsi se produisent sans cesse, dans les poèmes de Victor Hugo, ces accents d'amour pour les femmes tombées, pour les pauvres gens broyés dans les engrenages de nos sociétés, pour les animaux martyrs de notre gloutonnerie et de notre despotisme. Peu de personnes ont remarqué le charme et l'enchantement que la bonté ajoute à la force et qui se font voir si fréquemment dans les œuvres de notre poète. Un sourire et une larme dans le visage d'un colosse, c'est une originalité presque divine....

L'excessif, l'immense, sont le domaine naturel de Victor Hugo ; il s'y meut comme dans son atmosphère natale. Le génie qu'il a de tout temps déployé dans la peinture de *toute la monstruosité* qui enveloppe l'homme, est vraiment prodigieux. Mais c'est surtout dans ces dernières années qu'il a subi l'influence métaphysique qui s'exhale de toutes ces choses : curiosité d'un Œdipe obsédé par d'innombrables Sphinx !... Entre les mains d'un autre poète que Victor Hugo, de pareils thèmes et de pareils sujets auraient pu trop facilement adopter la forme didactique, qui est la plus grande ennemie de la véritable poésie. Raconter en vers les lois connues suivant lesquelles se meut un monde moral ou sidéral, c'est décrire ce qui est découvert et ce qui tombe tout entier sous le télescope ou le compas de la science ; c'est se réduire aux devoirs de la science et empiéter sur ses fonctions, et c'est embarrasser son langage traditionnel de l'ornement superflu et dangereux ici de la rime ; mais s'abandonner à toutes les rêveries suggérées par le spectacle infini de la vie sur la terre et dans les cieux est le droit légitime du premier venu, conséquemment du poète, à qui il est accordé alors de traduire dans un langage magnifique, autre que la prose et la musique, les conjectures éternelles de la curieuse humanité. — En décrivant ce qui est, le poète se dégrade et descend au rang de professeur ; en racontant le possible, il reste fidèle à sa fonction ; il est une âme collective qui interroge, qui pleure, qui espère et qui devine quelquefois.

Une nouvelle preuve du même goût infaillible se manifeste dans le dernier ouvrage dont Victor Hugo nous ait octroyé la jouissance, je veux dire *La Légende des siècles*. Excepté à l'aurore de la vie des nations, où la poésie est à la fois l'expression de leur âme et le répertoire de leurs connaissances, l'histoire mise en vers est une dérogation aux lois qui gouvernent les deux genres, l'histoire et la poésie ; c'est un outrage aux deux Muses. Dans les périodes extrêmement cultivées, il se fait dans le monde spirituel une division du travail qui fortifie et perfectionne chaque partie ; et celui qui tente alors de créer le poème épique, tel que le comprenaient les nations plus jeunes, risque de diminuer l'effet magique de la poésie, ne fût-ce que par la longueur insupportable de l'œuvre, et en même temps d'enlever à l'histoire une partie de la sagesse et de la sévérité qu'exigent d'elle les nations âgées... Victor Hugo a créé le seul poème épique qui pût être créé par un homme de son temps pour des lecteurs de son temps. D'abord les poèmes qui constituent l'ouvrage sont généralement courts, et même la brièveté de quelques-uns n'est pas moins extraordinaire que leur énergie. Ceci est déjà une considération importante, qui témoigne d'une connaissance absolue de tout le possible de la poésie moderne. Ensuite, voulant créer le poème épique moderne, c'est-à-dire le poème tirant son origine ou plutôt son prétexte de l'histoire, il s'est bien gardé d'emprunter à l'histoire autre chose que ce qu'elle peut légitimement et fructueusement prêter à la poésie ; je veux dire la légende, le mythe, la fable, qui sont comme des concentrations de vie nationale, comme des réservoirs profonds où dorment le sang et les larmes des peuples. Enfin il n'a pas chanté particulièrement telle ou telle nation, la passion de tel ou tel siècle ; il est monté tout de suite à une de ces hauteurs philosophiques d'où le poète peut considérer toutes les évolutions de l'humanité avec un regard également curieux, courroucé ou attendri. Avec quelle majesté il a fait défiler les Siècles devant nous, comme les fantômes qui sortiraient d'un mur ; avec quelle autorité il les a fait se mouvoir, chacun doué de son parfait costume, de son vrai visage, de sa sincère allure, nous l'avons tous vu !...

CHARLES BAUDELAIRE
(Réflexions sur quelques-uns de mes contemporains.)

En annonçant au Maître l'envoi de sa traduction d'Edgar Poë, Baudelaire l'avait supplié de n'en point lire d'autre exemplaire que celui qu'il allait lui adresser, et qui contiendrait certaines corrections particulièrement importantes. — « Soyez tranquille, lui répondit Victor Hugo, j'attendrai. Je comprends votre susceptibilité, moi qui ai fait faire, pour des virgules, onze cartons à *La Légende des siècles.* »

G. DUBUFE

Cypris

Cypris, sur la blancheur d'une écume qui fond,
Reposait mollement, nue et surnaturelle,
Ceinte du flamboiement des yeux fixés sur elle,
Et, par moments, avec l'encens, les cœurs, les vœux,
Toute la mer semblait flotter dans ses cheveux.

La Légende des Siècles. — *Le Satyre.*

D. LAUGÉE

L'Inquisition

J'étais content ; j'avais horreur de l'ancien prêtre.
Mais quand j'ai vu comment travaille le nouveau,
Quand j'ai vu flamboyer, ciel juste ! à mon niveau !
Cette torche lugubre, âpre, jamais éteinte,
Sombre, que vous nommez l'Inquisition sainte ;
Quand j'ai pu voir comment Torquemada s'y prend
Pour dissiper la nuit du sauvage ignorant,
Comment il civilise, et de quelle manière
Le Saint-Office enseigne et fait de la lumière ;
Quand je me suis senti parfois presque étouffé
Par l'âcre odeur qui sort de votre auto-da-fé,
Moi qui ne brûlais rien que l'ombre en ma fournaise,
J'ai pensé que j'avais eu tort d'être bien aise :
J'ai regardé de près le dieu de l'étranger,
Et j'ai dit : « Ce n'est pas la peine de changer. »

La Légende des Siècles *(Première série).*
Les Raisons du Momotombo.

HENRI PILLE

*

Les Mercenaires

*

.... O chute, ignominie, inexprimable honte !
Ces marcheurs alignés, ces êtres qui vont là
En pompe impériale, en housse de gala,
Ce sont les libres fils de ma libre montagne !
Ah ! les bassets en laisse et les forçats au bagne
Sont grands, sont purs, sont fiers, sont beaux et glorieux
Près de ceux-ci, qui, nés dans les lieux sérieux
Où comme des roseaux les hauts mélèzes ploient,
Fils des rochers sacrés et terribles, emploient
La fermeté du pied dans les cols périlleux,
Le mystérieux sang des mères aux yeux bleus,
L'audace dont l'autan nous enfle les narines,
Le divin gonflement de l'air dans les poitrines,
La grâce des ravins couronnés de bouquets,
Et la force des monts, à se faire laquais !...

<small>La Légende des Siècles. — *Le Régiment du baron Madruce.*</small>

LES MISÉRABLES

HANTÉ presque sans trêve depuis presque un demi-siècle par le spectacle de la souffrance humaine, Victor Hugo soulagea sa conscience en créant *Les Misérables*. Les premières lignes furent écrites dans l'appartement de la place Royale. La publication devait avoir lieu chez les éditeurs Gosselin et Renduel, vers 1848. Le titre fut d'abord *Les Misères*. La première partie s'appelait *Le Manuscrit de l'Évêque*. La révolution et l'exil intervinrent. Les ans passèrent. Le livre reçut des développements considérables. « L'œuvre entière, écrivait l'auteur à Paul Foucher, le 3 août 1861, gravite autour d'un personnage central. C'est une sorte de système planétaire, autour d'une âme géante qui résume toute la misère sociale actuelle. » Les dernières pages furent remplies à Hauteville-house, au commencement de 1862.

Le livre fut publié par A. Lacroix Verbœckhoven et Cie, éditeurs à Bruxelles. La première partie, *Fantine*, parut en deux volumes in-8° le même jour, 3 avril 1862, à Paris, à Londres, à Leipzig, à Madrid, à Rotterdam, à Pesth, à Varsovie, à Rio-de-Janeiro. Les sept mille exemplaires de l'édition parisienne (chez Pagnerre) furent enlevés en vingt-quatre heures. L'imprimeur Claye avait, sous sa responsabilité, fait prendre des empreintes, et put mettre un nouveau tirage en vente le 17 avril. Les premières éditions étrangères, vingt-six mille exemplaires, furent presque aussi rapidement épuisées. La seconde et la troisième parties : *Cosette* et *Marius* (4 vol. in-8°) parurent en mai; et en juillet, les quatrième et cinquième parties (4 autres vol.) : *L'Idylle rue Plumet* et *l'Épopée rue Saint-Denis — Jean Valjean*.

Des traductions furent faites pour tous les peuples qui lisent. Un voyageur français, M. Alfred Rambaud, trouva à Kazan, au fond de la Moscovie tartare, la traduction russe. Il y eut plusieurs éditions en langue japonaise. Aux États-Unis, pendant la guerre de sécession, le roman de Victor Hugo devint la nourriture intellectuelle des combattants. On imprima pour eux une édition spéciale, *l'Édition des Volontaires*. Les soldats portaient le livre dans leur sac, le dévoraient fiévreusement entre deux batailles, et se surnommaient les uns les autres Marius, Enjolras, Courfeyrac, Bossuet, Grantaire. Dans les Pays-Bas, *Les Misérables* étaient lus par les pasteurs en chaire, devant les fidèles assemblés. C'était, disait-on, « l'Évangile du peuple. »

Une suite de vingt gravures sur *Les Misérables*, par Outhwaite, d'après A. de Neuville, a été publiée à la librairie Lacroix. En 1865, à Paris, édition Hetzel-Lacroix : un fort volume avec deux cents dessins par Brion. L'édition Hugues (Paris 1879, 5 vol. in-8°) offre cinq cents dessins par MM. Bayard, Brion, J.-P. Laurens, Lix, Ed. Morin, de Neuville, Scott et Vogel. Dans l'été de 1862, fut annoncée une publication hebdomadaire intitulée *Les femmes de Victor Hugo*. La première série, consacrée aux *Misérables*, contient, avec un portrait du Maître d'après la photographie de Pierre Petit, six planches gravées par O. Jahyer d'après Eustache Lorsay : Fantine, Cosette, Éponine, etc.

ORIGINES ET TYPES DES MISÉRABLES

On a recherché avec la plus vive curiosité à quelles sources avait puisé l'auteur, de quels souvenirs il s'était inspiré. On crut découvrir le prototype de l'évêque Myriel dans un petit livre publié à Digne en 1844 et intitulé : « Discours sur la vie et les vertus de Mgr Charles-François-Melchior-Bienvenu de Miollis, évêque de Digne, prononcé dans l'église de Saint-Jérôme, le 12 septembre 1843, suivi de plusieurs lettres du saint prélat et de notes diverses, par L.-J. Bondil, chanoine théologal. » Cette oraison funèbre, dont le style clérical manque totalement de charme et de puissance, a simplement fourni au romancier un cadre et presque rien de plus. Après avoir fait en Claude Frollo le prêtre perverti, il a fait en l'évêque de D... le prêtre idéal.

Dans l'énumération des religieuses dites *vocales*, qui se trouvèrent au couvent du Petit-Picpus de 1819 à 1825, Victor Hugo nomme Mlles de Siguenza (mère Présentation), de Cifuentes (mère Miséricorde), d'Auverney (mère Sainte-Adélaïde), Gauvain (mère Sainte-Mechtilde) et Drouët (mère des Anges). Est-ce aux confidences de ces religieuses, de la dernière surtout, que sont dues les pages si admirablement exactes et si pittoresquement vraies sur « L'Obédience de Martin Vega — Le Petit-Couvent — L'Adoration perpétuelle »? On se rappelle que *Cifuentes* et *Siguenza* sont les deux titres dont le roi Joseph gratifia le général Hugo.

Dans le type de Marius sont entrés, si je ne me trompe, certains souvenirs personnels du poète. La détresse de son héros rappelle les sombres jours qui suivirent la mort de sa mère. — « Elle ne pourrait s'empêcher d'avoir de l'estime et de la considération pour moi, dit le timide adorateur de Cosette, si elle savait que c'est moi qui suis le véritable auteur de la dissertation sur Marcos Obregon de la Ronda, que M. François de Neufchâteau a mise, comme étant de lui, en tête de son édition de *Gil Blas !* » Or, l'auteur véritable de cette dissertation est, nous l'avons dit, Victor-*Marie* Hugo. Voici le portrait du jeune *Marius* Pontmercy : « Marius, à cette époque, était un beau jeune homme de moyenne taille, avec d'épais cheveux très noirs, un front haut et intelligent, les narines ouvertes et passionnées, l'air sincère et calme, et, sur tout son visage, je ne sais quoi qui était hautain, pensif et innocent. Son profil, dont toutes les lignes étaient arrondies sans cesser d'être fermes, avait cette douceur germanique qui a pénétré dans la physionomie française par l'Alsace et la Lorraine, et cette absence complète d'angles qui rendait les Sicambres si reconnaissables parmi les Romains, et qui distingue la race léonine de la race aquiline. Il était à cette saison de la vie où l'esprit des hommes qui pensent se compose, presque à proportions égales, de profondeur et de naïveté. Une situation grave étant donnée, il avait tout ce qu'il fallait pour être stupide ; un tour de clef de plus, il pouvait être sublime. Ses façons étaient réservées, froides, polies, peu ouvertes. Comme sa bouche était charmante, ses lèvres les plus vermeilles et ses dents les plus blanches du monde, son sourire corrigeait ce que sa physionomie avait de sévère. A dé certains moments, c'était un singulier contraste que ce front chaste et ce sourire voluptueux. Il avait l'œil petit et le regard grand. »

Plus tard, Marius deviendra, comme l'évêque Bienvenu, « une de ces âmes fortes, éprouvées, indulgentes, où la pensée est si grande qu'elle ne peut être que douce, d'abord passionnées, violentes même, et dont la mansuétude universelle est moins un instinct de nature que le résultat d'une grande conviction filtrée à travers la vie et tombée en elles pensée à pensée. »

Autre indication à relever. « Le 5 juin 1832, Victor Hugo ache-

Jean Valjean

vait, en se promenant aux Tuileries, sur la terrasse du bord de l'eau, le discours de Saint-Vallier ; on le fit sortir du jardin qui fut fermé : il y avait une insurrection. Il alla du côté où on se battait ; comme il traversait le passage du Saumon, tout à coup les grilles furent fermées et les balles sifflèrent d'une grille à l'autre. Pas de boutique où se réfugier ; les portes s'étaient closes avant les grilles. Il ne put que s'abriter entre deux des minces colonnes du passage. Les balles durèrent un quart d'heure ; la troupe, ne délogeant pas les insurgés, tourna la position ; le combat s'engagea d'un autre côté, et les grilles furent rouvertes. Le lendemain, M. Victor Hugo dînait chez M. Émile Deschamps. Un des convives, M. Jules de Rességuier, raconta l'hé-

HENRI COEYLAS

Le Crapaud

.... Dans la sérénité du pâle crépuscule,
La brute par moments pense et sent qu'elle est sœur
De la mystérieuse et profonde douceur ;
Il suffit qu'un éclair de grâce brille en elle,
Pour qu'elle soit égale à l'étoile éternelle.
Le baudet, qui, rentrant le soir, surchargé, las,
Mourant, sentant saigner ses pauvres sabots plats,
Fait quelques pas de plus, s'écarte et se dérange
Pour ne pas écraser un crapaud dans la fange.
Cet âne abject, souillé, meurtri sous le bâton,
Est plus saint que Socrate et plus grand que Platon.
Tu cherches, philosophe ! O penseur, tu médites !
Veux-tu trouver le vrai sous nos brumes maudites ?
Crois, pleure, abîme-toi dans l'insondable amour !...

La Légende des Siècles. — *Le Crapaud.*

R. GOUBIE

Le Crapaud

Tous regardaient. — Soudain, avançant dans l'ornière,
Où le monstre attendait sa torture dernière,
L'âne vit le crapaud, et, triste, — hélas! penché
Sur un plus triste, — lourd, rompu, morne, écorché,
Il sembla le flairer avec sa tête basse ;
Ce forçat, ce damné, ce patient, fit grâce ;
Il rassembla sa force éteinte, et, roidissant
Sa chaîne et son licou sur ses muscles en sang.
Résistant à l'ânier qui lui criait : Avance!
Maîtrisant du fardeau l'horrible connivence,
Avec sa lassitude acceptant le combat,
Tirant le chariot et soulevant le bât,
Hagard, il détourna la roue inexorable,
Laissant derrière lui vivre le misérable ;
Puis, sous un coup de fouet, il reprit son chemin...

La Légende des Siècles.

FEYEN-PERRIN

Sur la Plage

... O pauvres femmes
De pêcheurs ! C'est affreux de se dire : « Mes âmes,
Père, amant, frère, fils, tout ce que j'ai de cher,
C'est là, dans ce chaos ! Mon cœur, mon sang, ma chair ! »
Ciel ! être en proie aux flots, c'est être en proie aux bêtes.
Oh ! songer que l'eau joue avec toutes ces têtes,
Depuis le mousse enfant jusqu'au mari patron,
Et que le vent hagard, soufflant dans son clairon,
Dénoue au-dessus d'eux sa longue et folle tresse,
Et que peut-être ils sont, à cette heure, en détresse,
Et qu'on ne sait jamais au juste ce qu'ils font,
Et que, pour tenir tête à cette mer sans fond,
A tous ces gouffres d'ombre où ne luit nulle étoile,
Ils n'ont qu'un bout de planche avec un bout de toile !...

La Légende des Siècles. — *Les pauvres Gens.*

roïque défense du cloître Saint-Merry, qui émut profondément le futur auteur de *L'Épopée rue Saint-Denis.* »

Jean Valjean est la transfiguration du bandit qui apparaît dans *Le Dernier Jour d'un condamné*, disant : « C'est égal, je voulais être honnête homme... Mais que les diables soient avec le passeport ! Il était jaune, et on avait écrit dessus : *Forçat libéré.* Il fallait montrer cela partout où je passais... La belle recommandation ! un galérien ! Je faisais peur, et les petits enfants se sauvaient, et l'on fermait les portes. Personne ne voulait me donner d'ouvrage. » Selon M. Émile Montégut (*Revue des Deux-Mondes* du 1er mai 1862), « l'œuvre du poète ne contient guère, comme art, de plus belles pages que la conversion du forçat; et elle n'en contient pas d'aussi humaines. »

Paul de Saint-Victor, dans *La Presse* du 1er octobre, fit, à ce propos, des observations d'une justesse frappante : « Rien de plus vrai que la résistance de Jean Valjean à la vertu héroïque de Mgr Bienvenu. Un romancier ordinaire aurait, dès cette première rencontre, prosterné et transformé le forçat; il aurait donné à sa conversion l'éclat subit d'un coup de théâtre. Avec la pénétration du génie, Victor Hugo en a fait un effort immense, mêlé de rechutes. Une âme si lourdement endormie ne se réveille pas tout à coup de ses cauchemars; la lumière la blesse, avant de l'éclairer; l'exorcisme l'agite, avant de la délivrer. Ainsi que le crime, la vertu a ses degrés et ses transitions. Jean Valjean, se levant la nuit pour voler l'évêque, reste donc dans la vérité de son type; et l'admirable chapitre intitulé : *Petit Gervais*, est un chef-d'œuvre d'analyse humaine. L'âme n'a jamais été surprise dans un état si étrange et si compliqué. Il y a déjà deux hommes dans Jean Valjean béni par l'évêque : l'être moral sortant à peine de sa léthargie, et la brute qui va finir, mais dont l'instinct domine encore pendant l'interrègne de la conscience stupéfiée. C'est l'être brutal et machinal qui vole un enfant; l'âme, perdue dans les profondeurs du rêve, assiste de loin à ce dernier crime, presque sans le voir. Mais lorsqu'elle s'en approche et lorsqu'elle s'en rend compte, la lumière se fait, le miracle s'opère : l'homme nouveau prend le vieil homme en flagrant délit d'infamie; il le rejette avec horreur, et s'en sépare à jamais. »

Le même critique a excellemment parlé de Javert : « Ni le roman ni le drame n'ont créé de type plus parfait que ce *mouchard* dur et pur, rigide et borné, fanatique de l'autorité, ignorant de l'humanité, inaccessible à la pitié, à la sympathie, à toute notion de miséricorde et de circonstance atténuante, et qui comprend la police comme

Dracon concevait la loi. On pourrait dire, tant sa composition est précise, que c'est une figure de géométrie. Tous les traits de son caractère se croisent avec la rigueur des angles d'un plan symétrique. On voit fonctionner, avec la régularité des rouages d'une horloge, les principes secs et brefs qui le font agir. En créant ce personnage, à la fois si rare et si vrai, Victor Hugo a dû ressentir la joie du chimiste trouvant un corps simple. On peut dire qu'avec Javert, le musée humain s'est enrichi d'un type nouveau et impérissable. Cette création offre d'ailleurs une nouvelle preuve de l'impartialité qui préside au livre. Javert, dans la conception des *Misérables,* résume les lacunes des lois mal faites et les rigueurs des lois trop sévères ; il personnifie le côté âpre et étroit que prend parfois l'autorité représentée par des subalternes. Et pourtant le poète l'a fait irréprochable et irresponsable, grand à sa manière, stoïque dans son obéissance aveugle à une consigne dont il n'entend que la lettre ; commandant, sinon la sympathie, du moins le respect. Javert est impersonnel, pour ainsi dire, tant il se confond avec la fonction qu'il exerce ; il y a de la fatalité dans sa cruauté. »

Dans le *Figaro* du 3 août 1862, se trouvent, sous la signature « Colombine », les réflexions suivantes : « Une des grandes puissances de Victor Hugo est de savoir créer. Il plante, sur un sol ferme et solide, des personnages vivants, bien constitués et prêts pour l'action. Ils se meuvent dans son livre, non pas comme des automates incompréhensibles et raides, mais comme des hommes pleins de santé, de vigueur et de naturel. Il n'idéalise pas comme George Sand, il ne dissèque pas comme Balzac ; il campe ses héros en pleine bataille de la vie réelle... Il les jette au plus fort des difficultés, aux prises avec le hasard, le malheur ou la mort ; et c'est dans ces luttes que leur caractère se trempe, dans ces épreuves que leur âme grandit. A l'événement on connaît le héros ; à l'œuvre, l'ouvrier. Et, comme du caillou heurté jaillit le feu, du choc de l'homme avec la douleur sort une lumière qui répand sa clarté sur l'intérieur du cœur lui-même et sur les replis de l'âme en souffrance. »

L'appréciation de A. Nefftzer (*Le Temps,* 2 avril 1862), porte sur l'ensemble de l'œuvre : « On retrouvera le grand écrivain avec les qualités qui le suivent partout, et, si nous en croyons la forte et consolante émotion que nous avons ressentie, avec quelque chose de plus... Ce sont les misères de notre état social, mises à nu avec franchise, mais expliquées avec équité, et jugées avec cette compassion inséparable de la vraie justice, ou qui plutôt est la justice du génie, dispensé de maudire parce qu'il comprend. »

LAMARTINE CONTRE « LES MISÉRABLES »

Les attaques ne manquèrent pas, surtout quand la publication fut complète. M. Barbey d'Aurevilly, critique du *Pays, journal de l'Empire*, jeta le cri d'alarme : « Le dessein du livre de M. Hugo, c'est de faire sauter toutes les institutions sociales les unes après les autres, avec une chose plus forte que la poudre à canon qui fait sauter les montagnes, — avec des larmes et de la pitié. » Lamartine reprit et développa tous les griefs des écrivains conservateurs dans les trois cents pages du « Cours de littérature familier », qu'il consacra aux *Misérables*. Cette étude est intitulée : « Considérations sur un chef-d'œuvre, ou le Danger du génie. » Le début en est charmant.

« ...J'ai toujours aimé Victor Hugo, et je crois qu'il m'a toujours aimé lui-même, malgré quelques sérieuses divergences de doctrine, de caractère, d'opinion, fugitives comme tout ce qui est humain dans l'homme ; mais, par le côté divin de notre nature, nous nous sommes aimés quand même, et nous nous aimerons jusqu'à la fin, sérieusement, sans jalousie, malgré l'absurde rivalité que les hommes à esprit court de notre temps se sont plu à supposer entre nous. — L'envie n'est autre chose que le sentiment de quelque qualité qu'un autre possède et qui manque en nous. Ce vide fait souffrir, et de souffrir à haïr il n'y a pas loin. De quoi aurai-je souffert, puisque je me sentais plein de tout ce que je désirais contenir, en n'élevant jamais mes prétentions plus haut que ma stature ? De quoi Hugo pouvait-il souffrir, puisqu'il se sentait vaste comme la nature ? Il disait un jour (on m'a rapporté son mot) : — J'ai un avantage sur Lamartine, c'est que je le comprends tout entier, et qu'il ne comprend pas la partie dramatique de mon talent.

« C'était juste et c'était vrai... »

Lamartine expose ensuite comment il a été amené à donner son opinion sans réserve sur le dangereux chef-d'œuvre :

« J'écrivis à Hugo pour lui dire : Que je l'avais lu...; que, si j'écrivais sur son livre, je respecterais avant tout l'homme, l'amitié, le suprême talent, le génie, cette épopée du talent ; mais qu'en confessant mon admiration pour le talent, il me serait impossible de ne pas combattre, à armes cordiales, le système..., et que, s'il craignait que la condamnation des idées du livre ne blessât le moins du monde en lui l'homme et l'ami, je m'abstiendrais... et qu'il me répondît donc, s'il le jugeait à propos ; que, s'il ne me répondait pas, j'interpréterais son silence et je n'écrirais rien.

« Il me répondit deux ou trois fois en me remerciant et en m'octroyant, comme un homme fort, pleine licence d'écrire ma pensée contre sa pensée : — « Si le radical c'est l'idéal, oui, je suis radical, » disait-il dans les justifications éloquentes de ses intentions d'écrivain...« Oui, une société qui admet la misère, oui, une humanité qui admet la guerre, me semblent une société, une humanité inférieures; et c'est vers la société d'en haut, vers l'humanité d'en haut, que je tends. Société sans rois, humanité sans frontières ! Je veux universaliser la propriété, ce qui est le contraire de l'abolir, en supprimant le parasitisme ; c'est-à-dire, arriver à ce but : tout homme propriétaire et aucun homme maître... Parce que le but est éloigné, est-ce une raison pour n'y pas marcher ? Oui, autant qu'il est permis à l'homme de vouloir, je veux détruire la fatalité humaine. Je condamne l'esclavage, je chasse la misère, j'enseigne l'ignorance, je traite la maladie, j'éclaire la nuit, je hais la haine... Dans ma pensée, *Les Misérables* ne sont autre chose qu'un livre ayant la fraternité pour base et le progrès pour cime... Cher Lamartine, *nous nous aimons depuis quarante ans, et nous ne sommes pas morts*. Vous ne voudrez gâter ni ce passé, ni cet avenir, j'en suis sûr. Faites donc de mon livre ce que vous voudrez; il ne peut sortir de vos mains que de la lumière.

« Votre vieil ami,

« Victor Hugo. »

Cosette et Jean Valjean

Voici comment Lamartine profita de cette noble lettre : « Le titre du livre de Victor Hugo est faux, parce que ce ne sont pas les *Misérables*, mais les *Coupables* et les *Paresseux;* car presque personne n'y est innocent et personne n'y travaille, dans cette société de voleurs, de débauchés, de fainéants, de filles de joie et de vagabonds. C'est le poème des vices trop punis peut-être, et des châtiments les mieux mérités !... Ce livre d'accusation contre la société s'intitulerait plus justement *L'Épopée de la canaille.* »

ULYSSE BUTIN

Les Pauvres Gens

Elle prend sa lanterne et sa cape. — C'est l'heure
D'aller voir s'il revient, si la mer est meilleure,
S'il fait jour, si la flamme est au mât du signal.
Allons ! — Et la voilà qui part. L'air matinal
Ne souffle pas encor. Rien. Pas de ligne blanche
Dans l'espace où le flot des ténèbres s'épanche.
Il pleut. Rien n'est plus noir que la pluie au matin :
On dirait que le jour tremble et doute, incertain,
Et qu'ainsi que l'enfant, l'aube pleure de naître.
Elle va. L'on ne voit luire aucune fenêtre.

La Légende des Siècles

E. DANTAN

Les Pauvres gens

Elle entra. Sa lanterne éclaira le dedans
Du noir logis muet au bord des flots grondants.
L'eau tombait du plafond comme des trous d'un crible.

Au fond était couchée une forme terrible ;
Une femme immobile et renversée, ayant
Les pieds nus, le regard obscur, l'air effrayant ;
Un cadavre ; — autrefois, mère joyeuse et forte ; —
Le spectre échevelé de la misère morte ;
Ce qui reste du pauvre après un long combat.
Elle laissait, parmi la paille du grabat,
Son bras livide et froid et sa main déjà verte
Pendre, et l'horreur sortait de cette bouche ouverte
D'où l'âme en s'enfuyant, sinistre, avait jeté
Ce grand cri de la mort qu'entend l'éternité !
Près du lit où gisait la mère de famille,
Deux tout petits enfants, le garçon et la fille,
Dans le même berceau souriaient endormis.

LÉGENDE DES SIÈCLES.

Était-ce bien là « combattre à armes cordiales » ? — « Relisons à tête reposée ce merveilleux livre, merveilleux d'utopies comme de saines inspirations ! » ajoute, il est vrai, Lamartine. « Relisons-le, pour en contempler la puissance souvent colossale, pour en admirer la verve plus bouillante encore que dans la jeunesse !...

L'épopée rue Saint-Denis.

Relisons-le, pour y sympathiser avec une sensibilité pathétique, qui n'existait pas au même degré dans les années tendres du poète... Ce ne sont pas les lois ordinaires du roman, conçu, médité, écrit par un écrivain consciencieux et humain ; c'est le procédé d'un dieu de la plume !... C'est le roman du peuple ! Le peuple jusqu'ici n'avait pas de roman à lui, de roman tantôt crapuleux, tantôt sublime, tantôt rêveur, surtout utopiste, quelquefois dangereux, souvent héroïque, fait à son image... Ai-je besoin de noter cette admirable page : *Un homme à la mer ?* Ni J.-J. Rousseau, ni Lamennais n'ont jamais écrit de ce style. Cette longue image de quatre pages vaut tout un livre. C'est la voix de l'abîme. C'est l'agonie du désespoir sur qui pèse un monde, et à qui un poète sublime a donné une langue semblable à celle de Job lui-même...

« Depuis Jules Romain dans les batailles de Constantin jusqu'à Lebrun dans les batailles d'Alexandre, aucun peintre de bataille n'égala le poète des batailles de Napoléon ! Les batailles d'Achille dans Homère n'ont pas plus de verve. C'est le triomphe de la langue française menée au feu : infanterie, cavalerie, artillerie, incendie, assauts, carnage, tout roule, tout avance, tout recule, tout tourbillonne, tout s'abat, comme ces trombes terrestres où les nuées, entrechoquées par des vents contraires, finissent par vomir la grêle qui couche à terre les moissons et qui emporte, avec les feuilles, les membres des arbres. On sort de cette lecture ivre et anéanti, comme un enfant qui s'essouffle à suivre un géant. C'est superbe. Mais qu'est-ce que ce cadre mesquin pour ce tableau ? Qu'est-ce que ce forçat et cette grisette, à côté de ce pan de monde qui s'écroule ? Ni plan, ni convenances, ni proportions, dans ce hors-d'œuvre qui emporte le roman tout entier, comme un coup de canon emporte la bourre. Et puis, il faut le dire, tout cela finit par un paradoxe de goût qui fait faire une moue de répugnance... L'idée souffre le paradoxe, le goût ne le souffre pas... Les mots ont leur odeur. »

Quant le critique arrive à *L'Idylle rue Plumet* : « Nous ne connaissons rien, s'écrie-t-il, de plus parfait et de plus réel dans aucune langue, ancienne ou moderne. Il semble que les années de solitude ont apporté au poète dans son île la seule note qui manquait à ses souvenirs avant cette heure, la note paisible, amoureuse, sympathique, celle qui fait rendre au cœur humain les vibrations les plus intimes, celle de Charlotte sous la main de Gœthe, celle de Bernardin de Saint-Pierre dans *Paul et Virginie*, celle de René dans Chateaubriand. Mais Gœthe a exagéré la note. Chateaubriand y mêle trop de lamentations mélancoliques. Bernardin de Saint-Pierre, quoique parfait et modeste, a été obligé d'aller chercher la source des larmes dans les îles de l'Océan indien, et d'emprunter leur émotion aux plus profondes tragédies de la nature, les tempêtes, les tonnerres, les naufrages, agents de ce drame qui n'avait eu aucun modèle dans l'antiquité. Victor Hugo, au contraire, n'a eu besoin que de son âme, d'ouvrir les yeux autour de lui, au milieu de nous, de décrire une maison déserte et son jardinet inculte dans un de nos faubourgs les plus reculés, et d'y placer deux êtres qui se sont entrevus, deux innocents, deux sauvages de la grande ville, Cosette et Marius ; et avec ces simples personnages, il a fait, en racontant leurs entrevues et leurs entretiens, le plus ravissant tableau d'amour qui ait jamais été écrit...

« Si c'était vous ou moi qui eussions écrit cette histoire, on n'en dirait rien ou bien on en dirait peu de chose. Pourquoi ? Parce que cette histoire, avec ses situations bizarres et ses tiroirs plus longs que le bras, ne serait pas relevée par ce qui relève tout : la magie unique du style... Mais c'est Hugo qui écrit... Chez lui, le cauchemar même a du génie. Et de temps en temps, comme dans *L'Idylle rue Plumet*, c'est Hugo qui pense et qui aime. La rue Plumet est un Eden aussi délicieux que celui de Milton. »

A la fin de l'étude, revient la discussion philosophique : « Ce qui fait de ce livre un livre souvent dangereux pour le peuple, dont il aspire évidemment à être le code, c'est l'erreur de l'économiste à côté de la charité du philosophe. En un mot, c'est l'excès d'idéal, ou soi-disant tel, versé partout à pleins bords, et versé à qui ? à la misère imméritée, et quelquefois très méritée, des classes inférieures... C'est le romantisme introduit dans la politique... Ce livre est dangereux parce qu'il passionne l'homme peu intelligent pour l'impossible. La plus meurtrière et la plus terrible des passions à donner aux masses est la passion de l'impossible. Presque tout est impossible dans les aspirations des *Misérables ;* et la première de ces impossibilités, c'est l'extinction de toutes nos misères. Ne trompez pas l'homme ! vous le rendriez fou ; et quand, de la folie sacrée de votre idéal, vous le laisseriez retomber sur l'aridité et la nudité de ses misères, vous le rendriez fou furieux... Que la société, sans cesse pénétrée de l'esprit divin, qui est un esprit de paix et non de guerre, s'interroge sans cesse elle-même pour savoir ce qu'elle peut introduire d'améliorations pratiques dans ses formes et dans ses lois sans faire écrouler l'édifice... C'est l'acte même de la vie sociale, c'est le battement du cœur de l'humanité... Mais qu'on fasse espérer aux peuples fanatisés d'espérances le renversement à leur profit des inégalités organiques créées par LA FORCE DES CHOSES et maintenues par la nature elle-même sous peine de mort ; qu'on leur persuade que les deux bases fondamentales de toute société non barbare, la propriété et la famille, ces deux constitutions de Dieu et non de l'homme, peuvent être déplacées par le radicalisme sans que tout s'écroule à la fois sur la tête des radicaux comme des conservateurs ; c'est là le rêve, c'est là la démence, c'est à dire le sacrilège... On peut y pousser son siècle de deux manières : soit par la violence et par le levier de la loi agraire, comme Catilina à Rome et Babeuf à Paris ; soit par l'excès des tendances égalitaires et par la magie séductrice d'un idéal plus beau que nature, comme Victor Hugo et les utopistes. — Malgré ses protestations sincères et courageuses contre toute coercition violente à ses fins, la seule magie de son éloquence, les seuls mirages de ses promesses, la seule séduction de ses songes dorés, font de son livre un livre malsain de fait. Il est trop beau pour être innocent. Il ne sait pas dire à la société humaine d'assez rudes vérités. Il lui masque la face impassible de la FORCE DES CHOSES, il la soulève contre le FAIT ACCOMPLI... »

Au Petit-Picpus

A quoi bon relever les contradictions et les inanités de cette apologie du « fait accompli », proclamée en plein Empire ? Où donc Victor Hugo a-t-il attaqué la propriété et la famille ? Ne venait-il pas d'écrire à Lamartine lui-même : « Je veux universaliser la propriété, ce qui est le contraire de l'abolir ? » A-t-il jamais cessé de célébrer les joies saines et saintes du foyer ? En quoi a-t-il réclamé l'impossible et attenté à l'ordre mystérieux de la nature ? Ce qu'il veut faire disparaître, il l'a dit en tête de son livre ; c'est « une damnation sociale créant artificiellement des enfers en pleine civilisation par le fait des lois et des mœurs, et *compliquant d'une fatalité*

ARMAND-DUMARESQ

Cambronne à Waterloo

Qui a vaincu ? est-ce Wellington ? Non. Sans Blücher, il était perdu. Est-ce Blücher ? Non. Si Wellington n'eût pas commencé, Blücher n'aurait pu finir. Ce Cambronne, ce passant de la dernière heure, ce soldat ignoré, cet infiniment petit de la guerre, sent qu'il y a là un mensonge dans une catastrophe, redoublement poignant; et au moment où il en éclate de rage, on lui offre cette dérision, la vie! Comment ne pas bondir!..... Alors il cherche un mot comme on cherche une épée. Il lui vient de l'écume, et cette écume, c'est le mot..... Cette parole du dédain titanique, Cambronne ne la jette pas seulement à l'Europe au nom de l'Empire, ce serait peu; il la jette au passé au nom de la Révolution. On l'entend et l'on reconnaît dans Cambronne la vieille âme des géants. Il semble que c'est Danton qui parle ou Kléber qui rugit.

Les Misérables.

P. KAUFFMANN

Cosette

Cosette ne prit pas le temps de respirer. Il faisait très noir, mais elle avait l'habitude de venir à cette fontaine. Elle chercha de la main gauche dans l'obscurité un jeune chêne incliné sur la source qui lui servait ordinairement de point d'appui, rencontra une branche, s'y suspendit, se pencha et plongea le seau dans l'eau. Elle était dans un moment si violent, que ses forces étaient triplées. Pendant qu'elle était ainsi penchée, elle ne fit pas attention que la poche de son tablier se vidait dans la source. La pièce de quinze sous tomba dans l'eau. Cosette ne la vit ni ne l'entendit tomber. Elle retira le seau presque plein et le posa sur l'herbe.

Cela fait, elle s'aperçut qu'elle était épuisée de lassitude...

Au-dessus de sa tête, le ciel était couvert de vastes nuages noirs, qui étaient comme des pans de fumée. Le tragique masque de l'ombre semblait se pencher vaguement vers cet enfant.

Les Misérables. — *2e partie. Livre III.*

humaine la destinée qui est divine »; c'est « la dégradation de l'homme par le prolétariat, la déchéance de la femme par la faim, l'atrophie de l'enfant par la nuit ». D'ailleurs, il avait répondu d'avance à Lamartine, en écrivant : « Faire dégager à l'appareil social, au profit de ceux qui souffrent et de ceux qui ignorent, plus de clarté et plus de bien-être, c'est là, que les âmes sympathiques ne l'oublient pas, la première des obligations fraternelles. C'est là, que les cœurs égoïstes le sachent, la première des nécessités politiques... Que ceux qui ne veulent pas de l'avenir, y réfléchissent ! En disant non au progrès, ce n'est point l'avenir qu'ils condamnent; c'est eux-mêmes. »

LA LETTRE DE BARBÈS — LA LETTRE DU DUC D'AUMALE

Un des signes qui caractérisent le mieux le génie de Victor Hugo, c'est qu'il a été toute sa vie attaqué avec une égale âpreté par toutes les intolérances, par le fanatisme religieux et par le fanatisme irréligieux, par le vertige d'en bas et par le vertige d'en haut. Les spiritualistes l'accusent de tout matérialiser, les matérialistes de tout spiritualiser. Ne voyant et ne voulant voir, les uns et les autres, qu'un côté de la destinée, ils dénoncent unanimement comme un rêveur celui qui l'a contemplée sous toutes ses faces. Eux, les incomplets, eux qui nient l'une ou l'autre des conditions nécessaires de l'existence, ils s'entendent pour accuser d'exclusivisme le penseur harmonieux, bien équilibré, qui ne nie et ne renie rien, qui ne se révolte ni contre le côté mystérieux, ni contre le côté brutal de la création, qui ne veut séparer les éléments inséparables ni avec la baguette de Circé ni par l'opération du Saint-Esprit.

Si les sectaires l'ont tous déclaré anathème, en revanche ses chefs-d'œuvre ont toujours transporté d'enthousiasme les esprits élevés et les cœurs généreux. Pour se rendre compte de son influence sur ses contemporains, il faut lire la brochure de Mario Proth, *Le mouvement à propos des Misérables* : « Quel nom résume plus d'éclatants symboles que ce nom féerique, Victor Hugo ? Il signifie lutte, marche en avant, progrès. En littérature, en politique, Victor Hugo a brisé les liens étroits de la tradition. Il a tenu tête à tous les orages, il s'est ri de tous les sarcasmes. Il ne s'est jamais immobilisé dans un succès; son idéal n'a jamais cessé de grandir... D'aucuns lui ont reproché ses digressions libres et franches, ces sortes d'entr'actes où sa pensée, comme échappée au drame, s'élève et plane dans les plus hautes abstractions de la politique et de la philosophie. Sans ces digressions, l'idée serait mutilée, et *Les Misérables* perdraient sans contredit beaucoup de leur immense portée morale... Là est l'avenir du roman, dans cette combinaison puissante de la philosophie proprement dite et de l'action. Là est le moyen de captiver à la fois les lettrés et la foule, ceux qui se retranchent dans l'idéal aussi bien que ceux qui s'abandonnent à la vie. Là gît, dans la seule acception élevée du mot, le réalisme, parce qu'il cesse alors d'être une face pour devenir un ensemble. »

L'admiration pour l'œuvre alla si loin dans certains cœurs d'élite, que l'auteur fut soupçonné par eux de n'en avoir point lui-même saisi toute la portée. Un des réfugiés de Guernesey, Hennet de Kessler, reprochait vivement un jour à Victor Hugo d'avoir préféré Cosette, « une petite bourgeoise », à la tragique Éponine ; et il s'écria avec la plus amusante conviction : « Tenez, Victor Hugo, vous ne comprenez pas ce livre ! » Un autre admirateur, non moins enthousiaste, déclarait que Jean Valjean résumait en lui la trinité du Calvaire, mauvais larron d'abord, puis bon larron, puis enfin martyr et rédempteur.

Le 10 juillet 1862, Armand Barbès écrivit de La Haye au poète :

« Cher et illustre concitoyen,

« Le condamné dont vous parlez dans le septième volume des *Misérables* doit vous sembler un ingrat ; il y a vingt-trois ans qu'il est votre obligé !... Et il ne vous a rien dit. Pardonnez-lui, pardonnez-moi. Dans ma prison d'avant Février, je m'étais promis bien des fois de courir chez vous, si un jour ma liberté m'était rendue. Rêves de jeune homme ! Ce jour vint pour me jeter, comme un brin de paille rompue, dans le tourbillon de 1848. Je ne pus rien faire de ce que j'avais si ardemment désiré. Et depuis, pardonnez-moi ce mot, cher concitoyen, la majesté de votre génie a toujours arrêté la manifestation de ma pensée.

« Je fus fier dans mon heure de danger, de me voir protégé par un rayon de votre flamme. Je ne pouvais mourir, puisque vous me défendiez. Que n'ai-je eu la puissance de montrer que j'étais digne que votre bras s'étendît sur moi ! Mais chacun a sa destinée, et tous ceux qu'Achille a sauvés n'étaient pas des héros. Vieux maintenant, je suis dans un triste état de santé. J'ai cru souvent que mon cœur ou ma tête allait éclater. Mais je me félicite, malgré mes souffrances, d'avoir été conservé, puisque, sous le coup de votre nouveau *bienfait*, je trouve l'audace de vous remercier de l'ancien.

« Et puisque j'ai pris la parole, merci aussi, mille fois merci, pour notre sainte cause et pour la France, du grand livre que vous venez de faire. Je dis : la France! car il me semble que cette chère patrie de Jeanne d'Arc et de la Révolution était seule capable d'enfanter votre cœur et votre génie ; et, fils heureux, vous avez posé sur le front glorieux de votre mère une nouvelle couronne de gloire !

« A vous de profonde affection.

« A. Barbès. »

Il faut signaler également une lettre qui, venue d'un point tout opposé, n'est guère moins significative. Elle fut adressée par Henri d'Orléans, duc d'Aumale, à M. Cuvillier-Fleury. Les grands journaux refusèrent d'en insérer le moindre fragment. M. Anatole Cerfbeer eut le courage de lui donner l'hospitalité dans son journal *Le Théâtre*, du 27 juillet 1862 :

Twickenham, 3 juillet.

« J'allais vous écrire au sujet du portrait du roi, tracé par Victor Hugo. Nos cœurs se sont rencontrés. Je n'ai encore rien lu d'aussi sympathique. Il y a des erreurs et des réserves, que certes je n'accepte pas. Mais *l'homme* est bien compris, bien peint, et il y a des traits sublimes. C'est la plus éclatante justice qui ait été encore rendue à ce grand et noble cœur. En parcourant ces pages qui m'ont pris par surprise, les larmes me sont venues aux yeux plusieurs fois...

H. O.

« *Les Misérables*, avait écrit de son côté M. Cerfbeer, ressemblent à un miroir qui refléterait un torrent. Ce torrent, c'est le xixe siècle tout entier. *Les Misérables* sont un livre complexe et complet, poème civilisateur, œuvre d'art. » Et Victor Hugo lui avait répondu : — « C'est la refonte du vieux monde dans le moule du monde nouveau. C'est l'épuration du réel au creuset de l'idéal. »

LE BANQUET — LE DRAME

Une réunion mémorable eut lieu à Bruxelles, chez l'éditeur Lacroix, le 16 septembre 1862. Les détails en ont été relatés dans une brochure de M. Gustave Frédérix. On était accouru de toutes parts, de France surtout, pour acclamer l'auteur proscrit de l'œuvre proclamée « le plus grand évènement littéraire du siècle ». Parmi les quatre-vingts convives, on remarquait MM. Louis Blanc, Eugène Pelletan, Théodore de Banville, Rochefort, Champfleury, Texier, Malot, Nefftzer, Proth, Chassin, Carjat, Labrousse, Laussédat, Brives, Noël Parfait, Cerfbeer, Nadar, Charles et François-Victor Hugo, Fontainas, bourgmestre de Bruxelles, et Vervoort, président de la Chambre belge. La presse italienne était représentée par M. Ferrari, la presse anglaise par M. Lowe, la presse espagnole par M. Cuesta, la presse belge par MM. Bérardi, Considérant, Berru, Frédérix, Madoux, de Laveleye...

MM. Lacroix, Nefftzer, Bérardi, Pelletan, prirent la parole. Puis Victor Hugo parla. Un moment, le souvenir de Garibaldi, récemment blessé par une balle française, lui traversa l'esprit. Il ne put retenir ses larmes. « Je vous remercie, ajouta-t-il, de vous être souvenus d'un absent; je vous remercie d'être venus... Accueillez mon profond attendrissement. Il me semble que je respire parmi vous l'air natal, que chacun de vous m'apporte un peu de France... Je bois à la presse, à sa puissance, à sa gloire, à son efficacité! à sa liberté en Belgique, en Allemagne, en Suisse, en Italie, en Espagne, en Angleterre, en Amérique! à sa délivrance ailleurs! »

M. Louis Blanc répondit : « Votre illustre convive n'a dû d'exercer la souveraineté qui appartient à une grande intelligence, qu'aux inspirations d'une grande âme. Car il existe, messieurs, entre l'honnêteté et l'intelligence un lien d'origine auguste et d'essence immortelle. Platon a dit : Le beau est la splendeur du vrai. Je dirais volontiers : — Le génie n'est que la splendeur de la vertu. Génie, égoïsme, sont deux termes qui se contredisent. Le génie est un flambeau, et un flambeau n'éclaire pas seulement celui qui le porte. » M. Cuesta, M. Ferrari, M. Champfleury, portèrent des toasts, et Théodore de Banville but « au premier, au plus grand des poètes modernes! »

C'est à Bruxelles aussi qu'eut lieu, l'hiver suivant, la première représentation du drame tiré par Charles Hugo des *Misérables* (théâtre des Galeries Saint-Hubert, 3 janvier 1863). Tout le roman était résumé en douze tableaux, depuis « Le soir d'un jour de marche » jusqu'à « L'épopée rue Saint-Denis », jusqu'à la « Nuit derrière laquelle il y a le jour ». L'effet de la barricade était indescriptible. Le drame fut repris à Paris, au théâtre de la Porte-Saint-Martin, le 22 mars 1878; mais il avait dû être remanié et se terminait à l'escalade de la muraille du couvent (Éditions Lacroix, Pagnerre, Calmann-Lévy).

MAURICE LELOIR

Le Départ de Montfermeil

... Un bonhomme pauvrement vêtu donnait la main à une petite fille toute en deuil, qui portait une poupée rose dans ses bras. Ils se dirigeaient du côté de Livry... — Cosette marchait gravement, ouvrant ses grands yeux et considérant le ciel. Elle avait mis son louis d'or dans la poche de son tablier neuf. De temps en temps elle se penchait et lui jetait un coup d'œil, puis elle regardait le bonhomme. Elle sentait quelque chose comme si elle était près du bon Dieu.

Les Misérables — Cosette - Liv. III. Chap. ix.

EUGÈNE BAUDOUIN

La tombe de Jean Valjean

Il dort. Quoique le sort fût pour lui bien étrange,
Il vivait. Il mourut quand il n'eut plus son ange ;
La chose simplement d'elle-même arriva,
Comme la nuit se fait lorsque le jour s'en va.

Les Misérables.

WILLIAM SHAKESPEARE

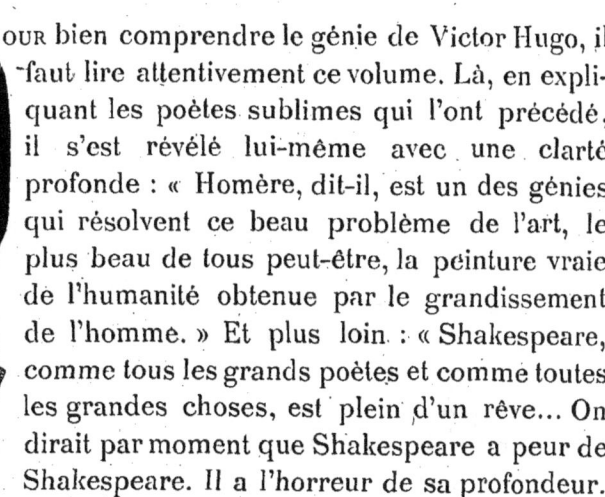

Pour bien comprendre le génie de Victor Hugo, il faut lire attentivement ce volume. Là, en expliquant les poètes sublimes qui l'ont précédé, il s'est révélé lui-même avec une clarté profonde : « Homère, dit-il, est un des génies qui résolvent ce beau problème de l'art, le plus beau de tous peut-être, la peinture vraie de l'humanité obtenue par le grandissement de l'homme. » Et plus loin : « Shakespeare, comme tous les grands poètes et comme toutes les grandes choses, est plein d'un rêve... On dirait par moment que Shakespeare a peur de Shakespeare. Il a l'horreur de sa profondeur. Ceci est le signe des suprêmes intelligences... Sauvage ivre, soit! Il est sauvage comme la forêt vierge, il est ivre comme la haute mer... Il est de ces génies mal bridés exprès par Dieu, pour qu'ils aillent, farouches et à plein vol, dans l'infini. »

Méditez également ces lignes : « Tout homme a en lui son Pathmos. Il est libre d'aller ou de ne pas aller sur cet effrayant promontoire de la pensée, d'où on aperçoit les ténèbres. S'il n'y va point, il reste dans la vie ordinaire... S'il va sur cette cime, il est pris. L'illimité entre dans sa vie, dans sa conscience, dans sa vertu, dans sa philosophie. Il devient extraordinaire aux autres hommes, ayant une mesure différente de la leur. Il a des devoirs qu'ils n'ont pas. »

Dans *Les Misérables*, le poète écrivait : « L'infini est. Il est là. Si l'infini n'avait pas de *moi*, le moi serait sa borne; il ne serait pas infini. En d'autres termes, il ne serait pas. Or, il est. Donc, il a un moi. Ce moi de l'infini, c'est Dieu. » A cette preuve, il ajoute maintenant cette définition : « Par Dieu, nous entendons l'infini vivant. Dieu est l'invisible évident. » — Et il donne cet avis : « L'homme à cette heure, tend à tomber dans l'intestin; il faut replacer l'homme dans le cœur, il faut replacer l'homme dans le cerveau. Le cerveau, voilà le souverain qu'il faut restaurer. »

William Shakespeare, qui d'abord devait être une simple préface à la traduction de François-Victor Hugo, s'ouvre par une curieuse description de Marine-terrace, la maison de Jersey, où cette traduction fut entreprise : « Maison rectiligne, correcte, carrée, toute blanche, qui avait la forme d'un tombeau. » Il semble qu'on la voit, cette froide demeure de l'exil, sous la terrasse qui lui servait de toit, avec son jardin en pente, clos de murs, sans arbres, nu, coupé de degrés de granit, offrant plus de pierres que de feuilles. Elle s'élevait près de la mer, entre la tour hantée qui dominait le petit bois de la colline et le *dick*, file de gros troncs d'arbres plantés debout, contre un mur, dans le sable de la plage : « Un corridor pour entrée; au rez-de-chaussée une cuisine, une serre et une basse-cour, plus un petit salon ayant vue sur le chemin sans passants et un assez grand cabinet à peine éclairé; au premier et au second étage, des chambres, propres, froides, meublées sommairement, repeintes à neuf, avec des linceuls blancs aux fenêtres. Tel était ce logis. Le bruit de la mer toujours entendu. »

William Shakespeare (Paris, 1 vol. in-8°, mai 1864, Librairie internationale Lacroix, Verbœckhoven et Cie) porte en tête cette dédicace : « A l'Angleterre. » L'esthétique qu'y développe Victor Hugo se trouve en germe dans la conversation avec le vieux poète-savant G..., une des pages les plus captivantes du *Rhin* : « La science meurt. Il n'y a que l'art qui soit immortel. Un grand savant fait oublier un autre grand savant; quant aux grands poètes du passé, les grands poètes du présent et de l'avenir ne peuvent que les égaler. Aristote est dépassé, Homère ne l'est pas. » Il devait ajouter : « Le relatif est dans la science; le définitif est dans l'art. — La beauté est la seule chose qui n'existe pas à demi. »

George Sand donna du volume de Victor Hugo cette appréciation : « Il a écrit ce livre, pour dire que la poésie est aussi nécessaire à l'homme que le pain.

« Tout ce qu'il dit le prouve; mais ce qui le prouve plus que tout, la preuve des preuves, c'est la beauté du livre. On sait qu'avec lui on monte un échelon au-dessus de soi-même; et si l'on ne craignait l'orgueil, on oserait dire que sa puissance vous attire jusqu'à lui. Il y a de l'archange, dans le combat de cette âme inspirée contre les chimères qui rugissent encore sur les bords de l'abîme du passé, l'ignorance, la superstition, le mensonge, la folie, la cruauté, la barbarie!.. Ce livre est grand. C'est une clef qui semble ouvrir tous les mondes de l'infini. C'est la glorification ardente de l'idéal, mais c'est aussi l'embrassement plein d'entrailles avec le réel. C'est la passion de la justice, avec la pitié pour le mal. Évidemment, l'auteur est ici à l'apogée de sa force, de sa lumière, de sa santé intellectuelle et morale. Jamais son style n'a été plus ample, et, ne lui en déplaise, plus sobre. Il a les deux faces du talent en une seule. Ses deux ailes sont d'égale grandeur. Sa prose est aussi belle que ses plus beaux vers. Son expression est immense sans être difforme. Ses images sont éblouissantes sans être confuses. »

GEORGE SAND (Revue des Deux-Mondes, du 15 mai 1864).

« Un souffle généreux, entraînant, électrisant, ardemment démocratique, circule dans ce volume et s'en exhale. On sent, en le lisant, que l'auteur est de ceux qui ont tout sacrifié à leur foi politique, et qui ne s'en repentent pas. Il aime, il célèbre passionnément la lumière et la liberté ; et il a raison de les embrasser, de les confondre dans un même amour, car elles sont inséparables l'une de l'autre. Point de liberté sans la lumière ! point de lumière sans la liberté ! A la fin de l'excellent chapitre intitulé : L'Art et la Science, M. Victor Hugo a très bien marqué, ou plutôt prophétisé, l'essor que prendront les âmes à mesure que les intelligences se développeront et s'affranchiront. Voilà une admirable page, aussi belle par la pensée que par la forme. Elle laisse dans l'esprit une trace lumineuse ; elle ranime et ravive dans l'humaine conscience l'étincelle divine. On y reconnaît la lucidité, l'élévation, la force, l'exquise et immense bonté du génie. »

JULES LEVALLOIS (Opinion Nationale, du 26 juin 1864.)

LES CHANSONS DES RUES ET DES BOIS

Les *Chansons des Rues et des Bois* (1 vol in-8°, Paris, Librairie internationale, octobre 1865) semblent avoir été pressenties dans ces lignes des *Misérables* sur Gavroche : « Farfadet et galopin, il faisait un pot-pourri des voix de la nature et des voix de Paris. Il combinait le répertoire des oiseaux avec le répertoire des ateliers. » Certains critiques officieux du Bas-Empire, tout en accordant à Victor Hugo « le génie des titres », malmenèrent, avec une rudesse parfaitement ridicule, cet intermède exquis et radieux, ce divin badinage. On affecta de voir en la fraîcheur, en l'aurore de ces rimes enchanteresses, le commencement du déclin. Poésie d'un ordre inférieur ! disait-on. Comme s'il y avait des genres inférieurs pour un écrivain supérieur! Comme si un grand artiste ne se révélait pas irrésistiblement, même en son œuvre la plus légère, la plus aérienne! Comme si l'accent seul, le timbre pur, la vibration tendre et sonore d'une voix céleste ne suffisait pas à mettre tout le paradis dans le mot le plus simple ou la

EDMOND MORIN

Interruption à une lecture de Platon

La belle en jupon gris clair
Montait l'escalier sonore ;
Ses frais yeux bleus avaient l'air
De revenir de l'aurore.

Elle chantait un couplet
D'une chanson de la rue,
Qui dans sa bouche semblait
Une lumière apparue.

Elle avait l'accent qui plait,
Un foulard pour cachemire,
Dans sa main son pot au lait,
Des flammes dans son sourire.

Et je lui dis (le Phédon
Donne tant de hardiesse !) :
« Mademoiselle, pardon,
Ne seriez-vous pas déesse ? »

Les Chansons des Rues et des Bois.

EDMOND YON

Les Lavandières

Sachez qu'hier de ma lucarne
J'ai vu, j'ai couvert de clins d'yeux
Une fille qui, dans la Marne,
Lavait des torchons radieux.

Près d'un vieux pont dans les saulées,
Elle lavait, allait, venait ;
L'aube et la brise étaient mêlées
A la grâce de son bonnet.

Je la voyais de loin. Sa mante
L'entourait de plis palpitants
Aux folles broussailles qu'augmente
L'intempérance du printemps.

CHANSONS DES RUES ET DES BOIS.
(Choses écrites à Créteil)

AIMÉ PERRET

Le Semeur

Dans les terres, de nuit baignées,
Je contemple, ému, les haillons
D'un vieillard qui jette à poignées
La moisson future aux sillons.

Sa haute silhouette noire
Domine les profonds labours.
On sent à quel point il doit croire
A la fuite utile des jours.

Il marche dans la plaine immense,
Va, vient, lance la graine au loin,
Rouvre sa main, et recommence,
Et je médite, obscur témoin,

Pendant que, déployant ses voiles,
L'ombre, où se mêle une rumeur,
Semble élargir jusqu'aux étoiles
Le geste auguste du semeur.

Les Chansons des Rues et des Bois.
(Saison des Semailles)

phrase la plus complexe ! M. Barbey d'Aurevilly écrivit ces lignes mémorables : « M. Hugo, cassé par la débauche, n'ayant plus un cheveu sur la tête ni une dent dans la bouche, vient de publier un livre obscène. » Henri Heine n'avait-il pas révélé jadis comme quoi l'auteur de *Notre-Dame de Paris* possédait une bosse et deux mains gauches ! Les journaux ne lui adressaient-ils pas sans cesse les aménités qu'il releva dans ces vers, écrits sous un de ses portraits :

> Voici les quatre aspects de cet homme féroce :
> Folie, assassinat, ivrognerie et bosse !

Les vrais poètes auraient à l'envi répété le mot de Gautier : « Si j'avais le malheur de croire qu'un vers de Hugo fût mauvais, je n'oserais me l'avouer à moi-même tout seul, dans la cave, sans chandelle. » M. Barbey, d'ailleurs, revint sur son appréciation : « Rien, pas même l'impertinence, ne dispense de la justice ! » Et dans le « livre obscène », il reconnut « l'art des vers arrivé probablement à sa perfection. » Paul de Saint-Victor écrivit :

« De tout temps, le grand poète a eu le double don du délicat et du colossal. Il rappelle les Cyclopes, qui, dans leurs forges creusées sous le cratère des volcans, fabriquaient en même temps des armes pour Achille et des bijoux pour Vénus. — Aujourd'hui, dans ce nouveau livre, Victor Hugo s'abandonne éperdûment à sa veine de verve et de joie. Il rit d'un rire énorme, il sourit d'un sourire exquis... C'est un éblouissement et un ravissement, un printemps qui fait explosion, de la musique dans de la lumière, la volupté revêtue des couleurs du rêve. Le magique désordre de la féerie remplit les rues et les bois. La flûte de l'enchanteur les peuple d'apparitions délicieuses, évoquées des points les plus lointains du réel et de l'idéal... D'une stance à l'autre, le poète jette des transitions comparables, pour la grâce et pour la souplesse, à ces lianes des forêts indiennes qui flottent du boabab à l'arbuste, du cèdre à la rose : passerelles aériennes que la Muse ailée, *Musa ales*, peut seule parcourir. C'est le style de l'arabesque appliqué à la poésie ; un fouillis de verdures, de végétations, de guirlandes, magnifiquement compliqué, d'où jaillissent des figures de femmes terminées en longues spirales de feuillage...

« Tel est ce livre éclatant, étrange, mélangé, qui donne l'idée d'un bal masqué plein de masques extravagants, de femmes ravissantes, et dans lequel se seraient glissés des fantômes. L'exécution étonne ceux même qui ont étudié Victor Hugo dans tous les détails de son orchestration poétique. Le rythme semble être devenu l'élément naturel de sa pensée ; il la porte, comme l'air porte l'oiseau ;

elle y roule, elle y nage, elle s'y déploie, elle y monte avec des mouvements d'une rapidité éblouissante. Il est telle de ces chansons, les *Stances à Jeanne*, par exemple : — *Je ne me mets pas en peine...* qui semble receler une musique secrète. Et quelle prodigieuse élasticité dans cette stance de quatre vers presque tous de la même mesure, qui défraie les quatre-vingt-dix morceaux du livre et qui suffit à l'expression de tous leurs contrastes, à la peinture de toutes leurs images ; tantôt large et fière comme un fragment de fresque, tantôt précieuse et suave comme le plus transparent pastel !... — Ceci dit, j'accorde les défauts, aussi saillants que les nœuds d'un chêne et les aspérités d'une montagne.... Les gaîtés de Victor Hugo me rappellent celles de Samson, le héros biblique. Samson s'amusait à proposer des énigmes, et il faisait aux Philistins des farces énormes. Il emportait sur son dos les portes de leur ville, il lançait dans leurs champs trois cents chacals traînant à leurs queues des tisons ardents. Mais, en même temps, le héros remplissait d'exploits Israël ; il luttait corps à corps contre les lions, et de leur gueule déchirée il tirait des rayons de miel. »

PAUL DE SAINT-VICTOR (La Presse, 2 novembre 1865.)

« A mon avis, Victor Hugo est notre poète par excellence, et *Les Chansons des rues et des bois* sont pleines de choses merveilleuses. Je ne doute pas que, avant vingt ans, Victor Hugo, comme Corneille et Racine, ne soit mis par les proviseurs eux-mêmes dans la main des enfants, attendu que cet homme a écrit les plus beaux vers dont puisse s'honorer la langue française. »

HENRI ROCHEFORT (Figaro, 20 octobre 1865).

LES TRAVAILLEURS DE LA MER

LORIFIER le travail, la volonté, le dévouement, tout ce qui fait l'homme grand ; montrer que le plus implacable des abîmes, c'est le cœur, et que ce qui échappe à la mer n'échappe pas à la femme, » tel fut, d'après une lettre de Victor Hugo, le but poursuivi dans *Les Travailleurs de la mer* (3 vol. in-8°, mars 1866. Librairie internationale Lacroix, Verbœckhoven et Cie; imprimerie Poupart-Davyl, à Paris). Vingt ans auparavant, dans le discours prononcé à la Chambre des Pairs sur la Consolidation et la Défense du Littoral, il avait dit: « La lutte de l'intelligence humaine avec les forces aveugles de la matière est le plus beau spectacle de la nature ; c'est par là que la création se subordonne à la civilisation, et que l'œuvre complète de la Providence s'exécute. »

Dans *Les Misérables*, lutte contre la fatalité sociale; dans *Notre-Dame de Paris*, contre la fatalité religieuse; dans *Les Travailleurs de la mer*, contre la fatalité naturelle. Les deux roches de

Douvres ne vous apparaissent-elles pas comme les deux formidables tours d'une cathédrale des mers, d'une Notre-Dame des flots et des tempêtes?

« Je dédie ce livre, écrivit l'auteur sur le premier feuillet, au rocher d'hospitalité et de liberté, à ce coin de vieille terre normande où vit le noble petit peuple de la mer, à l'île de Guernesey, sévère et douce, mon asile actuel, mon tombeau probable. »

Le « succès énorme, universel, » des *Travailleurs de la mer* fut constaté et paraphrasé par tous les organes de la presse. *La Revue des Deux-Mondes*, elle-même, tressaillit d'admiration en la personne de M. Montégut : « M. Victor Hugo a réalisé ce prodige de nous faire comprendre ce que l'imagination a pu autrefois, par ce qu'elle peut encore chez un poète tel que lui. Sans préméditation d'aucune sorte, instinctivement et par la seule force d'*objectivation* qui est en lui, ses descriptions nous donnent l'impression confuse, mais puissante, de ce qui s'est passé dans l'Inde antique et dans la Grèce primitive. Peu s'en faut que les éléments qu'il met en scène ne soient des personnages. L'écueil a presque physionomie humaine. Les vagues, tour à tour câlines et féroces, bienveillantes et malicieuses, ont une volonté et des passions. La horde des vents, qui vient déchaîner la tempête sur Gilliatt, n'est pas moins vivante que la légion des marouts de l'Inde. »

Un autre rédacteur de la même Revue ajouta plus tard : « C'est une idylle maritime qui a fleuri dans Guernesey. Gilliatt en est le Polyphème, moins laid, mais aussi sauvage; Déruchette, la Galatée gracieuse; Ebenezer, le bel Acis, mais un peu pâle. Seulement, ce Polyphème, au lieu d'écraser Acis, lui sauve la vie et le marie à Galatée.» Le nom de Gilliatt n'implique-t-il pas, en effet, l'idée d'un géant vaincu par un éphèbe, d'un Goliath dont triomphe un David? C'est l'incarnation de l'héroïsme muet supplanté par la grâce persuasive, comme les sombres et généreux Titans furent supplantés par les divinités lumineuses de l'Olympe. C'est l'harmonie l'emportant sur la force, sans coup férir, dans le combat pour l'existence. C'est l'implacable destin immolant le plus digne au mieux aimé, sacrifiant la justice idéale à la loi instinctive, asservissant les suprêmes vertus aux sélections organiques, créant l'espérance avec le désespoir et la vie avec la mort. C'est plus encore; c'est l'âme planant au-dessus de toutes les fatalités d'ici-bas et remontant à la source éternelle des êtres, après avoir racheté des destinées, créé des heureux, et consacré, par un renoncement à tout égoïsme tyrannique et stérile, la sainte fécondité de la nature, le

Ernest DUEZ

Gilliatt à la Chaise—Gild-Holm-'Ur

L'eau était bleue à perte de vue. Le vent étant d'est, il y avait un peu de ressac autour de Serk, dont on ne voit de Guernesey que la côte occidentale. On apercevait au loin la France comme une brume et la longue bande jaune des sables de Carteret. Par instants, un papillon blanc passait...

Le *Cashmere* laissa le point du Bû de la Rue derrière lui et s'enfonça dans le plissement profond des vagues. En moins d'un quart d'heure, il ne fut plus sur la mer qu'une sorte d'obélisque blanc décroissant à l'horizon. Gilliatt avait de l'eau jusqu'aux genoux. Il regardait le sloop s'éloigner. La brise fraîchit au large... La marée s'élevait, le temps passait. Les mauves et les cormorans volaient autour de lui, inquiets. On eût dit qu'ils cherchaient à l'avertir. Peut-être y avait-il, dans ces volées d'oiseaux, quelque mouette venue de Douvres qui le reconnaissait.

Les Travailleurs de la Mer.

V. GILBERT

Gilliatt

Tel était Gilliatt. — Les filles le trouvaient laid. — Il n'était pas laid. Il était beau peut-être. Il avait dans le profil quelque chose d'un barbare antique. Au repos, il ressemblait à un Dace de la colonne Trajane. Son oreille était petite, délicate, sans lambeau, et d'une admirable forme acoustique. Il avait entre les deux yeux cette fière ride verticale de l'homme hardi et persévérant. Les deux coins de sa bouche tombaient, ce qui est amer; son front était d'une courbe noble et sereine, sa prunelle franche regardait bien, quoique troublée par ce clignement que donne aux pêcheurs la réverbération des vagues. Son rire était puéril et charmant. Pas de plus pur ivoire que ses dents. Mais le hâle l'avait fait presque nègre. On ne se mêle pas impunément à l'océan, à la tempête et à la nuit; à trente ans, il en paraissait quarante-cinq. Il avait le sombre masque du vent et de la mer.

Les Travailleurs de la Mer.

ÉMILE VERNIER

Les Vents du large

... Pas de visions comme les vagues! Comment peindre ces creux et ces reliefs alternants, réels à peine, ces vallées, ces hamacs, ces évanouissements de poitrails, ces ébauches? Comment exprimer ces halliers de l'écume, mélangés de montagne et de songe? L'indescriptible est là, partout, dans la déchirure, dans le froncement, dans l'inquiétude, dans le démenti perpétuel, dans le clair-obscur, dans les pendentifs de la nuée, dans les clefs de voûte toujours défaites, dans la désagrégation sans lacune et sans rupture, et dans le fracas funèbre que fait toute cette démence...

L'Homme qui rit.

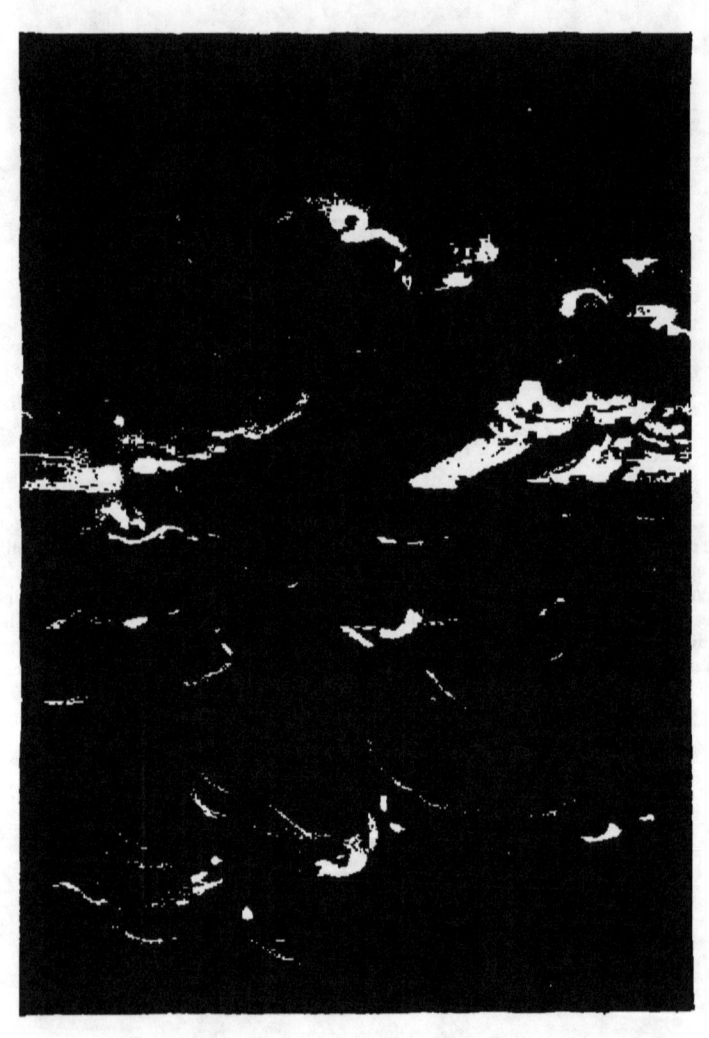

libre progrès de l'humanité. C'est, en deux mots, sous le pessimisme suprême le suprême optimisme. Puisse l'école littéraire, sortie de cette œuvre type, arriver à en comprendre aussi bien la partie supérieure que la partie sombre !

Jules Janin compara cette épopée en prose à l'*Odyssée* et à *Robinson*. « Cela ressemble à *Robinson*, reprit Clément Duvernois, comme les bergers de Virgile ressemblent à ceux de Florian. » Victor Hugo avait dit des *Misérables* : « Ce livre est un drame dont le premier personnage est l'infini. L'homme est le second. » Paul de Saint-Victor écrivit sur *Les Travailleurs de la mer* : « Le personnage principal du livre, c'est l'Océan... Il l'envahit tout entier, il l'environne, il l'assiège, comme l'île qui est le lieu de la scène, comme l'écueil qui en est le point culminant...

Déruchette (dessin de Feyen-Perrin)

C'est la description à ce degré de rendu, où elle devient palpable et visible. L'art, ici, s'assimile à un tel degré la nature, qu'il produit sur l'esprit les sensations physiques du phénomène raconté. Le dedans d'un édifice sous mer — prendra désormais, entre les merveilles littéraires, une place équivalente à celle que la Grotte d'azur de Capri tient parmi les merveilles physiques. Vision matérielle qui, dans sa réalité, surpasse les rêves les plus éblouissants du conte oriental ! La transparence des mots réfléchit la limpidité des couleurs ; la magie des métaphores évoque, comme une incantation, la féerie des choses. » —(*Presse* du 2 avril 1866.)

« L'histoire est simple et navrante, — je viens de la lire d'une haleine ; il est minuit et je ne quitte mon livre que pour prendre la plume. Tout mon être est violemment secoué par la lecture de ces pages étranges et fortes ; j'entends mieux les sanglots et les rires de mon cœur dans le silence profond où je suis...

» Il s'appelle Gilliatt. Il vient on ne sait d'où, et il va à une mort sublime. C'est un visionnaire et un sauvage, un homme qui a toutes les timidités, tous les courages, qui accomplit un labeur de géant et qui tremble devant son nom écrit sur la neige par le doigt d'une jeune fille. Il habite une maison déserte, il a l'impopularité d'un sorcier ; lui-même, il se croit sorcier par instants. Il aime et il lutte, telle est sa sorcellerie.

» Elle s'appelle Déruchette. Le poète la nomme : oiseau qui a la forme d'une fille. Elle a le front naïf, le cou souple et tentant, les cheveux châtains, la peau blanche avec quelques taches de rousseur l'été, la bouche grande et saine, et sur cette bouche l'adorable et dangereuse clarté du sourire...

» Les amoureux sont fous, et Gilliat est visionnaire. Il s'en va tenter l'impossible ; il part seul, comme un ancien héros... Alors commence un combat épique, combat d'un homme contre l'immensité des flots. Le poète n'a jamais écrit de pages plus grandes et plus énergiques. Je préfère cette bataille suprême à la lutte derrière la barricade dans *Les Misérables,* et au siège de Notre-Dame par les truands. Ici, il y a je ne sais quel souffle venu de l'infini. »

ÉMILE ZOLA. Événement du 14 mars 1866.

Un passage de *William Shakespeare* semble préluder au funèbre et grandiose dénouement des *Travailleurs de la Mer* : « On montre à Staffa la Pierre du Poète, *Clachan an Bairdh,* ainsi nommée, suivant beaucoup d'antiquaires, bien avant la visite de Walter Scott aux Hébrides. Cette Chaise du Barde, grande roche creuse offerte à l'envie de s'asseoir qu'aurait un géant, est à l'entrée de la grotte. Autour d'elle, il y a les ondes et les nuées. — Le soir, on croit voir dans cette chaise une forme accoudée. C'est le fantôme, disent les pêcheurs du clan des Mackinnons. Et personne n'oserait, même en plein jour, monter à ce siège redoutable, car à l'idée de la pierre est liée l'idée du sépulcre, et sur la chaise de granit il ne peut s'asseoir que l'homme d'ombre. » *Les Travailleurs de la mer* ont été illustrés admirablement, d'abord par Chifflart (édition Hetzel), puis par Vierge (édition de 1876), enfin par le poète lui-même. Les dessins de Victor Hugo, gravés sur bois par M. Méaulle, forment un recueil particulièrement précieux. « La première impression que donnent son trait de fusain et son frottis d'estampe, a dit M. Thierry, c'est la grandeur et la vaste étendue... La maison visionnée n'a que deux fenêtres sans châssis, et sa porte est murée; mais elle regarde avec ses deux fenêtres comme avec deux yeux... Que dirai-je de la gracieuse apparition de Déruchette? Où donc ai-je vu cette figure-là? Car je l'ai vue assurément. J'ai retenu cette flexion du cou, et ce je ne sais quoi d'inquiet, de timide, et de prêt à s'envoler ailleurs... Je ne continuerai pas la revue de ces soixante-quatre dessins, dont Victor Hugo appelle le dernier *Ma Destinée* : — Au revers de ce carton j'ai barbouillé ma propre destinée, un bateau battu de la tempête au beau milieu du monstrueux Océan, à peu près désemparé, assailli par tous les ouragans et par toutes les écumes, et n'ayant qu'un peu de fumée qu'on appelle la gloire et qui est sa force. »

Pour *Paris-Guide*, publié en 1867 sous la direction de M. Ulbach, chez MM. Lacroix et Verbœckhoven, Victor Hugo écrivit la belle Introduction dont les chapitres sont : « L'Avenir. — Le Passé. — Suprématie de Paris. — Fonction de Paris. — Déclaration de Paix. »

L'HOMME QUI RIT

E vrai titre de ce livre serait *L'Aristocratie*, dit la Préface. Un autre livre, qui suivra, pourra être intitulé *La Monarchie*. » —Ce second livre n'a point paru; il devait précéder *Quatrevingt-treize*, qui est *La Démocratie*. L'auteur ajoute : « Qu'ébauchons-nous dans ces quelques pages préliminaires? Un chapitre du plus terrible des livres, du livre qu'on pourrait intituler : *L'Exploitation des malheureux par les heureux*. »

Le titre auquel il s'est arrêté et le sujet même de l'œuvre semblent indiqués par ces vers de *Le Roi s'amuse* :

> Je suis l'homme qui rit, il est l'homme qui tue...
> La plus belle au plus laid !...

L'Angleterre est tout entière dans *L'Homme qui rit*. Le poète a pénétré le génie de cette féodalité commerciale avec une intuition merveilleuse. Pour construire son œuvre, il a découvert et tiré de

EUGÈNE MÉDARD

Strasbourg

Deux provinces écartelées ;
Strasbourg en croix, Metz au cachot :
Sedan, déserteur des mêlées,
Marquant la France d'un fer chaud.

L'Année Terrible.

GUSTAVE DORÉ

*

Paris bloqué

LE BOIS DE BOULOGNE

L'Année terrible.

l'obscurité la plus profonde des documents authentiques, aussi étranges que significatifs. Dans sa bibliothèque de Guernesey il avait créé, raconte M. Maurice Talmeyr en son excellente étude, « le département des livres dépareillés. » Là, on retrouverait probablement, avec les travaux de Chiclardus et de Chamberlayne, la version française de *Hugo Plagon* et la liasse in-folio, reliée en parchemin mou, qui contient le texte du docteur Conquest : *De denasatis*.

On peut rapporter le type et le nom d'Ursus à un récit du *Rhin*, où le poète évoque deux de ses « aventures de voyageur à pied. » Dans la première, il rencontra, en pleine forêt de Bondy, un ours, un ours vivant, un véritable ours, parfaitement hideux. Dans l'autre, au village de Petit-Sou, il admira un saltimbanque, barbu, velu, chevelu, l'air féroce, plus savant que toute la troisième classe de l'Institut, et qui avait pour enseigne le mot *Microscope* en grosses majuscules noires sur fond blanc.

Au cœur du roman, il y a cette phrase : « Le côté inquiétant du rire, c'est l'imitation qu'en fait la tête de mort. »

L'Homme qui rit est une des plus hautes conceptions de Victor Hugo, peut-être sa conception la plus spiritualiste. Dans cette œuvre, lui, l'artiste complet et souverain, l'adorateur triomphal de toutes les splendeurs plastiques, de toutes les révélations des sens, de toutes les harmonies et de toutes les floraisons de la substance, il prend pour héroïne Déa, une aveugle, debout sur le seuil du surnaturel, qui n'aperçoit que l'âme et qui aime un héros monstre. Réalisation sublime du vieux conte de fées, *La Belle et la Bête!* Pure et sainte exaltation de l'immatériel! Protestation suprême contre la sanglante ironie de la destinée, qui donne la laideur physique pour expression à la beauté morale! La poésie vengeresse crève les yeux à l'Éternel féminin. L'iniquité fatale est abolie. L'Éden est reconstruit par deux damnés. Ces deux négations de la forme s'unissent en une idéale affirmation du bonheur. Puis, sous la superbe figure de Josiane, la chimère ressaisit sa proie. La loi terrestre, la loi d'ombre et de douleur, s'accomplit : « Il y a un bas-relief antique qui représente le sphinx mangeant un amour; les ailes du doux être céleste saignent entre ces dents féroces et souriantes. »

La toute-puissance créatrice du poète s'affirme d'autre part en ce que, d'un seul élan, il vous emporte au cœur d'un monde nouveau. Dès la première page, on se sent distinctement dans l'atmosphère de son génie. Les mots, la langue, le style, semblent tout neufs, et pétris tout exprès de sa vie et de son âme pour susciter des phénomènes inouïs, des sensations et des idées inconnues.

LE COURRIER DE L'EUROPE ET L'OPINION NATIONALE

« Les deux créations tout à fait surprenantes de *L'Homme qui rit*, ce sont Barkilphedro et Josiane. Ici, les dernières limites du génie humain sont atteintes. Ce Barkilphedro est prodigieux. Son ingratitude hideuse est fouillée avec un art, avec une attention et une logique, tels qu'on finit par le haïr en l'approuvant. Toutes les bonnes raisons de l'envie sont données là, avec une puissance et une science de l'âme qui font à la fois rêver et frémir. L'ingrat étudié ainsi, cela ne s'était jamais vu. Hugo démontre formidablement son droit de haine. Ce portrait de Barkilphedro, c'est la découverte de la victime dans le bourreau; c'est sublime.

« Pour Josiane, c'est une figure absolument unique dans l'œuvre de Hugo... Jusqu'ici, il avait montré dans la Esméralda la vierge passionnée, dans Cosette la vierge émue, dans Déruchette la vierge coquette. Josiane, que Hugo appelle si magnifiquement « la Titane », est immense. C'est l'effrayante apparition de la prostitution dans la virginité. Elle a l'air d'une combattante, casquée et lumineuse, de la nudité. Elle sort à la fois du sanctuaire et de l'alcôve. Déesse et monstre. C'est la Pallas de la luxure. — Près d'elle, Gwynplaine, le saltimbanque, le drôle, le forçat, le peuple, sorte de Quasimodo du tréteau, affirme et montre, sous sa grimace tragique, toutes les splendeurs intérieures de l'esprit, du cœur, de la conscience. Josiane n'est que vierge, il est pur; Josiane n'est que belle, il est idéal... C'est l'Apollon de l'âme. — La rencontre de ces deux êtres est inexprimable d'effet tragique et de drame inattendu. Gwynplaine sans défense devant Josiane sans voile, cette innocence géante devenue soudain la proie de cette beauté fauve, le dieu saisi tout à coup par la déesse, c'est une situation absolument surhumaine. — Et c'est vrai !... Nous avons tous, plus ou moins, rencontré notre Josiane, et si nous lui avons résisté, c'est que nous avions notre Déa.

« Ah ! Déa, quelle création !... Pour elle, Gwynplaine est beau. Pour elle seule. Pourquoi ? Parce qu'elle ne le voit pas. Il en résulte un adorable embrassement de ces deux êtres faits l'un pour l'autre, lui parce qu'il n'a plus son visage, elle parce qu'elle n'a plus son regard. Rien de plus extraordinaire, de plus pathétique et de plus poignant. Quel livre !

« Ursus, c'est un Gillenormand signé par un Callot qui serait un Michel-Ange... Il a de l'esprit, de la ruse, de la mauvaise humeur, de la rage, et tout cela pour être le plus grand cœur de père et le plus doux cœur de mère qu'orphelins aient jamais rencontrés. La manière dont il trompe Déa sur l'absence de Gwynplaine, est un des miracles du livre. Quant à Homo, l'âme obscure et visible pourtant de la bête y rayonne avec une discrétion navrante. Cet animal, qui n'ose être un personnage, et qui en est un cependant, et un des plus grands, complète cet ensemble étonnant de créatures extraordinaires. Gwynplaine fait pleurer, Déa fait pleurer, Ursus fait pleurer, Homo fait sangloter ; et le sombre hurlement de la bête achève, dans l'âme des lecteurs, la lamentation mélancolique de *L'Homme qui rit*. »

Le Courrier de l'Europe. — Londres, 29 mai 1869.

« L'auteur, et c'est selon nous un trait de génie, a personnifié l'aristocratie anglaise du dix-septième siècle dans une femme, la duchesse Josiane. Ce trait est doublement profond. L'intuition qu'avait eue Juvénal, Victor Hugo l'a élucidée...

« En face de Josiane, Gwynplaine. L'homme qui tiendra tête un jour à la Chambre des lords exaspérée, affolée de colère, est déjà tout entier dans l'enfant abandonné qui va droit devant lui, malgré la solitude, la nuit, la tempête, la neige, et qui, au fond du malheur, à l'extrême degré du dénuement et du désespoir, trouve moyen de réchauffer, de sauver, une créature plus petite, plus faible que lui. A coup sûr, il y a bien des scènes touchantes, émouvantes, originales, extraordinaires, dans *L'Homme qui rit ;* mais je n'y ai rien trouvé qui m'ait causé une impression plus intense que ces deux points culminants, ces deux sommets de la grandeur morale, gravis, l'un par l'enfant, l'autre par l'homme, avec un égal courage : la nuit de l'abandon, la séance de la Chambre des lords. Je n'y admire pas seulement deux morceaux de premier ordre ; j'y vois surtout deux situations extrêmes, capitales, harmonieusement reliées, en vertu d'une conception profonde, par la science du maître...

« M. Hugo a trop vécu, trop étudié, trop réfléchi, trop lutté, trop souffert, pour se faire aucune illusion sur l'homme. Il ne le glorifie pas indiscrètement ; il ne le calomnie pas non plus, à la manière de Montaigne, de La Rochefoucauld, de Pascal. Il le prend tel qu'il est, tel qu'il le voit, dans sa nature imparfaite, embryonnaire en quelque sorte, mais indéfiniment perfectible. — Il se dit que, l'art étant destiné à développer dans l'homme les instincts généreux, les nobles inspirations, les tendances élevées, ce que les anciens appelaient, avec une profonde justesse, *optima pars animæ,* il faut, à côté des laideurs, des monstruosités personnifiées dans un Barkilphedro, une Josiane, montrer la force indomptable de la volonté, l'amour passionné de la justice chez Gwynplaine, l'affection pure et quasi-céleste chez Déa, la sagesse indulgente et bienfaisante chez Ursus. Voilà par où l'ensemble de sa production l'emporte, selon moi, sur l'œuvre, très remarquable assurément, de Balzac, par exemple. S'il est quelqu'un à qui l'on puisse adresser en toute justice le reproche qu'on a souvent fait à Tacite « de creuser dans le mal », c'est bien évidemment à l'auteur de *La Comédie humaine*. A sa suite, la littérature contemporaine s'est engagée dans cette voie, dont l'étroitesse et l'infécondité ne tarderont pas à devenir évidentes pour les moins clairvoyants...

« Victor Hugo a persisté à ne négliger, à ne sacrifier aucune des parties, aucun des aspects de la vérité humaine. L'étendue et la plénitude de la conception, la sûreté et l'impartialité du coup d'œil jeté par le maître sur la société, sur la nature, ont déterminé chez lui ce procédé large, vaste, qui embrasse en quelque sorte l'univers et s'attache, non seulement à tout englober, mais aussi à tout pondérer. Le génie de l'illustre poète a toujours été essentiellement architectural. Prenez ses dernières compositions, *Les Misérables*, *Les Travailleurs de la mer*, *L'Homme qui rit*. Ce sont des monuments ; je dirais presque : — Ce sont des mondes. »

Jules Levallois. — Opinion Nationale, 7 juin 1869.

PUVIS DE CHAVANNES

*

La Ville de Paris investie

confie à l'air son appel à la France

L'Année terrible.

BERNE-BELLECOUR

1ᵉʳ *Janvier* 1871

Enfants, on vous dira plus tard que le grand-père
Vous adorait ; qu'il fit de son mieux sur la terre,
Qu'il eut fort peu de joie et beaucoup d'envieux ;
Qu'au temps où vous étiez petits, il était vieux ;
Qu'il n'avait pas de mots bourrus ni d'airs moroses,
Et qu'il vous a quittés dans la saison des roses ;
Qu'il est mort, que c'était un bonhomme clément ;
Que, dans l'hiver fameux du grand bombardement,
Il traversait Paris tragique et plein d'épées,
Pour vous porter des tas de jouets, des poupées
Et des pantins faisant mille gestes bouffons ; —
Et vous serez pensifs sous les arbres profonds.

L'Année terrible.

L'ANNÉE TERRIBLE

AYANT, comme directeur de l'Académie française, à recevoir le successeur de Casimir Delavigne, Victor Hugo parla ainsi le 27 février 1847 : « Qui que vous soyez, voulez-vous avoir de grandes idées et faire de grandes choses ? Croyez ! Il ne suffit pas de penser, il faut croire ! Le penseur, en ce siècle, peut avoir aussi sa foi sainte, sa foi utile, et croire à la patrie, à l'intelligence, à la poésie, à la liberté. Le sentiment national, par exemple, n'est-il pas à lui seul toute une religion ?... Quel homme de génie ne donnerait pas sa plus belle œuvre pour cet insigne honneur, d'avoir fait battre d'un mouvement de joie et d'orgueil le cœur de la France accablée et désespérée ? Heureux le fils dont on peut dire : Il a consolé sa mère ! Heureux le poète dont on peut dire : Il a consolé sa patrie. » — Ce triste et sublime bonheur lui était réservé pour la fin de sa carrière. Et non seulement alors il consola sa patrie des plus grands désastres de notre histoire; mais encore il la vengea, prouvant une fois de plus l'exactitude de cette pensée exprimée dans Les Misérables : « L'honnêteté d'un grand cœur, condensée en justice et en vérité, foudroie. »

L'Année terrible, écrite d'août 1870 à juillet 1871, a été dictée page à page par les événements. C'est l'écho palpitant des bruits lamentables et des voix tragiques de la guerre étrangère et de la guerre civile, écho porté jusqu'au ciel par l'âme la plus généreuse et la plus sonore de l'humanité. Jamais poème n'a été aussi directement, aussi profondément vécu que celui-ci. Le génie même de la France y respire, y vibre, y plane, y resplendit au-dessus du martyre. Avec quelle majesté douloureuse l'iniquité des destins est dénoncée par la rayonnante victime à la conscience suprême de l'univers ! Le cynique et monstrueux triomphe est flagellé comme un voleur ivre. Le poète lève en face de la réalité son miroir de diamant, et lui fait honte d'elle-même. Il en appelle à l'avenir, à la logique, à l'équité, aux lois premières de l'évolution humaine et divine, au progrès, à l'idéal, cette révélation innée, irrésistible. — N'est-elle pas doublement sacrée, la nation qui, digne de vaincre, a été trahie par la victoire pour d'indignes adversaires? Le succès définitif ne revient-il pas, de toute nécessité, au plus méritant? Sans le droit, la force n'est-elle pas aussi stérile qu'un labour ensemencé d'ivraie? Est-il fécondité durable, hors de l'amour? O sainte et tragique sécurité du penseur, qui, sur les ruines d'un monde ensanglanté, trace d'une main ferme les versets de la Bible nouvelle et formule le moderne Évangile d'un peuple-messie !

La première édition de *l'Année terrible* parut le 20 avril 1872, chez Michel Lévy frères. Les vers ajournés par l'état de siège furent rétablis dans l'édition Hugues, fort bien illustrée et augmentée de *La Libération du Territoire*. L'édition *ne varietur* donne la date de chaque poème.

L'Année terrible est dédiée : « A Paris, capitale des peuples. »

LES JOURNALISTES ET LES POÈTES

« Une nation qui produit un pareil apôtre n'est pas sur la pente de la ruine, affirma M. Henri de Lacretelle. L'apparition de ce chef-d'œuvre aura autant de portée qu'une victoire française. »

M. Léon Valade écrivit dans la *Renaissance* : « Pas à pas, pieusement, avec des éclats de souffrance et des pleurs mal comprimés, le grand poète nous fait repasser par toutes les étapes douloureuses qui ont marqué le chemin de ce nouveau et non moins auguste calvaire, le calvaire de la France. — Quel autre que le Dante moderne n'eût fléchi sous ce faix immense de hontes et de douleurs ? Mais lui, quelle tâche est au-dessus de ses forces ? Comme le dieu de la légende scandinave, en trois pas il a pris possession de la terre, du ciel et de l'enfer poétiques. Il tient depuis longtemps sous sa main puissante les trois ressorts de la tragédie cornélienne : la terreur, la pitié, l'admiration. Il a les sublimités épiques d'Homère, la foudre satirique de Juvénal et l'esprit divinatoire des vieux prophètes. — *L'Année terrible* nous apparaît comme un funèbre monument de bronze et de marbre noir élevé par la main filiale d'un grand artiste en l'honneur de la patrie abattue, monument qu'entourent des bas-reliefs puissants, pleins de chocs héroïques, et auquel s'adossent des figures voilées de deuil, des génies portant la torche renversée. Mais l'image qui forme le couronnement de tout le sombre édifice, et que l'artiste a chargée d'exprimer sa pensée intime, celle-là s'appelle Résurrection. »

Dans le *Corsaire*, M. Jean Richepin signa cette appréciation : « *L'Année terrible* est le pendant des *Châtiments*. Comme dans *Les Châtiments*, on y trouve une étonnante variété de tons, on y admire cet art prodigieux du poète qui, sur un sujet toujours le même au fond, est tour à tour philosophique, épique, lyrique, élégiaque, satirique, descriptif, et qui vous prend ainsi par toutes les fibres, en faisant vibrer toutes les cordes. C'est une de ces œuvres qui restent et qui sont comme la figure d'une époque. »

« Et maintenant, ô nos vainqueurs, s'écria M. Eugène Despois dans l'*Événement*, vous avez conquis des milliards, des provinces, et les fracas des triomphes ; il ne vous manque parmi tout cela qu'un rien, une superfluité, un accessoire, je veux dire un poète qui chante vos victoires comme nous en avons un pour pleurer nos désastres. »

« L'ironie, remarqua Paul de Saint-Victor (*Moniteur universel*), n'est pas moins cruelle que la colère dans *L'Année terrible*. Les *Prouesses borusses* sont le chef-d'œuvre de cette raillerie irritée. C'est comme une Colonne Trajane parodiée, où serpenteraient des caricatures sculpturales : hordes pillardes remplaçant les légions épiques, caisses prises d'assaut, Alarics portant sur leur dos les Malek-Adels des pendules, épées sondant des caves et crochetant des serrures. » Il ajouta : « Reflété par cette imagination toute-puissante, le siège de Paris prend l'horreur grandiose des catastrophes, qu'Eschyle et les prophètes ont chantées. »

M. Edouard Drumont fit, au *Bien public*, ce rapprochement décisif : « Comparons et jugeons. Nous sommes en 1806. Le canon d'Iéna s'est tu. La Garde Impériale a défilé, comme à la parade, à travers l'armée prussienne, non point coupée en deux, mais écartée doucement, comme un rideau, par la manœuvre du stratagème inspiré. Un homme s'arrête devant une petite maison de Weimar; c'est le triomphateur, le maître du monde, Napoléon empereur et roi. Derrière luisont ses maréchaux, qui s'appellent de noms de victoires gagnées; ses généraux, noirs encore de la poudre de la bataille, ses Mamelucks venus des Pyramides. Il a franchi le seuil, il a posé sur la poitrine de Goëthe la croix de la Légion d'honneur, la croix des soldats qui se sont le mieux battus à Iéna; et Goëthe dit : « Sire, je vous remercie. » — Nous sommes en 1870. Un homme qui entre à

EUGÈNE BAUDOUIN

Les victimes

Est-il jour? Est-il nuit? Horreur crépusculaire!
Toute l'ombre est livrée à l'immense colère.
Coups de foudre, bruits sourds. Pâles, nous écoutons.
Le supplice imbécile et noir frappe à tâtons.
Rien de divin ne luit. Rien d'humain ne surnage.
Le hasard formidable erre dans le carnage,
Et mitraille un troupeau de vaincus, sans savoir
S'ils croyaient faire un crime ou remplir un devoir.
L'ombre engloutit Babel jusqu'aux plus hauts étages.
Des bandits ont tué soixante-quatre otages;
On réplique en tuant six mille prisonniers.
On pleure les premiers, on raille les derniers.
Le vent qui souffle a presque éteint cette veilleuse,
La conscience. O nuit! brume! heure périlleuse!
Les exterminateurs semblent doux, leur fureur
Plaît, et celui qui dit : Pardonnez! fait horreur...

L'Année terrible.

MOREAU-VAUTHIER

Barra

Quoi ! tu n'es pas content ! Cinq longs mois nous subîmes
Le froid, la faim, l'approche obscure des abîmes,
Sans te gêner, unis, confiants, frémissants !
Si tu te crois un grand général, j'y consens ;
Mais quand il faut courir au gouffre, aller au large,
Pousser toute une armée au feu, sonner la charge,
J'aime mieux un petit tambour comme Barra...

L'Année terrible. — *Participe passé du verbe Trop choir...*

Paris, croise beaucoup d'hommes qui en sortent. Après vingt ans d'exil, il revient l'avant-veille de l'investissement. Il s'enferme dans la ville où tombent les obus, il porte le képi comme tout le monde; il chante, il encourage, il proteste. On donne son nom à un canon. Il gagne presque la folie du temps. Au bruit de la mitraille qui siffle, au rugissement des forts qui « toussent la foudre dans leurs rauques poumons », au milieu des ardentes rumeurs de la place publique, il écrit *L'Année terrible*. — Qui donc est véritablement le grand homme complet, de Goëthe ou de Victor Hugo? »

Charles Swinburne, l'illustre poète de la démocratie britannique, publia, dans la *Forthnightly review*, une étude sur *L'Année terrible*, dont M. Edmond Lepelletier fit une excellente traduction. « Ce poème, disait Swinburne, se dresse dans une parfaite unité de relief, comme le type absolu de ce que la poésie peut faire avec un sujet, tragique ou épique, contemporain du poète. Au lieu d'une tragédie ou d'une épopée d'un seul bloc, nous avons là une série d'épisodes, lyriques en apparence, mais qui, groupés et complets, ont une telle harmonie, qu'ils remplissent toutes les conditions de composition d'une œuvre d'art grande et une. Pareil travail n'a pu être accompli que parce que l'artiste ne s'est jamais départi de cette loi, non écrite, du juste, qui est pour lui un instinct physique et naturel. »

QUATREVINGT-TREIZE

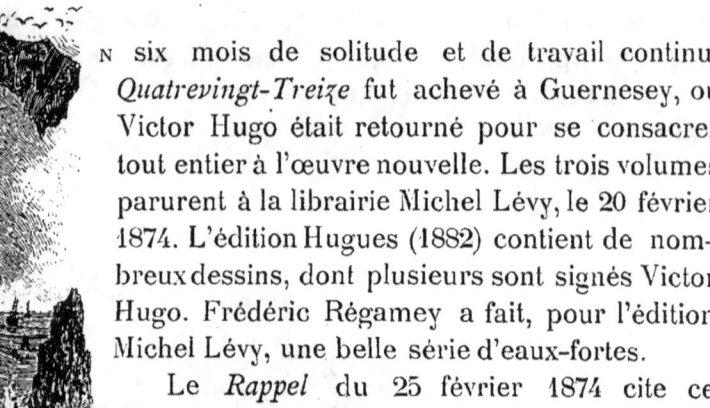

En six mois de solitude et de travail continu, *Quatrevingt-Treize* fut achevé à Guernesey, où Victor Hugo était retourné pour se consacrer tout entier à l'œuvre nouvelle. Les trois volumes parurent à la librairie Michel Lévy, le 20 février 1874. L'édition Hugues (1882) contient de nombreux dessins, dont plusieurs sont signés Victor Hugo. Frédéric Régamey a fait, pour l'édition Michel Lévy, une belle série d'eaux-fortes.

Le *Rappel* du 25 février 1874 cite ce télégramme du poète italien Boïto : « Milan, 22 février, 1 heure 55 minutes du soir. — A Victor Hugo. — Je suis à la page 192, troisième volume. Gloire! » C'est la page où Lantenac sauve les enfants de la Flécharde.

Quatrevingt-Treize porte ce sous-titre : *Premier récit. — La guerre civile.* « Ces trois volumes, remarqua M. Asseline dans *La Tribune* de Bordeaux, ne sont que la première partie de la trilogie que Hugo consacrera à cette année plus remplie qu'un siècle. Il peindra et la guerre étrangère et la lutte politique dans deux autres poèmes, que couronnera peut-être un quatrième récit qui sera comme la synthèse sereine, comme la concentration puissante en lumière, de tous ces matériaux de lave et de flamme. »

Dans ce grandiose épisode de la guerre vendéenne, le poète a été inspiré par ses souvenirs de famille : « Cette guerre, dit-il, mon père l'a faite et j'en puis parler. » L'adjudant-major Léopold Hugo fut de la bataille de Martigné-Briant. Au second combat de Vihiers, il couvrit sa brigade avec un détachement dont tous les hommes furent tués ou blessés ; il y reçut une balle au pied et dix-sept coups de mitraille. A la déroute de Montaigu, il eut deux chevaux tués sous lui et périssait sans le dévouement d'un officier des hussards noirs. Il sauva des femmes. Il adopta un enfant, qui, plus tard, ayant à établir son état civil, reçut de lui cette attestation : « Le chef du 2e bataillon du 20e régiment d'infanterie certifie qu'en frimaire an II, étant adjudant-major au 8e bataillon du Bas-Rhin, il se trouva au bivouac sous Roan avec une colonne commandée par le colonel Muscar ; qu'après une opération dans les marais, on conduisit au camp plusieurs hommes et un enfant de dix à douze ans, que le commandant Cosson ordonna de fusiller ; — que lui, adjudant-major, n'ayant pu obtenir la grâce de cet enfant, l'enleva d'autorité, le conserva près de lui et le fit, quelques années ensuite, admettre à l'honneur de servir dans le 8e bataillon du Bas-Rhin amalgamé pour la formation du 8e de ligne ; et que cet enfant, nommé Jean Prin, natif de Cheix, département de la Loire-Inférieure, est resté au service jusqu'en l'an VIII, époque à laquelle il a obtenu son congé. — Délivré par duplicata, à Naples, le 22 juillet 1806. — (Signé) Hugo. »

Presque toute la topographie bretonne de *Quatrevingt-Treize* a été relevée sur les lieux, d'après nature. Maintes traditions caractéristiques, concernant les Sept Forêts-Noires de Bretagne et le pays de Fougères, ont été communiquées au poète par une personne admirablement renseignée, car elle est originaire de ce pays et descend de la famille même des Gauvain, famille authentiquement historique. Nous avons déjà, l'on s'en souvient, rencontré ce nom dans *Les Misérables*. — Quant à la Convention, on sait combien le poète s'en est souvent préoccupé. Dès 1841, il n'avait plus rien à apprendre sur « cette Assemblée qui eut à la fois du génie comme tout un peuple et du génie comme un seul homme », sur cette « fournaise où bouillonnait la statue de l'avenir. » — Et bientôt il disait : « La Révolution française est le plus puissant pas du genre humain depuis le Christ. C'est le sacre de l'humanité. »

Le *Rappel* annonça l'ouvrage en ces termes : « *Quatrevingt-Treize* sera à la Révolution ce que *Notre-Dame de Paris* a été au moyen âge. Dans *Notre-Dame*, Victor Hugo avait à dépeindre l'âge de la Fatalité, avec toutes ses angoisses et toutes ses misères. Dans *Quatrevingt-Treize*, le sujet de son drame, pathétique et grandiose, est l'avènement de la Liberté avec tous ses déchirements et toutes ses épouvantes. — Dans la tempête de cette autre « Année terrible », dans le soulèvement de tant de passions, dans le déchaînement de tant de colères, le poète jette trois petits enfants : une petite fille de dix-huit mois, deux petits garçons de trois et quatre ans. Robespierre, Danton et Marat ont pour contrepoids sublime et pour vainqueurs innocents Georgette, René-Jean et Gros-Alain. Au-dessus des partis, au-dessus des idées, au-dessus des principes, au-dessus de la troisième et la plus grande des révolutions de ce monde, la pensée du poète a été de faire planer l'éternelle humanité. »

Quatrevingt-Treize est plus que du roman, plus que de l'histoire. C'est toute la nature et toute l'humanité, avec le « je ne sais quoi de divin » qui les enveloppe et les pénètre. Dans chacun des trois protagonistes du drame, s'incarne le principe d'un des trois âges de la société humaine. Lantenac, chef monarchique et catholique, personnifie l'aveugle Foi, le Passé. Cimourdain, prêtre devenu citoyen, figure l'inflexible Justice, le Présent. Gauvain, penseur militant qui affronte la mort pour donner la vie, est le héros de l'idéale Miséricorde et annonce l'Avenir. Et il n'est pas de spectacle plus tragique, plus touchant, plus majestueux, que de voir ainsi la Vertu, sous ses trois aspects de Religion, de Droit et de Conscience, se dévouer pour sauver l'enfance, « la

Le sergent Radoub.

J. LE BLANT

*

Débarquement de Lantenac

QUATREVINGT-TREIZE.

HENRI PILLE

Le Décret de la Convention

... Le lendemain, était expédié dans toutes les directions un ordre du Comité de Salut public, enjoignant d'afficher dans toutes les villes et villages de Vendée et de faire exécuter strictement le décret portant peine de mort contre toute connivence dans les évasions de brigands et d'insurgés prisonniers...

QUATREVINGT-TREIZE.

vénérable enfance », l'innocence en fleur, l'espoir du monde. L'Évangile parle de trois rois mages qui vinrent, guidés par une étoile, adorer le Christ en sa crèche. Le temps des rois et des dieux est passé. Mais ne trouvez-vous pas dignes des plus saintes légendes ces trois petits Jésus plébéiens, vers qui viennent et pour qui se sacrifient les trois grands soldats de l'idée divine, de l'idée sociale et de l'idée humaine ? Pauvres et chers orphelins, frêles et radieux rejetons d'une race immémorialement en proie à la féodalité sacerdotale et royale, le bataillon du Bonnet-Rouge, c'est-à-dire la République, les adopte ! C'est l'histoire de France résumée en trois petites têtes blondes.

L'OPINION NATIONALE — LE PETIT JOURNAL

« Quand on ouvre un livre de Victor Hugo, on se sent tout d'abord transporté dans un monde où toutes les choses sont accrues suivant les puissantes conceptions du poète... Ce n'est pas dans un nuage qu'il vous emporte, comme Goëthe quelquefois ; et jamais le terrain ne manque sous vos pieds à sa suite. Mais c'est sur un lieu très élevé qu'il vous amène, sur la montagne familière d'où sa pensée domine. — Le caractère commun à tous ses livres, d'exiger avant tout un effort de la pensée vers les données héroïques et les aspirations généreuses, est assurément un noble privilège. Cette singulière puissance de monter très haut, sans perdre un instant les sécurités du sol et sans rien livrer de son aile aux caprices du vent, n'est pas moins frappante. Le génie de Victor Hugo est là tout entier, dans son goût du réel, par quoi le sublime même demeure humain chez lui. Il ne vous entraîne pas hors de la vie, mais il vous la montre sous certaines inclinaisons de jour et de lumière ; il la soulève de son bras vigoureux, il l'éclaire de sa fantaisie, la plongeant parfois dans des ombres profondes, plus souvent la mêlant aux incendies d'une aurore. Il dédaigne tout à fait le fantastique, et le surnaturel l'inquiète peu. Le culte de Shakespeare ne l'a pas conduit vers le monde charmant des génies et des fées. Son originalité est d'être sans cesse demeuré parmi nous, bien qu'appartenant à la grande famille de ceux à qui sont ouverts tous les mondes de la pensée.

« *Quatrevingt-Treize* est dans la tradition de tout ce que nous connaissons du grand poète. Ce beau livre est au-dessus de tous les partis, car il nous montre dans tous des âmes élevées très haut par la folie héroïque d'une époque inouïe dans les fastes du monde... Quel souffle effroyable peut ainsi détacher toute une génération des plus incurables soucis, la déraciner des instincts les plus tenaces, la jeter pantelante, ivre de sacrifice, altérée de dévouement, à travers toutes les audaces, tous les périls, toutes les morts ; — voilà ce qu'il importe de montrer, et aussi de quel effort peut soudain s'enfler et grandir le peu que nous sommes. »

ARMAND SILVESTRE (Opinion Nationale du 26 février 1874).

M. Escoffier, le Thomas Grimm du *Petit Journal,* voulant rendre compte de *Quatrevingt-Treize* le jour même de son apparition, et n'ayant reçu que deux volumes sur trois, courut réclamer celui qui manquait chez M. Meurice. Il y rencontra Victor Hugo, qui lui dit : « Il y a bien longtemps que nous nous connaissons. Vous avez dit, en parlant jadis des *Misérables,* ces mots que je n'ai pas oubliés : « *Les Girondins* ont été l'œuvre d'une époque; *Les Misérables* seront peut-être l'œuvre d'un siècle . » La citation était littéralement exacte. Le Maître n'a pas gardé moins bon souvenir de l'article sur *Quatrevingt-Treize :* « A tous les crimes, à toutes les fatalités, Victor Hugo oppose l'humanité représentée par trois enfants. Et les crimes ont horreur d'eux-mêmes, les fatalités sont vaincues. — De ces enfants, que fera la Révolution ? Des hommes libres. »

M. Maurice Talmeyr adressa ces vers à Victor Hugo :

> L'Épopée aujourd'hui se nomme de ton nom...
> Tes strophes ont l'éclat et le frisson des glaives,
> Et les blonds orphelins rayonnent dans tes rêves.
> Maître, le peuple accourt. Danton silencieux,
> Cherche, tout grand qu'il est, son arrêt dans tes yeux ;
> Car ta vieillesse porte, en sa force tranquille,
> Les rayons de Moïse et le sceptre d'Eschyle.

John Morley, un des maîtres prosateurs de l'Angleterre contemporaine, fut extrêmement favorable à *Quatrevingt-Treize* : « Ne pouvons-nous pas dire de l'art de Hugo ce que le docteur Newmann a dit d'autre chose : — De tels ouvrages sont toujours du ressort de la critique, mais toujours au-dessus de la critique! Et, pour me servir de l'expression d'un homme éminent qui écrivait sur le grand poète, de même que nous déplorons la perte de tant de poèmes et de tableaux qui ont péri, ne nous laissant de Sapho qu'un fragment et de Zeuxis qu'un nom ; de même nous avons envie de plaindre les morts qui sont morts trop tôt pour jouir de grandes œuvres pareilles à celle qui nous est donnée aujourd'hui. »

JOHN MORLEY (Fortnightly Review du 1er mars 1874).

ACTES ET PAROLES

Sous ce titre ont été réunis en trois grands volumes in-8° les discours, lettres et manifestes publiés par Victor Hugo de 1841 à 1876. Le premier de ces volumes, sous-intitulé *Avant l'exil* (1841-1851), parut en mai 1875; le second, *Pendant l'exil* (1852-1870), parut en novembre suivant; le troisième, *Depuis l'exil* (1870-1876), parut en juillet 1876 (librairie Michel et Calmann Lévy). — « Cette trilogie n'est pas de moi, a dit l'auteur, elle est de l'empereur Napoléon III. C'est lui qui a partagé ma vie de cette façon. Il faut rendre à César ce qui est à César. »

Chaque volume est précédé d'une Introduction. Les trois Introductions, *Le Droit et la Loi*, *Ce que c'est que l'exil*, *Paris et Rome*, ont été successivement éditées à part, avec pagination en chiffres romains, quelques jours avant l'apparition successive des volumes. *Pour un soldat* fut aussi édité à part en mars 1875; et *La Libération du territoire* fut vendue d'abord en brochure (septembre 1873) au profit des Alsaciens-Lorrains. Dans *Actes et Paroles*, on ne retrouve pas *Mes fils*, que le Maître écrivit pour servir de préface à l'édition posthume du livre de Charles Hugo, *Les hommes de l'exil*, et qu'il publia séparément chez Michel Lévy frères, en octobre 1874. On n'y retrouve pas non plus les vers *A la France de 1872*, qui devaient être dits à l'Odéon le jour de la reprise de *Ruy-Blas*; ils ont paru dans *Le Rappel* du 11 mars 1872 et dans l'édition nouvelle du drame.

Il serait difficile de relever exactement toutes les publications fragmentaires qui ont précédé la publication générale d'*Actes et Paroles*: discours prononcés à l'Académie (Firmin-Didot); douze discours politiques, offerts comme prime par *l'Événement* en décembre 1850 (librairie nouvelle); deux volumes d'*Œuvres oratoires* édités à Bruxelles; un volume in-18 jésus d'*Actes et Paroles* (*1870-1871-1872*), édité par les frères Michel Lévy, en mars 1872, etc... Le Discours sur la Liberté de l'Enseignement (15 janvier 1850), où pour la première fois fut prononcé ce mot « Le Droit de l'Enfant », eut, en dehors de la reproduc-

GEORGES CAÏN

Le Cabaret de la rue du Paon

Il y avait rue du Paon un cabaret que l'on appelait café. Ce café avait une arrière-chambre, aujourd'hui historique. C'était là que se rencontraient parfois, à peu près secrètement, des hommes tellement puissants et tellement surveillés qu'ils hésitaient à se parler en public.

Le 28 juin 1793, trois hommes étaient réunis autour d'une table dans cette arrière-chambre. Il était environ huit heures du soir; il faisait jour encore dans la rue, mais il faisait nuit dans l'arrière-chambre; et un quinquet accroché au plafond, luxe d'alors, éclairait la table.

Le premier de ces hommes s'appelait Robespierre, le second Danton, le troisième Marat...

Danton venait de se lever; il avait vivement repoussé sa chaise.

— Écoutez, cria-t-il. Il n'y a qu'une urgence, la République en danger. Je ne connais qu'une chose, délivrer la France de l'ennemi. Pour cela, tous les moyens sont bons. Tous, tous, tous!...

QUATREVINGT-TREIZE.

ADRIEN MARIE

*

Les Enfants dans la bibliothèque

Les enfants se réveillèrent.
Ce fut d'abord la petite.
Un réveil d'enfants, c'est comme une ouverture de fleurs ; il semble qu'un parfum sorte de ces fraîches âmes.
Georgette, celle de vingt mois, la dernière née des trois, qui tétait encore en mai, souleva sa petite tête, se dressa sur son séant, regarda ses pieds et se mit à jaser.
Un rayon du matin était sur son berceau ; il eût été difficile de dire quel était le plus rose, du pied de Georgette ou de l'aurore.

QUATREVINGT-TREIZE. — *Livre III, chapitre I.*

A. FERDINANDUS

La Cour martiale

Cimourdain reprit :
« Gendarmes, tirez vos sabres! »
C'était la formule usitée quand l'accusé était sous le poids d'une sentence capitale.
Les gendarmes tirèrent leurs sabres. La voix de Cimourdain avait repris son accent ordinaire.
« Accusé, dit-il, levez-vous. » Il ne tutoyait plus Gauvain.

Quatre-Vingt-Treize.

tion intégrale par toutes les feuilles progressistes, deux éditions populaires : cent mille exemplaires à Paris (librairie Ballard), et cent mille exemplaires, avec le texte allemand en regard, dans le département du Haut-Rhin. Le lendemain du jour, 5 avril 1850, où fut prononcé le Discours sur la Déportation, Émile de Girardin demanda qu'une médaille fut frappée à l'effigie de l'orateur avec cette inscription extraite du discours : « Quand les hommes mettent dans une loi l'injustice, Dieu y met la justice, et il frappe avec cette loi ceux qui l'ont faite.» Le gouvernement permit la médaille, mais défendit l'inscription.

Que d'admirables choses dans ces trois volumes, qui résument si triomphalement l'œuvre civilisatrice d'un si grand siècle! C'est tout un idéal nouveau à jamais révélé, formulé, fondé, rendu évident et accessible, justifié, organisé, consacré. Perpétuel jaillissement de lumière et de chaleur généreuse, du fond d'une nature infatigablement créatrice et bienfaisante! Élans infinis de pitié, d'indignation, d'amour et d'espérance! Explosions souveraines de vérités belles et fécondes comme la pourpre des aurores! Le poète annonce avec une conviction de plus en plus pénétrante, de plus en plus entraînante, l'ère humaine, le règne de la libre fraternité par l'initiation française: « La France a été, et est plus que jamais, la nation qui préside au développement des autres peuples. — La propagande de la République est toute dans la beauté de son développement régulier; et la propagande de la République, c'est sa vie même. Pour que la République s'établisse à jamais en France, il faut qu'elle s'établisse hors de France; et pour qu'elle s'établisse hors de France, il faut qu'elle se fasse accepter par la conscience du genre humain. — Le bien-être matériel est vain, s'il ne contient le bien-être moral; aucune bourse pleine ne supplée à l'âme vide. — Je ne sais plus mon nom, je m'appelle Patrie. O Paris, tu as couronné de fleurs la statue de Strasbourg; l'histoire te couronnera d'étoiles! — Il n'y a qu'une façon d'achever les vaincus, pardonner. — Il n'y a qu'une force, le droit. Toujours la trahison trahit le traître.— Les rêves des grands hommes sont la gestation de l'avenir.— Les penseurs ne se défient pas de Dieu. — La mort, c'est l'avènement du vrai.»

Nous donnons ci-contre la reproduction autographique d'une des plus belles pages d'*Actes et Paroles*. C'est la lettre adressée par Victor Hugo, le 1ᵉʳ mai 1872, à MM. Jean Aicard, Émile Blémont, Pierre Elzéar et Léon Valade, fondateurs de *La Renaissance littéraire et artistique :*

Paris 1er mai 1872

Mes jeunes confrères,

La sommation de main que vous me demandez, je vais l'écrire avec joie. Courage. Vous réussirez. Il ne s'agit pas seulement de talents, il s'agit de consciences; il ne s'agit pas seulement de beaux et charmants esprits, il s'agit de fermes cœurs. C'est de cela que l'heure actuelle a besoin.

Je résume d'un mot l'avenir de votre œuvre collective : devoir accompli, succès assuré.

Vous venez d'assister à des désastres inouïs; le moment est arrivé où la légion des esprits doit donner. Il faut que l'indomptable pensée française se réveille et combatte sous toutes les formes. L'esprit français possède cette grande arme, la langue française; c'est à dire l'idiome universel. La France a pour auditoire le monde civilisé. Qui a l'oreille prend l'âme. La France vaincra. On brise une épée, on ne brise pas une idée. Courage donc, vous combattants de l'esprit.

Le monde a pu croire un instant à sa propre agonie. La civilisation sous sa forme la plus haute qui est la république, a été terrassée par la barbarie sous sa forme la plus ténébreuse qui est l'empire germanique. Éclipse momentanée. L'énormité même de la victoire la complique d'absurdité. Quand c'est le moyen-âge qui met la griffe sur la révolution, quand c'est le passé qui se substitue à l'avenir, l'impossibilité est mêlée au succès et l'abrutissement du triomphe s'ajoute à la stupidité du vainqueur. La revanche est fatale. La force des choses l'amène. Le grand dix-neuvième siècle, momentanément interrompu, doit reprendre et reprendra son œuvre; et son œuvre, c'est le progrès vers l'idéal. Tâche superbe. L'art est l'outil, les esprits sont les ouvriers. Faites votre travail, qui fait partie du travail universel.

J'aime le groupe des talents nouveaux. Il y a aujourd'hui un beau phénomène littéraire qui rappelle un magnifique moment du Seizième Siècle. Toute une génération de poètes fait son entrée. C'est, après trois cents ans, dans le couchant du dix-neuvième siècle, la pléiade qui reparaît. Les poètes nouveaux sont fidèles à leur siècle ; de là leur force. Ils ont en eux la grande lumière de 1830 ; de là leur éclat. Moi qui approche de la sortie, je salue avec bonheur le lever de cette constellation d'esprits sur l'horizon.

Oui, mes jeunes confrères, oui, vous serez fidèles à votre siècle et à votre France. Vous ferez un journal vivant, vaillant, exquis. Vous êtes de ceux qui combattent quand ils raillent, et votre rire mord. Rien ne vous distraira du devoir, même quand vous en semblerez le plus éloignés, vous ne perdrez jamais de vue ce grand but, venger la France par la fraternité des peuples, défaire les empires, faire l'Europe. Vous ne parlerez jamais de défaillance ni de décadence. Les poètes n'ont pas le droit de dire des mots d'hommes fatigués.

Je suivrai de yeux votre effort, votre lutte, votre succès. C'est par le journal enrôlé en feuilles innombrables que la civilisation essaime. Vous irez en essaim par le monde, cherchant le miel, aimant les fleurs, mais armés ! Un journal comme le vôtre, c'est de la France qui se répand, c'est de la colère spirituelle et lumineuse qui se disperse ; un journal sur ses cartes, imposons à la pesante masse indésaque victorieuse s'il la rencontre sur son passage ; la légèreté de l'aile sert la furie de l'aiguillon ; qui est agile est terrible, et, dans sa Forêt-Noire, le lourd corporalisme allemand, assailli par toutes les flèches qui sortent du bourdonnement parisien, pourra bien connaître le repentir que donnent à l'ours les mouches irritées.

Encore une fois, courage, amis,

Victor Hugo

LETTRE AUTOGRAPHE DE VICTOR HUGO

Adressée aux fondateurs du journal La Renaissance.

L'ARTICLE DU NATIONAL

« Les discours de Victor Hugo offrent ce caractère inouï et jusqu'alors inconnu, que, nés dans le mouvement désordonné et violent des Assemblées, au milieu des séances orageuses où personne n'est plus maître de soi, ils apparaissent, une fois recueillis par le sténographe, pareils à des morceaux de style qui auraient été longuement médités et élaborés, écrits avec une perfection, avec un balancement rythmique, avec une harmonie de périodes, avec une puissance et une variété de sons qui semblent avoir demandé de patientes retouches et ces limes infatigables dont parle Boileau. Le phénomène est celui-ci : que le poète de *La Légende des siècles*, travaillant toujours, et surtout lorsqu'il n'écrit pas, s'est habitué à penser dans une forme définitive, à trouver la figure de l'idée en même temps que l'idée et par un seul et même acte de son esprit...

« A la tribune, comme partout, Victor Hugo est et demeure *le poète*. C'est le plus grand éloge par lequel je l'honore, et c'est le plus grand reproche par lequel on a voulu l'amoindrir. Le reproche ne s'est pas trompé d'adresse. En effet, la qualité de poète est indélébile ; l'homme qui est cela, sera toujours cela par-dessus toute autre chose et avant tout autre chose. On a demandé avec ironie si le poète de *Ruy-Blas* et du *Roi s'amuse* est vraiment homme politique. Oui ! il l'est, si l'on ne refuse pas le titre de soldat au général qui conduit des armées, dirige des masses d'hommes, invente la figure des combats, et d'avance prévoit les chocs qu'il faudra soutenir, les obstacles qu'il faudra briser, les évolutions qui déjoueront celles de l'ennemi. »

THÉODORE DE BANVILLE (Le National, août 1875).

Dans le même journal, M. Émile Deschanel évoqua les souvenirs de la proscription et les soirs de Bruxelles, où l'on montait à Sainte-Gudule après avoir dîné rue de la Fourche, à *l'Aigle*. — « Le vif sentiment de joie littéraire qu'apporte avec lui tout livre de Victor Hugo, écrivit M. Paul Arène dans *La Tribune,* se double de reconnaissance et de respect, quand il s'agit d'un livre comme celui-ci, livre de forme vraiment nouvelle, sorte de confession politique avec documents à l'appui, où le poète, son devoir accompli, vient rendre compte du mandat qu'il s'est lui-même imposé. »

Depuis juillet 1876, Victor Hugo a adressé à Paris, à la France et au monde, bien d'autres paroles immortelles. On en pourrait déjà faire un quatrième volume.

J.-P. LAURENS

Suprématie

Lorsque les trois grands dieux eurent dans un cachot
Mis les démons, chassé les monstres de là-haut,
Oté sa griffe à l'hydre, au noir dragon son aile,
Et sur ce tas hurlant fermé l'ombre éternelle,
Laissant grincer l'enfer, ce sépulcre vivant,
Ils vinrent tous les trois : Vâyou, le dieu du Vent,
Agni, dieu de la Flamme, Indra, dieu de l'Espace,
S'asseoir sur le zénith, qu'aucun mont ne dépasse,
Et se dirent, ayant, dans le ciel radieux,
Chacun un astre au front : Nous sommes les seuls dieux!

Tout à coup, devant eux surgit, dans l'ombre obscure,
Une lumière ayant les yeux d'une figure.....

  La Légende des Siècles *(Deuxième série.)*

E. GRASSET

Aide offerte à Majorien

UN HOMME DE LA HORDE

Majorien, tu veux de l'aide. On t'en apporte.

MAJORIEN

Qui donc est là ?

L'HOMME

La mer des hommes bat ta porte.

MAJORIEN

Peuple, quel est ton chef?

L'HOMME

Le chef s'appelle tous.

MAJORIEN

As-tu des tyrans?

L'HOMME

Deux : Faim et soif.

Légende des Siècles, nouvelle série.

PAUL MILLIET

L'Hydre

Quand le fils de Sancha, femme du duc Geoffroy,
Gil, ce grand chevalier nommé l'Homme qui passe,
Parvint, la lance haute et la visière basse,
Aux confins du pays dont Ramire était roi,
Il vit l'Hydre. Elle était effroyable et superbe ;
Et, couchée au soleil, elle rêvait dans l'herbe.
Le chevalier tira l'épée et dit : C'est moi.
Et l'Hydre, déroulant ses torsions farouches,
Et se dressant, parla par l'une de ses bouches,
Et dit : — Pourquoi viens-tu, fils de doña Sancha ?
Est-ce pour moi, réponds, ou pour le roi Ramire ?
— C'est pour le monstre. — Alors c'est pour le roi, beau sire.
Et l'Hydre, reployant ses nœuds, se recoucha.

La Légende des Siècles (Nouvelle série).

LA LÉGENDE DES SIÈCLES

NOUVELLE SÉRIE

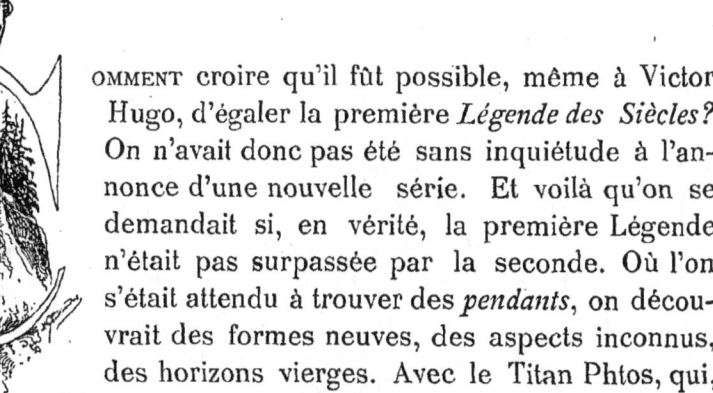OMMENT croire qu'il fût possible, même à Victor Hugo, d'égaler la première *Légende des Siècles*? On n'avait donc pas été sans inquiétude à l'annonce d'une nouvelle série. Et voilà qu'on se demandait si, en vérité, la première Légende n'était pas surpassée par la seconde. Où l'on s'était attendu à trouver des *pendants*, on découvrait des formes neuves, des aspects inconnus, des horizons vierges. Avec le Titan Phtos, qui, enchaîné sous l'Olympe, creuse le globe de part en part pour recouvrer la liberté, on se sentait soudain emporté dans un firmament imprévu. Quelle réponse décisive au triste mot attribué par Voltaire à « feu Monsieur de Malézieux », dans son Essai sur l'Epopée : « Les Français n'ont pas la tête épique ! » La France, après sa juvénile épopée nationale, *La Chanson de Roland*, édifiait, par la main de son plus grand poète, une épopée nouvelle à sa nouvelle image : l'universelle épopée humaine.

« On n'a jamais ouvert de si lumineuses échappées dans l'histoire

et dans l'infini ! » proclamait Arsène Houssaye. — « L'œuvre ! remarquait Karl Stern dans le *Journal officiel*, grandit toujours à mesure que l'homme vieillit, comme si l'approche de l'immortalité élargissait cette pensée au delà des limites ordinaires. Il y a des pages de cette nouvelle *Légende* où s'entr'ouvre réellement l'horizon. »
— Le *Radical* faisait cette comparaison : « Nous avons parcouru en Californie, dans la vallée de Jo-se-Mitte, une forêt presque exclusivement plantée de cet arbre phénomène que les naturalistes nomment le *sequoia gigantea*. Le tronc creusé de chacun de ces géants peut abriter à l'aise cinquante personnes, et les hautes branches balayeraient le sommet de la pyramide de Chéops. Mais dans cet amas d'arbres aux proportions inimaginables, il en est un qui les domine tous par les dimensions de sa base et l'envergure de son feuillage. On l'appelle le Père de la Forêt. A mesure que nous lisions la nouvelle *Légende des Siècles*, nous voyions apparaître le génie de Victor Hugo sous la forme de cet arbre merveilleux. Il est bien, lui aussi, le Père de la Forêt ; tout le groupe des poètes contemporains a poussé sous son immense ombrage ; il les domine tous de toute sa hauteur et de toute sa puissance, tout en les nourrissant de ses sucs inépuisables. »

M. Jules Troubat donna cette appréciation remarquable : « Quand on a lu la nouvelle série de la *Légende des Siècles,* il semble qu'on vienne de faire en quelques heures le tour des douze signes du Zodiaque. Ce que nous exprimons est une illusion vraie, ressentie surtout après la vision nocturne de Vénus parcourant les mondes sans fin dans sa course échevelée à travers les abîmes, côtoyant les soleils, rallumant les lunes épuisées, illuminant Uranus, réchauffant Saturne, et remettant du feu dans tous les astres. Le poète s'est fait Cosmos ; son inspiration grandiose est devenue toute positive, pour ne pas mentir à son siècle, dans cette belle pièce qui a pour titre *Là-haut,* et qui n'a rien ou presque rien de métaphysique, malgré le sentiment qu'il prête aux étoiles. »

C'est, en effet, un rêve de plénitude féconde et de souveraine harmonie qui sort du livre en son ensemble. Au signal du Maître, toutes les voix de la nature, et aussi toutes les voix surnaturelles, pareilles aux divers et innombrables instruments d'un orchestre magique, s'élèvent, se mêlent, se fondent, pour exécuter le poème des poèmes, l'hymne intime, solennel, immense ; et de ce concert infini se dégage mélodieusement, dans l'essor d'un chant céleste, la pensée, la force, la vertu, l'âme même, qui emporte les mondes à travers l'espace. — Je n'oublierai jamais l'impression première que j'éprouvai en écoutant, un soir de janvier 1877, Victor Hugo lire de sa voix toute puissante, entre Auguste Vacquerie et Paul de Saint-Victor, *La Comète* et *Le Cid exilé*. C'était comme une vaste dilatation de l'esprit dans de la lumière vibrante, dans de la flamme idéale. J'entends résonner, je vois resplendir encore, toutes ces rimes superbes :

> Vous montez l'escalier des firmaments vermeils,
> Vous allez et venez dans la fosse aux soleils !...

Un autre soir, il lut *Les Fourches caudines;* et en sortant de son salon, Jean Richepin réussit, les uns et les autres l'aidant, à reconstituer, de mémoire, le poème entier. — Dès lors nous étions particulièrement frappés des élans prodigieux par lesquels le poète pénètre jusqu'au fond du passé et de l'avenir. Tantôt il fait refluer la vie jusqu'à sa source, jusqu'à « mille ans avant Adam » ; tantôt, devançant les heures et laissant derrière lui le Temps épuisé de lassitude, il nous transporte d'un coup d'aile par delà « le terme des âges. » Et cela, avec une intensité inouïe de vie et de réalité. M. Weiss (*Revue politique et littéraire* du 2 décembre 1882) a bien caractérisé le livre, en disant : « Comme la sensation historique s'y trouve avec la sensation épique, nous sommes enlevés dans le grand courant des siècles. » — Paul de Saint-Victor eut un exemplaire sur parchemin (2 vol. in 8°, lib. Calmann Lévy). En tête d'un autre exemplaire sur papier du Japon, se trouvent ces lignes: « M. Richard Lesclide est un esprit charmant, compliqué d'un cœur excellent. Cela l'entraîne à des imprudences. Il m'a vu un jour embarrassé du manuscrit de la *Légende des Siècles*, et hésitant à le livrer à l'imprimerie sans copie. Il m'offrit d'en faire la copie. Il fallait une discrétion absolue et un dévouement infatigable. Il a eu toutes ces vertus, et j'en ai abusé. C'est grâce à sa bonne volonté cordiale et exquise, que ce livre a pu paraître à jour fixe, le 26 février 1877, en même temps que la première heure de ma soixante-seizième année... »

On reste stupéfait à songer que le Maître était déjà si chargé d'ans, quand il écrivit tant de pages éternellement jeunes. *L'Aigle du casque* fut improvisé dans les derniers jours de 1876 ; et au mois de janvier 1877, sur l'observation de M. Meurice que « le livre manquait de femmes, » le poète septuagénaire se mit bravement à faire *Le Groupe des Idylles*, dont chaque jour il parachevait un poème. Quel inépuisable printemps sous ces cheveux de neige !

On se rappelle la belle page de la seconde *Légende* sur Jean Chouan. Le 27 février 1877, Victor Hugo reçut la lettre suivante :

« Illustre Maître, à vous bravo! merci! Petit-fils de Jean Chouan, j'ai lu avec un immense sentiment d'orgueil l'éloge que vous venez de faire de notre famille. Oui, comme toujours, vous avez raison; ce fut un héros, mais, hélas! un héros de l'ombre. Ses enfants

Jean Chouan

ont pris leur place au soleil, en acceptant les immortelles vérités de 89 et en s'abritant sous les plis du drapeau de la liberté. Mais ils ont conservé pour leur aïeul le respect et l'admiration que l'on doit au vrai courage. — Seul descendant direct de Jean Chouan,

LOUIS LELOIR

Les Reîtres

    Sonnez, cymbales!
    Sonnez, clairons!
On entendra siffler les balles;
Sur les villes nous tomberons;
Toutes femmes nous sont égales,
Que leurs cheveux soient bruns ou blonds!
Nous jouerons aux dés sur les dalles;
    Sonnez, doublons!
    Sonnez, rixdales!...

    Sonnez, clairons!
    Sonnez, cymbales!
On entendra siffler les balles;
Nous pillons, mais nous conquérons.
La guerre a parfois les mains sales,
Mais la victoire a les bras longs.
Nous jouerons aux dés sur les dalles;
    Sonnez, rixdales!
    Sonnez, doublons!

    LA LÉGENDE DES SIÈCLES. — *Nouvelle série.*

HUGREL

Diane

La grande chasseresse, éclatante et farouche,
Songe, ayant dans les yeux la lueur des forêts.

La Légende des Siècles (2me série).
Les sept merveilles du monde.

JEAN AUBERT

Théocrite

O belle, crains l'Amour, le plus petit des dieux,
Et le plus grand ; il est fatal et radieux ;
Sa pensée est farouche et sa parole est douce ;
On le trouve parfois accroupi dans la mousse,
Terrible et souriant, jouant avec les fleurs ;
Il ne croit pas un mot de ce qu'il dit ; les pleurs
Et les cris sont mêlés à son bonheur tragique ;
Maïa fit la prairie, il fait la géorgique ;
L'Amour en tout temps pleure, et triomphe en tout lieu ;
La femme est confiante aux baisers de ce dieu,
Car ils ne piquent pas, sa lèvre étant imberbe.
— Tu vas mouiller ta robe à cette heure dans l'herbe.
Lyda, pourquoi vas-tu dans les champs si matin ?
Lyda répond : Je cède au ténébreux destin,
J'aime et je vais guetter Damœtas au passage,
Et je l'attends encor le soir, étant peu sage,
Quand il fait presque nuit dans l'orme et le bouleau,
Quand la nymphe aux yeux verts danse au milieu de l'eau.

LA LÉGENDE DES SIÈCLES. Nouvelle Série.
(Le groupe des Idylles.)

c'est un enfant de quinze ans qui vous envoie ce merci. Recevez, cher et illustre Maître, l'assurance de mon profond respect et de mon admiration pour le grand poète national.

GEORGES CHOUAN DE COTTEREAU. »

Le 28 février, Victor Hugo répondit : « Vous êtes un noble enfant. S'il vivait aujourd'hui, votre héroïque grand-père viendrait, comme vous, à la vérité. Courage, et marchez de plus en plus vers la lumière ! »

LE FEUILLETON DE PAUL DE SAINT-VICTOR

« Ce nouveau livre prolonge, en l'égalant toujours, en la surpassant parfois, la plus haute partie de l'œuvre de Victor Hugo. Voilà déjà quinze ans qu'au-dessus de ses poésies, de ses romans, de ses drames, il a dressé l'Épopée. Car ce poème épique dont on reprochait la vaste lacune à la France, cette pierre angulaire ou cette maîtresse-tour de toute littérature nationale qui manquait à la nôtre, la *Légende des Siècles* la lui a donnée. Poème non plus circonscrit, comme la plupart des épopées modernes, dans le cycle d'un temps, dans l'enceinte d'une cité, dans le camp d'une guerre ; mais infini et indéfini, primitif et moderne, immémorial et actuel, au delà et en deçà de l'histoire, se faisant une unité de l'ubiquité, traversant toutes les régions, toutes les barbaries, toutes les civilisations, tous les cultes, allant de l'Éden à la mansarde, de la tente au palais, de la pagode à la cathédrale, interprétant la réalité d'après le mirage, voyant le fait évanoui à travers la fumée qui l'atteste, questionnant l'écho qui parle après que la voix s'est tue, contemplant les astres et sondant les foules ; tantôt chanson de geste et tantôt églogue ; souvent large comme une enfilade de bas-reliefs ou de fresques, quelquefois concis comme l'inscription d'une médaille ; employant, selon les lois d'un art infaillible, le raccourci ou la plénitude du sujet traité ; mêlant le récit au drame, alternant le dialogue avec le lyrisme ; montrant l'homme sous tous ses jours et sous toutes ses ombres, à toutes les étapes de son voyage, à tous les actes de sa tragédie ! On pourrait se figurer ce poème universel sous l'aspect d'une sorte d'Arche immense, peuplée de toutes les espèces et de tous les types, qui recueille des passagers nouveaux à chaque tournant d'horizon, et qui, à travers les calmes et les tempêtes, les naufrages et les hivernages, les éclipses et les arcs-en-ciel, vogue majestueusement sur la mer des siècles vers la Terre-Promise de l'Avenir.

» Ce plan prodigieux, on sait comment le poète l'a rempli dans son premier livre. Ce fut un étonnement et un éblouissement. Toutes les formes usitées étaient refondues, tous les cadres connus étaient remaniés. Les Siècles personnifiés allaient, venaient, se mouvaient dans leur atmosphère retrouvée, rentrant dans leur vie et dans leur milieu. L'esprit d'un peuple tenait dans trois pages ; le génie d'une race était enfermé dans le contour d'un quatrain, comme celui de Salomon dans le chaton d'un anneau. La Bible révélait des verbes inconnus, le Coran proclamait de nouveaux surates. L'Orient enfantait des monstres non classés. La Chevalerie, que Cervantes croyait avoir enterrée, surgissait des Chroniques rouvertes à l'appel d'une fanfare si tonnante et si triomphale, que Roland n'en avait jamais sonné de pareille. On voyait des villes sombrées émerger, des donjons rasés ressortir de terre. Des figures sans date, marquées d'un nom mystérieux qui valait une incantation, entraient brusquement dans l'Histoire et s'y installaient avec une autorité hautaine et terrible. Les spectres se faisaient chair, les revenants revivaient.

» Pour évoquer ce monde exhumé, le poète s'était fait un style nouveau, une langue à cent cordes, biblique et dantesque, féodale et populaire, altière et sincère, éclatante de tons, chargée de reliefs, entrecoupée des couleurs de la vie et des pénombres du songe, aussi propre à peindre une rose effeuillée entre les doigts d'une enfant qu'une orgie de brutes attablées sur une litière de cadavres, à chanter un *De profundis* de Sphinx qu'une barcarolle d'aventuriers sur la mer. Depuis Dante et depuis Shakespeare, aucune littérature n'avait rien produit de pareil.

» La nouvelle série de la *Légende des Siècles* poursuit ce grand livre en tous sens, avec surcroît et surabondance. Cette veine épique, qu'on pouvait croire épuisée après un tel épanchement, se remet à bouillonner et à ruisseler comme d'une source qui contient des fleuves. — On peut diviser en grandes zones ce monde vu à vol d'aigle. Les mythologies d'abord, dont Victor Hugo comprend et exprime toutes les poésies avec son incomparable puissance, mais dont il répudie violemment le principe : pluralité des forces surnaturelles, confédération des éléments et des phénomènes divinisés sous une loi suprême. On sait que l'idée de Dieu domine souverainement son génie. L'unité dans toute la puissance et dans la justice absolue n'a point un adorateur plus fervent et plus prosterné. Les mystères qui le déconcertent, les doutes qui l'assaillent, ne l'ont jamais fait trébucher sur le pont, aigu comme le rasoir du Coran, qui mène à cette certitude. Le point culminant de son œuvre, c'est une sorte de minaret idéal, d'où il proclame que Dieu est Dieu et que la conscience est son prophète infaillible.

» Contraste étrange : cet iconoclaste des dieux en est aussi le statuaire le plus magnifique. Il les taille dans le marbre incorruptible, dans l'or pur, dans l'ivoire sans tache, il reconstruit superbement autour d'eux leurs Olympes et leurs Walhallahs; il leur remet la foudre ou l'arc, le sceptre ou la coupe en main. Puis, devant les dieux restaurés sur leurs trônes, rétablis dans leur gloire, il fait surgir une figure obscure, rebutée, quelquefois difforme, mais qui sait le nom du grand Être unique, et qui n'a qu'à le révéler pour les réduire en fumée, les disperser en poussière. — Tout un livre du poème est consacré aux Titans, à ces géants aînés de la terre. Victor Hugo, se sentant un peu de leur race, passe résolûment dans leur camp; il relève, comme un gant de guerre, leur rocher tombé. Il tient pour eux contre les dieux d'Homère et d'Hésiode, en qui il ne voit que des tyrans triomphants. — Le poète s'est d'ailleurs magnifiquement rectifié lui-même dans ses légendes helléniques, dont chacune pourrait porter, comme le livre d'Hérodote, le nom d'une Muse. *Les Trois Cents* mettent en scène l'invasion de Xercès avec une puissance d'évocation qui tient du prodige... Entre ces groupes épiques, une statuette d'éphèbe dorée par l'aurore : *La Chanson de Sophocle à Salamine!*

» Nous voici dans les siècles foulés par les hordes, mal tracés et mal éclairés, limitrophes entre la légende et l'histoire. C'est sur cette Marche des Ages que Victor Hugo accomplit ses plus fiers exploits; c'est là qu'il refait, avec de la cendre et de l'ombre, des vivants qui ne vécurent qu'à demi, qu'il tire des hommes complets de noms raturés; c'est là qu'avec quelques débris de chroniques et d'armures, de chants populaires et de traditions frustes, il reconstitue des époques détruites et rallume des phases éclipsées. — Un type persistant revient dans cette ronde de nuit du passé, celui du Justicier, bon et fort, naïf et terrible, magnanime et rébarbatif, dressé contre les oppresseurs, incliné vers les petits et les faibles, qui sauve et damne, délivre et châtie, et répète dans la vallée des misères humaines, l'épée haute et le clairon à la bouche, le drame fulgurant du Jugement dernier. Ces Chevaliers du Droit sont presque toujours des vieillards; ces archanges ont les cheveux blancs. Victor Hugo a le culte des vieillards, comme il a l'adoration des enfants. — Sa manière de peindre les enfants est incomparable : il a fixé en touches d'une fraîcheur divine la fleur de leur chair, les rayons limpides de leurs yeux, leurs molles et fugitives attitudes, leurs gestes pareils à des battements d'aile ébauchés, tout ce qui avait échappé jusqu'à lui aux autres poètes; car la peinture seule des grands maîtres avait ainsi coloré et nuancé l'enfance. On dirait les Amours du Corrège enroulés par groupes et par grappes autour des fresques de Michel-Ange. — *Le Petit Paul* fera verser autant de larmes que *Les Pauvres gens*. Il n'appartient qu'à Victor Hugo d'élever aux larges émotions du grand art ces humbles sujets, qui s'amolliraient sous une autre main en fades élégies.

» La pensée finale de Victor Hugo sur le grand mystère alterne entre une immense tristesse et un espoir infini!...

» Par la majesté de sa masse, l'ampleur de ses proportions, la prodigieuse richesse de ses aspects et de ses détails, la structure d'un style à part, même dans la langue du poète, et où l'art le plus savant et le plus exquis se mêle à l'énergie des inspirations primitives, la *Légende des Siècles* domine toute l'œuvre de Victor Hugo. Elle est le beffroi de cette cité mouvante et multiple, de toute forme et de tout âge, pleine de surprises et pleine de contrastes. »

PAUL DE SAINT-VICTOR (Moniteur Universel).

A. LAURENS

Chloé

Chloé nue éblouit la forêt doucement ;
Elle rit, l'innocence étant un vêtement ;
Elle est nue, et s'y plaît, elle est belle, et l'ignore.
Elle ressemble à tous les anges qu'on adore ;
Le lis blanc la regarde et n'a pas l'air fâché ;
La nuit croit voir Vénus, l'aube croit voir Psyché.
Le printemps est un tendre et farouche mystère ;
On sent flotter dans l'air la faute involontaire
Qui se pose, au doux bruit du vent et du ruisseau,
Dans les âmes, ainsi que dans les bois l'oiseau.
Sève ! hymen ! le printemps vient et prend la nature
Par surprise, et divin, apporte l'aventure
De l'amour aux forêts, aux fleurs, aux cœurs. Aimez.
Dans la source apparaît la nymphe aux doigts palmés,
Dans l'arbre la dryade et dans l'homme le faune ;
Le baiser envolé fait aux bouches l'aumône.

La Légende des Siècles — 2me série — *Longus*.

G. CLAIRIN

*

Les Chouans

*

Paysans! paysans! hélas, vous aviez tort,
Mais votre souvenir n'amoindrit pas la France ;
Vous fûtes grands dans l'âpre et sinistre ignorance.
Vous, que vos loups, vos rois, vos prêtres, vos halliers
Faisaient bandits, souvent vous fûtes chevaliers ;
A travers l'affreux joug et sous l'erreur infâme,
Vous avez eu l'éclair mystérieux de l'âme ;
Des rayons jaillissaient de votre aveuglement ;
Salut! moi, le banni, je suis pour vous clément !...
Et je pleure, en chantant cet hymne tendre et sombre,
Moi, soldat de l'aurore, à toi, héros de l'ombre.

La Légende des Siècles. — 2ᵉ Série. — *Jean Chouan.*

E. DETAILLE

Soldats français

LE CHŒUR

France, songe au devoir. Sois grande, c'est la loi.

LE POÈTE

Et fais de ta mémoire un redoutable emploi,
En y gardant toujours les villes arrachées !
Enseignons à nos fils à creuser des tranchées,
A faire comme ont fait les vieux dont nous venons,
A charger des fusils, à rouler des canons,
A combattre, à mourir — et lisons leur Homère.
Et tu nous souriras, quoique tu sois leur mère,
Car tu sais que des fils qui meurent fièrement
Sont l'orgueil de leur mère et son contentement,
France ! Ayons l'ennemi présent à la pensée,
Comme les grands Troyens qui, sous la porte Scée,
S'asseyaient et suivaient des yeux les assiégeants.
Ces rois heureux autour de nous sont outrageants ;
Aimons les peuples, mais n'oublions pas les princes !...

LA LÉGENDE DES SIÈCLES. Nouvelle Série.
(L'Élégie des Fléaux.)

L'ART D'ÊTRE GRAND-PÈRE

'ENFANT a été une des plus chères et des plus constantes préoccupations de Victor Hugo. Dès 1820, il écrivait : « Un berceau doit sauver le monde. » Depuis lors, que d'adorables figures jeunes inoubliablement évoquées! On se rappelle la révélation, à la tribune républicaine, du Droit de l'Enfant; et puis le Dîner des Enfants pauvres. On se rappelle aussi le prélude des *Voix intérieures* :

> Pierre à pierre, en songeant aux vieilles mœurs éteintes,
> Sous la société qui chancelle à tous vents,
> Le penseur rebâtit ces deux colonnes saintes :
> Le respect des vieillards et l'amour des enfants.

Créateur ayant pour facultés premières la force et la bonté, Victor Hugo est par excellence le poète paternel. M. Émile Augier a été bien inspiré en le nommant : « Le Père ». Le génie aime et comprend l'enfance, parce qu'il garde toujours quelque chose d'elle. Comme elle, « il ne croit pas au mal » ; avec elle, il participe à « la souveraineté des choses innocentes ». Le génie est l'éternelle et jaillissante fraîcheur du cœur, dans la chaude et lumineuse maturité des sens et de la raison. *L'Art d'être Grand-Père* parut le 14 mai 1877 (lib. Calmann Lévy, 1 vol. grand in-8° cavalier vélin). On y trouve le plein épanouissement de ce pieux sentiment de tendresse protectrice, qui marque si puissamment presque toutes les œuvres du poète. C'est l'anéantissement victorieux des vieux dogmes aveugles et féroces, qui damnaient le nouveau-né comme un criminel. C'est l'aurore triomphale, exterminant, blonde et rose, les nocturnes fantômes et les terreurs noires. Il fallait l'ingénuité sublime d'un géant plus colossal que le fabuleux saint Christophe, pour découvrir enfin la vertu régénératrice de l'enfance, cette source de poésie, la plus pure et la plus féconde de toutes, jusqu'alors si négligée des orgueilleux rimeurs. Victor Hugo n'a pu se consoler du rire de l'homme qu'avec le rire de l'enfant :

> C'est l'amour, l'innocence auguste, épanouie ;
> C'est la témérité de la grâce inouïe,
> La gloire d'être pur, l'orgueil d'être debout,
> La paix, on ne sait quoi d'ignorant qui sait tout.
> — Ce rire, c'est le ciel prouvé, c'est Dieu visible.

Aussi, a-t-il défini le paradis en ces termes : « Les parents toujours jeunes et les enfants toujours petits. » Pour lui, l'âge d'or subsiste encore sur terre ; c'est l'enfance. Comme la Casilda de *Ruy Blas,* il craint de « vieillir plus vite à voir toujours des vieux » ; et il se retrempe les yeux et le cœur au blond soleil levant de la vie nouvelle. C'est sa fontaine de Jouvence. Les enfants aiment qui les aime. Quelle belle amitié entre eux et lui ! Comme ils l'écoutent raconter ces histoires, « où l'on voit des géants très bêtes vaincus par des nains pleins d'esprit » ! Un jour, c'est « La bonne puce et le roi méchant » ; le lendemain, on fait connaissance avec « Le chien devenu ange » et « L'Ane Oui-Non ». Frédéric Régamey a représenté le Grand-Père apprenant l'équilibre aux petits-enfants, et construisant après dîner sur la nappe blanche un édifice composé de toutes sortes d'ustensiles de table, qu'il couronne d'une cocotte en papier. Scène exactement reproduite d'après nature ! On récompense l'aïeul, d'ailleurs, en lui apprenant des choses que lui-même n'aurait jamais trouvées tout seul. Jadis François-Victor, barbouillant ses premiers jambages, lui disait : « C'est drôle! les grosses mains écrivent en petit, les petites mains en gros. » Et une autre fois : « Pourquoi, papa, quand ils sont morts, met-on les hommes dedans la terre et les arbres dehors? » Georges et Jeanne n'ont pas eu de moins curieuses observations : « C'est des Prussiens? » demandait le premier, à Bruxelles, la nuit où il fut réveillé à coups de pierres. Plus tard, comme on menaçait Jeanne d'acheter une autre petite fille si elle n'était pas sage, elle eut ce beau cri de nature : « Je la perdrais dans les bois! » Le soir du 26 février 1877, elle se leva au dessert et porta ce toast : « Moi qui suis la plus petite, je bois au plus grand. » A Noël, la même année, Victor Hugo, devant une nombreuse assistance de jeunes invités, fit amnistier et mettre en liberté, par une Chambre et un Sénat de son invention, une bande de moineaux captifs. Dans ce petit monde, on se rappelle la fameuse allocution du deux fois éminent sénateur Polichinelle Bibosses. L'été dernier, à Veules, le Grand-Père offrait encore à tous les bambins du pays un beau dîner avec tombola et feu d'artifice. Il leur dit :

« Travaillez bien. Le travail, c'est le grand devoir, le devoir qui donne le droit. Aimez votre famille; et apprenez, en l'aimant, à aimer la grande famille, la Patrie. »

Devant *L'Art d'être Grand-Père*, la critique fut émue, attendrie, comme jamais elle ne l'avait été. Paul de Saint-Victor appelait *L'Épopée du Lion* « un conte de fées, inventé par un génie souverain ». C'était pour lui « Perrault parlant la langue d'Homère ». Et il ajoutait : « L'enfant est une des créations poétiques de Victor Hugo; on peut dire qu'il l'a engendré à la vie de l'Art. » Deux autres appréciations furent caractéristiques, celles de MM. Monselet et Texier :

« Unique génie! supérieur dans toutes les formes! non seulement le plus grand, mais encore le plus hardi; homme d'avant-garde et toujours chef d'école à soixante-quinze ans !... Loin de trahir la moindre défaillance ou d'accuser la moindre monotonie, *L'Art d'être Grand-Père* est rayonnant de fraîcheur, étourdissant de verve, inouï de variété. — Beaucoup de livres ont fait admirer Victor Hugo, celui-ci le fera aimer. C'est ce qu'il souhaite le plus au monde. Il n'a plus besoin de gloire. »

CHARLES MONSELET (L'Événement, mai 1877).

« Pour Victor Hugo, l'éducation de l'enfant, c'est l'amour. On ne fait éclore ces jeunes âmes qu'en les couvrant de tendresse, en les enveloppant d'une caresse continuelle. Dans ce nid, c'est au grand-père d'apporter le plus de duvet et de mousse. C'est lui qui est le plus près de l'enfant, étant un vieillard. Et nous le voyons toujours penché sur les deux berceaux, celui de Georges et celui de Jeanne, et s'abîmant dans une contemplation douce où il y a comme un retour de jeunesse, comme une floraison suprême de l'âme. — Le livre a une conclusion superbe ; c'est le dernier chapitre, « que les petits liront quand ils seront grands. »

EDMOND TEXIER (Le Siècle, mai 1877).

MOREAU DE TOURS

L'épopée du Lion

L'ERMITE

Alors vint un ermite. — Il s'avança vers l'antre ;
Grave et tremblant, sa croix au poing, sa corde au ventre,
Il entra. Le héros tout rongé gisait là,
Informe ; et le lion, se réveillant, bâilla.
Le monstre ouvrit les yeux, entendit une haleine,
Et, voyant une corde autour d'un froc de laine,
Un grand capuchon noir, un homme là-dedans,
Acheva de bâiller, montrant toutes ses dents ;
Puis, auguste, et parlant comme une porte qui grince,
Il dit : — Que veux-tu, toi ? — Mon roi. — Quel roi ? — Mon prince.
— Qui ? — L'enfant. — C'est cela que tu nommes un roi !
L'ermite salua le lion. — Roi, pourquoi
As-tu pris cet enfant ? — Parce que je m'ennuie.
Il me tient compagnie ici les jours de pluie.
— Rends-le moi. — Non. Je l'ai. — Qu'en veux-tu faire, enfin ?
Le veux-tu donc manger ? — Dame ! si j'avais faim !
— Songe au père, à son deuil, à sa douleur amère.
— Les hommes m'ont tué la lionne, ma mère...

L'Art d'être grand-père.

CHARLES VOILLEMOT

Les Petits-Enfants de Victor Hugo

Georges et Jeanne

HISTOIRE D'UN CRIME

ISTOIRE comme aucun historien, même Tacite, n'en écrivit jamais! L'on ne saurait exprimer la grandeur familière et terrible de ce livre sans pareil. Dès l'abord, par une force invisible et invincible, on est pris, enveloppé, emporté, et comme lancé en plein courant d'un fleuve profond et rapide, qu'on entend sourdement se précipiter en des chutes prochaines. On n'est plus chez soi, accoudé sur sa table, à lire. On vient d'être réveillé en sursaut; on est dans la rue, dans la foule, dans le tumulte des délibérations improvisées, à l'Assemblée, au quai d'Orsay, aux barricades. Généralement l'histoire représente la réalité, à peu près comme un jardin représente la

nature. Ici, c'est la vie prise sur le fait, en flagrant délit, avec son mouvement perpétuel, ses instincts, ses surprises, ses transports, ses scandales, ses héroïsmes, ses fatalités. Est-ce un auteur ou la conscience prophétique des choses qui parle? A force de justesse et

Le 2 Décembre 1851

de sincérité, le style se dérobe à l'analyse. Il ne se voit pas, il fait voir. Rayonnante clarté, qui, à jamais, restera sur cette date maudite, comme un phare étoilé sur un sinistre écueil!

L'Histoire d'un Crime a été commencée à Bruxelles, le lendemain de l'arrivée de Victor Hugo en Belgique (14 décembre 1851), et terminée le 5 mai 1852. « Le manuscrit a été fort peu retouché; il est resté ce qu'il était, abondant en détails et vivant, on pourrait dire saignant, de réalité. » Le premier volume (lib. Calmann Lévy) parut le 1er octobre 1877, avec cette préface concise : « Ce livre est plus qu'actuel; il est urgent. — Je le publie. » Il s'agissait de combattre la réaction monarchique à demi victorieuse. L'arme du poète fut puissante. La première édition disparut en un clin d'œil; plus de cent mille exemplaires de l'édition populaire furent immédiatement absorbés. Le tome second parut en mars 1878. Sous le titre de « Cahier complémentaire », un volume de notes et pièces justificatives y était annoncé; il n'a point encore été publié. En feuilletant l'*Histoire d'un Crime,* on retrouve maints détails dont Victor Hugo s'est servi pour « l'Épopée rue Saint-Denis » des *Misérables.* On peut même reconnaître, dans la guerre des rues de 1851, les prototypes de Gavroche, de Javert, d'autres personnages encore.

M. Léon Cladel écrivit dans *Le Réveil* : « Nous remercions Victor Hugo, d'abord parce qu'il dit clairement aux classes dirigeantes que, si la deuxième République sombra, ce fut leur faute; ensuite, parce qu'il croit en cette « sainte canaille » à laquelle il faut bien avoir recours pour sauver le Droit et la Liberté, quand toutes les roueries parlementaires ont produit une nouvelle dictature. Espérons que la leçon du sage ne sera pas perdue, et que, si jamais le tocsin sonne, ouvriers et bourgeois marcheront ensemble. » — M. Henry Maret fit l'article du *Mot d'Ordre* : « Ce livre, qui est de l'histoire, est d'une lecture plus attachante que le roman le plus intéressant. Rien de vivant comme ce passé, qui, sous la plume du génie, cette baguette de magicien, se dresse et sort du tombeau ! » — M. Maxime Rude ajouta dans *La Lune rousse* : « Je ne sais pas d'œuvre historique qui s'ouvre avec une simplicité aussi éloquente, aussi magnifique, aussi poignante à la fois. En six mots, Charras a la grandeur d'un héros de l'honnêteté. On entre ainsi dans ce livre; on s'y enfonce curieusement et fiévreusement; et alors, au milieu des faits qui ont passé sous les yeux de ce grand témoin, ou auxquels il a pris part, se détachent, sur le fond grouillant du crime, des portraits qui n'ont pas de supérieurs, comme touche, comme couleur, comme mouvement, dans notre incomparable langue française ni chez les historiens de l'antiquité. » — M. Bérard-Varagnac, dans le *Journal des Débats,* signa ces lignes : « *Napoléon-le-Petit,* c'est le plaidoyer au nom de la justice; c'est l'inexpiable forfait analysé, retourné, disséqué, dans ses causes, dans ses moyens, dans ses conséquences, dans tous ses éléments psychologiques; c'est la philosophie du 2 Décembre révélée; c'est un sublime pamphlet. L'*Histoire d'un Crime*, c'est l'histoire proprement dite, c'est le récit d'un témoin, c'est un exposé des faits, mais un exposé merveilleux de clarté et de précision. Déposition accablante, et sur un ton de simplicité, de modération, d'impartialité même, fort remarquable, si l'on songe que Victor Hugo l'écrivait au lendemain de la bataille! » — *La Vie littéraire* publia le sonnet suivant :

On n'avait pas encore écrit l'histoire ainsi !
Mais, le génie aidant, c'est la bonne méthode.
Ce livre est un fer rouge et fumant, qui corrode,
Brûle, et marque à jamais le Crime enfin saisi.

Sans honte, sans effroi, sans orgueil, sans merci,
Écartant le bandeau dont la nuit l'incommode,
Les pieds baignés de sang, le front haut comme une ode,
La vierge Vérité se dresse nue ici.

L'éclat de son miroir semble l'éclair d'un glaive.
Le ciel règne en ses yeux. Le soleil qui se lève,
Est moins resplendissant que son divin regard.

Elle est terrible, elle est familière et sublime;
Les spectres, à sa voix, surgissant de l'abîme,
L'homme aux yeux ternes fuit devant elle, hagard.

PICHIO

Mort de Baudin

En ce moment, quelques hommes en blouse, de ceux que le 10 Décembre avait embrigadés, parurent à l'angle de la rue Sainte-Marguerite, tout près de la barricade, et crièrent : — A bas les vingt-cinq francs !

Baudin, qui avait déjà choisi son poste de combat et qui était debout sur la barricade, regarda fixement ces hommes et leur dit :

— *Vous allez voir comment on meurt pour vingt-cinq francs !*

Histoire d'un crime.

Bénédict MASSON

Aimez-vous les uns les autres

Quoi ! partout la fureur ! Quoi ! partout le frisson,
Le deuil, des bras sanglants et des fosses creusées !
Quoi ! troubler le soleil glorieux, les rosées,
Les parfums, les clartés, le mois de mai si beau,
Les fleurs, par l'ouverture affreuse du tombeau !
Ah ! fussiez-vous vainqueurs, qu'est-ce que la victoire ?
Vous aurez le cœur froid, vous aurez l'âme noire.
A la fraternité rien ne peut suppléer.
Ah ! réfléchissez. Dieu vous créa pour créer,
Pour aimer, pour avoir des enfants et des femmes,
Pour ajouter sans cesse à vos foyers des flammes,
Pour voir croître à vos pieds des fils nombreux et forts,
Pour faire des vivants ; et vous faites des morts !

Le Pape.

LE PAPE

LA PITIÉ SUPRÊME - RELIGIONS ET RELIGION - L'ANE

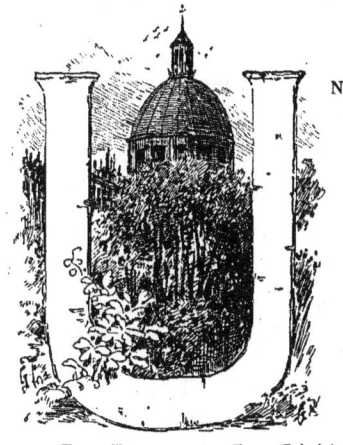

UNE sorte de tétralogie philosophique se trouve constituée par ces poèmes, où les plus sombres et les plus redoutables questions qui s'imposent à la pensée humaine, se résolvent, avec une logique aussi imprévue que naturelle, en éclatants symboles. On dirait quatre pierres angulaires, apportées par la poésie pour servir de base au temple idéal, où les siècles futurs célébreront le culte de l'humanité.

— *Le Pape* et *La Pitié suprême* sont deux leçons décisives, la première s'adressant aux hommes qui ne craignent pas d'assumer l'infaillibilité morale, la seconde à ceux qui ne craignent pas d'exercer la toute-puissance matérielle. *Religions et Religion* et *L'Ane* signalent, d'autre part, les deux écueils qui, comme Charybde et Scylla, menacent perpétuellement le progrès humain : la superstition où se perd la foi et le pédantisme où échoue la raison.

Le Pape (1 vol. in-8º, chez Calmann-Lévy, avril 1878) fut apprécié en ces termes par M. Charles Canivet dans *Le Soleil* : « Ce livre est une vision, mais une vision superbe, que le poète de *La Légende des Siècles* a traduite par une merveilleuse épopée. Ce n'est point le Pape qui est en scène, ni la papauté ; mais un personnage idéal, si grand qu'on n'en saisit ni la forme ni les contours. C'est comme la personnification, par un artiste de génie, de l'un de ces mythes de l'Inde ancienne, si vastes, si énormes, si disproportionnés même, que l'imagination des hommes, incapable de les saisir, n'a pu que les traduire d'une façon matérielle par des statues colossales ou d'effrayants amoncellements de blocs et de pierres. » Dans *Le Gaulois*, M. Fourcaud s'exprima ainsi : « Ce poème est vaste et magnifique. Magnifique d'exécution, vaste de sentiment. Je le dis tout de suite, sachant bien que je m'expose au blâme des catholiques. — Comment ! vous osez louer un livre de Victor Hugo consacré à faire la leçon au Pape! — Je l'ose, en effet; car ce sont deux choses distinctes que l'art et les croyances, et le propre d'un esprit de quelque force est de savoir admirer partout ce qui est admirable. » — « Victor Hugo, observa M. Pierre Véron, a d'autant plus d'autorité quand il stigmatise les aberrations de l'ultramontanisme, que son spiritualisme inspiré ne s'est jamais démenti. Ce n'est pas un ennemi de la croyance, qui parle; c'est un indigné qui, au nom de cette même croyance, veut, selon l'expression connue, écheniller Dieu. »

La Pitié suprême (1 vol. in-8º, chez Calmann-Lévy, 20 février 1879) remplace-t-elle le roman annoncé sous ce titre : *La Monarchie?* On le pourrait croire. Nous savons les idées du poète sur le mal et sur ceux qui font le mal : « C'est toujours contre soi que l'on commet un crime. — L'opprimé le plus sombre, hélas! c'est l'oppresseur. » Il a constamment cherché le côté pardonnable de tout. Léon Cladel ne l'a-t-il pas surnommé Hugo-la-Bonté? Il s'est donc tenu ce raisonnement : « D'où vient le despote, et qui le produit? Le milieu de corruption où il naît et grandit! L'ignorance morale se forme naturellement à la hauteur des tyrans, comme le nuage sur le sommet nu que son altitude stérilise. Elle est leur fatalité, et elle est aussi leur circonstance atténuante. L'insomnie délirante de lady Macbeth, épidémique à tous les hommes de crime et de proie, est un motif pour ne pas les excommunier de la compassion. »

Quelques esprits myopes lui ont reproché de plaindre les tyrans, lorsque tant de victimes sont plus dignes d'intérêt. Substituer la pitié à la haine envers les despotes, n'est-ce pas, cependant, un des moyens les plus sûrs pour dominer et abolir le despotisme? Désormais les Nemrod et les César ne sont plus des forces supérieures, des fléaux de Dieu, des éléments du destin; ils sont simplement des malades, des inconscients, des agités, des insensés, de pauvres monstres plus misérables que terribles. Sous leur toute-puissance, apparaît leur impuissance totale. Eux-mêmes se sentent faiblir. On ne les admire plus, on ne les envie plus, on n'est plus tenté de les imiter. Ayant pitié, l'on n'a plus peur et l'on n'a plus foi.

M. Henri Rochefort écrivit dans *La Marseillaise* : « Les bourreaux sont plus malheureux que les victimes, voilà le thème. Et en quels vers il est développé!... Ces pages poignantes, dont le lecteur sort à la fois ébloui et attendri, feraient haïr leur royauté aux rois eux-mêmes, comme elles feraient aimer aux souffrants leurs souffrances et aux exilés leur exil. Ces vers grandioses vous récompensent d'avoir choisi la route épineuse et laissé à d'autres les chemins fleuris. Ils vous dédommagent des anathèmes et vous cuirassent contre les calomnies. Ce livre merveilleux démontre que tous les hommes sont réellement plus égaux entre eux qu'ils ne croient ; et que, si quelque inégalité peut s'établir, c'est, à coup sûr, au profit de ceux qu'on est convenu d'appeler les malheureux. Ce volume, ruisselant de l'immortelle poésie qui coule de la plume de Victor Hugo comme de sa source naturelle, est la sublime paraphrase du mot de Danton : — J'aime mieux être guillotiné que guillotineur. »

Il faut noter aussi cette ingénieuse remarque de Théodore de Banville : « De plus en plus je reste stupéfait et saisi d'une respectueuse épouvante, en voyant ce que Hugo sait faire avec le grand instrument de la poésie française, avec la Rime. A chaque livre nouveau, nous admirons par quel génie harmonique il arrive à accoupler des mots qui, jusque-là, ne se connaissaient pas, et à tenir ainsi notre attention dans un prodigieux éveil. Cela ne serait rien encore ; mais ce qui est vraiment merveilleux, c'est le génie intuitif par lequel il trouve des rapports d'idées nouveaux entre deux mots las d'être unis, mais qui alors semblent s'éclairer d'une éblouissante lumière. »

Dans *Les Misérables*, Victor Hugo avait dit : « Nous sommes pour la religion contre les religions. » Dans *Mes fils* : « La religion a pour ennemies les religions. Les religions croient l'absurde. La religion croit le vrai. Accepter Dieu, c'est là le suprême effort de la philosophie. Que l'homme fasse son devoir, Dieu fera le sien. » Le poème intitulé *Religions et Religion* vint affirmer et consacrer ces idées. Commencé en 1870, il fut terminé seulement dans les premiers jours de 1880. Il parut à la fin d'avril (1 vol. in-8° chez Calmann-Lévy). Dans une matinée du dimanche, un jeune acteur, M. Rameau, en fit une lecture au Théâtre des Nations. Une profonde émotion pénétra toute l'assistance, quand le poème, après avoir prouvé l'inanité de tous les dogmes et le néant du néant, arriva à cette splendide conclusion : le juste devenant la mesure, la preuve, le témoin du vrai ; l'immortalité décernée à tout ce qui mérite d'être éternel.

M. Henry Houssaye publia un excellent article dans le *Journal des Débats* du 8 mai 1880 : « Qu'on n'admire pas l'œuvre de Victor Hugo, soit ! on est aveugle. Mais qu'on l'admire avec des réserves, cela ne se comprend plus. Fait-on des réserves devant l'immensité de l'Océan, devant la grandeur de la montagne, devant l'éclat du soleil ?... Il y a des taches au soleil. Le soleil n'en est pas moins la lumière et la chaleur. — Victor Hugo est un grand poète, un grand penseur, un grand artiste ; il est le plus grand génie lyrique de la France, peut-être du monde. Il est surtout une force de la nature. Devant lui un seul sentiment nous possède, celui de l'admiration. Cette admiration, nous l'éprouvons pour l'œuvre entière du Maître, que ce soient les vers de cette vingtième année si pleine d'espérances, que ce soient les poèmes de cette magnifique vieillesse si pleine de gloire. Il y a quelques jours, nous relisions *Les Feuilles d'automne;* aujourd'hui nous lisons *Religions et Religion.* C'est la même beauté de forme, la même grandeur de pensée, la même inspiration, la même puissance. Trois quarts de siècle ont passé sur cet homme sans courber sa tête, sans faire vaciller la flamme de son génie. »

Une belle étude de Charles Swinburne parut dans la *Forthnightly Review* : « Nous prenons, en vérité, l'invincible habitude de considérer Victor Hugo, non pas comme un rimeur de notre espèce, non pas comme un terrestre grand-prêtre de Phœbus-Apollon, mais comme la lumière céleste elle-même, incarnée dans un grand poète ainsi qu'au temps jadis. L'ombre même qu'il projette, semble un reflet de la vraie clarté; et chacune des années qu'il vit, diminue l'obscurité qui pèse sur le monde. Or jamais il n'a porté plus de jour en de plus sombres régions, qu'en faisant rayonner son éblouissante poésie dans le labyrinthe des superstitions humaines. Le poème appelé *Religions et Religion* est, d'un bout à l'autre, une réfutation triomphante de tout ce qui est pur matérialisme; et d'abord, et surtout, de la pire espèce de matérialisme qui subsiste et survive encore dans le monde, de la superstition basée sur le déicide et la théophagie. Souvenons-nous que la superstition doublée du matérialisme est, à coup sûr, une chose infiniment pire que le matérialisme tout sec. »

Après la Babel des faux systèmes religieux, le poète se mit à démolir avec une joie de Titan, suivant l'expression de M. Paul Foucher, la Babel des faux systèmes scientifiques. *L'Ane* fut publié en octobre 1880 (1 vol. in-8°, lib. Calmann-Lévy). Le 7 novembre suivant, M. Louis Ulbach fit une conférence sur *L'Ane* : « Ce livre, disait-il, est la gronderie d'un aïeul, tendre dans sa sévérité, touchante dans sa raillerie, gaie dans sa colère. C'est le sourire et le dernier mot du désenchantement d'un enchanteur. Il met des bonnets d'âne à notre fausse sagesse, à nos puériles ambitions... Croyons comme lui que la science qui n'augmente pas la fraternité, si audacieuse qu'elle soit dans ses recherches, rapetisse l'horizon humain; mais pour aimer, instruisons-nous ! »

M. Charles Laurent écrivit dans *La France* : « Le poète a pris

DE NITTIS

La Grisette

Elle passa. Je crois qu'elle m'avait souri.
C'était une grisette ou bien une houri.
Je ne sais si l'effet fut moral ou physique,
Mais son pas en marchant faisait une musique.
Quoi! ton pavé bruyant et fangeux, ô Paris,
A de ces visions ineffables! Je pris
Ses yeux fixés sur moi pour deux étoiles bleues.
Fraîche et joyeuse enfant! moineaux et hochequeues
Ont moins de gaîté folle et de vivacité.
Elle avait une robe en taffetas d'été,
De petits brodequins couleur de scarabée,
L'air d'une ombre qui passe avant la nuit tombée,
Je ne sais quoi de fier qui permettait l'espoir.

Les Quatre Vents de l'Esprit.

JEAN BENNER

Alsace et Lorraine

Ainsi nous n'avons plus Strasbourg, nous n'avons plus
Metz, la chaste maison des vieux Francs chevelus !
Ces villes, ces cités, déesses crénelées,
Ce Teuton nous les a tranquillement volées !
Ainsi le Chasseur Noir a ces captives-là !
Ainsi ce cavalier monstrueux, Attila,
Horrible, les attache aux arçons de sa selle ;
A l'un pend l'héroïne, à l'autre la pucelle !
Et les voilà, râlant dans le carcan de fer,
Metz où régna Clovis, Strasbourg d'où vint Kléber !
Le vautour a ces monts et ces prés sous son aile !

Les Quatre Vents de l'Esprit.

l'ignorance personnifiée dans l'Ane, il a pris la candeur honnête et la simplicité naturelle du baudet pour juges de nos habiletés. Il a fait contempler par ce grand œil placide tous les spectacles que l'homme peut offrir ; et puis il a interrogé la bête. Et la bête lui a répondu; et il s'est trouvé qu'elle avait plus d'esprit que nous, puisqu'elle avait la droiture, le respect du génie, l'enthousiasme et la bonté. » — M. Claretie retrouva dans cet âne savant l'âne rustique et généreux, qui épargne *Le Crapaud* de *La Légende*. — « L'œuvre est originale entre toutes, observa M. Emmanuel des Essarts, par le mélange de lyrisme et de logique, d'éloquence inspirée et de joie grandiose. Donner au comique les ailes de l'ode, ce phénomène s'est vu rarement depuis Aristophane ; Hugo l'a porté à la puissance suprême. » Métamorphose merveilleuse, en effet, que cette transformation du baudet en Pégase !

Le Voltaire publia ces lignes remarquables de M. Émile Bergerat : « Depuis quelques années, Victor Hugo semble poussé par une main invisible ; il multiplie ses appels, il précipite ses évocations. Son verbe a des solennités d'oracle ; ses mots jettent des lueurs extraordinaires ; ses idées reflètent des coins d'idéal inexploré, des miroitements de paradis social, des apparitions furtives d'édens philosophiques, auxquels on peut reconnaître les prodromes du monde nouveau. Dans ce génie en gésine éternelle, et qui absorbe, résorbe et exprime, depuis près de quatre-vingts ans, toute la force intellectuelle d'un peuple, frissonne la joie tremblante de l'avenir. Il vit en état perpétuel d'annonciation. Et ce qu'il a de plus prodigieux, c'est que le futur se manifeste à lui comme un présent anticipé ; c'est qu'il se meut dans les espérances comme dans des choses établies, dans des progrès accomplis, des réalisations triomphantes. Oh ! ne résistez pas, c'est le poète. C'est le poète dans l'accomplissement de sa mission splendide. Il est celui qui sait avant tout le monde, celui qu'il faut écouter bouche béante, car un mot de lui en dit plus long, quelque instinctif qu'il soit, sur la misère humaine, que la science et même que les astres. Qu'il soit béni et vénéré ! » — Finissons par un mot de Paul de Saint-Victor : « Un bas-relief de la cathédrale de Chartres montre un âne accroupi dans une stalle de chantre et jouant du rebec. Le poème de *L'Ane* vient d'enchâsser une sculpture semblable dans le monument colossal de Victor Hugo. »

LES QUATRE VENTS DE L'ESPRIT

Quelques jours après l'apparition de ces deux volumes (lib. Calmann-Lévy), le poète reçut la lettre suivante :

Mon cher et illustre compatriote,

Je viens de lire *Les Quatre Vents de l'Esprit*, que vous m'avez fait l'honneur de m'envoyer. Ils sont aussi beaux que ce que vous avez fait de plus beau ; mais ils ne peuvent plus rien ajouter à votre gloire. Je vous prie d'agréer mes félicitations et mes remerciements.

JULES GRÉVY.

9 juin 1881.

L'admiration fut profonde et unanime. « *Les Quatre Vents de l'Esprit*, dit M. Aurélien Scholl dans *L'Événement*, nous versent la vie à pleins bords. Hugo a mis l'infini en volumes, la tempête et la sérénité, les étoiles et les gouffres, les tremblements de terre et les tremblements de ciel. » — M. Henri de Bornier publia l'appréciation suivante dans *La Nouvelle Revue* : « Comment donner une idée de cette œuvre prodigieuse ? Vous avez entendu peut-être l'orgue de l'église de Saint-Bavon, à Harlem. L'orgue est à lui seul un monument ; il est aussi haut que l'église ; il repose sur douze colonnes, et des statues de marbre blanc sont disposées en groupes depuis l'entablement jusqu'au faîte. Il a quatre claviers, entre lesquels sont répartis soixante registres ; et douze soufflets distribuent le vent à ses cinq mille tuyaux. Quand les douze soufflets se mettent à l'œuvre et animent d'une vie formidable et le trombone et le double trombone, et le contre-basson et la bombarde, on se demande si la mer qui est voisine, soulevée par quelque tempête, n'entre pas dans la haute cathédrale. Rien n'est plus terrible, et tout à coup rien n'est plus charmant. Des souffles de printemps succèdent à des hurlements de cyclone; et il y a des moments d'accalmie où les cinq mille voix de cet océan d'harmonie se taisent, pour nous laisser entendre le petit cri joyeux d'une hirondelle. »

— « Victor Hugo, remarqua M. Jacques Madeleine dans *Paris moderne,* a transformé la Satire en y introduisant l'Ode et toutes les virulences de l'Iambe. Tout le monde connaît déjà la grandiose évocation du Livre épique. La partie peut-être la plus belle du Livre est la deuxième, où les Cariatides de Germain Pilon prennent part à l'action en raillant et en maudissant les trois spectres qui passent devant elles. C'est une sublime conception que tout ce peuple des malheureux, des victimes, des lépreux, des damnés, penchés sinistrement, sous les pieds des vivants, sur les flots noirs qui coulent désespérés, et semblant y mirer leur angoisse. »

— « Le Livre dramatique est la grande surprise des *Quatre Vents de l'Esprit,* dit M. Charles Monselet. Par le quatrième acte de *Ruy Blas,* nous connaissions déjà, il est vrai, un Victor Hugo joyeux. Cet homme est vraiment extraordinaire. Il donne le vertige. Il était Juvénal tout à l'heure. A présent, il met Alfred de Musset dans sa poche, comme on ferait d'un pantin. On ne peut pas parler de lui tranquillement, avec les phrases accoutumées. Lui seul a le mot juste, imprévu, éblouissant. Et des trouvailles d'images, et des trouvailles de pensées, à toutes les minutes, comme s'il en pleuvait. Pas de répit, pas un temps d'arrêt. Encore, et puis toujours encore! C'est la richesse sans trêve, l'opulence se dépensant à foison. »

M. Maxime Gaucher ne fut pas moins favorable dans *Le Télégraphe:* « Si nous sommes dans un monde quelque peu fantastique, si les personnages ont un autre langage que ce langage banal qui fatigue chaque jour nos oreilles, eh! mille fois tant mieux! C'est le poète qui parle par leur bouche; qui s'en plaindrait? C'est la note lyrique et non la note dramatique, diront quelques-uns. Soit! puisque ce lyrisme nous transporte. » — M. Henri Fouquier formula ainsi ses impressions : « Olympio, inquiet et douteux, avait quelque chose de la maladie du siècle. Le grand vieillard d'aujourd'hui en laisse éclater toutes les santés. Il vit en plein idéal. Ses amertumes même sont bienfaisantes, comme celles de la mer. »

Relevons enfin ces lignes significatives, qui appartiennent à la préface d'une Anthologie contemporaine entreprise par M. Henri Roujon : « Pourquoi donc répéter encore une fois que Victor Hugo est le plus noble génie lyrique que la France ait nourri de son lait?

L'Aïeul s'est placé si haut dans le domaine de l'Art, où il règne en prince incontesté, qu'on n'ose tenter son éloge sans craindre de pécher par irrévérence. — Certes notre embarras diminuerait si Victor Hugo, daignant prêter à ses indignes panégyristes son incomparable vocabulaire, nous permettait de puiser dans son trésor. Lui seul nous fournirait des mots et des images à la taille géante de son œuvre. Mais, s'il est devenu banal de célébrer la grandeur du Maître, nous pouvons dire, à l'honneur de notre temps, que le peuple paie le poète d'autant de gloire qu'il en a reçu de joie. Le siècle se montre digne de son héros ; chaque jour il comble de gratitude le souverain magnifique qui l'accable de ses dons. »

Margarita, la comédie du Livre dramatique, a été représentée le 28 janvier 1882, sur le théâtre particulier du Cercle des Arts-Intimes. Les deux rôles principaux étaient tenus par Mlle Nancy Martel et M. Fernand Samuel. On ne connaît que deux sonnets de Victor Hugo. L'un se trouve dans le Livre satirique des *Quatre Vents de l'Esprit,* sous ce titre : « Jolies Femmes. Sonnet pour album. » L'autre n'a été publié dans aucun volume du Maître. Il a paru dans *La Renaissance artistique et littéraire* du 27 juillet 1872. Il est dédié à Mme Judith Mendès et porte ce titre :

AVE, DEA ; MORITURUS TE SALUTAT !

La mort et la beauté sont deux choses profondes
Qui contiennent tant d'ombre et d'azur, qu'on dirait
Deux sœurs, également terribles et fécondes,
Ayant la même énigme et le même secret.

O femmes, voix, regards, cheveux noirs, tresses blondes,
Vivez, je meurs ! Ayez l'éclat, l'amour, l'attrait,
O perles que la mer mêle à ses grandes ondes,
O lumineux oiseaux de la sombre forêt !

Judith, nos deux destins sont plus près l'un de l'autre
Qu'on ne croirait, à voir mon visage et le vôtre :
Tout le divin abîme apparaît dans vos yeux ;

Et moi, je sens le gouffre étoilé dans mon âme !
Nous sommes tous les deux voisins du ciel, madame,
Puisque vous êtes belle et puisque je suis vieux.

JUNDT

Les Iles du Rhin

Et tout cela pourtant, c'est la France éternelle !
C'est à nous, ce Haut-Rhin où la Gaule apparaît !
J'en atteste l'été, le printemps, la forêt,
Les astres toujours purs, les roses toujours neuves,
Et le ruissellement d'émeraudes des fleuves !
J'en atteste l'épi doré, le nid d'oiseau,
Et le petit enfant qui, nu dans son berceau,
Joue avec son pied rose en attendant la France !
J'en atteste l'œil bleu de la sainte espérance,
L'honneur, le droit, l'autel où l'on prie à genoux,
Cette Lorraine et cette Alsace, c'est à nous !

Les Quatre Vents de l'Esprit.

Maxime LALANNE

La Nuit

Pendant que les pêcheurs sont en mer.

Les visions se répandent
Dans le firmament terni,
De hideux nuages pendent
Au noir plafond infini ;
L'étoile y vient disparaître ;
Il semble qu'une main traître,
Guettant les astres vermeils,
Au fond de l'ombre indignée,
Tend des toiles d'araignée
Pour ces mouches, les soleils.

La mer n'est plus qu'épouvante ;
Le ciel s'efface ; on dirait
Que la nature vivante
Devient songe et disparaît ;
Tout prend l'aspect et la forme
D'une horrible ébauche énorme
Ou d'un grand rêve détruit ;
Les ténèbres en décombres
Emplissent de leurs blocs sombres
L'antre immense de la nuit.

Les Quatre Vents de l'Esprit.

TORQUEMADA

ORQUEMADA fut annoncé, sur la couverture des *Chansons des Rues et des Bois*, pour mai 1866, avec *La Grand'Mère*, comédie. On se souvient que, tout jeune, Victor Hugo avait vu le peuple brûler, dans les rues de Madrid, les instruments de torture de l'Inquisition. En 1870, plusieurs parties du drame étaient achevées. Selon M. Henry d'Escamp, il fut commencé à Guernesey dès 1856 : « Victor Hugo lisait, pour se distraire, les Épîtres de saint Paul. Il trouva, sans doute dans les notes d'un commentateur, cette phrase qui résume la doctrine du grand philosophe sacré : L'amour chrétien est d'une puissance telle, que son expression dépasse parfois les forces humaines ; ainsi une mère aimera mieux voir sa fille brûlée vive en état de grâce, que de la savoir hérétique et destinée aux flammes éternelles. De la lecture de cette phrase est né le drame de *Torquemada*. » Le livre parut le 1ᵉʳ juin 1882 (lib.

Calmann-Lévy), comme la persécution des Juifs en Russie nous reportait au temps des guerres de religion. Le même mois, Victor Hugo publia un Appel à l'humanité. — « J'ai fait un *Torquemada* monstrueusement bon ! disait-il. C'est, je crois bien, ma conception la plus grande ; on y voit de plus haut, au sommet de la vie. »

Dans *L'Ane*, dans *Religions et Religion*, il avait déjà démontré combien sont stériles et funestes la raison sans la foi et la foi sans la raison. *Torquemada* prouve, avec une force plus imposante et plus tragique encore, quel péril court le meilleur des hommes

Acte II, scène III. — Borgia, Torquemada, François de Paule.

à rompre l'équilibre de son organisme en supprimant une de ses facultés naturelles. L'intelligence, privée de la chaleur du cœur, est une paralytique ; le cœur, privé des lumières de l'intelligence, est un aveugle. Ténèbres mortelles. On tue pour sauver.

Est-il besoin de dire que *Torquemada* reçut de toute la presse le meilleur accueil? M. Philippe Gille, du *Figaro*, y retrouva le poète « avec toute la grandeur et tout le charme des plus beaux jours. » M. de Lapommeraye y vit la première partie d'une trilogie embrassant toute l'histoire d'Espagne : *Torquemada, Hernani, Ruy-Blas*. Pour lui, le moine de Victor Hugo est cent fois plus saisissant que le personnage historique : « Le génie seul pouvait concevoir cette sublime idée, illuminer cette sombre physionomie d'un tel rayonnement de l'idéal. » — « Cette œuvre, observa M. Paul Bourget dans *Le Parlement* du 5 juin, présente ce caractère à part entre les productions dramatiques de l'auteur d'*Hernani*, qu'elle est essentiellement psychologique et que l'élément pittoresque s'y trouve relégué au second plan. C'est l'examen, sous forme d'épopée dialoguée, de la question, si angoissante pour la conscience humaine, du fanatisme et de ses crimes vertueux. »—Dans *L'Express*, M. Alfred Etiévant signa une remarquable étude : « Il a fallu toute l'audace et toute la puissance de Victor Hugo pour restituer à l'épouvantable figure de Torquemada sa vérité humaine, en nous montrant sous la férocité inconsciente du monstre la frénésie de miséricorde et d'amour de l'apôtre. » — M. Camille Le Senne, du *Télégraphe*, résuma ainsi le drame : « Sourires et fleurs, rayons et flammes ardentes, philosophie de l'histoire et sentiment héroïque de la grande tragédie humaine, ce qu'il y a de plus délicat dans les âmes des enfants et de plus terrible dans les âmes des fanatiques, telle est cette nouvelle œuvre de notre grand poète national, qui touche en même temps à l'infini de la tendresse et à l'infini de l'horreur, et que je ne saurais mieux comparer qu'à un vol de papillons autour du bûcher sinistre de l'Inquisition. »

WEBER

La Nuit

pendant que les pêcheurs sont en mer

La mer n'est plus qu'épouvante ;
Le ciel s'effare ; on dirait
Que la nature vivante
Devient songe et disparaît ;
Tout prend l'aspect et la forme
D'une horrible ébauche énorme
Ou d'un grand rêve détruit ;
Les ténèbres en décombres
Emplissent de leurs blocs sombres
L'antre immense de la nuit.

Ah ! n'est-ce pas, Dieu sublime,
Dieu qui fis l'arche et le pont,
Que tout naufrage est un crime
Et que quelqu'un en répond ?
S'il manque une seule tête,
Tu puniras la tempête ;
Tu sais, toi qui nous défends
Et qui fouilles les repaires,
Le compte de tous les pères,
Le nom de tous les enfants !

Les Quatre Vents de l'Esprit.

H.-W. MESDAG

Marine

La mer donne l'écume et la terre le sable.
L'or se mêle à l'argent dans les plis du flot vert.
J'entends le bruit que fait l'éther infranchissable.
Bruit immense et lointain de silence couvert.

Un enfant chante auprès de la mer qui murmure.
Rien n'est grand ni petit. Vous avez mis, mon Dieu,
Sur la création et sur la créature
Les mêmes astres d'or et le même ciel bleu.

Notre sort est chétif; nos visions sont belles.
L'esprit saisit le corps et l'enlève au grand jour.
L'homme est un point qui vole avec deux grandes ailes,
Dont l'une est la pensée et dont l'autre est l'amour.

Sérénité de tout! majesté! force et grâce!
La voile rentre au port et les oiseaux aux nids;
Tout va se reposer, et j'entends, dans l'espace,
Palpiter vaguement des baisers infinis.

Les Quatre Vents de l'Esprit.
(Deuxième promenade dans les rochers.)

VICTOR HUGO ARTISTE

PHILOSOPHIE

DE SA VIE ET DE SON ŒUVRE

Le génie de Victor Hugo a pour caractère primordial le rythme. Là est l'élément qui contient et domine toutes ses autres facultés : harmonie, universalité, force, liberté, fécondité, progrès.

Le rythme est, en effet, l'équilibre dans le mouvement, l'activité dans l'ordre. Il implique, par la pondération des parties, la plénitude d'un ensemble qui se meut en mesure et en liberté sur son axe, au centre des forces diverses contrebalancées pour lui laisser suivre l'impulsion initiale. C'est la régularisation de la force dans la substance. C'est la cadence et la respiration même de tout être animé; c'est le battement des cœurs, le flux et le reflux des océans, la loi de gravitation des mondes, la pulsation de la vie universelle. Le rythme marque la sérénité de la fonction remplie, du devoir accompli et du droit satisfait. A sa plus haute puissance, il représente l'évolution normale de la nature, considérée comme un immense organisme, comme un tout identique et solidaire en ses multiples manifestations qui, sous l'influence de l'irrésistible attraction dont il est enveloppé, agrandit sans cesse le cercle mouvant de ses dilatations intérieures et de son expansion totale, pour s'épanouir à l'infini dans l'espace.

C'est parce qu'il a en lui le rythme souverain, que Victor Hugo est le poète par excellence. Son œuvre est la libre et complète synthèse de l'univers.

I

Nous l'avons vu, dès l'origine, allier l'héroïsme militant de son père à l'esprit profond de sa mère, la vigueur de la sève lorraine à la résistance du granit breton. Son tempérament, d'abord frêle, devint vite assez fortement sanguin, pour lui conférer la faculté de gouverner à souhait ce qu'il y a de fièvre et de névrose dans toute imagination créatrice. De ses voyages à travers l'Europe en guerre, il avait rapporté un trésor de pittoresques et grandioses souvenirs. N'était-il pas revenu de Madrid à demi Castillan? Sans la chute de l'empereur Napoléon et du roi Joseph, il serait, remarquons-le, devenu Castillan tout à fait. La perte du grand capitaine nous a valu le grand poète. Il entra donc dans la vie littéraire avec un bagage précieux et considérable : bonnes notions sur l'antiquité et l'actualité, connaissance intime du latin et de l'espagnol, énorme pêle-mêle de faits et d'idées ramassées au hasard des grand'routes et des cabinets de lecture.

Pendant quelque temps, il continua à beaucoup lire; son investigation générale complétée, il borna ses lectures au nécessaire et à l'imprévu, fouillant à l'occasion toute une époque, tout un art, toute une science, pour en tirer une œuvre vive, et découvrant parfois des merveilles dans un bouquin vieux comme une fée. « Je ne lis plus, disait-il, que les livres qu'on ne lit pas ». Les écrivains nouveaux ne lui sont pourtant point restés inconnus; mais une page lui suffisait pour en déduire, à la façon de Cuvier, l'auteur complet. Il n'a lu de George Sand qu'une Nouvelle, *La Marquise;* de Flaubert, il n'a rien lu. Les journaux, toujours parcourus avec grande attention, l'ont tenu au courant du mouvement intellectuel. En revanche, suivant un récit qui caractérise son procédé de création, c'est à relire les pages des *Confessions* où Jean-Jacques se montre sous la livrée, qu'il conçut *Ruy-Blas.* Il donna le sujet à un jeune homme qui n'y trouva rien. Il le reprit et le garda. Les Mémoires de la Comtesse d'Aulnoy lui fournirent le cadre de l'action et de quoi incarner l'idée dramatique. Il n'eut qu'à y copier textuellement la lettre du roi : « Madame, il fait grand vent et j'ai tué six loups. » Il y trouva un Valenzuela et un San-Lucar sur lesquels il modela ses deux protagonistes. Il y prit également la pauvre jeune reine étrangère et la terrible camarera-mayor, en y laissant, il est vrai, les deux soufflets de haute comédie que cette dernière finit par recevoir. Il y puisa des scènes entières; il s'y fournit enfin de noms propres et d'accessoires, accentuant la couleur locale. — C'est grâce à d'aussi consciencieux travaux qu'il a pu enraciner dans le sol fécond de l'histoire tant de conceptions immortellement épanouies en plein ciel. N'a-t-il pas, lui-même, appelé *La Légende des Siècles* « de la réalité historique condensée »!

Son existence se divise en deux parties bien distinctes : la période de doute, de protestation, de révolte ; la période de foi, de résignation, d'apaisement. Dans la première, pâle de la « poignante angoisse universelle », il cherche fiévreusement le mot du grand problème. Dans la seconde, son enfant bien-aimée et sa patrie perdues ; au fond de son cœur brisé, il découvre le secret si longtemps sollicité en vain ; l'exil et la mort lui révèlent l'éternelle patrie ; il est vaincu, mais triomphant. Sur la première, il écrit : Fatalité ; sur la seconde : Espérance. Après l'effort anxieux pour gravir son calvaire, il trouve en haut la sérénité dominatrice, et le ciel s'ouvre.

L'esprit de liberté, qui fut sa force initiale, lui vint d'un généreux sentiment d'indignation naïve contre ce qu'il y a d'absurde et d'inique dans la destinée. « Son instinct appliqua d'abord cet esprit de liberté à l'art ; puis, l'expérience aidant, les idées littéraires corrigèrent les idées sociales. » Comme Michelet, il pourrait dire : « Mon livre m'a fait. »

Quand il débuta, la littérature française déchue n'offrait que vulgarité et ennui. Après l'absolutisme rationnel et classique des XVIIe et XVIIIe siècles, le génie national était tombé dans un épuisement non moins déplorable qu'après la fièvre mystique du Moyen Age. L'équilibre autrefois rompu par le développement excessif et morbide du système nerveux, puis rétabli par le sain et plantureux régime de la Renaissance, avait été de nouveau détruit par la prédominance anormale de l'élément intellectuel, par la tyrannie de l'abstraction. Il y avait eu jadis hypertrophie du cœur ; il y avait maintenant l'hypertrophie du cerveau. Le retour à la nature entrepris par Rousseau, la rénovation poétique tentée par Chénier et Chateaubriand, avec l'aide de l'ancien et du nouveau monde, avaient ralenti mais non arrêté la décadence. On était au plus bas. Tout entrait en décomposition. Il n'y avait plus que banalités basses, généralités creuses, attributs sans substance ni consistance, simulacres sans caractère personnel ni couleur locale, âmes sans corps ou corps sans âme.

« Organisation d'artiste et de poète la plus extraordinaire et la plus inattendue qu'ait vue paraître notre littérature », Victor Hugo avait au même degré l'horreur du vil et l'horreur du vide, l'horreur du chaos et l'horreur du néant. Il ne comprenait rien « sans forme et sans couleur », sans esprit et sans ordre. Il vit d'emblée que la poésie se mourait faute d'aliment, de liberté, d'équilibre. Murée, telle qu'une Vestale qui a laissé le feu sacré s'éteindre, dans son petit temple byzantin, étroit comme un caveau funèbre, la Muse ne s'y nourrissait que d'imitations et d'abstractions. Résolument, il ouvrit la prison, en tira la captive, la remit en pleine nature, en pleine humanité, lui rendit l'air, le jour, l'espace, le mouvement, l'énergie, l'initiative, toutes les généreuses hardiesses, et fit cesser enfin son long divorce avec l'art. — L'art sans poésie, la poésie sans art, sont également vains et stériles. C'est la forme sans la force ou la force sans la forme ; Psyché loin d'Éros ou Éros loin de Psyché. Il fallait un génie double, un génie complètement et puissamment synthétique, pour réconcilier ces deux éléments de fécondité, dont l'union, qu'on pourrait dire sexuelle, est nécessaire à toute création. La réconciliation se fit avec un éclat extraordinaire. Ce qui se décomposait, se recomposa. Toute âme reprit un corps, tout corps une âme. Au soleil et à la pluie, jaillirent partout les fraîches floraisons d'un avril gonflé de sève impétueuse. Tout revêtit les couleurs vives et les pleins contours de la santé. L'harmonie était rétablie entre le cœur, l'esprit, les sens. Un libre concours était ouvert à toutes les facultés humaines, fortifiées, pondérées, éclairées. Au lieu d'un feu follet expirant dans l'ombre des marécages, on vit surgir dans l'aurore « une lumière ayant les yeux d'une figure ».

Les critiques, éblouis comme des oiseaux nocturnes, ne comprirent rien d'abord à cette superbe explosion de printemps et de clarté. Une prodigalité pareille leur sembla de la démence. Ils dénoncèrent au sens commun l'ardeur effrénée des métaphores et la violence des contrastes, sans voir que l'image donnait dans le style la vie matérielle à la pensée comme la pensée donnait la vie intellectuelle à l'image, sans comprendre que la prétendue manie de l'antithèse était en réalité l'esprit de la synthèse et de la vie. Ils eurent beau faire et beau siffler, d'ailleurs ; le poète n'en fut pas troublé. Chaque jour, s'accusait avec plus d'indépendance, de mesure, de puissance et de majesté, son génie ample, rythmique et pacificateur. « Savoir, penser, rêver ! » voilà le secret de son inspiration. « Le rêve doit calculer, dit-il ; l'esprit moderne, c'est le génie de la Grèce porté par le génie de l'Inde, Alexandre sur l'éléphant ». Concilier les éléments, pour tout autre inconciliables, cela lui est propre et naturel.

L'esprit et la matière, l'exact et le poétique, l'art décoratif et le sentiment moral, la plastique et l'intellect, le burlesque et le tragique, le style et le caractère, le grotesque et le sublime, il réunit, balance et harmonise tout. Il retrouve le secret des poètes primitifs, « la trivialité dans la grandeur. » Par synthèses graduelles, il s'élève, sans fatigue ni vertige, au sommet qui domine. « L'idéal n'est autre chose que le point culminant de la logique ; le beau est la cime du vrai. » De là, sa pensée plane sur un immense espace découvert. La structure, la symétrie, le rythme général du monde, s'accusent à sa vue en grandes lignes claires et mélodiques. Et nul détail ne lui échappe. Ses yeux perçants distinguent le roitelet dans la haie, au creux de la vallée. Il voit de très haut comme s'il regardait de tout près. Il règne, en souriant, sur les immensités qui épouvantent. Et comme il domine les gouffres et les océans, il soumet les tempêtes et les révolutions déchaînées. Il dompte, dresse, bride, assujettit toutes les forces élémentaires de la nature avec une familiarité magistrale ; et les monstres dociles, lions ailés, taureaux marins, hippogriffes, l'emportent avec une terrible douceur dans les souffles et les rayons. Son triple génie, physique, intellectuel, moral, semble le reflet d'un dieu en trois personnes : substance, verbe, esprit.

II

Il est dans son œuvre une série de synthèses qu'il importe de mettre en relief. Pour que l'image, où le poète insuffle sa pensée, donne l'illusion absolue et l'émotion même de la réalité, il faut que, réunissant intégralement tous les qualités de la substance et de la vie, elle se manifeste en même temps à tous nos organes. Dans ce but, Victor Hugo appelle à son aide tous les arts. Il évoque Apollon entouré des Muses. Et son rêve, s'incarnant dans la réalité vive à cette évocation magique, conquiert le monde des formes et des couleurs, celui des saveurs, des parfums, des chants. En pétrissant sa statue d'argile, il lui communique magnétiquement les cinq sens comme avec les cinq doigts de la main. Il lui verse à flots la chaleur du cœur et les lueurs du cerveau ; tous les instincts, toutes les passions, tous les enthousiasmes. Son œuvre alors s'échappe de lui, si ardente, si palpitante, si vibrante, par un tel élan, par un tel essor, que du contre-coup il est ébranlé jusqu'au fond de son être. La création réagit sur le créateur avec toute la puissance qu'elle a reçue de lui. Il s'émeut, s'étonne, admire, tremble, aime, adjure, maudit, adore. Il est plein d'une « horreur sacrée », signe de la vraie et profonde poésie. C'est cette émotion, cette foi sainte, que nous retrouvons après lui dans son livre, et qui nous gagne, nous pénètre irrésistiblement : « Vous demandez d'où vient la terreur que vous ressentez ; elle vient de la croyance même que l'auteur porte à son œuvre. »

En dehors de sa puissance de synthèse littéraire, Victor Hugo posséda dès l'origine et d'instinct, non seulement la sensibilité passive qui nous rend accessibles aux manifestations artistiques, mais encore la faculté réflexe et active, le procédé, le métier, le don de réalisation, spécialement propre à chaque art. Il faudrait n'avoir parcouru aucun de ses livres, pour ignorer qu'il est aussi bon musicien que maint compositeur à grand orchestre. Sans lui en donner aucun avis ni lui en tenir aucun compte, on lui a pris, pour les travestir en opéras, des drames où le vers donne pourtant la juste et suprême musique de la pensée. Dans *Les Chants du Crépuscule*, dans *Les Chansons des rues et des bois*, se lasse-t-on d'admirer l'arabesque de ses mélodies ? Et ses Guitares espagnoles, et ses Carillons flamands ! Et les cloches de Notre-Dame, et tout « Ce qu'on entend sur la montagne » ! Peut-on oublier comment il a prouvé « Que la musique date du xvie siècle », « Que la musique est dans tout » ? N'a-t-il pas indiqué lui-même la cadence de l'air à chanter, dans telle pièce dont il a brossé lui-même tel décor ? Ne connaît-on pas un admirable éloge de Beethoven écrit sous sa dictée ? Qui, mieux que lui, a compris et fait comprendre Palestrina, Mozart, Weber ? — « La musique, disait-il récemment encore, est l'art du vague ; par cela même, elle répond à certaines postulations de notre nature. Elle satisfait le sentiment de l'infini, de l'ineffable. Elle excelle à exprimer ce qui échappe à la pensée et à la parole. Elle commence où la raison finit. Il lui faut le lointain, la pénombre, le clair de lune, quelque chose de flottant et de voilé. Elle émeut obscurément. On dirait une déesse aveugle. N'y a-t-il pas des gens qui crèvent les yeux aux oiseaux chanteurs pour les faire chanter mieux ? Et pourtant, cette reine de féerie, sœur de Titania, est une fille de l'amour, la plus légère peut-être et la plus naturelle. L'oiseau chante pour charmer son amante, sa couveuse. Le chant est plus instinctif, plus spontané, plus subtil que la parole. Seul, on ne parle pas ; on chante. »

Il suffit d'avoir visité Hauteville-house pour savoir quel peintre, quel sculpteur, quel architecte est le poète. Son génie architectural se révèle d'ailleurs à chaque ligne de son œuvre, où il procède régulièrement par la combinaison de tous les arts et de toutes les connaissances humaines, faisant de chaque pensée un édifice et de chaque édifice une pensée, pour résumer et symboliser dans l'ensemble la grande architecture de l'univers. Baudelaire, le rapprochant de Delacroix, a signalé « la magnifique imagination qui coule dans ses dessins comme le mystère dans le ciel. » Gautier le comparait à Michel-Ange. Outre les Souvenirs d'un voyage en Allemagne, outre l'album de M. Chenay, celui des *Travailleurs de la Mer*, et tant d'illustrations si originalement pittoresques faites pour d'autres œuvres, on connaît une quantité considérable de dessins, gouaches, sépias et aquarelles, sortis de la main du Maître et donnés par lui, pour la plupart, à Jules Janin et Paul de Saint-Victor, à Mmes Drouët et Lockroy, à MM. Schœlcher, Burty, Claretie, Allix, etc... Les collections de MM. Vacquerie et Meurice sont surtout précieuses. Pour la sépia intitulée *Un nid de burgs*, Victor Hugo a sculpté et peint lui-même un cadre aux capricieuses arabesques mêlées d'ailes et de fleurs fantastiques, où il a inscrit en souvenir de l'hospitalité reçue chez M. Meurice : « Siège de Paris, 5 Septembre 1870 — 2 février 1871 ». Tout le monde connaît sa Maison des Drapeaux, sa Vieille Ville, son John Brown. Il a tracé aussi un grand nombre de charges caricaturales et de croquis humoristiques, dont le plus ancien, griffonné en 1815 sur un cahier de vers et intitulé : « Les bêtises que je faisais avant ma naissance », représente un embryon de tragédie sous la forme d'un oiseau dans un œuf. En 1874, il a donné à ses petits-enfants une suite de dessins à la plume, au crayon rouge et au crayon bleu, faite pour le récit, laissé en blanc, du jugement, de la torture et de la marche au bûcher, d'une jeune sorcière.

L'auteur de *Maîtres et Petits Maîtres*, M. Burty, l'a excellemment apprécié comme dessinateur : « Victor Hugo possède à un degré énergique le don d'emprisonner dans un contour, d'évoquer par un jet de lumière, de noyer dans des ombres traversées de reflets, l'image des choses que fait revivre son vers. Burgs soudés aux pics, levers de lune qui donnent aux arbres des silhouettes de fantômes, tempêtes qui assaillent les barques, lacs immobiles, rivières serpentant dans de larges plaines, palais féeriques, fleurs et oiseaux fabuleux, cathédrales élancées, lourds pignons sur rue, même les foules bariolées qui roulent vers des buts inconnus, et les êtres dont l'allure ou la physionomie, rapidement entrevue, a une intensité exceptionnelle, il a tout réduit avec une certitude étonnante.. Tous moyens lui sont bons, le fond d'une tasse à café versé sur une feuille de vieux papier vergé, le fond d'un encrier versé sur du papier à lettre, étendus avec le doigt, épongés, séchés, repris avec une grosse ou une fine plume, lavés par-dessus avec de la gouache ou du vermillon, réchampis de bleu, rehaussés d'or. » — « Sans esquisse préalable, sans parti pris apparent, dit le livre intitulé *Chez Victor Hugo*, il dessine d'abord, avec une sûreté de main extraordinaire, non pas l'ensemble, mais un détail quelconque de son paysage. Il commencera sa forêt par une branche d'arbre, sa ville par un pignon, son pignon par une girouette; et peu à peu la composition entière jaillira de la blancheur du papier avec la précision et la netteté d'un négatif photographique. Le résultat est un dessin inattendu, puissant, souvent étrange, toujours personnel, qui fait rêver aux eaux-fortes de Rembrandt et de Piranèse. » A cette lucidité, à cette intensité de vision intérieure, le *voyant* se manifeste.

La Vieille Ville, dessin de Victor Hugo.
D'après l'eau-forte d'Ed. Hédouin.

Non content d'avoir conquis le mécanisme propre à chacun des arts, Victor Hugo, écrivain, s'est assimilé, en renouvelant tout par son génie personnel, en laissant partout sa marque irrécusable et indélébile, toutes les formules du beau inventées par tous les artistes et tous les poètes de tous les temps et de tous les pays, depuis les Védas jusqu'aux Eddas, depuis Phidias jusqu'à Rude, depuis la Bible jusqu'au Romancero, depuis Orphée et Eschyle jusqu'à

✱

Vieux château au bord de la mer

COMPOSITION

DE

VICTOR HUGO

✱

Dante, Shakespeare et Shelley. Son œuvre est un océan, où convergent de toutes les cimes et se confondent à perte de vue tous les fleuves de poésie du monde, roulant avec eux leurs lexiques, leurs syntaxes, leurs rhétoriques et leurs prosodies. Et elle fait songer aussi, tant ses aspects sont variés, à un dédale de mines souterraines, d'où un Titan arrache les noirs débris du passé, pour en extraire, comme la gamme lumineuse des couleurs qui se dégage des essences de la houille, tout le rayonnement céleste, mille siècles de soleil. Lamennais avait raison de lui écrire : « Les beaux vers ressemblent à la lumière du midi. » Sans cadre apparent, sans intermédiaire sensible, sans distinction possible, toute la nature baigne, luit, rêve et chante dans sa vaste strophe d'azur et d'or, comme dans l'air et la clarté du ciel même. Son vers est un rayon, une flamme, où tout entre en fusion pour y prendre la forme et l'âme éternelles. C'est le magicien Protée au service du dieu Pan. A chaque pas, en traversant son idylle fleurie, on voit l'immensité se refléter dans un mot, qui étincelle comme une goutte de diamant vif, comme un miroir qui serait un esprit, comme l'œil clair d'une conscience limpide. Puis une rime, poussant on ne sait quel ressort du cerveau, fait surgir, on ne sait de quelle microscopique cellule, une vision plus grandiose que le géant des *Mille et une Nuits*.

Ce style lumineux a une telle chaleur, que tout s'y avive et s'y anime. La pointe d'une pioche y devient « le bec d'un oiseau noir ». Une corde y *rampe* comme un reptile. On y sent l'imprévu dans l'exactitude, « l'inattendu dans la logique, secret des écrivains supérieurs ». Le mot y est réellement « un être vivant », l'incarnation, « la bête de l'idée ». Et la vie communiquée par le mot à la pensée, le poète la fixe dans le vers, l'équilibre dans le rythme, lui donne la consécration des choses qui durent. « Le style fait la durée de l'œuvre. C'est, tout à la fois, une parure et une armure. Le style sur l'idée, c'est l'émail sur la dent. » L'idée, en sa forme absolue et rayonnante, offre, par sa cohésion intime, par sa ferme condensation, par sa solidité adamantine, un ensemble invulnérable, indestructible, où rien désormais n'aura prise. C'est en s'imposant pour règle de ne jamais négliger le moindre des atomes, qui peuvent et doivent entrer dans sa création pour en constituer la plénitude complète et la parfaite harmonie, que le poète obtient ce résultat. Il garde toujours à sa disposition l'expression juste pour l'impression vraie, et n'hésite jamais à s'en servir. Il ne recule même pas, dans *Les Misérables*, devant « le *misérable* des mots », si ce mot représente nécessairement le défi de l'héroïsme désespéré, car c'est alors le mot propre. Il sait en outre multiplier la valeur du terme par la place, par l'emploi, par l'attitude, par l'impulsion, par le milieu, par les relations qu'il lui donne. Il ne manque jamais de mettre le mot qu'il faut où il faut et comme il faut.

Chez lui, la rime n'a pas seulement la beauté d'une fleur épanouie au double sommet du vers ; elle est généreuse, féconde, nourricière, comme la double étoile d'un sein maternel ; elle a les deux ailes de l'oiseau. Par le rapport des sons, elle trouve et révèle le rapport des substances et des idées. L'allitération, qui est dans l'ordre des consonnes ce qu'est la rime dans l'ordre des voyelles, prête au vers, plein et sonore comme une fibre métallique, la fluidité d'une onde que le souffle du rythme émeut, entraîne, précipite. Assoupli par l'allitération et accentué par l'énergique éclat de la rime riche, le vers joint toute la mobilité possible à toute la consistance possible. La césure peut, sans rompre son unité, se transporter après l'une ou l'autre de ses syllabes. Il s'affirme, se détache, s'enlève mieux que le vers grec ou latin, dont il retrouve la mesure ; il est mieux articulé et se ploie avec plus d'aisance aux changeantes allures de la pensée. Dans notre langue, les syllabes n'ont pas une quantité fixe et absolue ; mais dans le vers de Victor Hugo, l'accent leur donne la quantité relative. L'alexandrin moderne, comme l'hexamètre antique, forme un groupe de brèves et de longues, dont l'arrangement est essentiellement variable, dont le total ne doit pas varier. Sur l'hexamètre, il a l'avantage de se mouvoir en pleine liberté ; ne devant pas forcément offrir telle ou telle succession de dactyles et de spondées, il peut modifier à l'infini sa structure et son élan. Il offre donc le plus merveilleux instrument de poésie qui ait existé. Les inépuisables ressources de la prose ondoyante, il les possède avec une discipline supérieure et une harmonie absolue. La prose est une foule, les vers sont une armée.

Si Victor Hugo s'est toujours défié du néologisme, s'il n'a jamais mis au monde que l'adjectif *fulgurant*, s'il s'est borné à adopter le verbe né par l'opération de l'esprit populaire, il ne s'est pas borné à recueillir et rajeunir les vieilles formes poétiques oubliées ou abolies ; il a en outre créé, par la libre force de soulèvement et de relief propre à son inspiration, une quantité inouïe de nouveaux moules, de nouveaux groupements moléculaires et organiques, de nouvelles combinaisons et de nouvelles cristallisations des idées et des mots, des forces et des substances littéraires. Il a fait faire à la prosodie plus de progrès que n'en ont fait en ce siècle la nomenclature chimique et l'algèbre ; il a rendu la notation des belles-lettres plus souple et plus précise que la notation inventée par les mathématiciens pour les sciences exactes.

La poésie française ressemblait avant lui au palais de Versailles ou au pavillon de Trianon ; on n'y entrait qu'avec un titre ou une livrée, sous la perruque ou sous la poudre ; on n'y était serrurier qu'à la façon de Louis XVI, et bergère qu'à la façon de Marie-Antoinette. Il en ouvrit les portes toutes grandes, en élargit les cadres, en prolongea les lignes et y introduisit le tiers-état, le peuple, toute l'humanité, toute la nature. Il y fonda la démocratie sur le suffrage universel des mots, fraternisant en liberté dans la lumière. C'est alors, qu'ayant accompli la Révolution littéraire, il comprit tout le sens et toute la portée de la Révolution philosophique et sociale. Le fait d'avoir organisé le monde fictif lui révéla l'organisation du monde réel.

III

La poésie est peut-être la meilleure préparation à la philosophie. Poésie veut dire création. Pour pénétrer le mystérieux mécanisme de l'univers, il suffit au vrai poète de se rappeler le procédé et l'évolution de sa genèse intérieure. L'œuvre qu'il a conçue et enfantée, n'est-elle pas, en raison même de la puissance vitale qu'elle comporte, la fidèle image, la reproduction complète, le reflet géométrique de la nature ? « Un poète est un monde enfermé dans un homme. » L'art lui livre la clé du temple, du dôme étoilé, de l'immense sanctuaire. Il n'a qu'à ouvrir son cœur pour y trouver Dieu.

Si les théologiens et les savants n'ont jamais rencontré la solution qui s'offre ainsi au poète, c'est parce qu'à tous ont toujours manqué les principes synthétiques, hors desquels il n'est point de salut pour qui veut créer ou comprendre la création : l'universalité, la liberté, l'équilibre, qui s'appelle aussi l'équité. Du fétichisme à l'athéisme, tous leurs systèmes se sont écroulés les uns sur les autres, pour avoir mis le centre de gravité de l'existence humaine à un point qui n'en commande qu'une partie ; pour avoir dérangé le balancement rythmique de la nature, en écartant, tantôt le contrepoids de la force morale, tantôt celui de la force matérielle. Les mieux venus ressemblent à ces princes des contes bleus au berceau desquels on appelle toutes les fées, sauf une, qui se venge en paralysant ou en pervertissant, par l'adjonction d'un don funeste, le bon effet des dons de ses sœurs. Figés dans la contemplation d'un unique aspect des choses, tous ont invariablement, quelles que fussent leurs divergences, oublié, dédaigné, méconnu, nié, proscrit, opprimé, supprimé, un des facteurs nécessaires de la vie, un des éléments d'harmonie du monde. Invariablement ils ont renoncé à un des modes d'information et de contrôle qu'offre et impose notre organisme; et invariablement ils ont par là faussé la symphonie divine. Les uns, s'appuyant seulement sur la sensation et le sentiment, les autres seulement sur la sensation et l'intelligence, chaque fois que l'humanité voulait se hausser sur leur boiteux escabeau pour découvrir un plus large horizon, elle sentait tout crouler sous ses pieds.

En n'excluant que l'esprit d'exclusivisme, le poète a été naturellement plus heureux. Il a constaté, tout d'abord, que l'humanité est le suprême effort de la nature pour s'organiser normalement, de façon à avoir pleine conscience d'elle-même sous son triple aspect de substance, de force et d'harmonie, par le triple appareil des sens, des idées et des affections, ouvrant sur les trois règnes, physique, intellectuel et moral. Cette constatation faite, il a exploré chacun de ces trois règnes; puis il a rapproché, réuni, tressé, tordu ensemble, les résultats de ses trois enquêtes, et en a formé un fil assez solide, un rayon assez lumineux, pour le pouvoir enfin guider hors du funèbre labyrinthe de l'absurde et inique Fatalité.

Contre cette Fatalité aveugle, contre le mystère du mal, s'étaient brisés tous les élans de la science et de la foi. Comment concilier la justice et la réalité, l'amour et la justice? En désespoir de cause, religions et philosophies n'avaient trouvé rien de mieux que d'ériger leurs contradictions en lois et leur impuissance en système; et elles avaient fini par proclamer superbement que l'harmonie, ne pouvant s'établir dans les pensées, ne pouvait exister dans les choses. Des ombres qui flottent sur l'intelligence, la foi avait fait de despotiques fantômes, tyrans indestructibles, dieux obscurs de la lumière, indignes maîtres de la destinée; elle avait expliqué l'iniquité en la divinisant. La raison, renonçant à rien expliquer, n'avait justifié la divinité qu'en la niant. L'idée religieuse imposait au monde une conscience perverse, l'idée scientifique lui refusait toute conscience; l'une voyait dans l'univers le produit d'une intelligence malfaisante, l'autre l'effet d'un hasard; l'une résolvait l'incompréhensible par l'injuste, l'autre l'injuste par l'incompréhensible.

Ni l'une ni l'autre de ces théories n'était évidemment acceptable. L'intelligence et l'amour ne pouvaient avoir présidé à la création d'un monde d'iniquité et de douleur éternelles, mais ne pouvaient non plus, ayant été révélés à l'homme, être étrangers à la direction de ses destinées. Il était impossible de croire que l'ensemble fût inférieur à l'atome. Il y avait pourtant cette différence entre l'esprit superstitieux et l'esprit philosophique, que, tous deux également inadmissibles en théorie, le second était, en pratique, infiniment préférable au premier. Le premier, se proclamant infaillible, consacrait, organisait, éternisait l'intolérance et l'injustice. Le second, tout en se déclarant incompétent et en déclarant la création, telle qu'elle s'est produite, incompatible avec une intelligence originelle, admettait, désirait, espérait, préparait de toutes ses forces, l'avènement du juste. La foi, partant du vrai, aboutissait au mal ; la raison partait du doute pour aller au bien. La poésie opéra son œuvre conciliatrice en prenant le principe de la foi et l'objectif de la raison ; puis, ces deux termes contraires demandant à être équilibrés sur un pivot solide, sur l'axe d'une impartiale certitude, elle compléta la balance en leur donnant pour centre fixe et immanent de pondération, pour règle, pour âme, pour conscience, pour juge, l'idée du beau.

IV

La raison et la foi n'avaient pu faire l'harmonie en adoptant le vrai ou le bien comme mesure et diapason, parce que le bien et le vrai ne contiennent pas nécessairement le beau. Le poète devait réussir, prenant pour arbitre du bien et du vrai le beau qui nécessairement les implique. La base de sa doctrine fut cette proposition : l'homme conçoit l'absolu par le beau, et par le beau seul peut le concevoir. En effet, « la beauté est la seule chose qui n'existe pas à demi » ; elle est la fin, le sommet de la nature, comme de l'art. Et non seulement elle est le but final, mais elle est le principe initial. Pareille à l'antique Vénus, mère de l'Amour, d'elle sort et à elle va toute existence. La vérité est toujours incomplète, insuffisante. L'univers s'y voit comme dans un miroir brisé, dont maintes parcelles sont ternies et maints fragments perdus. A la beauté, rien ne manque, rien ne doit et ne peut manquer, sa condition étant le rythme. Elle est la forme nécessaire de l'absolu ; elle est l'absolu visible, palpable, accessible aux sens, au cœur, à l'âme : « On ne l'étreint jamais sans croire embrasser Dieu. » C'est l'être, tout à la fois en sa plus simple et en sa plus complète expression ; car l'absolu, il ne faut pas l'oublier, n'est autre chose que la synthèse parfaite des multiples manifestations de l'identité première. On peut le formuler ainsi : unité, diversité, harmonie. Tel est le rayon solaire, qui, décomposé par le prisme, se recompose en lumière blanche par la juxtaposition des couleurs complémentaires.

Grâce au seul fait de son existence, la beauté révèle à l'homme la puissance du progrès qui est obscurément en lui. De la perfection contemplée, viennent au contemplateur l'idée de perfectibilité et le désir de se modeler conformément à sa vision. La beauté engendre donc non seulement le réel, mais l'idéal. Comme la flamme est chaleur et lumière, la beauté est amour et poésie. Amour, elle renouvelle et perpétue la vie; poésie, elle l'épure et l'élève. Par elle seule et pour elle seule, nous aspirons à l'infini, à l'éternel. Son rayonnement, car c'est d'elle qu'émane le jour, nous montre tout ce qui manque à tout ce qui n'est pas elle; et dès lors, nous ne pouvons plus subir, sans protestation ni effort vers un monde meilleur, un monde qu'elle n'emplit pas. Nous enseignant les conditions de l'immortalité, elle nous communique tout ensemble le besoin, la volonté, la force de les remplir. L'idéal est un rêve contenant la puissance de se réaliser. C'est la fleur d'où sortira le fruit. C'est un but qui est un aimant.

Qu'on ne lui oppose pas l'impuissance organique de l'homme à satisfaire ici-bas toutes ses aspirations! Ce qui ne peut être réalisé en cette vie, le sera certainement ailleurs. C'est le contraire qui est impossible. La seule fatalité définitive qui existe, est l'accomplissement de l'idéal. Toute autre fatalité est relative, éphémère, s'évanouira. Le mal, avec la douleur qui en est la conscience, et la laideur qui en est la forme, représente l'état anormal de l'être, l'atteinte portée à la pondération vitale par une erreur de la nature ou de l'humanité, l'absence d'une condition nécessaire d'équilibre, de santé, de bonté, de bonheur, de beauté. Il représente le faux, ce qui ne doit pas exister, ce qui ne peut pas subsister, ce qui, n'étant pas parfait, se trouve indigne d'être et n'est pas en soi, par soi, pour soi. Douleur et laideur sont les signes de ce qu'il ne faut ni faire ni subir, ni aimer ni imiter. Il y a un commencement de démence dans la perversité, une mort partielle dans la souffrance; et, si la mort est ici-bas la fin inévitable de tout, c'est parce que la nature, telle qu'elle est organisée, est incapable d'atteindre à la stabilité absolue de l'harmonie. Il faut qu'on soit délivré et transformé, pour pouvoir devenir éternel. Cette vie n'est qu'une étape fournie vers l'idéal, une épreuve après quoi la mort ouvre, à ceux qui sont parvenus à en être dignes, les portes d'une existence supérieure.

Une telle conception de la vie implique, on le comprend, une certaine liberté entraînant une certaine responsabilité. Tôt ou tard, chacun franchira le prochain échelon de l'échelle infinie du *devenir;* seulement, il dépend plus ou moins de chacun que cet échelon soit franchi plus ou moins vite. Chacun a en soi-même un sentiment et un instrument d'harmonie, c'est-à-dire d'idéal, plus ou moins favorable à sa délivrance; mais tout être, même le plus mal doué, peut et doit, enseigné par les autres, charmer et désarmer finalement, à l'exemple d'Orphée, les fatalités, ces bêtes féroces qui barrent le chemin du progrès. L'idéal, conçu dans le martyre par les initiateurs, profite ensuite à une élite austère, puis à l'innombrable foule. Un héros relève l'humanité, comme Didier Marion de Lorme, avec le sentiment et l'idée qu'elle lui inspire et qui se réfléchit de lui en elle.

Dans ces limites s'exerce le libre arbitre, qui n'a pas un caractère moins ni plus absolu que le mal et la peine. La peine est une réalité cruelle, mais non invincible. La souffrance physique peut être contrebalancée par la satisfaction intellectuelle ou morale. Un savant qui souffre pour la science, un amant qui souffre pour l'amie, un patriote qui meurt pour la patrie, ne sont-ils pas heureux de souffrir, de mourir? Un âcre parfum n'est-il pas doux, s'il évoque un doux souvenir? Enfin, la science ne produit-elle pas mécaniquement l'anesthésie? Quant à la douleur morale, elle peut être amortie, sinon supprimée, par le sentiment héroïque du devoir, par la confiance intelligente en l'Intelligence suprême :

> La plainte est un vain cri, le mal est un mot creux.
> J'ai rempli mon devoir, c'est bien; je souffre, heureux!
> Car toute la justice est en moi, grain de sable.
> Quand on fait ce qu'on peut, on rend Dieu responsable;
> Et je vais devant moi, sachant que rien ne ment,
> Sûr de l'honnêteté du profond firmament.

Jouir n'est pas, d'ailleurs, le véritable objet de la vie; le bonheur n'est que le moyen d'arriver au but, qui est l'idéal. Notre plus haute fonction est de concevoir une vie supérieure, pour la réaliser. Aucune défaillance, qu'on le remarque, n'amène une irrémédiable déchéance, puisqu'il n'y a ni perversité ni responsabilité absolues. Le poète supprime l'irréparable, dont toutes les religions ont compliqué l'incompréhensible qu'elles ont eu pour but d'expliquer d'abord et puis d'exploiter. Si le mal ne peut être anéanti (rien ne peut l'être!), il peut, comme un poison avec lequel on guérit, se transformer en bien. C'est par là même qu'il doit finir. Les pervers sont punis par leur propre perversité; en cette loi consiste la vraie morale. Mais leur perversité n'est que de l'ignorance, qu'une fièvre chaude, que le délire aveugle d'une ardente soif d'amour et d'idéal inapaisée. Ils rentrent ainsi dans le droit à la commisération, à la rédemption. Victor Hugo est le premier poète qui ait rendu sympathiques les méchants eux-mêmes, qui ait pleuré et fait pleurer sur Caïn autant et plus encore que sur Abel.

V

Voilà donc, avec Victor Hugo, la poésie devenue, par le rythme qu'elle implique, la grande religion ouverte et libre, la piété universelle. Le poète voit en l'univers une incessante ascension du minéral vers le végétal, du végétal vers l'animal, de la bête vers l'homme, et de l'homme vers Dieu, c'est à dire vers « l'Invisible évident », vers l'Indicible certain, vers l'Harmonie absolue. Grand-prêtre de l'humanité, prophète du divin avenir, son œuvre apparaît sous le ciel comme le temple d'Éphèse de *La Légende des Siècles* :

> Je suis l'art radieux, saint, jamais abattu ;
> Ma symétrie auguste est sœur de la vertu...
> Moi, le temple, je suis législateur d'Éphèse ;
> Le peuple, en me voyant, comprend l'ordre et s'apaise ;
> Mes degrés sont les mots d'un code ; mon fronton
> Pense comme Thalès, parle comme Platon ;
> Mon portique serein, pour l'âme qui sait lire,
> A la vibration pensive d'une lyre ;
> Mon péristyle semble un précepte des cieux ;
> Toute loi vraie étant un rythme harmonieux,
> Nul homme ne me voit sans qu'un dieu l'avertisse ;
> Mon austère équilibre enseigne la justice ;
> Je suis la vérité bâtie en marbre blanc.
> Le beau, c'est, ô mortels, le vrai plus ressemblant !
> Venez donc à moi, foule : et sur mes saintes marches,
> Mettez vos cœurs, jetez vos lois, posez vos arches !...

La synthèse littéraire et philosophique se complète logiquement, chez Victor Hugo, par la synthèse politique et sociale. La société qu'il conçoit, c'est « la nature sublimée ». La civilisation consiste, non à faire refluer vers sa source l'irrésistible torrent des forces naturelles, ce qui ne peut produire que désastres et stérilité, mais à en régulariser et diriger le cours pour pacifier et féconder le monde. La loi sainte n'est pas la lutte fratricide pour la vie ; c'est la lutte fraternelle pour l'immortalité. La violence primant le droit (*mensuraque juris vis erat*), la guerre constituant la grande industrie des nations inhabiles à renouveler et à multiplier la richesse par le travail, tel fut l'élément du passé sinistre. L'élément de l'avenir, c'est la liberté pacifique, la liberté qui est « non seulement la vie de l'homme, mais la vie de la nature ». A la frénésie de destruction des anciens âges, le poète fait succéder l'idée créatrice, donnant satisfaction à tous les besoins par l'organisation de toutes les facultés. La littérature devient en lui « le gouvernement du genre humain par l'esprit humain ». Du droit de tous les faibles, il fait le devoir de tous les forts. Après le droit de l'homme, il proclame le droit de la femme, le droit de l'enfant, le droit même de la bête, de la plante, de toute la nature, en un mot le droit de l'être. L'identité des substances et des destinées n'implique-t-elle pas la solidarité et la fraternité universelles? Pascal disait : « L'homme n'est ni ange ni bête, et qui veut faire l'ange fait la bête. » Le poète voit et montre l'homme double, *homo duplex*. Pour lui, « l'homme, être mixte, au front sublime, au pied impur, presque animal et presque génie », est ange et bête. Et l'ange doit dominer, convertir la bête, s'élancer sur sa croupe à la conquête de la terre et du ciel.

On a cru diminuer Victor Hugo en l'appelant le poète des instincts. Là est justement le signe éclatant de sa supériorité. L'instinct est la nature obscure, la vie aveugle; mais il est la nature, la vie, la fécondité. Faut-il étouffer cette flamme ? Tout s'éteindrait avec elle! Il faut la dégager, lui donner l'air qui lui manque, lui ouvrir le ciel où elle aspire ; et elle illumine, purifie tout. Avec l'étincelle qu'on peut et qu'on doit découvrir sous les plus épaisses fumées de l'instinct, le poète allume l'incendie où toute ombre, toute lourdeur, toute bassesse, tout esclavage, toute ignorance, toute perversité, toute difformité, fond, se volatise, se dissout dans la libre dilatation de l'épanouissement infini. Il n'oublie jamais que les grandes pensées viennent du cœur. L'instinct, il le répète, a ses raisons que la raison doit comprendre pour être l'harmonie totale et la raison suprême. Aussi, comme ses *Pauvres Gens* entrent naturellement et de plein pied dans le sublime! Comme il aime le peuple, cet océan d'âmes soulevé par des ouragans de passion; comme il sait en faire un Titan d'héroïsme et le plus grandiose personnage de l'épopée!

Il ne craint pas de plonger au plus bas de la création, certain de trouver, en touchant le fond, la force de remonter au zénith. Ses pages les plus émouvantes sont celles où il montre ce qu'il reste de sacré au fond des plus rampantes et des plus vénéneuses dépravations de l'existence. C'est dans la femme, l'être instinctif par excellence, qu'il se plaît surtout à faire luire cette vérité céleste; c'est sur ce beau front qu'il aime à mettre cette étoile. Ses amantes, ses mères, par la seule puissance de l'instinct, s'élancent, tout d'un trait, des plus sombres profondeurs aux plus radieux sommets. Elles exercent leur fonction, qui est d'être belles et fécondes, avec la sérénité imperturbable d'un élément. Marion et la Tisbé se prostituent par amour; Fantine, la Chanteflurie, la Flécharde, par amour maternel; et l'amour ou l'amour maternel couvre tout. « L'instinct maternel est divinement animal. De là, dans la mère, quelque chose d'inférieur et de supérieur au raisonnement. L'immense volonté ténébreuse de la création est en elle et la mène. » Il n'en va pas autrement pour l'amante. « Après avoir aimé, les âmes sont sacrées ! » s'écrie le poète ; et il reprend : « Les femmes après tout sont peut-être des rêves. » Et il ne demande aux femmes que d'être de beaux rêves. Dans la *Légende des Siècles,* Sophocle réclame seulement des dieux, avant d'affronter la mort à Salamine, « une belle fille aux doux yeux »,

> Qui ne sache rien autre chose
> Que rire d'un rire ingénu,
> Et soit divine, ayant la rose
> Aux deux pointes de son sein nu.

Avec le plus puissant contraste, le poète complète ces héroïnes de beauté inconsciente par des héros de pensée et de dévouement qui en sont la conscience, mais à qui elles préfèrent presque toujours, faute de sens moral et intellectuel, le capitaine Phœbus ou le roi François, le lancier Théodule ou le pasteur Ébenézer. Il est fort intéressant et très instructif de suivre le développement graduel de la personnalité subjective et objective du poète dans les livres qui la reflètent successivement. On y trouve d'abord « le jeune homme fatal », tour à tour Didier, Hernani, Ruy-Blas, Marius. Quelles révoltes contre la destinée, quels élans vers l'idéal, en ces chevaliers plébéiens ! Comme ils rendent bien le génie nouveau de notre patrie, retrempée et rajeunie dans la renaissance révolutionnaire ! Mais les ans passent, le héros mûrit, l'amant devient le père, l'enfant apparaît ; le sentiment de la force protectrice s'étend et s'accentue dans la paternité. Puis le héros grisonne ; c'est le sceptique et généreux Gallus ; c'est Éviradnus, l'intrépide et tendre champion de l'Alsace. Enfin, son front devient neigeux comme une cime ; et c'est le grand vieillard justicier, le castellan d'Osbor, le comte Félibien : « Après quatre-vingts ans, son âme est toute blanche. »

VI

Du point culminant où nous sommes arrivés avec le poète, nous percevons clairement et complètement l'ensemble et le plan de son existence réfléchie par son rêve. Rien de plus exemplaire que le spectacle de « cette lente et rude élévation, qui fait de la vie d'un homme et du développement d'une conscience le symbole du progrès humain » ! C'est l'humanité même, évoquant l'idéal par la contemplation de la beauté, le précisant par le travail de la pensée, le réalisant par l'action, la lutte, le sacrifice. Devant lui, on se rappelle le vers de Lucain : *Nec sibi sed toti genitum se credere mundo.*

Mené par l'émancipation des formes à l'émancipation des idées, puis à l'émancipation des êtres, Victor Hugo a été le conciliateur suprême, conciliant d'abord l'ordre et la liberté pour concilier enfin la vie et la mort, la mort et l'immortalité. Il contient la France moderne, qui contient l'avenir du monde. Comme elle, par elle, en elle, il joint à la lucidité d'esprit nécessaire pour découvrir le vrai, la chaleur de cœur et la force matérielle nécessaires pour en féconder la découverte. C'est parce qu'il est souverainement Français, qu'il est suprêmement synthétique. La France n'est-elle pas l'universelle et vivante synthèse de tous les siècles et de toutes les patries ? « Ce qui est propre à la France, dit Michelet, c'est d'accueillir tout, de s'approprier tout, d'être la France et d'être le monde. C'est la nationalité la moins exclusivement nationale, la plus humaine. Le fond indigène a été plusieurs fois submergé par des alluvions étrangères. Toutes les poésies du monde ont coulé chez nous en ruisseaux, en torrents. » La France, étant d'ailleurs la nation qui a accompli les plus grandes choses de l'humanité nouvelle, la nation la plus héroïque, est naturellement aussi la plus poétique nation. Elle est toujours, comme l'appelait Shakespeare, le soldat de Dieu. Mais Dieu n'est plus hors de l'univers ; Dieu est l'univers même, l'univers s'élevant, par la vertu de son propre idéal, du vrai au juste et du juste au beau.

Le grand pays démocratique devait avoir pour organe le grand poète panthéiste. Le panthéisme est la démocratie dans la religion ; il proclame la divine solidarité de tout, comme la démocratie proclame la souveraineté fraternelle de tous. L'universalité, essence même du génie de la France et de Victor Hugo, a sa plus puissante expression peut-être dans *Le Satyre*, cette transfiguration du dieu Pan par la flamme de Prométhée. L'âme de Rabelais y semble renaître avec l'héroïsme d'Eschyle et le rythme d'Homère. C'est la Grèce complétée par la Gaule, Athènes à Paris. C'est l'évanouissement sans retour de tous les Olympes, de toutes les fatalités, de toutes les tyrannies, de tous les spectres d'ombre, dans la chaude et vibrante lumière. C'est le sacre de la nature, l'apothéose de l'univers.

On s'est demandé comment l'œuvre de Victor Hugo sera appréciée par la postérité. Le poète semble avoir, dans les vers du *Cid exilé,* où apparaît le Pic du Midi, prévu et prophétisé lui-même l'effet qu'il produira sur l'avenir. La montagne géante, quand on en est proche encore, est masquée par les sommets inférieurs, par les aiguilles et les mamelons qui l'entourent. Mais à mesure qu'on s'éloigne, elle se dégage. Tout reprend peu à peu les justes proportions. Les collines subalternes semblent s'abaisser ; et le Pic sublime, allongeant sa base énorme dans les ondulations du sol, soutenant de sa cime vertigineuse les plis flottants du ciel, se dresse à l'horizon de toute sa hauteur. — En attendant que la perspective nécessaire révèle l'œuvre dans la plénitude de son harmonie, l'homme séculaire ne se lasse pas de reverdir sous la neige. Comme le rosier d'Hildesheim, le rosier merveilleux planté par Charlemagne, qui, depuis mille ans, se couronne à chaque avril nouveau de feuilles et de roses, le grand poète paternel nous prodigue à chaque renaissance du printemps, et nous prodiguera longtemps encore, les immortelles fleurs qui sont la consolation, la parure et l'honneur de la patrie.

LA FÊTE DU 27 FÉVRIER 1881

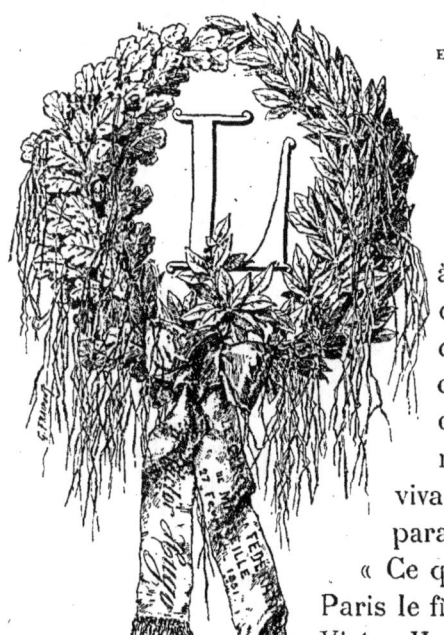

L e 31 janvier 1881, M. Louis Jeannin publia en tête du *Beaumarchais* la lettre suivante qui lui était adressée :

« Mon cher Directeur,

« En rendant un solennel hommage à son plus illustre fils, Besançon a donné un exemple à Paris. Nous avons, depuis longtemps, l'habitude d'organiser des fêtes en l'honneur des morts fameux, coulés en bronze et destinés à orner nos places publiques. Vénérer les vivants qui sont les gloires de la patrie, me paraîtrait meilleur...

« Ce que Besançon a fait, je voudrais que Paris le fît. Dans trois semaines, le 26 février, Victor Hugo entrera dans sa quatrevingtième année. Pourquoi n'irions-nous pas tous lui souhaiter sa fête? Paris, c'est sa famille. Personne n'a plus que lui adoré Paris, personne ne l'a chanté avec plus d'amour et plus d'émotion. Besançon fut son berceau, Paris est sa ville. C'est de Paris que son nom s'est envolé pour étonner le monde. Nous sommes un peu les petits-enfants du grand et bon vieillard. Chaque fois qu'on nous menaça dans nos libertés, il éleva la voix pour nous défendre. Deux fois, pour s'être fait l'avocat inspiré de notre cause, il dut suivre le triste chemin de l'exil; et toujours, quand il parla de la capitale de la France, il lui communiqua quelque splendeur nouvelle. Ses poèmes, ses romans, ses discours, tout est plein de Paris, comme son cœur.

« Croyez-vous que ce ne serait pas un spectacle pénétrant que ce poète très simple, entouré de l'immense foule affectueuse et reconnaissante! Point de pompe officielle. On épargnerait les coups de canon et les feux d'artifice. Dans mon programme, si le Président de la République, les ministres, les ambassadeurs, voulaient se mêler à notre manifestation, ils en auraient le droit, mais pas plus que les autres citoyens. Je rêve l'intimité. Une intimité de deux millions d'âmes!...

« N'êtes-vous pas de mon avis, mon cher Jeannin ; et ne jugeriez-vous pas bon de saisir l'occasion de prouver qu'il est chez nous un immense esprit, que le monde — et tout le monde — acclame, admire et aime?

« EDMOND BAZIRE. »

Le *Beaumarchais* poursuivit immédiatement la réalisation de cette belle pensée : « A tous, sans distinction, nous faisons appel, écrivit M. Louis Jeannin. Nous effaçons volontiers notre personnalité en vue du but à atteindre. Que nos confrères répandent l'idée, qu'ils s'associent à notre initiative ; et le dimanche 27 février, plus de cent mille Français seront réunis sur la place de la Concorde pour porter à notre grand poète national le témoignage de leur admiration et de leur sympathie. » Les adhésions ne se firent pas attendre. M. Jourde, directeur du *Siècle*, et syndic de la presse parisienne, s'associa à l'initiative de MM. Bazire et Jeannin, que les journaux se hâtèrent presque tous d'appuyer chaleureusement. « Dressons devant la porte du poète, s'écria M. Ernest d'Hervilly, une barricade de fleurs que la mort hésitera longtemps à franchir! » MM. Anatole de la Forge, Spoll, Strauss, félicitèrent le *Beaumarchais* de son heureuse inspiration. M. Sarcey approuva ce qu'il appelait un « centenaire par anticipation ». M. Paul Foucher exhorta Paris à fêter dignement « le pape de la tolérance ». M. Barbou, auteur de l'excellent livre intitulé *Victor Hugo et son siècle*, rappela les hommages rendus à Camoëns et à Voltaire. « A l'ouvrage, les amoureux de la forme et de la couleur! ajouta M. Paul Arène ; chargez cinquante wagons de fleurs ; que, de Nice à Paris, toute la France en soit embaumée! »

Une nombreuse assemblée d'hommes de lettres et d'artistes, convoquée par M. Louis Jeannin, délibéra au Grand-Orient, le samedi 12 février, sous la présidence de Louis Blanc et de M. Anatole de la Forge. Un comité fut élu avec pleins pouvoirs pour organiser la fête; il se composait de MM. Bazire, Barbou, Blémont, Delarue, Alfred Etiévant, Ch. Flor O'Square, P. Foucher, Gassier, d'Hervilly, Jeannin, Lemarquand, E. Mayer, Mendès, Millanvoye, Montet, Pelleport, Félix Régamey, Rivet, A. Simon, Spoll, Strauss, Talmeyr, Troimaux. Dès le lundi suivant, ce comité entra en fonction. Il prit pour président M. Jeannin; pour secrétaires, MM. Etiévant, Troimaux, Barbou. Il siégea tous les jours, jusqu'au 27 février. Il constitua un comité d'honneur, dont firent partie les plus illustres représentants de l'esprit moderne en France et à l'étranger, ainsi que les présidents de nos grands corps politiques, littéraires et artistiques. En tête, fut inscrit le nom de M. le Président de la République.

Le soir du vendredi 25 février, M. Jules Ferry, président du Conseil, ministre de l'Instruction publique et des Beaux-Arts, se rendit chez Victor Hugo et lui offrit une amphore de Sèvres, enrichie de camées et ornée de peintures, avec cette inscription : « Le Gouvernement de la République à Victor Hugo, — 27 février 1881. » — Cher Maître, lui dit-il, le Gouvernement de la République a voulu être le premier à fêter votre glorieux anniversaire. Je suis heureux de vous offrir ce que nous avons trouvé de plus beau dans notre Manufacture nationale. Elle fut instituée pour offrir des présents aux souverains; c'est à un souverain de l'esprit que la République offre aujourd'hui ce vase de Sèvres. » Le poète l'ayant cordialement embrassé, il reprit : « Vous avez été toute votre vie l'apôtre de la clémence; j'ai donc, pour votre fête, accordé la levée générale des punitions dans tous les lycées, collèges et écoles de France. » Personnellement, M. le Président de la République avait envoyé au poète un splendide bouquet.

Le lendemain, à trois heures, MM. Ulbach, Torres Caïcedo et Chodzkiewic, présidents de l'Association littéraire internationale, remirent à Victor Hugo deux gros volumes contenant plus de dix mille adresses ou signatures, arrivées de tous les points du globe sur les feuilles volantes distribuées par M. Lermina, secrétaire de l'Association. « Cher Maître, portait la première page, l'Association littéraire internationale, dont vous êtes le président d'honneur, vous apporte le tribut d'hommage et de sympathie de la Fédération universelle des lettres. » Le même jour, arriva chez le Maître une couronne de roses et de lilas blanc, avec cette adresse brodée en or sur moire rouge : « A Victor Hugo, la Comédie-Française. — 26 février 1881. » Sur des drapelets de satin écarlate, se lisaient les titres suivants : *Hernani, Le Roi s'amuse, Angelo, Les Burgraves, Marion De Lorme, Ruy Blas.*

Parmi les lettres d'adhésion que les membres du Comité d'honneur envoyèrent au Comité d'initiative, il faut citer la lettre de Garibaldi : « Alassio, 16 février 1881. — Dites à l'immortel grand homme de l'humanité, que je suis fier de m'engager dans la Légion qui le félicitera à l'anniversaire de sa glorieuse quatre-vingtième année. » La lettre de M. Renan : « Que vous avez bien interprété ma pensée, en me plaçant parmi ceux qui tiennent le jour qui nous a donné notre grand Maître, pour un de ceux que la France doit fêter ! » La lettre de M. Ivan Tourgueneff : « Je sors un instant de mon lit où la goutte me retient depuis huit jours, pour vous remercier de l'honneur qui m'a été fait. Membre du Comité, j'aurais désiré prendre une part plus active à la fête du grand poète, qu'on peut nommer assurément, et sans flatterie, le chef de la littérature européenne contemporaine. » La lettre de M. Algernon Ch. Swinburne, le poète de la démocratie britannique, l'auteur de tant de nobles vers à Victor Hugo : « Je serai toujours fier, toujours heureux, de l'honneur que vous avez bien voulu me faire, en associant mon nom à la fête de l'homme qui fera appeler notre siècle par tous ceux à venir le Siècle de Victor Hugo. » La lettre de M. Nordenskiold : « Vifs remerciements pour votre invitation ! Malheureusement, impossible d'arriver à temps. Présentez mes cordiales et respectueuses félicitations au plus grand explorateur des idées de l'Humanité. »

Un appel fut fait à la jeunesse française. Des commissaires furent nommés pour établir l'ordre dans la matinée littéraire organisée au Trocadéro et dans le défilé populaire devant la maison du poète ; ils reçurent comme insignes, sur la proposition de M. Mendès, une rose et un bleuet, avec ruban bleu et ruban rose portant pour inscription ce vers de la chanson de Fantine : « Les bleuets sont bleus, les roses sont roses. » Quant aux détails de la manifestation, toute liberté était laissée à l'initiative des manifestants. Le Comité se contenta de fixer des points de départ divers pour les diverses délégations, afin de prévenir la confusion et l'encombrement.

Malgré le temps froid et couvert, toutes les espérances furent dépassées. Le samedi soir, la reprise triomphale de *Lucrèce Borgia* à la Gaîté avait été le digne prélude de la fête. Le matin du dimanche, les délégations se groupèrent en bon ordre, le long des quais, aux Tuileries, sur la place de la Concorde, aux Champs-Élysées, depuis le Louvre et l'Institut jusqu'à l'Arc-de-Triomphe. Il y avait déjà foule dans l'avenue d'Eylau pavoisée, quand se présenta chez le Maître, vers onze heures, une députation d'enfants de toutes les écoles, précédée de petites filles conduites par leurs parents et par plusieurs membres du Comité d'organisation, MM. Foucher, Cladel, Rivet, Etiévant. Le Maître embrassa toute l'ambassade sur les joues de la plus jeune de ces charmantes ambassadrices, et Mlle Hélène Etiévant, qui portait la bannière de soie rose et bleue où on lisait en lettres d'or : *L'Art d'être Grand-Père,* dit au poète, avec un charme pénétrant, ces vers de M. Catulle Mendès :

> Nous sommes les petits pinsons,
> Les fauvettes au vol espiègle,
> Qui viennent chanter des chansons
> A l'Aigle.
>
> Il est terrible ! mais très doux ;
> Et, sans que son courroux s'allume,
> On peut fourrer la tête sous
> Sa plume.
>
> Nous sommes, en bouton encor,
> Les fleurs de l'aurore prochaine,
> Qui parfument les mousses d'or
> Du Chêne.
>
> Il lutte avec les vents hurleurs !
> Mais sa peur, dans l'assaut du gouffre,
> C'est qu'à ses pieds l'une des fleurs
> N'en souffre.

Nous sommes les petits enfants
Qui viennent, gais, vifs, heureux d'être,
Fêter de rires triomphants
　　　L'Ancêtre.

Si Jeanne et Georges sont jaloux,
Tant pis pour eux, c'est leur affaire !
Et maintenant, embrassez-nous,
　　　Grand-père !

Victor Hugo avait à peine eu le temps de déjeuner, quand, vers midi, commença la grande manifestation. L'avenue d'Eylau avait été, d'un bout à l'autre, sablée et pavoisée par les jardiniers et décorateurs de la Ville de Paris, sous la direction de M. Alphand. A l'entrée de l'avenue, du côté de la place de l'Étoile, s'élevaient, parmi des massifs de pins et de palmiers, deux gigantesques mâts vénitiens, en haut desquels brillait le chiffre R. F. au-dessus de drapeaux tricolores, de banderolles, de flammes roses et bleues, de guirlandes fleuries et d'écussons offrant les titres des œuvres du poète; d'un mât à l'autre, flottait une draperie rose frangée d'or où on lisait : « Victor Hugo. Février 1802 - 1881. » Devant la maison du Maître, à droite et à gauche de la porte d'entrée, étaient disposées deux estrades à gradins, couvertes de tentures roses et bleues drapées à l'antique, sur lesquelles s'étageaient des plantes vertes, des fleurs, des couronnes, des emblèmes, des trophées. Entre les deux

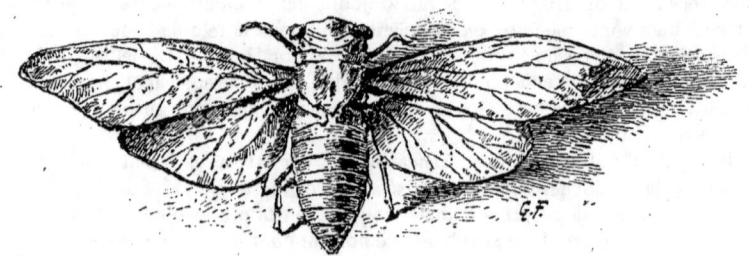

Cigale en bronze.
A VICTOR HUGO — La Cigale — 27 février 1881.

estrades, sous un grand laurier naturel entièrement doré, qui croît aujourd'hui dans le jardin de Victor Hugo, se dressait le buste de la République par Francia, or et argent. Le tout était protégé de la foule par un simple ruban tricolore tendu sur le large trottoir et indiquant un espace réservé, où se tenaient des membres du Comité d'organisation, des commissaires de la Fête et une garde d'honneur d'anciens combattants de la Défense nationale. Une grande affluence populaire encombrait la voie. Des photographes avaient çà et là installé leurs appareils. Des marchands ambulants vendaient des biographies, des bustes, des portraits du poète. Tout à coup, dans une longue rumeur, une musique lointaine s'éleva. C'était la Marseillaise entonnée autour de l'Arc-de-Triomphe par cent quatre sociétés instrumentales ou vocales de Paris et de la Seine, formant un total de plus de cinq mille exécutants sous la direction de M. Abel Simon. La tête de colonne s'ébranla, entra dans l'avenue, et le défilé commença.

Quand, nu-tête, le visage rose sous ses cheveux blancs, debout entre Jeanne et Georges, parut à sa fenêtre Victor Hugo, grave et radieux, souriant et attendri, une immense acclamation s'éleva vers lui de toutes parts : «Vive Victor Hugo!» Alors son cœur déborda ; il ne put retenir ses larmes, et tous les yeux se mouillèrent comme les siens. Ce fut un inoubliable moment d'émotion profonde et sublime, d'intime et solennelle effusion. Chacun sentait palpiter en soi l'âme même de la France héroïque, de la belle et généreuse patrie, mère des hommes et des peuples, pâle encore, mais triomphalement relevée déjà, des cruels déchirements de sa fécondité puissante. Entre les deux lignes de maisons, sous les fenêtres garnies de spectateurs et de drapeaux, la longue avenue, couverte de monde à perte de vue, semblait, avec sa houle de bannières éclatantes sur le fond sombre de la foule, une de ces routes « qui marchent » dont parle Pascal, un fleuve humain, un torrent d'âmes. En tête du cortège, avec bon nombre de sénateurs et de députés, venait, précédé de ses deux huissiers en grande tenue, le bureau du Conseil municipal de Paris, délégué pour rendre hommage au grand

✺

VASE DE SÈVRES.

✳

à Victor Hugo

LE GOUVERNEMENT DE LA RÉPUBLIQUE

(27 Février 1881)

✺

patriote. Les membres de la délégation firent halte, le front découvert, et Victor Hugo leur adressa ces paroles :

« Je salue Paris. Je salue la ville immense. Je la salue, non en mon nom, car je ne suis rien ; mais au nom de tout ce qui vit, raisonne, pense et espère ici-bas.

« Les villes sont des lieux bénis ; elles sont les ateliers du travail divin. Le travail divin, c'est le travail humain. Il reste humain tant qu'il est individuel ; dès qu'il est collectif, dès que son but est plus grand que son travailleur, il devient divin ; le travail des champs est humain ; le travail des villes est divin. — De temps en temps, l'histoire met un signe sur une cité. Ce signe est unique. L'histoire, en quatre mille ans, marque ainsi trois cités qui résument tout l'effort de la civilisation. Ce qu'Athènes a été pour l'antiquité grecque, ce que Rome a été pour l'antiquité romaine, Paris l'est aujourd'hui pour l'Europe, pour l'Amérique, pour l'univers civilisé. C'est la ville, et c'est le monde. Qui adresse la parole à Paris adresse la parole au monde entier. *Urbi et orbi.*

« Donc, moi, l'humble passant, qui n'ai que ma part de votre droit à tous, au nom des villes, de toutes les villes, des villes d'Europe et d'Amérique, et du monde civilisé, depuis Athènes jusqu'à New-York, depuis Londres jusqu'à Moscou, en ton nom, Rome, en ton nom, Berlin, je glorifie avec amour et je salue la ville sacrée, Paris ! »

Après le bureau du Conseil municipal, défilèrent les innombrables délégations de Paris, de la France et du monde, apportant des fleurs, des couronnes, des étendards, des hommages en prose et en vers, déposés tour à tour sur les gradins de l'estrade, au pied du laurier d'or, devant le buste de la République, dans vingt corbeilles éparses, ou contre la façade de la maison. Là étaient représentés tour à tour la Société des gens de lettres, l'École normale supérieure, l'Union française de la jeunesse (cinq cents délégués); les lycées Louis-le-Grand, Henri IV, Saint-Louis, Fontanes ; l'institution Sainte-Barbe ; les Écoles d'Arts et Métiers ; les Bibliothèques populaires des Amis de l'Instruction (deux cents délégués); la Société pour l'Instruction élémentaire ; l'Union démocratique de propagande anticléricale ; les Sociétés philotechniques ; les Cercles et groupes de la Libre-Pensée ; l'École pratique d'astronomie du Trocadéro ; les Sociétés de lecture et de récitation ; l'Académie des poètes ; la Société d'Alliance latine, l'Alouette ; les Loges des francs-maçons parisiens ; les élèves du Grand-Orient ; les journaux de Paris, entre autres la *Lanterne* dont on remarquait le trophée de lilas blancs et de camélias rouges ; les Sociétés de tir de France et d'Algérie ; vingt Sociétés de gymnastique en costume, avec médailles à palmes d'argent spécialement frappées pour cette journée.

L'Union des Chambres syndicales ouvrières avait fait appel à tous ses membres, et tous étaient venus sous leurs bannières: brocheurs et brocheuses, boulangers des trois associations, cartiers, chapeliers, charpentiers, chauffeurs-conducteurs-mécaniciens, confiseurs, couvreurs-plombiers-zingueurs, décolteurs, doreurs sur métaux, fumistes, galochiers, gantiers, horlogers, imprimeurs, jardiniers, layetiers-emballeurs, menuisiers, papetiers-régleurs, parqueteurs, pâtissiers, peintres-céramistes, potiers d'étain, scieurs de pierre, sculpteurs-praticiens, selliers, serruriers, sertisseurs, tailleurs, teinturiers, tôliers, tonneliers-fondriers, etc... Sur le char équipé par les typographes sarrasins, on voyait un buste de la République, un portrait du poète et une vieille presse à bras qui, disait-on, avait servi à imprimer ses premiers vers. Puis se succédaient les Travailleurs amis de la paix, les Employés du Commerce et de l'Industrie avec la bannière bleue et rouge des drapiers du xvme siècle, les Voyageurs de Commerce, les Comptables de la Seine, les Dames de la Halle, l'Association des Industries de Paris, la Commission du cinquième Congrès ouvrier, les Employés des Postes et Télégraphes, les Agents d'assurances, les Garçons de magasin, et bien d'autres groupes, bien d'autres corps d'état. Avec les délégations, alternaient les sociétés de musique et de chant, qui faisaient vibrer tour à tour nos hymnes patriotiques, Unions chorales et instrumentales, Orphéons, Harmonies, Fanfares, de tous les arrondissements de Paris et de toutes les localités suburbaines. Après les Epicuriens, les Enfants de Marceau et les Gais-Parisiens, la Lice-Chansonnière portait une superbe couronne de laurier d'or. Quand passa, sous sa bannière noire à couronne d'argent, le Choral d'Alsace-Lorraine chantant : « Dieu protège la France! », Victor Hugo cacha son visage dans ses mains, pour ne point laisser voir la violence de son émotion.

Tous les Chemins de fer avaient organisé des trains spéciaux à prix réduits, et tous les départements avaient fourni leur contingent à la manifestation : conseillers municipaux du Mans, de Honfleur, Perpignan, Saint-Vast, Draguignan, Avignon, Caen, Epinal, Compiègne; lycéens de Versailles, de Valenciennes; députations de Rodez, de Toulon, du Roussillon, de l'Algérie ; société normande La Pomme, société franc-comtoise La Prévoyance; loges maçonniques de Béziers, de Maule, de Lisieux ; cercle de la Bourse de Nîmes, comité républicain de Milly, etc. Les félibres parisiens, de la société La Cigale, avec bannière bleue à tournesol jaune, conduits par MM. Oscar Comettant et Lisbonne, député de l'Hérault, remirent une adresse et des vers de M. Henri de Bornier. Le journal *Le Progrès*, de Montreuil, offrit une couronne d'or traversée d'une large plume d'argent. Sur la couronne portée par la délégation de Rodez, on lisait : « Au poète, au citoyen! » Autres couronnes offertes par le Cercle républicain de Saint-Quentin, par les cercles marseillais de l'Aurore et de la Fédération. Un énorme bouquet était orné de rubans avec cette inscription: « Au poète, à l'historien, au penseur, au philosophe, à l'émancipateur des peuples, à Victor Hugo, les membres de l'Athénée méridional de Marseille. »

Non seulement Paris et la France, mais encore tous les pays de l'ancien et du nouveau monde étaient présents dans cette foule enthousiaste, sur laquelle la bannière de la Ligue internationale pour la Paix et la Liberté faisait flotter, avec la ruche et l'arc-en-ciel, ces mots empruntés au poète : « États-Unis d'Europe. » Dès la matinée, M. Dommartin avait remis l'adresse de la presse belge entre les mains du Maître, qui avait reçu également celle des Enfants de la Belgique et celle de la Société littéraire Concordia, de Vienne en Autriche. La Société Tchèque-Slave de Bohême apporta la traduction en langue tchèque de *La Légende des siècles*. L'Académie royale des Sciences et l'Association des écrivains et journalistes de Lisbonne, la confédération euskarienne-espagnole Laurat-Bat, la Société des Sciences populaires de Naples, la Société philotechnique de l'Amérique latine présidée par M. Antich, participaient à la Fête. Les étudiants roumains déposèrent au seuil du Maître le drapeau de soie brodée d'or aux couleurs de leur pays. L'amiral Max, MM. Parnell et O'Kelly, étaient venus d'Angleterre et d'Irlande. Il y avait des journalistes de New-York, de San-Francisco, de Rio de Janeiro. Il y avait des Musulmans, des Chinois, des Japonais.

Cet énorme concours de penseurs et de travailleurs offrait un spectacle magique. Ils se succédaient sans interruption, le front découvert, le bras levé vers le grand vieillard, vers le Père. Marches nationales, chants, acclamations. A peine faisaient-ils halte ; et d'autres venaient, d'autre encore, par flots pressés. Gens de toutes conditions, de tous pays, de tous costumes. Habits noirs et vareuses grises, pardessus de fourrures et blouses bleues, Officiers, soldats, invalides. Beaucoup d'enfants, envoyant des baisers. « Regarde-le bien, le voilà! » disait le père au fils, qu'il soulevait au-dessus de la foule. A côté des palmes d'or et des fleurs de Nice, tombaient les bouquets de violettes de deux sous et les compliments écrits en gros par de pauvres petits écoliers. Un garçon pâtissier apportait une pièce montée, avec figure de la République et titres des œuvres du poète; un maître d'armes, deux épées de combat. Et puis, dans une fanfare de cuivres, surgissait un vieux drapeau de 1792, au faisceau coiffé du bonnet phrygien. Le défilé ne cessa qu'à la nuit close. Il était passé plus de cinq cent mille personnes. « La fin de la journée, dit *Le Temps*, fut extraordinaire. Lorsque la dernière délégation eut défilé, précédée par deux toutes petites filles en robes blanches à écharpes tricolores, la foule, jusqu'alors entassée dans les deux rues voisines et sur les trottoirs de l'avenue, déborda par un prodigieux mouvement de houle qui ressemblait à l'arrivée d'un flot colossal. Tout cet océan humain est arrivé sous la fenêtre du poète, et là, électriquement, dans un même cri, a poussé, de ses milliers de poitrines, cette acclamation immense : Vive Victor Hugo ! Le spectacle était stupéfiant. Sur cet entassement de tête nues, tombait le crépuscule du ciel gris, neigeux, çà et là piqué des lueurs claires des becs de gaz. On n'apercevait plus, à travers les branches des arbres, qu'une mêlée indistincte de taches blafardes, de faces humaines tournées vers le poète : une multitude à la Delacroix dans un paysage de Corot. »

La matinée du Trocadéro eut le même caractère d'intimité grandiose. L'énorme salle était remplie d'innombrables spectateurs, jusque sur les derniers gradins perdus dans les profondeurs brumeuses. Le buste de Victor Hugo dominait l'estrade. Entouré des membres du Comité d'honneur et du Comité d'initiative, entre M. Nicolas Salmeron, ancien président de la République espagnole, et M. Alfred Naquet, député, Louis Blanc présidait. Après la Marseillaise, jouée par la musique de la garde républicaine, il ouvrit la solennité par cette allocution :

« Il a été donné à peu de grands hommes d'entrer vivants dans l'immortalité. Voltaire a eu ce bonheur dans le dix-huitième siècle ; Victor Hugo, dans le dix-neuvième ; et tous les deux ont mérité d'en jouir : l'un, pour avoir porté à l'intolérance religieuse des coups mortels ; l'autre, pour avoir, avec un éclat incomparable, servi l'humanité. Quel sera le caractère de la fête de Victor Hugo ? Les membres du Comité d'organisation me semblent avoir fort bien compris ce qu'il doit être, lorsqu'ils ont appelé, non seulement à y concourir, mais à y figurer, des hommes professant des opinions diverses et appartenant à des partis opposés. Que la pratique de la vie publique donne naissance à des divisions profondes, il ne faut ni s'en étonner, ni s'en plaindre : la justice et la vérité ont plus à y gagner qu'à y perdre. Mais c'est la puissance du génie employé au bien de réunir, dans un même sentiment d'admiration reconnaissante, les hommes qui, sous d'autres rapports, auraient le plus de peine à s'accorder ; et rien n'est plus propre à mettre en relief cette puissance que des solennités semblables à celle qui se prépare. L'idée d'union, est, en effet, inséparable de toute grande fête. C'est cette idée qu'exprimaient, dans la Grèce antique, les fêtes de Minerve, de Cérès, de Bacchus, les jeux isthmiques, les jeux pythiens, les jeux olympiques — ces célèbres jeux dont les Grecs firent le signal d'une trêve appelée la *trêve olympique*, et qui étaient considérés comme nouant en eux un lien presque aussi fort que la race et le langage. C'est cette idée d'union qui rendit si touchante la plus mémorable des fêtes de la Révolution française : celle de la Fédération. Assez de jours, dans l'année, sont donnés à ce qui sépare les hommes : il est bon qu'on donne quelques heures à ce qui les rapproche. Et quelle plus belle occasion pour cela que la fête de celui qui fut, en même temps que le premier des poètes, le plus éloquent des apôtres de la fraternité humaine ! »

M. Coquelin déclama les belles stances de Théodore de Banville à Victor Hugo. Puis Mmes Baretta, Bartet, Croizette, Defresne, Dudlay, Krauss, MM. Boudouresque, Faure, Febvre, Lafontaine, Albert Lambert, Maubant, Melchissédec, Mounet-Sully, Porel, Taskin, Villaret, Worms, des Théâtres nationaux de l'Opéra, de la Comédie-Française, de l'Opéra-Comique et de l'Odéon, vinrent dire ou chanter tour à tour le morceau choisi par eux dans l'œuvre du Maître. Jamais Victor Hugo n'avait été aussi supérieurement interprété; jamais il n'avait été écouté aussi pieusement.

Le soir on illumina dans Paris. L'orchestre de M. Pasdeloup donna au Conservatoire une audition musicale, dont le programme réunissait au nom de Victor Hugo le nom des plus grands poètes et des meilleurs musiciens : Shakespeare, Le Tasse, Schiller, Gœthe, Byron, Chateaubriand, Lamartine, Musset, Mendelssohn, Meyerbeer, Schumann, Gounod, Litolff, Massenet, Saint-Saëns. Presque tous les théâtres et concerts prirent part à la fête. La Comédie-Française joua *Hernani*. A l'Odéon, M. Paul Mounet dit des vers de M. Ernest d'Hervilly, *Aux Femmes*. Au Vaudeville, M. Pierre Berton dit des stances signées Émile Blémont. Les vers du Théâtre des Nations, intitulés *Gavroche*, étaient de M. Bertrand Millanvoye. Des strophes de M. Paul Foucher furent récitées au Théâtre de la Porte Saint-Martin. L'Hommage du Théâtre du Châtelet avait pour auteur M. Gustave Rivet. Dans plusieurs réunions furent répétés les vers à Victor Hugo que M. Clovis Hugues venait de réunir en brochure.

Chez le Maître, après le dîner de famille, il y eut réception. Tous les visiteurs furent émerveillés des monceaux de fleurs et des entassements de couronnes, qui garnissaient les deux salons et la vérandah. Le chêne et le laurier d'or avaient été offerts par l'Académie des poètes, par la Société lyrique de l'Union française, la Société lyrique des familles, l'Association des industries de Paris pour la Caisse de retraite, l'Union typographique, la Chambre syndicale des Employés du Commerce et de l'Industrie, la Chambre syndicale des ouvriers parqueteurs, la Chambre de la Liberté de Carcassonne, la Démocratie du Roussillon. La petite ville de Somain avait envoyé trois couronnes. De Montpellier étaient arrivées quinze autres couronnes d'or, hommages du Conseil municipal, des étudiants de la Faculté de Droit et de la Faculté des Lettres, des étudiants de la Faculté des Sciences, des étudiants en pharmacie, de la Loge maçonnique n° 208, de la Société du sou des écoles laïques, du Comité de Montpellier, du Cercle de la Muse artistique, du Cercle du Jeu-de-Paume, du Cercle de la Montagne, du Théâtre, de la Société chorale, de la Société Sainte-Cécile, de la Société alimentaire, de la Colonie polonaise. On voyait aussi une grande lyre d'or enguirlandée de roses et de bleuets et montée sur une hampe à rubans bleus et roses ; des palmes d'or, venant des menuisiers de Paris, de la Démocratie du Sud-Ouest ; des branches de laurier d'or, venant de la presse Toulousaine, des voyageurs de commerce de Nantes. Sur un des plus gros bouquets, on lisait cette inscription en myosotis : « A Victor Hugo », et cette autre en fleurs d'oranger : « Les femmes, les mères ».

La semaine suivante, une députation de la Société la Cigale, composée de MM. Baudouin, Didier, Lisbonne, Maurice Faure et Emmanuel Ducros, offrit au Maître une cigale en bronze, moulée sur nature par Barbedienne ; et M. Jean Aicard lui lut des strophes intitulées : *La Cigale à Victor Hugo*.

Sur tous les points de la France, le glorieux anniversaire fut célébré avec un aussi généreux enthousiasme qu'à Paris. Dans plusieurs villes, la solennité eut un éclat extraordinaire. A Lille, la fête fut admirablement organisée par la mairie, avec l'assistance des trois journaux républicains. A dix heures et demie, un cortège composé du Conseil municipal, du personnel des Facultés, Académies, musées, bibliothèques, lycées, orphéons, écoles, hospices, chambres syndicales, associations de sciences et d'arts, cercles et sociétés populaires, se rendit, musique des canonniers et des sapeurs en tête, de l'Hôtel de Ville au palais Rameau, où huit mille assistants, après avoir écouté religieusement la belle allocution de M. Manso, *Stella, Patria, l'Hymne à la France* et la *Marseillaise*, éclatèrent en acclamations devant le maire de Lille, M. Géry-Legrand, couronnant du laurier d'or le buste de Victor Hugo. Au Grand-Théâtre, une assistance presque aussi nombreuse, applaudissait les éloquentes conférences de MM. Anatole de la Forge et Dide. La souscription improvisée par le *Petit Nord* avait été immédiatement couverte ; et M. Gustave Simon avait été délégué pour offrir au Maître un des plus beaux bronzes de Barbedienne, le *David* de Mercié. Le Cercle libéral du Nord lui adressa cet hommage : « Citoyen, vous n'êtes pas un poète ; vous êtes le Poète,

La Maison de Victor Hugo le 27 Février 1881

Dessin de H. Scott

non seulement de ce siècle, mais de tous les temps, non seulement de la France, mais de l'humanité. Celui que nous saluons,

C'est l'ange Liberté, c'est le géant Lumière.

Montpellier ne resta pas en arrière de Lille. Au Grand-Théâtre, on joua *Le Roi s'amuse*, on chanta *Gloire à la France*, on lut des vers de M. Gariel, on couronna « le plus sublime de nos poètes et le plus grand de nos patriotes ». Les trois Enseignements, supérieur, secondaire et primaire, avaient adressé un superbe album couvert de signatures « Au Maître qui aura pour écoliers les hommes de tous les temps. » Toulouse illumina et pavoisa ses rues; sur le Capitole, on lisait en lettres de feu : A Victor Hugo — 1802 — *Les Châtiments*. Il y eut couronnement et ovation sur plusieurs scènes. Au Théâtre-Français, *Lucrèce Borgia* et hommage en vers de M. Jean Bernard ; au Théâtre du Capitole, récitation des œuvres du poète et hommage de M. Lomon ; au Théâtre des Variétés, vers de M. Louis Braud. A Nîmes, on donna *Ruy-Blas*; pavoisement, illuminations, couronnement du poète ; punch au Cercle de la Bourse ; discours à la Chambrée des Montagnards. *Le Journal de Caen* offrit à Jeanne Hugo, dans un petit meuble Louis XV, des bonbons et quatre belles pièces de dentelle ; les étudiants de la Faculté envoyèrent leurs « vœux enthousiastes ». A Béziers, à Cette, à Perpignan, Alais, Agen, Montauban, Saint-Vivien-Médoc, Maraussan, Nissan, Millau, Salles-des-Gardons, Toulon, Troyes, au Vigan, aux Barres, au Blanc, à Limoges, représentations extraordinaires, conférences, concerts, distributions de pain aux indigents, banquets, bals, cavalcades, marches aux flambeaux, fêtes de jour et de nuit. A Noves, on planta un chêne qu'on baptisa « Le Victor Hugo ». Douai, Cusset, plusieurs autres villes et bourgs, donnèrent le nom du poète à une de leurs rues, à une de leurs places. Le Conseil de Bonneville (Savoie) écrivit, en expédiant sa couronne d'or : « Nous enverrons aux échos de nos montagnes autant de coups de canon que le poète incomparable a d'années. — On vint à Alger de cent lieues, des confins du désert, pour assister à la matinée littéraire de la Société des Beaux-Arts. — Presque tous les journaux de France et d'Algérie célébrèrent Victor Hugo en prose et en vers ; plus de trente donnèrent son portrait. Quelques-uns parurent en lettres d'or, avec le portrait doré. Les feuilles illustrées furent remplies des incidents de la fête. Plusieurs directions offrirent en prime la photographie et les vers d'Etienne Carjat.

Le Beaumarchais donna, dans un numéro d'honneur, une belle gravure d'après cette photographie, le fac-similé de l'extrait de naissance de Victor Hugo, les poèmes dits au Trocadéro et sur les scènes de Paris, des vers d'Adolphe Pelleport, d'Armand Silvestre, de Henri de Bornier, d'Emmanuel des Essarts, d'Alfred Gassier, de Tancrède Martel, de Mme Tola Dorian, etc... Il publia en outre une série d'articles caractéristiques signés des plus grands noms de la littérature et de la politique. Louis Blanc signa ces lignes : « Quelque grand que soit le génie de Victor Hugo, je sais quelque chose de plus grand que son génie : c'est l'emploi qu'il en a fait... Est-il une noble idée qu'il n'ait pas suivie, une cause juste qu'il n'ait pas épousée, une grande injustice qu'il ne se soit pas efforcé de prévenir, un acte de cruauté contre lequel il n'ait pas élevé la voix, un tyran qu'il n'ait pas flétri, un peuple opprimé qu'il n'ait pas défendu ?... L'unité de sa vie est dans sa marche non interrompue vers le bien, dans l'ascension continuelle de son esprit vers la lumière. »

Arsène Houssaye signa une page humoristique : *Quand Victor Hugo aura cent ans !* Il y rapporte une causerie du poète avec quatre athées. « Croire à Dieu, c'est ne croire à rien ! dit un de ces derniers. — Croire à Dieu, c'est croire à tout ! répond Victor Hugo. Vous dites que l'âme n'est que l'expression des forces corporelles ; pourquoi alors mon âme est-elle plus lumineuse, quand les forces corporelles vont m'abandonner ? Je sens en moi une vie nouvelle, toute une vie future. Plus j'approche du but, et mieux j'entends les immortelles symphonies des mondes qui m'appellent. »

Alphonse Daudet avait écrit *Victor Hugo et le Peuple* : « Victor Hugo a cette fortune singulière d'être, quoique vivant, presque sorti de l'humanité. Dès le collège, pour nous, il était plus qu'un homme. Poète et proscrit, dressé sur son île, à nos imaginations de quinze ans il apparaissait gigantesque. Que de fois, la nuit, couché dans notre lit d'enfant, la bougie enveloppée d'un gros papier, de peur que la lumière ne nous trahît, n'avons-nous pas veillé jusqu'au blanc de l'aube pour lire Victor Hugo ! De son côté, le peuple était pris par le côté humain et sensible de ses livres. La petite ouvrière brocheuse en sarrau, l'apprentie doreuse au chignon poudré de parcelles d'or, prenaient deux sous sur leur maigre déjeuner pour acheter la dernière livraison des *Misérables* parue. Et sur la cheminée des travailleurs des faubourgs, clouée à quatre clous, c'était l'image du poète qui, depuis décembre, avait remplacé Napoléon. Aussi ce fut un jour d'émotion pour tous, pour les ouvriers, pour les bourgeois, quand, au milieu du premier fracas de l'invasion, nous apprîmes que Victor Hugo arrivait. Il arrivait au moment où se fermait le cercle d'investissement, avec le dernier train, la dernière bouffée d'air libre ; il venait combattre pour Paris, il était à la gare du Nord. Quelle ovation lui fit ce peuple tumultueux, révolutionné, prêt aux grandes choses, plus joyeux de sa liberté reconquise qu'effrayé du canon qui grondait contre ses remparts. Nous verrons toujours cette voiture, descendant la rue Lafayette, le poète debout, les yeux mouillés, soulevé par la foule... »

Jules Claretie racontait *Le retour en France* (5 septembre 1870) : «Je n'oublierai jamais l'impression profonde et sublime que donna à cet homme, alors âgé de soixante-huit ans et blanchi dans l'exil, la vue du premier soldat français aperçu du fond du wagon. C'était à Landrecies. Des troupes de ce corps de Vinoy qui battait en retraite de Mézières sur Paris, pauvres gens harassés, poudreux, boueux, blêmes, découragés, se tenaient assis ou couchés le long de la voie. Ils fuyaient les uhlans qui étaient proches. Ils se repliaient sur la grande ville pour n'être pas engloutis dans le désastre qui venait de faire, devant Sedan, de la dernière armée française une proie pour les citadelles prussiennes. On lisait la défaite dans leurs regards, l'affaissement moral dans leur attitude physique ; ils étaient mornes, sordides, roulés par la déroute comme des cailloux par l'orage. Mais quoi ! ils étaient des soldats de notre France, ils en avaient l'uniforme aimé, la capote bleue, le pantalon rouge. Ils emportaient dans la débâcle, sains et saufs, leurs drapeaux aux trois couleurs. De grosses larmes emplirent soudain les yeux navrés de Victor Hugo, et, se penchant à la portière, d'une voix vibrante et éperdue :

— Vive la France ! cria le vieillard ; vive l'armée ! vive l'armée française ! vive la patrie ! Les soldats, écrasés de fatigue, regardaient vaguement et d'un air morne, sans comprendre. Lui continuait à leur jeter des encouragements et des vivats semblables aux battements du pas de charge :

— Non, non, ce n'est pas votre faute, vous avez fait votre devoir ! Et quand le train repartit, les larmes tombèrent lentement de ses yeux sur ses joues et se perdirent sur sa barbe blanche. Il avait vécu jusque-là avec cette fière et hautaine illusion, que la France était invincible. Fils de soldat, il avait cru que les soldats de son pays étaient éternellement promis à la gloire et non à la honte. Patriote, il avait assigné à sa patrie le poste le plus périlleux et le plus beau : la première place, l'avant-garde. Et tout s'écroulait de ses espoirs ! Nous l'entendîmes alors murmurer sourdement, avec l'accent profond de la conviction et de la souffrance : « Plût à Dieu que je n'eusse jamais revu la France, si je dois la revoir partagée, diminuée, amoindrie et réduite à ce qu'elle était au temps de Louis XIII. »

Plume en or
A VICTOR HUGO. — Ses admirateurs de Saint-Quentin — 27 février 1881

Il est bien difficile de faire un choix entre les innombrables adresses et lettres de félicitation, envoyées à Victor Hugo, de Paris, des départements et de l'étranger, soit directement, soit par l'intermédiaire de la Société littéraire internationale. Les plus naïves et les mieux rédigées mériteraient également d'être citées. De Marseille, d'Aix, d'Arles, de Nice, Montmeyran, Narbonne, Chambéry, Bastia, Tarbes, Gigean, Pont-Saint-Esprit, Barjac, Rodez, Dax, Montauban, Lagrasse, Saint-Amand, Montrond, Bergerac, Périgueux, Saint-Affrique, Saint-Laurent-le-Minier, Saint-Étienne, Lyon, Tours, Brest, Illiers, Bayeux, Malesherbes, Provins, Pithiviers, Lunéville, Mâcon, Mantes, vinrent des hommages suivis de milliers de signatures, et, pour la plupart, émanant des municipalités. On y glorifiait « le plus grand citoyen de l'humanité — le défenseur de tous les droits et l'apôtre de tous les progrès — le grand penseur, le grand semeur — le Père de la Démocratie, le consolateur de tous les deshérités. » Une adresse venue de Clermont-Ferrand est ainsi conçue : « Le recteur, entouré des professeurs et élèves des Facultés, du Lycée et de l'École normale d'Instituteurs, lecture faite des plus beaux chants du Maître, envoie au poète national, au poète du pardon et de la paix, au grand-père admirable, l'expression de l'enthousiasme et des vœux de la famille universitaire. » La loge maçonnique, Le Travail, de Cognac, disait : « Vous avez créé une littérature nouvelle; votre œuvre restera la plus haute expression de la poésie française, votre œuvre a relevé le niveau de la conscience humaine; citoyen, vous avez toutes les gloires. » Besançon s'honorait « du plus grand de ses enfants, du génie où la Franche-Comté retrouve, avec l'amour indomptable de la liberté, la profondeur de ses grands bois et la brusque fierté de ses montagnes. » « C'est la fête du génie humain lui-même ! » écrivit le Conseil municipal de Laval; et de Belfort, *Le Libéral de l'Est* ajouta : « L'ovation a été digne du grand républicain à qui elle était faite et du peuple libre qui la faisait. »

Dans le monceau des lettres individuelles, se trouvent beaucoup de signatures de sénateurs, de députés, de membres de l'Institut, de chefs de bureaux et de rédacteurs des ministères, un joli compliment de Mlle Léon Cladel, une lettre de Mlle Ida Lévy invitant le poète à visiter Alger et lui offrant l'hospitalité, puis cette offrande des jeunes filles de Baumes-les-Dames : « Premières fleurs de nos bois cueillies hier. »

Parmi les hommages en vers, presque tous très remarquables, il faut signaler les poèmes de MM. Jean Aicard, Bernard (du lycée Charlemagne), Bruffer (instituteur à Metz), Etienne Carjat, Lucien Cressonnois, Charles Cros, Emmanuel Enjolras, Fabre des Essarts, Ad. Froger, Raoul Gineste, G. Gruelle, A. Jacquin, Octave Lacroix, Eugène Lapaume, Lavigne, Levat, A. Menich, Georges Meurice, Péricaud et Delormel, Paul Pujol, Emile Ruelle, Henri Taupin, H. Terrayl. D'autres hommages poétiques sont signés par « Les maîtres répétiteurs du lycée de Toulouse », par « Un voyageur lorrain », par Maxime Guffroy, souffleur au Théâtre de Nancy; par Auguste Rousseau, le sabotier-poète d'Anjou. Il y a en outre des vers en langue provençale de MM. Aubanel, Bourelly, Félix Gras, Michel, Mistral, Roumieux, Vassel; des vers en langue gasconne de M. Charles Fabre, cordonnier à Montpellier; des vers en langue bretonne de M. Visant-Coat, de Morlaix; des vers en langue hébraïque de M. Nisson Dobrouskin.

Les Français résidant à l'étranger mirent un empressement et un enthousiasme tout particuliers à féliciter le poète, de Bruxelles, de Londres, de Southand, de Bienne et de Saint-Imier, de Buda-Pesth et de Koloswar, de Vigo, Saragosse, Lisbonne, Tunis, Vienne, de Saint-Pétersbourg et de Moscou, de Saint-Louis en Amérique et de San-Francisco. A Cincinnati, Mme Fredin organisa une solennité littéraire et musicale. Le programme était composé exclusivement de vers et de prose du Maître. Les salons étaient pavoisés de drapeaux français mêlés à des drapeaux américains. Parmi les plantes exotiques, entre deux photographies de Notre-Dame de Paris et de l'Arc de l'Étoile, apparaissait le portrait de Victor Hugo. Les hommages venus d'Alsace furent peut-être les plus touchants. Il faudrait citer tout au long les lettres de Strasbourg, Colmar, Mulhouse, Metz, Thionville, l'hommage de Mme Ernst, le sonnet de M. Albert Gérard. *La Presse d'Alsace-Lorraine* télégraphia : « L'Alsace fête avec la France le grand apôtre de la Justice et du Droit ».

Les journaux de l'Empire d'Allemagne enregistrèrent le succès de l'Anniversaire. Le journal le plus répandu de Berlin, le *Berliner Tagblatt*, constata qu'il avait défilé devant la maison du poète plus d'un demi-million de personnes. En tête de la feuille allemande de Paris, la *Weltbühne,* parurent des stances de M. Édouard Lœventhal. M. Albert Stibbe, de Cologne, envoya une citation de Schiller. Le président de la Société des littérateurs de Leipsig, M. Friedrich, écrivit des vers ainsi traduits dans *l'Express* : « Un grand génie n'appartient pas plus à un seul peuple qu'à un seul temps; tous ceux qu'il a réchauffés, inspirés de son âme, ont droit de le nommer *le leur* ». — « L'art sacré jette un point sur les abîmes! » écrit M. Ernest Eckstein. Il faut mentionner encore l'hommage de M. Spielhagen et l'adresse du Comité national allemand de l'Association littéraire internationale. Passons rapidement en revue les principaux envois des autres nations.

ANGLETERRE. — Adresses de la Ligue démocratique de Grande-Bretagne et d'Irlande, des professeurs et étudiants de Durham, du Litterary-Club de Manchester (cinquante signatures), du Milton-Club d'Urmston, du comité anglais de l'Association littéraire internationale présidé par M. Blanchard Jerrold, de M. Buxton Forman, l'éditeur de Shelley; de M. John H. Ingram, le biographe d'Edgard Poë; de M. Walter H. Pollock, annonçant un toast solennel a été porté « au plus grand écrivain de l'Europe, à Victor Hugo », par le Rabelais-Club de Londres. Vers anglais de M. Irwing O'Neilly; vers français de M. F. de Bernhardt, attaché au Foreign-Office, et d'un jeune Anglais du collège de Castres. — Vingt signatures de l'Australie. — Stances françaises de John Sullivan, notaire royal à Jersey, au nom des citoyens de l'Archipel-Normand.

AUTRICHE. — Envoi par la société des journalistes et écrivains de Vienne, *Concordia*, ayant pour président M. Johannes Nordmann, d'une adresse sur parchemin dans un grand et riche portefeuille à cadre de bronze ciselé, avec coins d'émail incrustés d'or et d'argent. Hommage des comédiens de Vienne, ayant joué *Marion De Lorme* et *Hernani* au Stadt-theater et au Burg-theater. Lettres de A. Fortesheim et Karl Lerche; sonnet en langue tchèque de Jaroslav Urchlicky.

HONGRIE. — Adresses de l'Académie hongroise, de l'Inspecteur des Musées et Bibliothèques du Royaume, de la Société philologique de Budapest présidée par le docteur Émile Thewrewk de

A VICTOR HUGO

Poème récité par M. Coquelin, de la Comédie-Française,
au Trocadéro, le 26 février 1881.

Père! doux au malheur, au deuil, à la souffrance!
A l'ombre du laurier dans la lutte conquis,
Viens sentir sur tes mains le baiser de la France,
Heureuse de fêter le jour où tu naquis!

Victor Hugo! la voix de la Lyre étouffée
Se réveilla par toi, plaignant les maux soufferts,
Et tu connus, ainsi que ton aïeul Orphée,
L'âpre exil, et ton chant ravit les noirs enfers.

Mais tu vis à présent dans la sereine gloire,
Calme, heureux, contemplé par le ciel souriant,
Ainsi qu'Homère assis sur son trône d'ivoire,
Rayonnant et les yeux tournés vers l'Orient.

Et tu vois à tes pieds la fille de Pindare,
L'Ode qui vole et plane au fond des firmaments,
L'Épopée et l'éclair de son glaive barbare,
Et la Satire, aux yeux pleins de fiers châtiments;

Et le Drame, charmeur de la foule pensive,
Qui du peuple agitant et contenant les flots,
Sur tous les parias répand, comme une eau vive,
Sa plainte gémissante et ses amers sanglots.

Mais, ô consolateur de tous les misérables!
Tu détournes tes yeux du crime châtié,
Pour ne plus voir que l'Ange aux larmes adorables
Qu'au ciel et sur la terre on nomme : la Pitié!

O Père! s'envolant sur le divin Pégase
A travers l'infini sublime et radieux,
Ce génie effrayant, ta Pensée en extase
A tout vu, le passé, les mystères, les dieux;

Elle a vu le charnier funèbre de l'Histoire,
Les sages poursuivant le but essentiel,
Et les démons forgeant dans leur caverne noire;
Les brasiers de l'aurore et les saphirs du ciel;

Elle a vu les combats, les horreurs, les désastres,
Les exilés pleurant les paradis perdus,
Et les fouets acharnés sur le troupeau des astres;
Et, lorsqu'elle revient des gouffres éperdus,

Lorsque nous lui disons : « Parle. Que faut-il faire?
Enseigne-nous le vrai chemin. D'où vient le jour?
Pour nous sauver, faut-il qu'on lutte ou qu'on diffère? »
Elle répond : « Le mot du problème est Amour!

« Aimez-vous! » Ces deux mots qui changèrent le monde
Et vainquirent le Mal et ses rébellions,
Comme autrefois, redits avec ta voix profonde,
Émeuvent les rochers et domptent les lions.

Oh! parle! Que ton chant merveilleux retentisse!
Dis-nous en tes récits, pleins de charmants effrois,
Comment quelque Roland, armé pour la justice,
Pour sauver un enfant égorge un tas de rois!

O maître bien-aimé, qui sans cesse t'élèves,
La France acclame en toi le plus grand de ses fils;
Elle bénit ton front plein d'espoirs et de rêves,
Et tes cheveux pareils à la neige des lys!

Ton œuvre, dont le Temps a soulevé les voiles,
S'est déroulée ainsi que de riches colliers,
Comme après des milliers et des milliers d'étoiles,
Des étoiles au ciel s'allument par milliers.

Oh! parle! ravis-nous, poète! chante encore,
Effaçant nos malheurs, nos deuils, l'antique affront;
Et donne-nous l'immense orgueil de voir éclore
Les chefs-d'œuvre futurs qui germent sous ton front.

THÉODORE DE BANVILLE.

DÉFILÉ DES DÉLÉGATIONS DEVANT LA MAISON DE VICTOR HUGO

Dessin de H. SCOTT

Budapest, le 23 février 1881.

Au nom de la **Presse hongroise**.

Au grand penseur, à l'illustre poète, la Presse hongroise souhaite de longs jours encore.

Victor Hugo ne peut appartenir à un seul peuple ; ce nom restera toujours le patrimoine des fidèles de la Liberté, et nous croyons avoir quelques droits à le revendiquer comme nôtre. Au théâtre, nous applaudissons les types immortels qu'enfanta son génie ; nos journaux recueillent, comme autant de discours du trône, chaque parole du défenseur des faibles ; nos femmes récitent les vers du poète ; notre jeunesse est nourrie dans le culte de son nom.

Nous ne l'oublierons jamais : dans nos malheurs, une grande voix s'éleva pour soutenir notre cause ; nos exilés trouvèrent jadis près d'un autre exilé, un asile et des consolations.

Ouvriers de la Presse hongroise, nous méditerons toujours les admirables paroles tombées, il y a plus de trente ans, d'une tribune française, en faveur de la liberté de la Presse. Elles nous donnent le courage d'accomplir la tâche qui nous incombe : élever un État où la civilisation croisse avec l'ordre et la liberté.

Que peut-on souhaiter à Victor Hugo ? Vivant il voit chaque jour grandir son immortalité. Puisse Dieu lui donner la joie suprême d'assister au triomphe des principes qu'il a soutenus, pour le bonheur de la France et de l'Humanité !

(Suivent les signatures.)

Adresse envoyée à Victor Hugo, le 27 février 1881

Ponor, de la presse hongroise; de plusieurs autres sociétés; lettre du *Salonblatt*, de Pest; télégramme du Cercle littéraire de Sopron; plusieurs poésies.

BELGIQUE. — Hommage des Enfants de la Belgique (cent huit signatures), du *National* de Bruxelles; de la *Tribune liégeoise*, qui donna un télégramme inédit de Victor Hugo, en vers; de la Société des Étudiants de Liège, du Caveau verviétois, de M. Émile de Laveleye, de M. Léon Defuisseaux, député de Mons; d'Augustine Peters, institutrice à Anvers; poèmes de MM. Edm. Heimburger et Fernand Bourlet, de Tournay.

ESPAGNE. — Vers de M. Manuel de Peralta; félicitations de l'auteur dramatique José Echegaray, de l'historien Francesco da Fonseca Benevides; hommages signés Conception Jimena de Flaquez, Manuel Pugnani, Jose Maria Casenave, Jose Maria Molina, Anselmo Salmo, Leonardo Xestan, Carlos Vilar, Luis Paris y Zejin, Zoilo Vergez, Vicente Mariano Martinez, J. de la Puerta, Juan Vilanova y Piera, Alberto Araus, Desiderio Cordone, Gaspar Nuñez de Arce, etc... Adresses collectives des rédacteurs de la *Correspondance Ibérique* et du *Démocrate* de Madrid, de la Société des Écrivains et Artistes espagnols, de l'Athénée de Valence. Un beau portrait littéraire de Victor Hugo, par M. Castelar, fut reproduit dans plusieurs journaux. Le journal *Il mercantil Valenciano* publia un très remarquable article : « Depuis soixante ans, la voix de Victor Hugo est la plus puissante de l'humanité; elle a rempli l'univers, donnant la forme immortelle aux idées, aux sentiments et aux émotions, par lesquels a passé l'âme du monde moderne. Grâce au poète, l'admirable langue française exprime mieux que toute autre les grandes pensées de justice et de liberté, les plus nobles passions humaines. »

ITALIE. — Hommage à « l'Apôtre de l'idéal », signé par Garibaldi, Campanello, Zupetta, Lemmi, etc... Adresses de la Société démocratique italienne; du général Canzio, au nom de la démocratie génoise; d'Aurelio Saffi et Giuseppe Ceneri, au nom de la démocratie de Bologne; du *Courrier italien*, de Florence; du *Secolo*, au nom de Rome; de plusieurs autres journaux; des mazziniens romains, des cercles républicains de Florence et de Livourne, des démocrates de Côme, des artistes de l'Académie Albertine de Turin, des étudiants républicains de Pise, des loges maçonniques de Rome et de Bari, de plusieurs Sociétés de secours mutuels, de plusieurs institutions, écoles et collèges, de plusieurs grands établissements d'art et d'industrie, du député Paolo Carcana; de Sebastiano Scaramuzza, professeur de philosophie à Padoue; du commandeur Pietro Giustini, du major Filippo Erba, du syndic de Florence, de l'historien Cesare Cantu, de Terenzio Mamiani, de Léon Donnat, de A. Krauss, de Pietro Siciliani. Traduction en vers d'une *Feuille d'Automne*, par Giulio Minervini. Vers du sénateur Andréa Maffei, de Daniele Vilamena, du professeur Luigi Massa, de Federico Aimé, P. Antonio de Marchi, Isabella Rossi, Scipione Fortini, Emiliano Ravazzini; beau poème de Giosue Carducci, traduit en vers français par Alexandre Parodi. Sonnet en langue hébraïque d'Aron Romanini, traduit par Caliman Maspurgo. Lettre du poète J. Cavallotti : « Les vœux que j'envoie au Maître sont l'écho fidèle de tout cœur italien qui bat pour le beau et pour le grand. » Trois mots latins, signés Cesario Testa et datés de Rome : *Videbis annos Titiani*. Une multitude d'envois individuels, entre lesquels on remarque celui de Giulio Manzoni, petit-fils du célèbre écrivain de ce nom.

PAYS-BAS. — Adresses et articles des journaux d'Amsterdam, Rotterdam et autres villes. Hommage de l'Amitié fraternelle de Zwolle. Nombreuses lettres individuelles. Thérèse Schwartre, artiste peintre, écrit : « Tibi ut nemini ! » Ivan Lakerveld, pasteur réformé : « A l'apologiste de la religion libre et pure ! » M. A. Versheim : « Au Français par excellence, au poète cosmopolite, au poète inspiré de la vie de famille, à l'ardent apôtre de la liberté humaine ! » M. Vand'huyl avait envoyé deux cents francs au *Rappel* pour des fleurs à offrir au Maître.

POLOGNE. — Dans les volumes de l'Association littéraire internationale, se trouve d'abord cette adresse, suivie de nombreuses signatures : « Au défenseur des opprimés, les Polonais ! » Puis viennent les hommages des Auteurs dramatiques, de l'Opéra polonais, de l'Opéra italien, du Grand-Théâtre et des artistes de comédie et de drame de Varsovie; enfin les félicitations des rédacteurs de *L'Echo*, du *Courrier de Varsovie* et du journal illustré *Les Epis*. Avec la signature de J.-B. Krasewski, président honoraire de l'Association, ce vers de Dante : *Onorate l'altissimo poëta*.

PORTUGAL. — Nombreux télégrammes envoyés de Lisbonne et de Porto, au nom de l'Association des écrivains et journalistes portugais, des journaux des deux villes, de la Revue *L'Ère nouvelle*, des Caisses d'épargne populaires et ouvrières, du Centre électoral et du Centre républicain, de la Société Euterpe, de la Société académique des Étudiants de Porto. Lettres et adresses du Directeur de l'Imprimerie nationale, des députés Ennès et Melicio, de l'académicien J. de Vilheno Barbosa, de M. Aug. de Carvalho, ministre des Travaux publics.

ROUMANIE. — Adresses des typographes de l'Imprimerie nationale, des Roumains-Macédoniens de Bukharest, du journal le *Telegraphul*, du sénateur Etienne Schendré; des députés Castesco Comaneano, Chenciu, Codrescu, Compiniu, Djuvora, Fondescu, Nicolas Ghanka, Maldarescu, Jacques Négruzzi, Urchias. Sur la signature du député Pantagi Ghika, ces lignes : « Je ne peux faire un plus grand vœu pour la prospérité de chaque nation, que de souhaiter à chaque siècle un Victor Hugo pour tout l'univers. »

RUSSIE. — Adresse de la Députation des Russes proscrits : « Nous gardons dans nos cœurs ces mots écrits à M. le Président de la République, en faveur d'un de nos frères : « Non, vous ne livrerez pas cet homme ! » Lettres et télégrammes. De Riga, ce cri signé Alfred de Koukiel et Victor d'Andréïanoff : « Vive la France, vive Victor Hugo ! »

États Scandinaves : Suède. — Hommage venant de l'Académie des Beaux-Arts de Stockholm ; adresse signée Carla Serena. Norwège. — Vers de Gustave Pedersen et de Johanna Schrader ; hommages de Henrik Ibsen, du romancier Jonas Lie, du peintre Smith-Hald, du sculpteur Paul Boe ; adresse du Cercle des Républicains de Christiania : « Républicains de la Norwège, vieux, jeunes, viennent aujourd'hui s'associer aux autres en semant des fleurs devant votre porte, en vous souhaitant une longue et belle vieillesse. » Danemark. — Hommages de l'Académie royale des Beaux-Arts de Copenhague, du compositeur N. Ravnkild, du sculpteur Alfred Nystrom et d'Élisabeth Jérichau, peintre. — Adresses de la Société scandinave de Paris et de la Colonie scandinave de La Rochelle.

Suisse. — Articles et félicitations de nombreux journaux. Vers signés Clara Ossent et Alice de Chambrier. Adresses d'un groupe de citoyens de Neufchâtel et de Cormondrèche, des Radicaux de Locle, de la Société radicale *Helvetia*, de la Société suisse de Saint-Étienne, de M. B. Dussaud, inspecteur des écoles de Genève. Hommages du professeur Alphonse Scheler, de l'Université de Genève, au nom de l'assistance réunie dans la grande salle du Cirque pour la solennité littéraire organisée à l'occasion de l'Anniversaire. Félicitations et souhaits de l'Institut national genevois, représenté notamment par MM. Frédéric Amiel, président de la section de Littérature, Silvestre, président de la section des Beaux-Arts, Heimstop, vice-président de la section des Sciences morales et politiques.

Turquie. — Lettre du général de Saint-Clair, au nom des peuples musulmans de Circassie et de Macédoine. Sonnet de Paul Musurus-Bey, de l'ambassade ottomane à Londres :

LE MONT-BLANC A VICTOR HUGO

O altitudo!

Oui, tu songeais à toi, lorsque tu m'as chanté ;
Oui, nous sommes les deux plus hauts sommets du monde !
On dirait, tant la sève en notre flanc abonde,
Que nous n'avons pas d'âge, ayant toujours été.

Nous ignorons la ride et la caducité ;
Et la vieillesse, autant que la mienne, est féconde.
Tu prodigues ton sang comme je verse l'onde ;
J'abreuve la nature, et toi l'humanité !

Nous habitons la zone idéale, éthérée ;
Et respirant l'air pur de la voûte azurée,
Nous avons la jeunesse éternelle des dieux !

Ce qui blanchit ton front, ce qui blanchit ma cime,
Ce ne sont point les ans, ô poète sublime !
C'est la proximité des cieux.

Inde. — Très curieuse lettre de dix pages, en anglais, venue d'Uttarpara, près Calcutta, et signée Sir Narayain Mukhayo : « Un grand homme est le noyau autour duquel prennent corps les pensées d'un siècle ; il ouvre l'éternelle source où viennent puiser les générations de tous les temps et de tous les pays. »

Afrique : *Port-Saïd*. — Hommage de M. Oldrini : « Un vaincu de Mentana. » Adresse du maître et des élèves de l'École primaire, laïque, gratuite, internationale. Liberia. — Hommage du consul honoraire de Liberia à Paris.

États-Unis d'Amérique. — Félicitations de Georges Walker, consul général des États-Unis à Paris. Vers envoyés de Californie et signés Mary Hart. Adresses de plusieurs journaux. Nombreuses lettres et nombreuses demandes d'un portrait et d'un autographe de Victor Hugo.

Canada. — Envoi de fleurs, avec les vœux des Canadiens français, par Joséphine Gosselin de Québec. Bel article du *Morning-Chronicle* de Québec, appelant Victor Hugo « un grand conducteur des hommes ».

Amérique latine. — Hommage de Benito Juarez, fils de l'ancien président de la République mexicaine et de Luis Breton y Vedra, consul du Mexique à Lisbonne. Adresse du président de la République Dominicaine, A. de Mermo, de ses ministres et de la légation en France : « Pour l'honneur de l'humanité, longue vie à Victor Hugo, gloire du dix-neuvième siècle ! » Adresse du ministre et du consul de Costa-Rica à Paris, du chargé d'affaires et du consul à Bordeaux de l'Uruguay. Nombreuses lettres du Brésil. Hommage de M. Torrès-Caïcedo, ministre plénipotentiaire de la République de San-Salvador et président de la Société littéraire internationale : « A Victor Hugo, apôtre de toute idée de liberté et de progrès ! »

Comme épilogue de la fête, voici, d'après le *Journal officiel*, ce qui se passa le 4 mars au Sénat : « M. Victor Hugo entre dans la salle des séances. Toute la gauche se lève et applaudit.

M. Victor Hugo. — Ce mouvement du Sénat est tout à fait inattendu pour moi. Je ne saurais dire à quel point j'en suis touché. Mon trouble inexprimable est un remerciement. Je l'offre au Sénat et je remercie tous ses membres de cette marque d'estime et d'affection. Je m'assieds profondément ému. (Nouveaux applaudissements.)

M. le Président. — Le génie a pris séance. Le Sénat a applaudi et il reprend le cours de sa délibération. »

La journée du 27 février 1881 laissa pour toujours dans tous les cœurs un souvenir sacré. M. Camille Pelletan s'exprima en ces termes dans *La Justice* : « Quel triomphe a jamais valu celui-là ? Dans le cortège, au lieu de captifs, se pressaient des Français délivrés de la captivité monarchique. Sur l'arc triomphal, au lieu de noms de villes saccagées, rayonnaient des noms de chefs-d'œuvre. Rome a connu les fêtes de la Force ; à Paris appartiennent les fêtes de l'Idée... Quelle leçon, pour une nation, qu'un pareil spectacle ! Quel enseignement, pour ces enfants qui portaient des fleurs ! Ils ont vu, assurément, le plus grand honneur qu'un homme puisse rêver. Et comment cet honneur a-t-il été conquis ? Par la pensée, d'abord ! Par cette chose noble et grande entre toutes, qui est la poésie. C'est au génie éclatant qui, plus que tout autre, a traduit les émotions, les passions, les douleurs humaines ; qui a jeté dans le rythme du vers toute l'immensité de la nature ; qui a fait palpiter en ses chefs-d'œuvre ce qu'il y a de plus profond dans la pitié ; c'est à ce grand génie qu'un peuple rend des hommages qu'un César eût pu envier. Mais ce n'est pas tout. On salue en lui le vaincu des mauvais jours, le proscrit du despotisme, le dénonciateur du massacre. La fête de Victor Hugo, c'est la religion de la vraie gloire confondant la basse idolâtrie du succès. »

Victor Hugo, ne pouvant remercier individuellement les innombrables amis qui lui avaient souhaité sa fête, remercia collectivement tout le monde, « Français et compatriotes du dehors », par l'intermédiaire des journaux. « Mais, disait-il, quel remerciement ne serait au-dessous de ce que lui a fait éprouver cette journée, qui sera la meilleure de sa vie et dont il gardera jusqu'à sa dernière heure une reconnaissance qu'aucune parole humaine ne saurait exprimer ! »

Le produit de la Matinée littéraire du 27 février 1881 au Trocadéro a servi à la fondation d'un don annuel de deux livrets de Caisse d'épargne de cent francs pour les plus méritants des « Enfants moralement abandonnés », dont le service a été organisé en 1880 par M. Charles Quentin, directeur de l'Assistance publique.

TABLE

DES

PHOTOGRAVURES HORS TEXTE

A. Devéria..............	Portrait de Victor Hugo...........	8
David d'Angers............	Buste de Victor Hugo..............	16
Lafosse ..,......:......	Victor Hugo, représentant du peuple.....	20
Victor Vilain..............	Buste de Madame Juliette Drouët..........	24
Photographie Nadar........	Portrait de Victor Hugo...........	28
Photographie Walery.......	Portrait de Victor Hugo...........	32
Stéphane Pannemaker.......	Portrait de Victor Hugo...........	40
Schœnewerk............	Buste de Victor Hugo.............	44
Léon Bonnat............	Portrait de Victor Hugo..........	48
Victor Vilain.............	Buste de Victor Hugo............	52
Main droite de Victor Hugo...................		56
Habitation de Victor Hugo....................		60
Victor Hugo à sa table de travail...............		64
Victor Hugo, MM. Meurice et Vacquerie...........		68

ODES ET BALLADES

Mlle L. Abbéma............	*Moïse sur le Nil*.............	76
Pinchart...............	*Moïse sauvé des eaux*...........	80

LES ORIENTALES

Th. Frère.............	*Le Feu du ciel*................	84
J. Garnier............	*La Sultane favorite*.............	88
L. Perrault............	*Sara la Baigneuse*.............	92
G. Courtois...........	*Juana la Grenadine*............	96
Ch. Landelle...........	*Les Bleuets*.................	96
J.-E. Buland...........	*Fantômes*...................	100
Aimé Morot...........	*Mazeppa*...................	100

HERNANI

Albert Maignan..........	*Don Carlos*.................	104

NOTRE-DAME DE PARIS

J. Adeline............	*Notre-Dame de Paris*...........	112
J. Lefebvre...........	*La Esmeralda*................	112
Harpignies...........	*Vue de Notre-Dame*............	112
Kauffmann...........	*Phœbus et la Esmeralda*.........	116
G. Fraipont...........	*Claude Frollo*...............	116
F. Boggs.............	*Phœbus et Claude Frollo*........	116
L. Falero............	*La Esmeralda dans sa prison*......	120
Pilotelle.............	*Vision du Poète*..............	120

MARION DE LORME

E. de Liphart............	*Marion de Lorme*...........	124

LES FEUILLES D'AUTOMNE

G. Ferrier............	*Feuilles d'Automne*...........	124
Hanoteau............	*A un Voyageur*...........	128
A. Devéria............	*A une Femme*...........	128
Barrias............	*Berceuse*...........	128

LE ROI S'AMUSE

Jules Garnier............	*M. de Saint-Vallier*...........	132
A. Guès............	*Triboulet*...........	132

LUCRÈCE BORGIA

Gaston Mélingue............	*Don Alphonse d'Este*...........	136

ANGELO

Félix Ziem............	*Le Pont des Soupirs*...........	144

LES CHANTS DU CRÉPUSCULE

G. Vibert............	*Napoléon*...........	148
P.-A. Cot............	*Magdalena*...........	152
A. Maignan............	*Rêverie*...........	152
E. Toudouze............	*La Fleur et le Papillon*...........	156

RUY-BLAS

G. Jacquet............	*Don César de Bazan*...........	160
L. Mélingue............	*Don César de Bazan*...........	160

LES RAYONS ET LES OMBRES

F. Heilbuth............	*Le Bas-Meudon*...........	164
J. Worms............	*Gastibelza*...........	164
H. Giacomelli............	*Choses ailées*...........	168
A. Hagborg............	*Oceano nox*...........	168

LES BURGRAVES

Monginot............	*Job l'Excommunié*...........	172

LES CHÂTIMENTS

Capellaro............	*La Satire*...........	176
H. Gervex............	*Souvenir de la Nuit du 4*...........	180
V.-J. Ranvier............	*Les Muses exilées*...........	180

LES CONTEMPLATIONS

A. Leleux	Vieille Chanson du jeune temps	184
E. Sain	Idylle	184
Louis Leloir	Le tragique Alcantor	188
R. Collin	L'Ame en fleur	188
Ch. Landelle	Ecrit au bas d'un Crucifix	192

LA LÉGENDE DES SIÈCLES (1re série)

J.-J. Henner	Idylle	192
Léon Glaize	Le Sacre de la Femme	196
P. Baudry	Ève (Eau-forte de Waltner)	196
Cormon	Caïn	196
A. Monchablon	La Conscience (1)	200
A. Monchablon	La Conscience (2)	200
D. Maillard	Booz endormi	200
Hector Le Roux	Au Lion d'Androclès	204
P. Lehoux	Le petit Roi de Galice	204
L. Sergent	Eviradnus	204
G. Dubufe	Cypris	208
D. Laugée	L'Inquisition	208
H. Pille	Les Mercenaires	208
H. Cœylas	Le Crapaud	212
R. Goubie	Le Crapaud	212
Feyen-Perrin	Sur la Plage	212
U. Butin	Les pauvres Gens	216
E. Dantan	Les pauvres Gens	216

LES MISÉRABLES

A. Dumaresco	Cambronne à Waterloo	220
Kauffmann	Cosette	220
M. Leloir	Le Départ de Montfermeil	224
E. Baudouin	La Tombe de Jean Valjean	224

LES CHANSONS DES RUES ET DES BOIS

E. Morin	Interruption à une lecture	228
E. Yon	Choses écrites à Créteil	228
A. Perret	Le Semeur	228

LES TRAVAILLEURS DE LA MER

| Ernest Duez | Gilliatt à la Chaise, Gild-Holm-'ur | 232 |
| V. Gilbert | Gilliatt | 232 |

L'HOMME QUI RIT

| Émile Vernier | Les Vents du large | 232 |

L'ANNÉE TERRIBLE

E. Médard	Strasbourg	236
Gustave Doré	Paris bloqué	236
Puvis de Chavannes	La ville de Paris investie	240
Berne-Bellecour	1er Janvier 1871	240
E. Baudouin	Les Victimes	244
Moreau-Vauthier	Bara	244

QUATREVINGT-TREIZE

J. Le Blant.......	Débarquement de Lantenac.........	248
H. Pille........	Le Décret de la Convention.......	248
G. Cain........	Le Cabaret de la rue du Paon.....	252
A. Marie........	Les Enfants dans la Bibliothèque......	252
A. Ferdinandus......	La Cour martiale........	252

LA LÉGENDE DES SIÈCLES (2ᵉ série)

J.-Paul Laurens......	Suprématie........	256
E. Grasset.......	Aide offerte à Majorien......	256
P. Milliet.......	L'Hydre......	256
Louis Leloir......	Les Reitres......	260
Hugrel........	Diane......	260
J. Aubert.......	Théocrite......	260
A. Laurens.......	Chloé......	264
G. Clairin.......	Les Chouans......	264
E. Detaille.......	Soldats français......	264

L'ART D'ÊTRE GRAND-PÈRE

Moreau de Tours......	L'Epopée du Lion......	268
Voillemot.......	Georges et Jeanne......	268

HISTOIRE D'UN CRIME

E. Pichio.......	Mort de Baudin......	272

LE PAPE

Bénédict Masson......	Aimez-vous les uns les autres......	272

LES QUATRE VENTS DE L'ESPRIT

De Nittis.......	La Grisette......	276
J. Benner.......	Alsace et Lorraine......	276
G. Jundt.......	Les Iles du Rhin......	280
Maxime Lalanne......	La nuit pendant que les Pêcheurs sont en mer......	280
Th. Weber.......	La nuit pendant que les Pêcheurs sont en mer......	284
H.-W. Mesdag......	Marine. — Deuxième promenade dans les rochers......	284

VICTOR HUGO ARTISTE

Victor Hugo.......	Vieux Château au bord de la mer......	292

LA FÊTE DU 27 FÉVRIER 1881

Vase de Sèvres......	Le Gouvernement de la République à Victor Hugo....	308
H. Scott.......	Maison de Victor Hugo......	312
H. Scott.......	Défilé des Délégations......	316

TABLE DES MATIÈRES

	Pages
Victor Hugo	1
Les portraits de Victor Hugo par les écrivains et les artistes	33
Les habitations, l'intimité	47
Aux petits-fils du maréchal Ney — vers inédits de Victor Hugo	69

L'ŒUVRE

Odes et Ballades	75
Han d'Islande	89
Bug-Jargal	93
Cromwell	81
Les Orientales	97
Le Dernier jour d'un Condamné	103
Hernani	105
Notre-Dame de Paris. — La Esméralda	113
Marion De Lorme	121
Les Feuilles d'Automne	127
Le Roi s'amuse	129
Lucrèce Borgia	134
Marie Tudor	140
Littérature et Philosophie mêlées. — Claude Gueux	145
Angelo	147
Les Chants du Crépuscule	153
Les Voix intérieures	155
Ruy Blas	158
Les Rayons et les Ombres	165
Le Rhin	167
Les Burgraves	169
Napoléon le Petit	173

Les Châtiments	177
Les Contemplations	183
La Légende des Siècles (1re série).	201
Les Misérables	209
William Shakespeare	225
Les Chansons des Rues et des Bois.	228
Les Travailleurs de la Mer	231
L'Homme qui rit	236
L'Année terrible.	241
Quatrevingt-treize.	246
Actes et Paroles.	252
La Légende des Siècles (2me série)	257
L'Art d'être Grand-Père.	265
Histoire d'un Crime.	269
Le Pape. — La Pitié suprême. — Religions et Religion. — L'Ane.	273
Les Quatre Vents de l'Esprit.	278
Torquemada.	281
Victor Hugo artiste. — Philosophie de sa Vie et de son Œuvre	285
Fête du 27 février 1881	305

1832 SOUVENIR 1882
de la
REPRÉSENTATION SOLENNELLE
LE ROI S'AMUSE

Comédie-Française — 22 Novembre 1882

VICTOR HUGO

22 Novembre 1832   22 Novembre 1882

Programme de la 1re Représentation		Programme de la 2e Représentation	
François Ier.	MM. Perrier.	Triboulet.	MM. Got.
Triboulet.	Ligier.	François Ier	Mounet-Sully.
M. de Saint-Vallier.	Joanny.	Saltabadil.	Febvre.
Saltabadil.	Beauvallet.	M. de Saint-Vallier.	Maubant.
Clément Marot	Samson.	Clément Marot.	De Féraudy.
M. de Pienne.	Geffroy.	M. de Pienne.	Prudhon.
M. de Gordes.	Marius.	M. de Gordes.	Garnier.
M. de Brion.	Albert.	M. de Brion.	Paul Reney.
M. de Montchenu.	Monlaur.	M. de Montchenu.	Joliet.
M. de Montmorency.	Arsène.	M. de Montmorency.	Villain.
M. de Cossé.	Duparrat.	M. de Cossé.	Carraud.
M. de Latour-Landry.	Bouchet.	M. de Latour-Landry.	Boucher
M. de Vic.	Mirecour.	M. de Vic.	Davrigny.
Un gentilhomme de la reine.	Régnier.	M. de Pardaillan.	Henry Samary
Un valet du roi.	Faure.	Un gentilhomme de la reine.	Richard.
Un médecin.	Dumilatre.	Un valet du roi.	Masquilier.
Blanche.	Mmes Anaïs.	Un médecin.	Leloir.
Maguelonne.	Dupont.	Un charretier.	Roger.
Mme de Cossé.	Moralès.	Blanche.	Mmes Bartet.
Dame Bérarde.	Tousez.	Maguelonne.	Jeanne Samary.
M. de Pardaillan.	Eulalie Dupuis.	Mme de Cossé.	Jouassain.
Une femme du peuple.	Martin.	Dame Bérarde.	Frémaux.
		Une femme du peuple.	Thénard.

Offert par l'Éditeur du Livre d'Or de Victor Hugo

LE
LIVRE D'OR
DE
VICTOR HUGO

H. LAUNETTE

LIBRAIRIE ARTISTIQUE

1883